韓國傳統思想의 探究와 展望

최 문 형

景仁文化社

외모만 보면 중국인 아니면 일본인으로 생각한다. 우리가 아무리 아시아의 4룡 중의 하나였다고 강조해도, 88올림픽을 성공리에 치루고 2002월드컵에서 '붉은 악마'로 세계를 놀라게 한 그 나라라고 해도 그들의 반응은 무덤덤할 뿐이다. 그래도 한국인의 자존심만큼은 세계 최고다. 핏줄의식도 무섭다. 단일민족의 자존심과 핏줄로 뭉치면 못할 게 없을 것 같다. 일본이 근대사를 흔들면 발끈하고 중국이 고대사를 가져가면 못 참는다. 마치 벌떼처럼 덤벼들어 쏘아댄다. 우리는 '유구한' 역사와 전통을 자랑하는 자랑스러운 '한 핏줄'이기 때문이다. 그래서 대부분의 우리는 '민족'주의자이다. 머리부터 발끝까지 '민족'에는 맥을 못 추는 것이 한국인이다. 그 민족을 좀 들여다보면 '가문'이 있고 '조상'이 있고 '가장'이 있다. 그 가문을 좀 들여다보면 그 안에 촌락이 있고 이웃이 있고 동창이 있고 지역이 있다. 팔을 뻗쳐 동그라미를 만들고 그 안에 무언가를 포옹하는 것이 한국인이다. 그것은 민족일 수도 있고 가문일 수도 있고 동네이기도 하고 어쨌든 '우리'이다.

　'우리' 한국인! '우리' 것! '우리' 사상! '우리' 문화! 왜 한국인은 '우리'라는 말을 그리도 애용하는가? 이유야 어찌되었든 나도 그 중에 한 사람이다. 아예 책 이름을 '우리' 사상이라고 하고 싶다. 그러면 누가 나를 훼방하지도 못할 것이고 나는 그 동그란 '우리' 속에서 아늑한 휴식을 누릴 테니까. 한편 어떤 용어가 많이 쓰이는 것은 그것의 '결핍'을 반증하는 것이라고 한다. '자유', '평등', '복지' '민주' … 어떤 사회에서 이런 용어들이 많이 쓰인다는 것은 그 곳에 자유, 평등. 복지, 민주가 결핍되어 있음을 반증한다. 그렇다면 한국인이 '우리'라는 용어를 애용하는 것도 '우리'의 결핍을 의미한다고 볼 수 있다. 결코 짧지 않은 세월 동안 우리는 얼마나 많은 '우리'의 해체를 경험해 왔는가? 이런 저런 지정학적 위치 때

서 론

'우리' 좌표와 '나'의 방

한국은 동아시아의 중심부에 위치해 있는 아주 작은 나라이다. 약간 과장한다면 지구의 중심부에 있다고 해도 과언이 아니다. 이 땅은 사계절이 뚜렷하고 곳곳에 산과 강을 지니고 있으며 삼면에는 바다도 있다. 해양에서 대륙으로 진출하거나 대륙에서 해양으로 넘어오고 싶은 세력들이 반드시 눈여겨 두는 곳이다. 이러한 이유들로 한국지도는 현재의 모습을 지니게 되었다. 집중해서 보아도 겨우 보일락 한 땅인데 절반으로 갈라져있다. 이 땅은 상고시대부터 수많은 부족 및 민족들과 피할 수 없는 전쟁을 치루었고 근대 이후에는 서구와 일본세력의 등쌀 속에서 역사의 모진 폭풍을 감내해야만 했다. 그 덕에 자신의 의지와는 무관하게 두 개의 국명을 갖게 되었고 강대국의 힘겨루기 속에서 애매한 핏줄들만 잔뜩 희생시켰다. 국제적 냉전이 해소된 지금도 여전히 상이한 두 체제 속에서 냉혹한 주변국의 시각 아래 갈등이 맺혀있는 곳이 바로 한국이다.

이런 한국에 고유한 문화가 있는가? 사상은? 정체성은? 우리는 정말 단군의 한 핏줄인가? 많은 외국인들은 '코리아'를 잘 모른다.

<목 차>

그것은 국내적 현상 뿐 만은 아니었고 동아시아라는 범주 안에서 한국을 바라보는 서구인들의 평가도 수반된 것이었다. 학위를 받고 신진학자로서 강의와 연구를 병행하는 나에게 이것은 큰 부담이었다. 애초에 나는 동양의 경계인이었다. 주변에 서서 냉냉한 마음으로 우리의 과거를 비판했었다. 그러다가 우연히 그 중심부를 향하여 발을 내딛게 되었고 그 행보를 가로막는 가지가지의 장애물들에 걸려 수없이 넘어지곤 했다. 그 와중에서 희망과 절망의 극단을 오가며 냉철한 발걸음을 옮겨야만 했다.

그 고민들을 여기에 털어놓는다. 이제까지 자라는 세대들에게 공허한 이야기를 하고 싶지는 않았다. 정보화시대와 물신주의의 시대를 헤쳐가는 그들에게 무의미하다면 전통이든 국가급 보물이든 무슨 소용이 있겠는가? 내가 겪었던 고민과 아픔을 파헤쳐 후배들에게 한국인으로 살아내는 방법을 일러주고 싶었다. 어차피 한국인들은 5천년 동안 그런저런 고통 속에서 성장해오지 않았던가? 강의하는 틈틈이 나의 머리를 스쳐간 몇 가지 관심들이 있었다. 첫째, 인간의 삶의 모습은 자연과의 관계성에서 출발하며 그 속에서 어떠한 관계를 맺느냐에 따라 그 삶이 달라진다는 것, 즉 인간은 자신을 자연 속에 투영해 왔는데 그것이 신이라는 개념으로 표상되었으리라는 하나의 관심. 둘째, 나아가 동양의 수많은 사상과 이론들은 개개인이 사이좋게 어울려 사는 공동체의 구현에 초점을 두었으리라는 생각, 그리고 이 공동체의 모델은 현대 한국사회에 기여하는 바가 있으리라는 생각. 셋째, 한국사회가 당면한 현실적 목표는 통일이며, 민족의 진정한 심리적 통합을 이루려면 먼저 남한사회가 통합되는 것이 시급하다는 것, 그리고 이 통일의 이념은 서구의 것이 아닌 우리의 전통, 한국사상에서 추출되어야 한다는 신념. 이러한 세 가지 관심은 한국사상을 바라보는 이제까지의 나의 관점이기도 하였다.

이처럼 1998년부터 2004년 현재까지 단편적이고 두서없이 써왔던

책머리에

　현대인들에게 한국사상은 어떤 의미로 다가올까? 한국사회가 개항 이후 서구의 물결에 휩쓸리고 해방 이후 정신을 추스려 근대화의 길로 빠르게 접어 든 이래로 100년도 못되는 기간은, 전통으로서의 한국사상의 의미를 되짚어 볼 여유조차 없는 숨가쁜 시간들이었다. 그 다급함 속에서 어떤 이들에게 이 전통은 이제는 쓸모없어진 낡은 유물 같은 것이기도 하고 또 어떤 이들에게는 결코 소홀히 할 수 없는 가보와 같이 소중한 존재로 남아있기도 했다. 이 학문의 길로 접어들기 전 나는 전자의 견해를 가지고 있었다. 근대화와 합리화의 고속화도로에 들어서는데 거추장스럽기만 한 비포장길, 서구의 문명을 따라잡는데 방해가 되는 유습들로만 전통을 평가하고 있었다. 그러다가 대학시절 아주 우연히 『중용』의 수장을 배웠을 때 나의 무지와 편견에 깊은 충격을 받았고, 전통사상에 매료되기 시작하였다. 본격적으로 원전들과 씨름하며 한국인으로서의 나의 존재의 근원들을 되짚어보기 시작한 것이 그럭저럭 20년이 되어간다.

　결코 순탄한 기간들은 아니었다. 그동안 나의 결정이 과연 합당한 것인가에 대한 방황과 함께 학문관을 세우는 것의 어려움도 절감했다. 어떠한 관점에서 한국사상을 바라보아야 하는가? 물론 내게 있어 그 출발은 동경과 호기심, 애정이 뒤섞인 것이었다. 하지만 내가 공부랍시고 시작한 80년대부터 90년대, 2000년대에 이르기까지 한국사회는 냉전 이데올로기의 시대를 지나 갖가지 사상과 주의와 문화가 난무하는 소용돌이 속에 내쳐졌다. 그것은 급작스런 근대화와 민주화의 필연적 부작용일 수도 있었다. 그리고 그 주변부에는 전통, 즉 한국사상에 대한 끊임없는 찬양과 질책과 자성이 맴돌았다.

일러두기

本書는 필자가 그 동안 개별적으로 발표한 논문을 주제에 따라 편집한 것이다. 서론과 결론을 제외하고는 기존 논문을 재정리했고, 한 편의 논문으로 한 장을 구성하는 것을 원칙으로 했다. 각 부별 논문을 소개하면 다음과 같다.

제1부 동양 신관의 변천과 인간관
- 1장 「동양사상의 시원」『동양사상의 이해』(공저), 경인문화사, 2002. 3
- 2장 「한국과 중국의 상고시대 문화교섭에 관한 고찰」『단군학연구』9, 단군학회, 2003.12.
- 3장 「孔子의 天命論과 鬼神觀」『東洋哲學硏究』18, 1998.6.
- 4장 「墨子 천개념의 권위화와 종교성의 의미」『종교연구』22, 2001.4.
- 5장 「儒敎의 神槪念의 전개 - 기독교와 비교하여」『東洋哲學』10, 1998.12.
- 6장 「단군신화의 신개념과 홍익인간 사상」『정신문화연구』94, 2004.3.

제2부 한국의 공동체문화와 여성관
- 1장 「사회철학적으로 본 한국여성의 삶의 위상 - 신화를 중심으로」『한독사회과학논총』9권 2호, 1999.9.
- 2장 「에코페미니즘 관점에서 본 해월 최시형의 여성관」『동학연구』8, 2001.1.
- 3장 「율곡향약의 현대적 조명」『동양철학연구』30, 2002.9.
- 4장 「건국이념에서 본 동학의 공동체 윤리관 조명」『동학연구』13, 한국동학학회, 2003.3.

나의 고민의 일지들을 한 곳에 모아 <제1부 동양 신관의 변천과 인간관>, <제2부 한국의 공동체문화와 여성관>, <제3부 한국의 종교문화와 통일이념>의 3부로 묶어 내놓는다. 성숙하지 못한 일천한 생각들을 진열하였기에 부끄러움이 앞을 가리지만, 독자들께서 조금씩 걸음마를 시작하는 어린아이의 만용이려니 하고 격려해주시면 감사하겠다.

책을 펴내면서 감사의 마음을 전해야 할 분들이 많다. 먼저 필자의 네 분의 지도교수님들이다. 학술원 회원이신 류승국 교수님은 한국사상의 시원과 그 본질을 깨우쳐주셨고, 성균관대학교의 양재혁 교수님은 동양철학 연구방법론의 새 장을 열어보여 주셨으며, 한국정신문화연구원의 이서행 교수님은 한국 민족종교에 대한 관심과 통일한국의 미래에 대한 비전을 심어주셨다. 그리고 성균관대학교 이민홍 대학원장님은 한국의 문화와 사상에 대한 사랑과 자긍심을 갖게 해 주신 분이시다. 이 분들께 진심어린 감사의 마음을 드리며 정진하는 한국인이 될 것을 약속드린다.

다음으로 부족한 글을 출판하도록 용기와 격려를 주신 경인문화사 한정희 사장님께 감사드린다. 우리문화와 전통을 사랑하는 경인출판사에서 이 책이 발간됨이 필자에게는 더 할 수 없는 영광이다. 게으른 필자를 격려해주고 미비한 원고를 일일이 교열해준 신학태 편집장님께 감사드린다. 편집장님의 수고가 아니었다면 이 글들이 빛을 보지 못했을 것이다. 또한 원고정리와 수정에 도움을 준 한국학대학원 송상형 군에게 감사의 마음을 전한다.

2004. 12.
운중동 북제 연구실에서
저 자 씀

문에 '우리'의 정체성은 수없이 유린당해 왔다. 지금도 우리는 분단 상황 속에서 우리의 갈 길을 모른 채 부심하고 있다. 오직 '(단일) 민족'이란 깃발만 세워둔 채.

　'우리'를 알면 '나'를 알 것 같다. 세상 속의 '우리'의 좌표를 알면 '나'의 방도 자리매김 될 것만 같다. 나도 콧대 높은 한국인의 한 사람이고 '우리'를 알고 싶은 '우리 病' 환자 중에 한 사람이기 때문이다. 이 책은 뒤늦게나마 우리 속의 나를 알고 싶은 욕구에서 쓰여졌다. 하지만 한국인의 우리(자기) 찾기란 그리 만만한 일은 아니라고 생각한다. 먼저 동서가 遭遇하는 세계화, 지구화 시대에서 서양의 대대 영역으로서 동양이 자리매김 되어야 했고 다음으로는 비슷한 외모를 가진 동아시아 문화권에서 한국사상과 문화의 성격을 파악해 내야 했기 때문이다. 이 두 가지 작업 중에서 어느 하나라도 성공적으로 수행했는가를 자문해 보면 자신이 없다. 그저 한국이란 무엇인가를 알고 싶어 갈팡질팡하며 여기 저기 건드려 본 장님 코끼리 더듬기라고나 할까. 아니면 흐르는 물에 비친 코끼리의 허상만 보았다고 할까. 그렇다면 서구인들의 눈에 비친 동양의 의미는 무엇이었을까?

서양의 동양읽기 - 그 허와 실

　서양인의 본격적인 동양이해는 17세기 제수이트 교단 선교사들의 중국 입국으로부터 시작되었다. 그들은 왕실을 비롯한 상류층과 교유했고 전도를 위해 중국문화를 적극적으로 이해하고자 노력했다. 중국의 문자를 익히는 데도 게으르지 않았다. 특히 그들이 발견한 중국 주나라 시대의 '천명' 사상은 군왕이 백성들의 형편을

이해하고 그들을 돌보는 민주적인 사상으로 이해되었으며, 은나라
의 조상신 '상제' 개념은 그들이 전해야 할 '유일신(God)'의 성격과
비슷하다고 생각하였다. 이들은 당시 프랑스의 백과사전파와 서신
왕래를 통하여 중국의 사상을 전했다. 그 결과 『주역』의 음양론은
라이프니쯔의 단자설에 영향을 주었고, '천명' 사상은 당시 프랑스
계몽주의 지식인들에게 동경과 함께 큰 반향을 주어 자유, 평등,
박애를 중심으로 하는 프랑스 혁명의 도화선이 되었다는 주장까지
나올 정도였다. 이러한 동양이해는 선교사들이 주로 상류층과 교
유하였고 동양의 고전을 통하여 동양을 이상 그 자체로 이해한 것
에 기인한다. 이때까지 동양은 서구인들에게 신기루와 같은 존재
였다.

　그러나 이러한 동양이해는 헤겔과 베버시대에 이르러 전도된다.
헤겔은 그의 정신현상학과 역사철학에서 영혼이 자유의 향유를 달
성한 정도를 가지고 역사의 발전단계를 규정했는데, 동양세계는
자연적 영혼의 단계이며 왕과 소수 집권층만이 자유를 향유하는
전제정치이므로 역사의 유년기에 해당한다고 보았다. 이어서 종교
사회학자 베버는 서구의 자본주의가 프로테스탄트 윤리에 근거하
여 발전했다는 그의 논리를 동양사회에 적용하였다.

　베버는 일찍이 근검 절약을 요구하는 개신교의 신앙생활이 서구
에서 봉건적 질서를 무너뜨리고 자본주의를 탄생시키는데 결정적
인 역할을 제공했다고 주장하였다. 세계 종교의 경제 윤리 가운데
유독 개신교만이 이윤 추구라는 자본주의적 경제활동과 특별한 친
화력을 가지고 있어 서구에서 가장 먼저 '합리적' 자본주의가 꽃필
수 있었다는 것이다. 여기에 덧붙여 베버는 중국종교를 유교와 도
교라는 큰 범주로 보고 중국에서 자본주의가 발생, 발달하지 않은
이유를 이 두 종교의 특성에서 찾고자 하였다. 그래서 그는 중국에

서 자본주의가 발전하지 못한 이유에 대해 논하면서 가장 중요하고 결정적인 이유로 꼽은 것이 유교의 '현세 적응' 윤리가 개신교의 '현세 초월' 윤리와 정반대로 기능한다는 것이었다. 서구의 동양관에 이러한 반전이 온 것은 서구인들이 초기유교사상과는 다른 유교의 후세형태에 관해 많은 것을 알게 되었고, 동서간의 잦은 왕래로 '이상'의 중국이 아닌 '현실'의 중국의 모습을 속속들이 볼 수 있었다는 데 기인했을 것이다.

이러한 헤겔과 베버의 '동양론'은 이후 오랫동안 서구인들의 동양관의 기준으로 작용해 왔다. 그러다가 20세기에 들어서서 이러한 동양관이 바뀌는 계기가 발생하는 데 그것이 바로 아시아의 급속한 자본주의화와 경제성장이었다. 흔히 '아시아의 4룡'으로 불리는 한국, 싱가폴, 대만, 홍콩의 단기간의 경제 급신장은 서구인들이 헤겔의 안경을 벗어던지도록 해 놓고 베버의 종교사회학적 틀을 개량해서 사용하게끔 해 놓았다. 이는 바로 다름 아닌 아시아 국가들의 급속한 경제 성장의 이면에 있는 동양의 대표적 종교(유교)의 기여와 특성을 찾아내자는 것으로 '유교 자본주의' 론이라 불리우는 것이다. 서구학자들은 유교에서 '가부장'을 중심으로 하는 '가족주의' 전통을 찾아내었고 이 가족주의로 똘똘 뭉친 사회구조와 인간관계가 바로 자본주의 발전의 원동력이 되었다고 결론지었다.

그러나 80년대 후반 급속성장의 반작용인 양 아시아의 경제가 침체되기 시작하자 이를 계기로 서구의 동양관은 또 한번 변화의 국면을 맞았다. 베버의 합리화론이 다시금 제기되었고 성장의 그림자는 동양의 마법에도 예외가 없다는 견해가 다시 고개를 들었다. 한 때 경제 성장의 새로운 패러다임으로 극찬받던 아시아적 모델은 외환위기를 거치며 낡고 뒤떨어진 경제 모델의 대표적 사례로 내몰렸고, 이른바 '아시아적 가치'는 역사학자 프란시스 후쿠야

마를 필두로 한 미국의 자유주의자들에 의해 역사적 사망을 선고
받았다.

이처럼 동아시아국가들은 개항기 이후 서구인들의 잣대에 휘둘
려 자신들의 정체성을 찾을 겨를도 없이 숨가쁘게 행진해 왔다. 물
질적으로는 서구의 산업화와 근대화, 그리고 자본주의를 따라잡기
바빴고 정신적으로도 서구 민주주의와 이성주의가 이 지역을 지배
해 왔다. 서구의 선진문명을 섭취한 지도자 집단에 의해 국가정책
이 기획되었으며 서구의 앞선 학문적 이론에 압도되어 자신이 누
구인지 돌아볼 사이가 없었다. 하지만 지금부터라도 거울 속에 비
친 자기 얼굴을 보았으면 좋겠다. 남이 내 얼굴이 추하다고 하면
실망하고 살짝 얽은 곰보자국이니 괜찮다고 하면 흐뭇해 할 것이
아니라 내가 나 자신의 눈을 똑똑히 뜨고 차근차근 살필 시기가 온
것 같다. 우리는 이제까지 너무나 오랜 동안 남의 평가에 중독되어
왔다. 우리 좌표를 찾고 나의 방을 찾자는 것이 이 책의 취지이다.
그러면 우리 좌표는 무엇이고 나의 방은 어디에 있는가?

세계 속의 동아시아, 그 속의 한국인

그래서 이 책은 크게 세 가지 범주로 구분할 수 있다. 하나는 좌표
를 찾는 작업으로, 동양인의 사유구조와 문화에 관한 것이다. <제1
부: 동양 신관의 변천과 인간관>에서는 이러한 관심을 구체화하여
한국과 중국의 고대사상에 나타난 자연관과 신관을 중심으로 하여
동아시아 유교문화권에 속한 한국문화가 갖는 중국문화와의 차별
성을 밝혀내고, 중국과 한국, 서구의 신관의 차이점도 살펴보았다.
<동양사상의 시원>에서는 동아시아의 중심사상인 유가와 도가

문화의 성격을 배태하고 있는 중국의 夏·殷·周 三代의 사상을 살펴보고 아울러 중국의 사상과 문화와는 다른 특질을 지니는 한국사상의 원류를 탐색하였다. <한국과 중국의 상고시대 문화교섭에 관한 고찰>에서는 한국이 고대로부터 문자를 비롯한 사상과 문화면에서 중국의 영향을 지대하게 받았고 특히 중국의 유교문화가 한국역사 전반에 유·무형적인 영향을 준 것으로부터 논의를 시작하였다. 중국문화는 周代문화가 중요한 기점이 되는데 최근 발굴된 은나라 殷墟유적의 甲骨을 살펴보면 주나라 이전의 고대 중국인들의 종교생활과 문화 전반을 파악할 수 있다. 이를 통하여 고대 한국과 중국사이의 빈번한 전쟁 및 교류와 주대 이전에는 오히려 우리 문화가 중국 문화에 영향을 주었음을 알 수 있다. 특히 한국의 고대문화는 殷代의 신정문화와 유사한 점이 많았으므로 중국의 문물과 사상을 수용하였어도 그 양상에 있어서는 신비적이고 종교적 성향을 가지게 되었다.

　<유교와 기독교의 신개념>에서는 유교의 신개념이 자연신과 조상신 전체를 포괄하는 개념으로부터 은대에는 '上帝'라는 天帝의 구체적·인격적 표현으로 나타났다가 주나라 이후부터는 내재적 질서나 법칙으로 이해됨을 밝혔다. 이는 현세에 주된 관심을 갖는 유교와 내세를 중시하는 기독교의 특성과 아울러 유교와 기독교의 신개념의 차이점을 드러내 주는 것이며, 유교의 神이 완전한 인격성을 소유한 의인적 신으로 개념화되지 않은 것과 연결된다. <단군신화의 신개념과 홍익인간 사상>에서는 단군신화의 여러 신들의 위격과 공능을 분석함으로써 단군신화의 신이 중국 은대의 上帝와 유사한 점이 많고, 그 이후에도 중국의 경우와 달리 한국의 신개념은 고대신앙이 가지는 인격신의 요소를 놓치지 않고 있다는 점을 밝혔다. 또한 한국의 신개념이 서구와 다른 점은 인격신

이며 산신이고, 조상신의 성격을 동시에 가진다는 점이다.

둘째는 '방'을 찾는 작업으로 한국인의 삶과 사유양식에 관한 것이다. <제2부: 한국의 공동체문화와 여성관>에서는 글로벌시대에 한국인이 직면한 상황들을 직시하고 한국의 유교와 민족종교문화에서 공동체문화의 단서를 찾아보았으며 현대한국의 여성관과 여성문제의 방향성을 짚어보았다.

<단군신화와 기독교사상의 여성관>에서는 신화는 인류의 가장 원초적 삶의 양식과 사고의 표현이며 신화 속에 나타난 여성관은 현대의 한국여성의 삶속에 배태되어 있는 무의식과 잠재의식을 반영한다는 전제 하에 창세기 신화와 단군신화를 비교하였다. 서양에서의 여성의 삶은 '남성의 待對개념 – 배우자, 부인' 에 중점이 주어지고, 한국에서의 여성의 삶은 '자녀의 대대개념 – 어머니, 출산자' 로서 규정지어짐을 볼 수 있었다. <에코페미니즘과 동학의 여성관>에서는 동학의 '한울님' 개념, 즉 '人卽天', '物物天事事天', '以天食天'등의 범재신론적 사고 속에 신, 자연, 인간, 여성을 아우르는 에코페미니즘의 영성이 내재해 있음을 보았다. 동학사상의 여성관은 인간이 곧 신이라는 내재의 개념과, 자연을 살아 있는 유기체로 보는 상호연관성의 개념, 그리고 인간과 무생물을 포함한 자연 모두를 한 덩어리의 세계로 파악한 것 등 에코페미니즘적으로 구체화되었다.

<율곡향약의 공동체문화> 에서는 율곡의 향약의 덕업상권・예속상교・과실상규・환란상휼의 사강목이 공동체의 원활한 기능을 가능하게 했음을 보았다. 즉, 효・제・충・신・인・의와 같은 덕목을 서로 권하고(덕업상권), 과실을 서로 규제하며(과실상규), 도덕을 체질화시키는 이상사회, 인간생활에 있어 지켜야할 예의범절 및 사시사철의 예속을 서로 지켜나가는(예속상교) 사회, 가난・질

병·재해·억울한 일을 당했을 때 서로 도와주는(환란상휼) 복지 사회를 지향하였는데 이는 현대사회에서도 공동체의 원활한 기능을 가능하게 할 수 있다. <건국이념과 동학의 공동체 윤리>에서는 동학사상을 통하여 공동체 윤리의 기본입장과 논점을 확인하고 한국의 건국이념과의 관련성 또한 밝혔다. 동학사상에 내재된 신 -인간-사회-자연을 아우르는 공동체 원리는 이미 우리 민족의 건국신화인 단군신화의 '홍익인간'의 이념 속에 드러나 있다. 한국의 건국이념은 天·地·人을 모두 중하게 여기고 인격신인 한울님을 숭배하여 신-인간-사회-자연의 화합과 조화의 공동체를 추구하는 특징이 있기 때문이다.

셋째는 한국사상의 내일을 조망하는 작업으로 한국사회의 갈등 해소와 방향성의 제기, 그리고 남북통일의 진로를 모색하는 글을 실었다. <제3부: 한국의 종교문화와 통일이념>에서는 다종교문화가 공존할 수 있는 한국사상의 개방성과 포용성을 탐구하여 그것을 사회화합과 나아가 통일을 향한 심리적 통합의 장으로서 열어 두고자 하였다.

<동학과 생태철학적 통일이념>에서는 생태철학적 접근을 통하여 동학사상에 내재되어 있는 민족통일의 이상향을 추구하고자 하였다. 수운 최제우의 사회적 성격은 궁극적으로 보국안민·포덕천하·광제창생·지상천국을 건설하는 데 있었다. 수운의 이상향(지상천국)은 모든 사람이 자아완성을 통하여 한울아를 회복한 만인 평등의 기초 위에서 정성과 공경과 믿음을 바탕으로 전쟁과 질병과 빈곤과 파괴가 없이 살아가는 세상이었다. <한국종교의 인도주의 사상과 평화통일 이념>에서는 분단현실에서 배타적인 이데올로기를 극복하고 한반도에 평화통일을 정착시키기 위해서는 이데올로기의 차이를 극복할 수 있는 보편적 가치가 내재된 범종교윤

리의 공통적 실현, 다시 말하면 평화정신과 인도주의 사상에 대한 체계적 이론화의 노력이 절실하다는 점이 부각되었다. 따라서 한국종교문화의 인도주의와 평화사상은 이데올로기적 통일담론을 극복하고 민족 동질성을 회복하며 평화통일을 이루는 이념적 기초가 되며 탈냉전을 넘어선 새 세기에 조화와 화해의 세계평화의 지평을 여는 열쇠가 될 것으로 보았다.

　　<유교와 기독교의 공적윤리> 에서는 프로테스탄티즘과 유교의 공적윤리를 비교하였다. 유교의 윤리는 대 인간적 수직상하 윤리라고 할 수 있으며 인간관계라는 수평적 범주 내에서의 수직적 관계에 대한 강조에 머물렀다. 한편 개신교 윤리는 인간관계 내에서의 수직성조차도 신인관계에 의해 그 정당성과 대응책이 확보된다. 따라서 유교의 전통이 자랑하는 인정과 개신교의 전통이 자랑하는 합리적 정신을 공적 윤리의 차원에서 변증법적으로 종합하는 일은 한국 자본주의 사회의 과제라고 하겠다. <다종교문화와 한국적 대안> 에서는 21세기의 인류의 정신적 불안상황들 속에서 다양한 종교가 공존하는 한국의 사회적 특성들을 살펴보고, 이러한 종교문화의 풍요로움 속에서 야기되는 지극히 복합적인 종교문화의 긴장을 해결할 방안을 모색하였다. 한국의 종교이념은 몇 가지 기본적인 사상적 맥락을 이어왔는데 그것은 바로 절대가치의 추구와 그로부터 도출된 인간과 생명있는 모든 것의 존엄성, 그리고 끊임없는 현세의 이상사회 추구를 위한 노력이다. 지구상에는 다양한 종교가 혼재하고 있지만 그 궁극적 관심은 유한성과 생물적 욕구라는 인간의 본질적 문제로부터 궁극적이고 완전한 것을 추구하고자 하는 인간의 희구이다. 따라서 진정한 인간의 본질은 자신의 본원적 문제를 세계를 향하여 열어 놓는 개방성에 있음을 보았다.

제1부

동양 신관의 변천과 인간관

제1장

한국과 중국의 고대사상

제1절 중국의 고대사상

1. 중국사상의 연원과 특질

여유있는 자연 속에서 추상적인 세계를 동경하여 논리적인 인식론을 발달시킨 그리스인들과는 달리 척박한 자연환경 속에서 삶을 영위해야 했던 중국인들은 농경에 절대적 영향을 미치는 자연을 통하여 경험적이고 실용적인 윤리관을 발달시켰다. 이러한 중국인들의 삶의 과제는 자연에의 절실한 관심과 그 속에서 살아가야 하는 인생의 목적과 생활방식에 집중될 수밖에 없었다. 중국사상은 일반적으로 자연 밖의 초 자연계의 설정이라든지 초월적 절대자를 설정하지 않았고 그들의 인생관 또한 구체적이고 현실적이고 현세적인 것이 특징이다. 서양사상이 신이나 초자연을 궁극원인으로 설정하고 그로부터 가치를 도출하였던 것에 반하여 중국사상은

'자연'을 모든 것의 원천으로 설정하여 자연의 한계 안에서 그와의 조화를 추구하는 데에 인생의 가치를 두었다. 따라서 인간의 도리는 만물의 운행 속에서 자연의 조화 질서에 도덕적 의미를 부여하고 그것을 인생에 원용함으로써 실현된다.

이처럼 중국사상에서의 인간은 단독으로 정의되지 않고 자연에 대한 정의에서 연역된다. 중국사상이 추구하는 인간의 내면적 성숙 또한 자연운행의 의미부여 과정에서 이루어지므로 인간과 자연의 관계는 상보적이며 천지와의 상호 감응 속에서 인간을 파악한다. 그런데 이러한 인간은 자연의 덕을 표방하여 만들어져 가는 과정 중에 있는 존재로서 '內聖外王'을 실현함을 목표로 한다. '내성'은 이상적인 인격을 이룬 것이고 '외왕'은 그 인격을 세계에 확충한 것을 뜻한다. 그러므로 중국사상에서의 이상적인 인간은 현세 속에서의 '聖人'이지 이 세상을 초월한 신적 존재가 아니며 중국사상에서 동경하는 이상적인 세계도 이 세상에서 향유되는 것이지 천당이나 극락 등 피안에서의 인간적 영생을 구하는 것이 아니다.

결론적으로 말하면 중국사상은 지식 자체의 추구보다는 사람이 사람답게 살아가게 하기 위한 차원에서 학문을 하는 실천을 중시하는 사상으로서 우주의 중심이 된 인간이 도덕적 인격으로 승화되어 가는 데 그 목표를 두며 그를 통하여 현세 속에서 생명력 있는 조화로운 인간세상을 만들어 가는 데 궁극적인 관심이 있다고 하겠다.

2. 三代사상 개관

1) 夏代의 사상

공자는 일찍이 夏·殷·周, 삼대의 사상을 진술하면서 각각의 차이점을 밝히고 주대의 문화는 하·은 양대 문화의 거울이 된다고 하며 자신은 주나라를 따를 것을 말하였다.[1] 공자의 이 언명에는 두 가지의 의미가 함축되어 있는데 그 하나는 중국 유가의 연원이 주대의 문화와 사상으로부터 연유한다는 것이고 또 하나는 그 주대의 문화는 바로 전 시대인 하와 은의 문화로부터 비롯된다는 것이다. 그러나 두 왕조의 유적이나 유물이 발굴되지 않아 하·은 두 왕조의 실재성에 대해 확신을 가지지 못하고 있었다.

그러던 중 1959년 중국 하남성 언사현에 위치한 이리강과 이리두 지방에서 하나라의 궁궐터와 청동제의 창, 도끼 등과 농기구들이 발굴되어 하나라의 실재가 확인되었으며 이는 중국사상의 시원에 대한 획기적 단초가 되었다. 이 곳은 중국 대륙 전체에서 볼 때 황하의 중류지대로서 위수의 동, 제수의 서, 회수와 한수의 중간부분에 위치하며 중원문화권에 속한다. 이 지역은 농경에 적합한 지역으로 일찍부터 농업에 들어갔고 방적 및 목축과 건축, 도요 등이 발달한 곳이었다. 하왕조는 기원전 약 2300년부터 1800년까지 존속했을 것으로 추정한다.

하왕조는 부락연맹의 기초 위에서 최고신(=자연천)에 대한 숭배의 종교를 그들의 통치 수단으로 삼았던 것으로 보인다. 이 자연천으로의 숭배는 자연현상 중 가장 크고 뚜렷한 양상으로 파악되는

---

1) 『論語』「爲政」. "子曰, 殷因於夏禮, 所損益可知也, 周因於殷禮, 所損益可知也"

것이 하늘이라는 데서 유래한다. 이 '천'은 자연계를 운행시키는 중심적인 존재로서 다른 자연물과는 격이 다르다고 고대인들은 인식하였다.

그러나 하대의 천은 의리나 운명이나 인격같은 개념과는 동떨어진 단순히 자연적인 의미의 천이었다. 하의 문화는 비교적 초기에 농경 문화로 진입하여 질서 있는 자연의 변화 속에서 삶을 영위하였기 때문에 후대의 은의 문화에 비해 원시 미신적 종교의 흔적이 적었고, 유일하거나 지고한 존재에 대한 관념이 아직 형성되지 않았다고 보여진다. 즉 그들은 자연의 운행과 생성의 질서 속에서 모든 대상을 이해하고 자연현상을 어떤 특정한 힘의 결과로 보지 않고 이해할 수 있는 질서 속에서 이루어지는 것으로 본 것이다.

한편, 자연숭배의 일종으로 동물숭배가 존재했는데 원시인들은 동물에 의존할 뿐 아니라 두려워하여 신령스런 존재로 숭배하였다. 이것이 사람들의 자기 기원에 대한 추구와 결합하여 '토템숭배'가 생겨나게 되었다. 이 토템숭배는 고대신앙의 보편적 현상인데 이는 미분화된 인간과 자연의 관계를 보여주는 것이다. 부계씨족사회가 되면 사람들은 씨족이나 부족의 기원을 동물에서부터 남성 영웅으로 전이시켜 인간 자신으로부터 인간의 역사를 설명하기 시작한다. 이것이 바로 토템숭배에서 조상숭배로 넘어가는 과정이다. 도구를 이용한 농업과 목축업의 발달로 인간은 자연을 어느 정도 극복하게 되었으며, 동시에 동물을 신성시하여 자기 조상으로 간주할 필요가 없어졌다. 또한 사유재산과 부권의 확립에 의하여 부계 혈통을 확립시킬 필요가 있었으므로 조상숭배가 가능하게 되었다.

2) 殷代의 사상

하왕조는 기원전 19세기 중엽 孔甲에 이르러 쇠퇴하기 시작하여 제후들의 반발이 일어나더니 桀에 이르러 더욱 사치를 일삼고 백성들을 도탄에 빠뜨려 마침내 기원전 18세기 중엽 殷의 湯에게 멸망되고 殷代가 시작되었다.

고고학의 연구결과에 따르면, 殷은 용산문화의 대표적인 부족으로 오랜 기간 유목생활을 하였다. 그들은 조상을 숭배하고, 신을 숭배하여 가족과 부족의 혈연중심의 단합을 공고히 하여 큰 세력을 떨쳤으며 동에서 서로 진출하여 앙소문화의 대표부족인 하를 쳐서 통일을 이룩하고 정착된 농경사회에 들어갔다. 은대는 기원전 1800년부터 1200년까지 지속된 것으로 본다. 은인의 정신생활은 하와 마찬가지로 무수한 신들에 의해 지배되었다. 은인들의 종교는 帝, 자연신, 조상신으로 대별할 수 있는데, 자연숭배와 조상숭배는 부족사회 단계부터 계승된 종교적 의식이다.

중국 고대 민족신앙의 중심을 이루는 것은 天, 즉 상제에 대한 신앙이다. 사람은 모두 천(상제)으로부터 태어났다고 하는 신앙, 다시 말하여 인간의 조상은 천이라고 믿는 신앙이 곧 중국 고대의 민족신앙이었다. '제'는 초월적인 권위를 가진 至上神으로 자연계와 인간계의 주재자였다. 은의 통치자들이 조상숭배를 통한 절대 왕권을 행사했다는 것은 甲骨文을 통해서도 알 수 있는데 조상숭배는 은의 종교에서 중요한 위치를 차지하는 것이었다.

이 조상숭배는 부계씨족사회에서의 부권제의 요구에 의하여 모계씨족의 토템숭배가 점차 변화한 것인데 씨족사이에 예속관계가 생기면 조상신들 사이에도 예속관계가 생긴다. 왕족의 祖宗神은 생전에는 최고 사제의 직무를 맡고 사후에는 하늘에 올라가 최고신을 가까이에서 섬김으로서 그 뜻을 파악하고 전달할 수 있다는 점에서 다른 조종신들에 비해 높은 지위와 권력을 얻게 된다. 다신에서 일신, 다시 지고신으로 발전한 개념이 상제인데, 상제가 만사만물의 공통원인이 된다고 생각한 것은 하나의 최고의 존재를 추상해 내어 자연계를 통일된 것으로 간주한 것으로서, 이것은 각종 현상의 배후에 일종의 보편적인 연관성이 있음을 인식하였음을 보여준다.

은왕조에서 사용되던 점술은 다른 형식에 의한 제례의 가부를 결정하기 위해서도 적용되고 있었는데, 이는 부계씨족사회에서 생긴 것이므로 부락연맹 시기의 최고신 숭배에 비하여 더 오랜 역사를 가진다. 은족의 조상신인 '제' 또는 '상제'는 기후의 변화와 기근을 관장하며, 생사화복을 주장하는 존재이다. 은대에 있어서 상제는 천상의 지배자인 동시에 지상의 지배자이기도 하였다. 그러므로 최후의 결정은 국왕이 내리는 것이 아니라 상제에게 뜻을 물어 결단을 내렸다. 제는 자연현상과 인간사를 주관하고 상벌을 통해 인간적으로 반응하는 인격적 존재이다. 물론 그것은 조상신 가운데 최고의 신이지만 그 이외의 조상신이나 자연신과는 현격한 차이를 갖는다. 제는 인간과 자연을 포함하는 우주전체를 관장하는 최고의 신이기 때문이다.

한편, 제의 초월적이고 무한한 능력은 타 부족과의 관계도 구조화시켜 대외적으로 제보다 약한 신을 모시는 타 부족에 대한 지배권의 근거로 작용하였다. 이러한 상제의 현격한 권능과 권위는 통일왕국 형성의 근거가 되었다고 하겠다. 이렇게 볼 때 은대에 있어서 조상숭배나 상제의 뜻은 공동체의 구심력이 되며 법률의 역할을 하고 윤리적 선악판단의 근거가 되고 정치적 최고결의의 역할을 담당하였다.

따라서 이 '제'의 존재는 왕권과 직접적인 관계가 있었다. 왕은 자신의 혈통에 대한 조상숭배에 있어 자연스럽게 '사제'의 직분을 담당하였는데 이 국가 종교는 무당의 종교행위를 통해 이루어지는 샤머니즘을 용인하려 하지 않았다. 왜냐하면 샤머니즘은 조상신, 자연신, 그리고 인간들이 각자 자신들의 역할을 수행하는 사회 속에서의 질서 유지에 유해한 것으로 받아들여졌기 때문이다. 이는 은의 神政國家的 성격을 나타내는 것이며 또한 혈족주의에 의거한 배타적인 조상신 숭배와 그로 인한 은의 멸망을 반영하는 것이기도 하다.

3) 周代의 사상

은왕조는 후기에 들어서면서부터 지배계층의 오만과 안일로 인해 부패하게 되었다. 전제왕권 강화로 인한 사회모순의 격화로 은은 심한 혼란에 빠지게 되어 주족의 武王이 은을 멸망시키고 기원전 1200년경에 주왕조를 건립하였다.

중국 고대에 있어서 최초의 봉건왕조의 출현은 주대요, 천을 여러 신 가운데 최고 유일의 신으로 간주한 것은 주의 봉건왕국이 건립된 이후의 일이다. 은대의 천은 자연으로서의 천인데 반해 西周에 이르러서는 은의 상제관념과 천을 연결시킨 인격신으로서 최고의 신이 된다. 즉, 주인들은 선대인들이 믿었던 동일한 최고신을 받들며 이 최고신 상제―천은 특정 부족을 비호하는 신이 아님을 강조했다.[2]

주족은 殷商을 멸망시킨 것이 그들이 모시는 신의 명령에 의한

---

2) 『書經』「周書・蔡仲之命」. "王若曰, 小子胡, 惟爾率德改行, 克愼厥猷, 肆予命爾, 侯于東土, 往卽乃封敬哉. … 皇天無親, 惟德是輔, 民心無常, 惟惠之懷"

필연적인 사건, '천'이 그들에게 예비해 준 필연이라고 생각하였다.
주왕조는 그들이 모신 '천'이라는 최고신의 존재에 의해 권력을 위
탁받아 인간세계를 지배할 수 있는 정당한 명분을 획득하였다. 또
한 주나라는 원시종교에서 행해졌던 제사들을 변형, 계승하였는데
천을 제사지내는 '郊祭' 및 宗廟·社稷의 제사가 있었다.

주의 천신숭배와 조상숭배는 은의 종교로부터 한 단계 발전한
것이었다. 주는 은의 상제를 '천'이라 하였다. 이 하늘은 원시시대
부터 크고 넓어서 자연숭배의 대상이었고 주대에 이르러서는 우주
의 최고 지배자를 의미하게 된다. 주는 '천'이라는 최고 존재자에
의해 권력을 위탁받아 지배의 명분을 획득하였다.[3] 이 천은 우주
만물과 만사의 실질적 주재자로서 인간사회의 모든 일과 긴밀하게
연관된 것으로 여겨졌다.

이처럼 천이 상제와 같은 절대적 권능을 가지게 된 것은 주대에
이르러서이다. 물론 주대에도 천과 상제는 한동안 혼용되었으나
천이 상제의 지위를 대신하였다고 할 수 있다. 주초에는 절대자의
호칭으로 상제와 천이 혼용되나 점차 천으로 대치된다. 상제와의
관계에 있어서도 은대와 달리 친밀한 관계를 맺고 교제한다고 믿
었다. 천은 모든 사람을 사랑하며, 덕 있는 자를 왕으로 세워 자신
을 대신하여 백성을 다스리게 한다. 그러므로 天子로서의 왕은 천
의 뜻을 받들어 덕을 닦아 선정을 행해야 한다는 것이다.[4] 이처럼
처음에는 기복적 수호신으로서의 성격을 가졌던 상제로서의 천이
주대에 와서는 당위의 존재로 인간사회의 정치적 성쇠를 좌우하는
존재가 된다. 즉, 천은 왕조의 존속을 결정하는 최고의 도덕적 의

---

3) 『詩經』「大雅·大明」. "有命自天, 命比文王, 于周于京."
4) 『書經』「周書·泰誓上」. "惟天地, 萬物父母, 惟人萬物之靈, 亶聰明,
作元后, 元后作民父母, … 天佑下民, 作之君作之師, 惟其克相上帝, 寵
綏四方"

지이며 역사의 신이 되는 것이다.

이러한 天命사상은 은의 탕이 하의 걸을 칠 때에 내세웠던 역성 혁명의 명분이었으며[5] 그 후에 주가 은을 정복하는 데도 여전히 이 천명을 정당성의 명분으로 사용했음을 알 수 있다.[6] 그러나 주는 은의 종교적 성격을 띤 천명을 民意에 의거한 도덕적 성격을 갖는 천명으로 발전시켰다.[7] 또한 천명이 항상 일정하게 특정한 정권을 비호하는 것이 아니라고 하여 왕의 修德을 강조하고 있다. 즉, 하늘을 신뢰할 수 없기 때문에 文王과 같은 덕치를 행해야만 왕권이 유지될 수 있다는 것이다.

주대에는 조상숭배에도 변화가 따랐다. 은대에는 단순히 조상의 주재에 따랐으나 주대에는 조상의 덕을 본받으려는 경향을 띠었으며 은대에는 자연적 혈연관계에 치중하였으나 주대의 조상숭배는 정치적, 도덕적 의의에 치중하는 면이 보인다. 천의 절대적 권한에 의하여 통일 왕권과 천의 특별한 관계가 강화된 반면, 왕조들의 조상을 포함한 조상신들의 세력은 상대적으로 약화된 것은 부인 할 수 없다. 한편, 자연신과 조상신들에 대한 제사는 여전히 중요했다. 무왕은 상의 선왕들이 했던 것처럼 모든 자연신들에게 제사하며 자신의 영토를 巡狩했다.[8] 즉, 조상신과 자연신들의 위력이 소멸한 것은 아니었다.

그런데 주왕국의 흥기는 오래가지 않아 성왕, 강왕 이후에 소왕과 목왕은 초와의 전쟁에서 패하였으며 이로 인해 주왕국은 쇠약

---

5) 『書經』「商書・湯誥上」. "夏氏有罪, 予畏上帝, 不敢不正"
6) 『書經』「周書・泰誓上」. "今商王受, 弗敬上天, 降災下民, 沈湎冒色, 敢行暴虐, 罪人以族, 官人以世, 惟宮室臺, 榭陂池侈服, 以殘害于爾萬姓, 焚炙忠良, 刳剔孕婦, 皇天震怒, 命我文考, 肅將天威, 大勳未集"
7) 『書經』「周書・泰誓中」. "天視自我民視, 天聽自我民聽"
8) 『詩經』「周頌・時邁」. "時邁其邦, … 懷柔百神,及河喬嶽"

해지기 시작하여, 폭군 유왕이 신후에게 패하여 태융에게 살해됨으로 서주는 멸망되었다. 평왕은 기원전 770년에 낙양으로 동천하였는데 이때부터 통일된 秦王國이 성립될 때(기원전 221년)까지를 東周시대라 한다. 서주 말에 봉건제도가 붕괴되면서 기강이 무너지고 장시간에 걸친 전쟁과 흉년으로 지쳐버린 백성들은 신봉해온 천이나 조상신을 원망하기 시작했다. 특히 그들은 천을 주재천으로 인식했기에 그들에게 닥친 모든 고난과 불행을 천의 탓으로 돌렸다.

제2절 한국의 고유사상

1. 한국사상의 원류와 특질

한국사상의 연원을 논증할 수 있는 역사적 문헌과 그 원류를 밝혀 보면 고려 후반기의 『三國史記』와 『三國遺事』인데 서기 12·13세기의 작품이다. 고대 한국에 관한 기록을 중국 문헌에서 고찰해 볼 때 『史記』「朝鮮傳」, 『漢書』「地理志」, 『後漢書』「東夷傳」, 『三國志』「東夷傳」, 『山海經』「大荒東經」 등을 꼽을 수 있다.

최근 고고학적 발굴이 활발해지고 선사시대의 유물과 유적이 발견되어 민족의 유구한 역사를 뒷받침하고 있다. 문자로 기록된 고문헌을 종합적으로 살펴볼 때 국내의 고자료로는 金石文이나 단편적 고문서 등이 있는데 「광개토대왕비」(414)나 「진흥왕순수비」(561)가 가장 오래된 자료이며 기원전 10세기경의 중국청동기 銘文

과 기원전 15세기의 甲骨文이 있다. 이 갑골학의 연구는 중국역사
연구에 획기적 성과를 가져올 뿐 아니라 우리나라 고대사 연구에
절대적 영향을 주는 귀중한 고증자료이다. 갑골문의 실연대는 商
王 盤庚이 중국의 諸族을 통일하고 수도를 小屯으로 천도한 이후
[B.C.1384 이후부터 商을 殷이라 칭함] 殷末[帝辛 즉 紂] 亡國
(B.C.1112)까지의 기간인 273년에 해당하는 바 은대 중기 이후이다.
甲骨卜辭를 통해 단군조선의 건국연대를 고증해 보면 기원전 2333
년으로 추정되어『제왕운기』의 기록을 뒷받침해 준다.9) 이렇게 중
국과 한국의 고대문화 교류에 관한 기록들을 통하여 한국 고대사
상의 특질을 파악할 수 있다.

그렇다면 단군조선으로부터 시작되는 한국 고대 문화와 사상의
특질은 무엇인가? 중국에서는 고대로부터 한국을 '君子國' 으로 호
칭하였다. 738년에 당나라 현종이 신라에 使者를 보낼 때 "新羅號
爲, 君子之國 …"이라 하였고 (『三國史記』 권9, 신라본기9 효성왕2
년) 신라 聖德王에게 보낸 국서에서도 "문장과 예악이 군자의 풍을
드러내어 밝혔다"고 하였다. 또 공자가 중국에서 道가 행해지지 않
음을 탄식하고 배를 타고 九夷에 가서 살고 싶다고 하였을 때 어느

---

9) 甲骨卜辭에 의하면 은의 武丁시대에 수차에 걸친 동이정벌의 기록이
   있는데 동작빈에 의해 고증된 바에 의하면 무정의 제위연대는 기원전
   1339년에서 1280년까지로 59년간이다.『제왕운기』에 따르면 무정 8년
   乙未년에 단군이 아사달산으로 이주한 후 164년만에 기자가 조선에 들
   어왔다고 하는데 그 해가 주 虎王 元年 己卯라고 하였다. 기묘에서 을
   미까지 164년으로 이를 거슬러 가면 기원전 1286년으로서 무정 년간에
   해당한다. 그러므로 기원전 1286년 이전에 단군의 고조선 사회가 계속
   되어 왔음을 알 수 있으며,『삼국유사』 권1, 기이1 고조선조의 "與高
   (堯)同時"(魏書云, 乃往二千載, 有檀君王儉, 立都阿斯達, 國號朝鮮, 與
   高同時)란 기사나『東國通鑑』,『朝鮮史略』 등에서 "檀君與堯並立於戊
   辰" 이라고 한 것을 보면 단군의 건국연대는 보통 기원전 2333년으로
   추정된다.

제자가 그곳은 누추한 곳이라고 반문하자 공자는 "군자들이 사는 나라이니 누추할 것이 무엇인가?" 라고 하였는데(『論語』「子罕」) 이 또한 군자국을 의미하는 것이라 하겠다. 이처럼 군자국은 중국인들이 上古朝鮮을 부르던 칭호로서 이 箕子조선10) 이전의 상고조선은 중국의 夏代와도 병행하였다.『山海經』에 따르면 이 군자국 사람들의 성격을, 의관을 정제히 하고 검을 찼으며 짐승을 먹이고 호랑이를 부리며 사람들의 성격이 양보하기 좋아하여 다투지 않고 겸손하였다고 전한다.11) 또한『後漢書』「東夷傳」에서는 우리 민족을 "君子不死之國"으로까지 묘사하였는데 이 '君子'는 바로 유학에서 추구하는 이상적 인간형이다.

이러한 군자국으로서의 면모는 유학사상의 근간이 되어 왔다. 즉 공자의 사상은 '仁'으로 대표될 수 있는데 사람이 사람다운 것은 바로 이 仁이 있음으로이다.『논어』나『맹자』『중용』 등에 보면, '仁'은 곧 '人'이라고 하였다.12) 그런데 중국 갑골문에서는 '仁' 보다는 '人'자가 역사적으로 선행한다. 또한『說文解字』에 의하면

---

10) 이후 기자가 동래하여 기자조선을 세웠다는 것은 여러 가지로 해석할 수 있으나 『史記』「宋微子世家」에 "武子乃封箕子於朝鮮, 而不臣也 …" 라는 구절에서 "기자를 조선에 봉하였다" 하였으므로 기자조선이 문제시된다. 그러나 『呂氏春秋』에서 기자에 관한 기록들과 연결하여 보면 무왕은 혁명 후 민심수습을 위하여 은나라의 三仁으로 불리는 기자를 예우한 것이지만 기자는 망국 후에 피난하므로 떠나버렸고 당연히 무왕이 그에게 주는 벼슬에는 더더구나 관심이 없었을 것이다. 또한 "而不臣也"를 분석하면 기자의 입장에서는 신하로서 무왕을 섬기지 않았다는 것이고 무왕의 입장에서는 제후로는 봉하였으나 신하로 대하지는 않았다고 해석할 수 있다. 그렇다면 "封於朝鮮" 부분은 기자가 은의 귀족으로서 은의 유민을 데리고 조선에 온 이민국으로도 볼 수 있다

11) 『山海經』 권9,「海外東經」. 君子國. "君子國在其北, 衣冠帶劍, 食獸, 使二大虎在旁, 其人好讓不爭, 有薰華草, 朝生夕死."

12) 『中庸』, 제20장. "仁者, 人也" ;『孟子』「盡心下」. "仁也者, 人也"

仁, 人, 夷는 같은 의미로 동방의 사람들을 뜻하였다. 갑골문에서
도 東夷族을 '人方'으로 표시하였다. 따라서 이 '仁'의 원형은 人方
族의 '人'에서 유래한 것을 알 수 있다.[13] 이렇게 보면 중국 고대의
동이족의 위상은 유학사상 형성과도 지대한 관계가 있고 인방족의
'人'이나 군자지국의 '군자'는 깊은 연관성이 있음을 알 수 있다.

   그렇다면 한국사상의 특질은 무엇인가? 한국사상은 한국을 주체
로 한 사상을 말하는 것인데 그 고유성과 외래성이 문제가 된다.
고유성과 외래성 논의에 있어 儒·佛·道 思想이 외래사상이라
하여 외래적 요소를 배제하고 한국사상을 정립하려 한다든가, 상
고의 고유신앙이나 풍습만을 한국적인 것으로 주장하는 경우도 있
으나, 한국은 고대의 유교·불교·도교를 한국적으로 수용해 왔고
근대에는 서구사상을 받아들여 토착화하여 왔음을 유의해야 한다.
이것은 곧 한국인들에게는 외래사상을 한국적 문화토양에 맞게 재
창조하는 능력이 지속되어 왔음을 반증하는 것이다. 따라서 어떠
한 외래사상도 한국적인 특성과 문화적 개성으로 재창조되어 온
것이다.

   이에 관하여 崔致遠은 「鸞郎碑序」에서 "나라에 玄妙한 道가 있
으니 이를 風流라 한다. 이 敎를 베풀은 근원에 대하여는 仙史에
상세히 실려 있거니와 실로 이는 三敎를 포함한 것으로 모든 생명
을 접하면 이들을 감화시킨다[14]"라고 하였는데, 이는 한국사상 속
에 외래사상을 섭취하여 그 문화를 자기의 것으로 만들 수 있는 소
질이 구비되어 있었다는 것을 전제하는 것이라 하겠다.

---

13) 勞幹, 「中韓關係論略」『中國文化論集(2)』, 394쪽.
14)『三國史記』권4, 신라본기4 진흥왕37년. "國有玄妙之道 曰風流, 設敎
   之源 備詳仙史 實乃包含三敎, 接化群生, 且如人則孝於家, 出則忠於
   國, 魯司寇之旨也. 處無爲之事, 行不言之敎, 周柱史之宗也. 諸惡莫作
   諸善奉行, 竺乾太子之化也."

그렇다면 어떠한 가치관이 한국인의 사상적 창조성을 발현시켰는가에 관심을 가질 필요가 있다. 최치원은 또한「眞鑑國師碑文」에서 "무릇 道는 사람에게서 멀리 있지 않으니, 사람은 누구나 異邦이 따로 없다. 그러므로 한국 사람들이 불교도 하고 유교도 하고 다른 것도 한다"[15]고 하였다. 당시의 唐나라, 즉 중국은 문화적 자긍심이 강하여 다른 나라는 이방시하였다. 그러나 최치원은, 진리가 인간 내면의 주체적 자각성에 있음을 가지고 인간(인류)평등과 문화의 자주성을 설파하였다. 또한 이러한 주체성에 입각하여 한국인들의 사상적 개방성과 창조성을 드러낸 것이라 보겠다.

2. 한국의 고대사상

1) 弘益人間 이념

홍익인간이념에 접근하기 위하여 먼저 우리 민족의 건국신화인 단군신화로부터 논의를 전개하고자 한다. 신화는 모든 인간사의 가장 단순화된 상징이고 원초적인 이야기로서 신화학자들은 '原型 (primitive type, archetype)' 이라는 개념으로 신화를 이해하는데 이 원형의 본체는 집단적 무의식이다. 한국인의 신화는 한민족의 고유한 생활양식이 투사된 문화의 원형으로서 한국이라고 하는 개별 문화 속에 존재하는 세계관과 인생관이 투영되어 있는 것이며 단군신화 또한 우리 선조의 사유와 존재태의 한 단면이다.

홍익인간 이념을 전하고 있는 문헌은『삼국유사』와『제왕운기』인데 두 문헌의 기사는 약간씩 다르다. 기록에 의하면 이 이념은

---

15)『崔文昌侯全集』「眞鑑國師碑文」. "夫道不遠人, 人無異國, 是以東人之子, 爲釋爲儒"

신화의 주인공 환인이 환웅에게 제시한 것으로 되어있지만 신화가 고대인의 삶과 염원의 기록임을 감안한다면 이 사고는 우리 조상들이 생각했던 가장 이상적인 사회를 반영하여 상정된 것이라고 볼 수 있다. 그리고 한국인이 추구했던 이상인 '弘益人間', '在世理化'의 이념은 단지 한국사상의 범주에만 국한되지 않는 세계성과 보편성을 지니고 있다.

단군신화에 의하면 天神인 桓因의 아들 桓雄이 "인간세상을 탐(貪求人世)"하자 아버지가 '天符印'[16] 세 개와 風伯·雨師·雲師 등을 거느리게 하여 환웅이 인간의 360여 가지 모든 일을 담당케 하는 神市를 세운 것으로 기록되어 있다. 환웅은 신의 아들이므로 신의 속성을 가지고 신시를 세울 수 있었고 따라서 "인간세상을 탐했다"는 것은 지상에 신의 세계를 건설하고자 했던 것으로서 인간을 聖化시키고 싶어하는 '사랑'으로부터 비롯한 것임을 알 수 있다. '天符印' 또한 '하늘과 부합하는 도장'으로서 '符'는 쌍무적인 계약관계에서의 '信'을 뜻한다. 따라서 환웅이 받은 천부인 세 개는 아버지 천신(즉 환인)의 뜻에 맞게 세상을 다스려가라는 약속의 증표로서 인간의 상대성이 아닌, 절대적이고 궁극적인 하늘의 기준을 제시한 것이며 나아가 이 궁극성을 추구하겠다는 인간과 신 사이의 약속의 상징이라고 본다.

단군신화의 신관에는 최고신적 요소와 多神적 요소가 있다. 환인이나 환웅은 최고신이며 풍백·우사·운사 등은 그 지배를 받는 신들이다. 따라서 당시의 신관은 추상적·관념적이 아니며 고

---

16) 大倧敎의 『桓檀古史』에는 거의 어디에나 天符三印에 관한 기록이 있으나 그 형태에 관해서는 한 마디도 언급이 없지만 여러 가지로 고찰하여 보면 天·地·人 三才와 원(○)·방(□)·각(△) 三妙와 性·命·精 三眞과 仁·智·勇의 三達의 표상으로 추정된다. 한국정신문화연구원편, 1994, 『한국민족문화대백과사전』.

대 농경사회에서 천신과의 밀접한 관계를 지어주는 토대가 된다. 이 신들의 조직과 기능은 당시 사회의 조직을 반영하는 것이며 고대인들의 요청으로서 형성된 신은 그 사회의 공동의식을 형성하며 사회의 구심력이 되었을 것이다.

이 신화의 후반은 민족의 개조 단군의 탄생에 관하여 기술하고 있다. 같은 굴에서 살고 있는 곰과 호랑이가 사람이 되기를 환웅에게 소원하였는데 신이 내린 禁忌를 지킨 곰은 웅녀가 되어 천신인 환웅과 결합하여 단군이 탄생한다. 곰이 인간으로 변한 것에 관하여는 여러 가지 해석이 있다. 곰과 호랑이는 토템신앙을 상징하는 것으로 보아 곰토템 부족과 호랑이 토템 부족의 투쟁 속에서 곰부족의 승리로 해석하기도 하며 곰을 조상신과 동일시한 동북아 지방의 곰숭배와 연결짓기도 한다. 한편 冬眠을 통하여 죽음과 부활의 과정을 거치는 곰의 특성이 농경사회의 씨앗과 열매의 순환과 상통한다는 의미로 보기도 한다. 그러나 무엇보다도 인간으로 승화된 웅녀는 地母神을 상징하며 이 지모신(웅녀)이 천신(환웅)과 결합하여 신인합일을 이루어낸 것이 단군의 탄생이다.

한편 신화는 후에 단군이 아사달에 숨어 山神이 된 것으로 끝을 맺는데[17] 이는 단군을 숭모하는 당시 사람들에게 不死의 신으로서 마음 속에 살아남은 것을 의미할 것이다. 이러한 천에 대한 숭배와 산천의 諸神에 대한 제사, 그리고 조상숭배는 한국 고대의 종교와 사상 및 통치이념을 지배해왔다.

그렇다면 단군신화의 개국이념이 의미하는 것은 무엇인가? 단군조선의 홍익인간 이념은 천신의 지상강림, 하늘의 궁극적 기준과 합치하는 神市의 건설 및 불사영생의 신선으로 수렴되는 古神道

---

17) 『三國遺事』 권1, 기이1 고조선. "檀君乃移於藏唐京, 後還隱於阿斯達, 爲山神, 壽一千九百八歲"

사상을 보여준다. 이는 단순히 인간을 유익하게 하는 인본주의 사상이라기 보다는 인간 속에 신성이 깃들어 있어 인간의 사회 속에서 신의 세계가 추구되어지는 신인일체화의 사상이라 하겠다. 이러한 특징은 당시 고조선사회가 농경문화에 근간을 두었다는 사실과 밀접한 연관이 있다. 농경문화의 속성은 자연변화에 민감한 영향을 받을 수밖에 없으므로 자연히 천으로서 표상되는 절대적이고 초월적 존재인 신과의 교감이 우선시 된다. 단군신화의 신은 중국 은대의 상제천이나 구약시대의 야훼와 같은 경외의 대상으로서의 초월적 인격신이지 주대의 천명사상을 근거로 내재천(즉 理, 性)을 주장하는 중국 유가의 신과는 전혀 다르다. "天命之謂性"의 천은 德性의 천이지만 "弘益人間, 在世理化"의 천은 神性의 담지를 목적한 유일신이고 최고신이다.

따라서 '홍익인간' 이념은 '인간의 성화'를 통하여 인간세계가 신의 세계의 수준으로 지향하는 절대적이고 궁극적인 경지를 추구한 것이지 단순히 인간세계에서의 행복이라는 인본주의를 추구한 것은 아님을 알 수 있다. 또한 '홍익인간' 이념은 어떤 특정한 민족이나 국가나 계급을 위한 것이 아니라 보편적 인간애와 평화정신으로서 이것이 바로 한국인의 이상이며 신의 뜻이다. 이는 이제까지 인류가 추구해 온 궁극적 이상향으로서 단군의 古神道 사상은 인본주의적 상대주의의 폐해로 위기에 처해있는 현대인에게 시사하는 바가 크다. 이러한 한국사상의 생명력은 고대국가의 통치이념과 제천의식 속에서 찾아볼 수 있으며 삼국통일의 위업을 달성한 신라인의 정신세계 속에도 내재되어 있다. 신라의 화랑정신과 풍류도 또한 고신도 사상의 창조적 계승이라 볼 수 있으며 이 풍류도는 남북분단 상황 하에서 민족사적 정통성과 관련하여 우리가 주목해야 할 사상이다.

2) 고대국가의 통치이념과 제천의식

단군조선의 고신도 사상에서 볼 수 있듯이 우리 민족은 신에게 감사의 제사를 드리는 풍속이 전하여 내려왔다. 기원전 10세기 경 (箕子시대)에도 제천의식은 계속되어 왔다. 그러나 단군조선시대의 제천사상과 비교할 때 신중심으로부터 인간중심으로 가치관이 변하였는데 이는 은나라 유민의 동방으로의 이동과 밀접한 관계가 있다. 즉 그들이 중국 인문주의 사상의 유입을 가져와 신명성을 기조로 한 고신도사상에 영향을 미친 것으로 보인다.

한국과 중국의 교섭은 상고로부터 있어왔는데 甲骨卜辭에 의하면 殷 武丁 때에 수 차례의 東夷정벌로 이 때에 한반도 서북 지역까지 그 영향이 있었음을 알 수 있으며 이후 은말 주초 혁명기의 은 유민의 이동으로 하여 은대의 문화와 한국의 고대문화는 상통점이 많게 되었다.『漢書』나『後漢書』또는『三國志』「魏志」東夷傳 등에 나타난 것을 보면 은대 풍속과 한국 고대의 풍습이 비슷한 것을 볼 수 있다. 그 내용으로는 중국학자 陳夢家에 의하면, 玄鳥의 시조신화가 같은 것, 동물 뼈에 점치는 것, 순장하는 것, 白衣를 숭상하는 것 등이다. 또 韓道誠은 은나라의 유민이 동부로 망명하여 고대 한국에 은의 풍속을 남긴 것이라 하였다.[18]

고대 한국인의 제례풍습을 전해주는 문헌 가운데 가장 오래된 것으로는『三國志』「魏志」東夷傳이 있다. 이에 의하면 부여·고구려·예에 모두 제천의식이 있었음을 전하고 있다.

　　음력 정월에 천신에게 제사를 드리는데 국민들이 대회를 열어 음

---

18) 류승국, 1983,「殷周文化의 傳來와 韓國古代社會 및 그 信仰」『東洋哲學研究』, 근역서제, 77쪽.

식과 고래와 춤을 계속하며 그 이름을 迎鼓라 했다. 이때에 미결된 옥
사들을 판결하여 죄수들을 석방하였다. … 전쟁이 있을 때에는 또한
하늘에 제사를 지냈으며 소를 잡고 그 발톱을 봄으로써 길흉을 점쳤
다.19)

10월에는 천신에게 제사를 지내는데 온 나라가 대회를 열고 그 이
름을 東盟이라 했다. … 10월 대회에는 隧神을 맞이하여 나라 동쪽으
로 돌아와서 높은 곳에 모시고 제사했는데 신좌에 木隧20)를 모시었
다. 그리고 감옥이 없었다.21)

언제나 10월절에는 天神에 제사했는데 밤낮을 헤아리지 아니하고
술 마시고 노래하고 춤을 추니 그 이름을 舞天이라 하였다. 또 호랑이
를 신으로 제사하였다.22)

『삼국사기』에서도 고구려와 백제의 제사에 관한 기록을 찾아볼
수 있다.

『後漢書』에서 말하기를, 고구려는 鬼神·社稷·零星에 제사지내
기를 좋아한다. 10월에는 하늘에 제사지내면서 크게 모이는데, 이름하
여 東盟이라고 하였다. 그 나라의 동쪽에 큰 굴이 있어 禭神이라고 부
르는데, 또한 10월에 이를 맞이하여 제사지냈다.
『唐書』에서 말하기를, 고구려는 풍속에 淫祠가 많고 靈星 및 해
[日]·箕子·可汗 등의 신에게 제사지냈다. 나라의 왼쪽에 큰 굴이 있
어 이를 神隧라고 하며, 매년 10월에 왕이 모두에게 친히 제사지냈다.
『册府元龜』에서 말하기를, 백제는 매년 네 철의 가운데 달[四仲之
月]에 왕이 하늘과 五帝의 신에게 제사지냈다. 그 시조 仇台의 廟를

---

19) 『三國志』魏志 夫餘傳. "以殷正月祭天, 國中大會, 連日飮食歌舞, 名曰
迎鼓. 於是斷形獄, 解囚徒 … 有軍事亦祭天, 殺牛觀蹄, 以占吉凶"
20) 隧는 굴·구멍·大穴神의 뜻을 가지고 있으므로 木隧는 木刻의 窟神
像이라는 뜻이 된다.
21) 『三國志』魏志 高句麗傳. "以十月祭天, 國中大會, 名曰東盟 … 其國
東有大穴, 名隧穴. 十月國中大會, 迎隧神. 還於國東上祭之, 置木隧於
神坐."
22) 『三國志』魏志 濊傳. "常用十月節祭天, 晝夜飮酒歌舞, 名之爲舞天, 又
祭虎以爲神."

나라의 도성에 세우고 일년에 네 번 제사지냈다.[23]

이러한 기록에서 한국 고대인들의 신앙과 삶의 모습을 추출해 볼 수 있다. 첫째는 광명신앙의 제천의례이다. 이들은 모두 하늘 또는 天神을 최고신으로 신앙한 제천의식이었다. 생산신(隱神)·수호신(虎神)·조상신(鬼神) 등을 함께 제사하기도 하였지만 공통적으로 天神을 主神으로 섬겼다. 각 제례의 명칭 또한 천신제임을 보여준다. 迎鼓는 천신을 맞이하는 맞이굿이란 뜻이요, 東盟은 東明으로도 기록하듯이 밝은 천신께 대한 제사의 의미이고 굴을 聖所로 삼고 여신상을 모셨을 가능성도 크다. 舞天은 천신께 노래와 춤으로 제사한다는 뜻이다. 둘째는 기복과 창조신앙이다. 제례의 목적은 복을 비는데 있었다. 5월과 10월의 제례는 풍작을 기원하는 농경의례의 의미를 갖는다. 고구려의 동맹과 예의 무천의 10월 제사는 그것이 추수감사의 축제였을 것이 분명하다. 한편 전쟁시의 제사는 보호와 승전에의 기원이었다. 제례축제를 기해 모든 죄수들을 석방하였는데 이는 평화와 해방을 기구하였던 고대인들의 염원을 반영한 것이라 볼 수 있다.[24] 셋째로 공동체 의식 고취이다. 고대인들은 신에게 드리는 제사행위의 음주가무를 통하여 망아의 경지를 체험하면서 국가공동체 성원간의 하나됨을 이룰 수 있었다. 특히 고구려의 제천의식을 '東盟'이라 하였는데 '盟'은 춘추전국시대의 會盟과 통하는 것으로 고구려의 동맹은 祭天과 더불어

23)『三國史記』권32, 雜志1 祭祀條. "後漢書云, 高句麗好祠鬼神·社稷·零星, 以十月祭天大會, 名曰東盟. 其國東有大穴, 號禭神, 亦以十月迎而祭之 … 唐書云, 高句麗俗多淫祠, 祀靈星及日·箕子·可汗等神. 國左有大穴, 曰神隧, 每十月, 王皆自祭 … 冊府元龜云, 百濟每以四仲之月, 王祭天及五帝之神, 立其始祖仇台廟於國城, 歲四祠之."
24) 류동식, 1997,『풍류도와 한국의 종교사상』, 연세대학교 출판부, 40~41쪽.

공동체의 집단의식의 공고화를 통하여 국가 유사시의 단결력을 공고히 할 수 있었다.

요약하면 한국 고대인들의 제천의식의 궁극적인 목적은 풍요와 평화의 해방된 삶의 창조에 있었고 이러한 삶의 창조는 천지의 주관자인 최고신 천신과의 교제 가운데서 가능하였다. 이 교제는 음주가무를 통해 지모신의 승화과정을 거치는 것이었음을 알 수 있다. 즉 단군신화의 천지인 三才의 구조를 행위로서 반복하여 신화적 창조의 원리를 드러내 주는 제례양태였으며 신과 인간이 하나가 됨으로써 풍요로운 삶의 창조를 도모한 종교의식이었다. 뿐만 아니라 제사행위를 통한 신과 인간의 합일 경험 및 이를 통한 인간과 인간의 화합이 이루어지는 '홍익인간' 이념의 실현처 였음을 알 수 있다.

한국 고대의 통치 이념 또한 '고신도 사상' 및 '홍익인간' 이념과 같은 맥락을 갖는다. 단군의 건국이념에서 '하늘과 부합한다'는 의미를 지닌 '天符印'은 신라시대에는 '金尺', 고려시대에는 '金塔' 또는 '天秤', 조선시대에는 '夢金尺' 이라 하였는데 그 본래의 의미는 동일하다. 또한 「광개토대왕비」에 보면 고구려의 시조 東明王이 승천할 때 그 아들에게 이르기를 "이 세상을 道로써 다스려라(以道興治)"고 하였고 신라의 「진흥왕순수비」에도 "純風과 世道를 말하여 나라의 정치를 道로써 다스려라"고 하였다.

그렇다면 이 道는 무엇을 의미하는 것일까? 이는 단군신화로부터 기인한 순수한 인간성의 회복, 즉, 인간의 욕심과 상대성에 기인한 것이 아닌 天上의 절대적 기준을 의미한다고 해석할 수 있다. 인간의 행복한 삶이란 인간사이의 상대성에 기초하여 이루어질 수 없다. 왜냐하면 인간의 끊임없는 욕망이 사랑과 양보를 용납하지 못하는 속성을 지녔기 때문이다. 한국 고유사상 속에 드러난 한국인들의 사고의 원형은 인간 욕망의 무제한성에 대한 정확한 인식을 기초로 하고 있다. 단군의 아버지 환웅이 하늘로부터 인간세상으로 가지고 온 '天符印'은 '홍익인간'의 실현을 위하여 하늘의 질서와 기준이 필수불가결한 요소임을 반증한다. 이 다스림의 이념과 기준은 '金尺'이나 '金塔'이 의미하는 바의 순수성과 불변성으로, '天秤'의 공평성과 절대성으로 의미화 되었다. 그리고 이것이 곧 '以道與治'의 '道'의 의미이다.

3) 풍류도와 화랑도

풍류라는 말은 『삼국사기』 진흥왕조에 화랑도의 설치에 관한 기사 가운데 나온다. 이에 관한 최치원의 증언이 「난랑비서」로 기록되어 있다. 그 내용은 "나라에 玄妙한 道가 있으니 이를 風流라 한다. 이 敎를 베풀은 근원에 대하여는 仙史에 상세히 실려 있거니와 실로 이는 三敎를 포함한 것으로 모든 생명을 접하면 이들을 감화시킨다"[25]라 하였다.

최치원은 우리나라에 옛부터 현묘한 고유의 도가 있음을 말하고 이것이 유·불·도 3교가 들어오기 전부터 있어 온 한국 고유의 사상임을 밝혔다. 風流道는 천부적으로 유·불·도 삼교일체의 사상을 이미 자체 내에 지닌 합리적 사상이었다. 즉 풍류도는 외래의 유·불·도적 요소를 지니고 있는 것이 아니라 근본적으로 이들 3대 사상의 묘합과 같은 고유사상이었음을 알 수 있다. 이 풍류도는 '玄妙之道', '花郎道'의 다른 이름이며 삼교를 포함한, 후천적

---

25) 『三國史記』 권4, 신라본기4 진흥왕37년. "國有玄妙之道, 曰風流. 設敎之源, 備詳仙史, 實乃包含三敎, 接化群生. 且如入則孝於家, 出則忠於國, 魯司寇之旨也. 處無爲之事, 行不言之敎, 周柱史之宗也. 諸惡莫作諸善奉行, 竺乾太子之化也."

외래사상이 아닌 선천적 고유사상이다. 최치원의 기록이 불충분하고 또 『仙史』의 소실로 풍류도가 무엇인지 적극적으로 해석하기는 힘들지만 최치원이 화랑도의 창립과 정신을 말하는 부분에 풍류도[風月道]를 언급하고 있는 것을 보아 풍류도는 화랑도의 핵심적 이념이 되었음을 알 수 있다.

유교의 본질은 我慾에 찬 자기를 버리고 인간 본성인 예로 돌아가는데 있고(克己復禮), 불교의 본질은 我執을 버리고 인간의 본성인 한 一心 곧 佛心으로 돌아가는데 있으며(歸一心源), 도교의 본질은 인간의 거짓된 言行心事를 떠나 자연의 대법도를 따라 사는데 있다(無爲自然). 이렇듯 삼교의 본질은 다 같이 아욕에 사로잡힌 자기를 없애고 우주의 대법도인 천부의 본성, 곧 참마음으로 돌아가는데 있다. 우주적인 참마음이란 하느님이 주신 마음이요, 하느님의 마음이다. 그러므로 하느님과 하나가 되는 풍류도는 삼교의 본질을 모두 포함하고 있다고 하겠다.

실제 상고시대의 우리 조상들은 봄, 가을에 하느님에게 제사를 드리되 노래와 춤으로써 하였다. 여기에서 그들은 하느님과 하나로 융합하는 강신체험을 가졌고 이것을 사상화 한 것이 풍류도이다. 풍류도란 하느님을 섬기는 天神道요 그 핵심은 하느님과 인간이 하나로 융합되는 데에 있다. 내가 없어지고 내 안에 신이 내재한 상태의 '나'가 풍류의 주체가 되는 것이다(天人合一). 신과 하나가 된 풍류객은 새로운 존재양식을 가진다. 자기 중심의 세계에서 벗어나 다른 사람과의 관계의 세계로 옮겨간다. 그리고 사람들과 접촉해서 그들도 본연의 인간으로 되돌아가도록 교화한다. 이것은 실로 우리 안에 있는 하느님의 본성이기 때문이다. 그는 널리 사람들을 유익하게 하는 분으로 믿어왔다(弘益人間). 요컨대 풍류도의 본질은 하느님과 하나가 되어 많은 사람들과 사랑의 관계를 맺게

하는데 있다. 이러한 풍류도를 몸에 지닌 사람을 가리켜 花郞이라
한다.

　화랑도가 형성된 것은 신라의 진흥왕(540~576) 때로서 진흥왕은
군사대국 고구려와 문화 선진국인 백제사이에서 후진을 면치 못하
던 신라를 중흥시킨 인물이다. 화랑도의 형성에 대한 기록 자료로
는 『삼국사기』 신라본기 진흥왕 37년조와 『삼국유사』 권3, 미륵선
화 미시랑 전자사조에 나타난다.

　『三國史記』에는 화랑도에 관하여 다음과 같이 기록하였다.

> 　37년(576) 봄에 처음으로 源花를 받들었다. … 이에 아름다운 두 여
> 인을 뽑았는데 하나는 南毛라 하였고 하나는 俊貞이라 하였다. 그들
> 은 그 무리를 300여명이나 모았는데 두 여인은 차츰 그 아름다움을
> 다투어 서로 질투하게 되었다. … 그 후에 다시 아름다운 남자를 뽑아
> 서 곱게 단장하고 花郞이라 이름하여 이를 받들게 하였는데 그 무리
> 들이 구름같이 모여들었다. 그들은 도의로써 서로 연마하며(相磨以道
> 義), 노래와 음악으로써 즐거워하고(相悅以歌樂), 산수 좋은 곳을 찾아
> 즐기어(遊娛山水), 이르지 않은 곳이 없다(無遠不至). 이로 인하여 그
> 사람의 옳고 그름을 알게 되었고 그 중에서 좋은 사람을 가려 뽑아 이
> 를 조정에 추천하게 되었다. 그런 까닭으로 김대문의 『화랑세기』에는
> 말하기를 '어진 재상과 충신이 여기에서 나오고 뛰어난 장사와 용감
> 한 군사가 이로 인하여 생겨났다고 하였다.26)

　또한 임금을 섬기되 충성으로써 하며(事君以忠), 어버이를 섬기
되 효도로써 하며(事親以孝), 벗과 사귐에는 신의가 있어야 하며
(交友以信), 싸움에 임해서는 후퇴함이 없으며(臨戰無退), 살생은

---

26) 『三國史記』 권4, 신라본기4 진흥왕37년. "始奉源花 … 遂簡美女二人,
　　一曰南毛, 一曰俊貞, 聚徒三百餘人. 二女爭娟相妒 … 其後更取美貌男
　　子粧飾之, 名花郞以奉之, 徒衆雲集. 或相磨以道義, 或相悅以歌樂, 遊
　　娛山水, 無遠不至. 因此, 知其人邪正, 擇其善者, 薦之於朝. 故金大問花
　　郞世記曰, 賢佐忠臣, 從此而秀, 良將勇卒, 由是而生."

가려서 해야 한다(殺生有擇)고 하였는데, 이것은 圓光法師가 귀산과 추항이라는 화랑에게 준 이른바 世俗五戒[27]로서 화랑의 교육내용을 보여준다.

　이를 통해 볼 때 화랑도의 정신은 우리의 고유한 요소에 외래적인 중국의 불교와 도교, 그리고 유교 사상과의 접합에 의해서 한국화한 것임을 알 수 있다. 중국의 유교는 孝가 忠의 기본이 되어 '충신을 효자의 집에서 구한다 (忠臣求孝子之門)'고 하였으나 세속오계의 '임금을 충성으로써 섬긴다(事君以忠)'에서 충이 먼저 강조된 것은 당시의 삼국정립의 상황이 절대적인 단결력을 요구했기 때문으로 보이며 이는 중국유교의 孝忠 사상과는 그 성격이 다른 한국사상의 고유성이라 하겠다. 세속오계에서의 忠孝・信義・道義 등의 덕목은 유가의 영향인 듯 하고, 殺生의 문제는 불교와 관련된 것이며 또 산수에서 놀고 음악을 좋아하는 것 등은 도교적인 요소로 볼 수 있다. 그러나 이러한 화랑의 수련과 계율은 본래적 의미의 유・불・도와 구별된다.

　또 '서로 도의로써 연마한다(相磨以道義)'라고 한 것이나 '벗과 믿음으로써 사귄다(交友以信)'이라 한 것도 단순히 서로 배신하지 않고 평등하게 신의를 지켜 나가면 된다는 차원이 아닌 벗을 위해서 함께 죽음에까지 이른다고 맹세한 것이 '벗 사이에는 믿음이 있다(朋友有信)'의 信보다 더 철저한 의미의 신의인 것이다. 또 불교의 五戒는 '살생하지 않는다(不殺生)' 로서 살생 자체를 금하는 것이지 가려서 살생한다는 것은 아니다. 그런데 불살생이 아니라, '살생함에는 가려서 한다(殺生有擇)' 고 한 것 역시 당시 상황을 고

---

27) 『三國史記』, 권45, 열전5 貴山, "法師曰佛戒有菩薩戒, 其別有十若等, 爲人臣者恐不能堪. 今有世俗五戒, 一曰事君以忠, 二曰事親以孝, 三曰交友以信, 四曰臨戰無退, 五曰殺生有擇."

려한 수용이라 하겠다. 한편 '산수에서 놀고 즐긴다(娛遊山水)'는 老莊의 無爲自然이라고 하기보다는 오히려 이 자연을 통해서 심신을 단련하고 기개를 기르는 有爲自然이다. 나아가 화랑이 산수를 찾아 노니는 것은 자연의 정기를 호흡함과 동시에 그곳에 강림한 하늘의 영과 교제하는 데에 그 목적이 있었다. 그 한 예가 김유신의 경우인데 15세에 화랑이 되어 삼국통일에 공을 세운 김유신은 깊은 산 석굴 속에서 호국을 기원하다가 거기에서 산신령을 만나 호국의 비법을 전수받고 하늘에서 내린 영광이 그의 보검에 들어오는 것을 경험했다.[28] 이런 요소들이 유·불·도 사상의 한국적 수용과 섭취의 단면이라 볼 수 있다.

또한 이를 통하여 우리는 고대종교사상이 지녔던 원시적 이념이 삼교를 매개로 하여 보다 높은 종교적 사상으로 승화되어 간 것을 알 수 있다.[29] 곧 생존적 가치에 불과하였던 풍요와 평강이 도의에 입각한 인격적 가치의 세계로 승화되었고 신령과의 교제술이었던 음주가무가 이제는 인생과 예술과 자연의 융합에서 이루어지는 풍류로 발전된 것이다. 신개념에 있어서도 초기에는 단순한 생산과 수호의 주재자에 불과하던 것이 이제는 三敎가 모색했던 인격적 가치를 주관하고 창조하는 초월적 인격신으로 승화된 것이다.

---

28) 『삼국사기』 권41, 열전1 김유신 상.
29) 이러한 풍류도의 세 가지 성격을 유동식은 고유한 우리말로 '한', '멋', '삶'이라고 표현하였다. 또한 우리가 추구하는 삶의 이념을 풍류도와 통하는 '한 멋진 삶'이라고 하였다(류동식, 1997, 『풍류도와 한국의 종교사상』, 연세대학교 출판부, 60~63쪽).

제2장

한국과 중국의 상고시대 문화교섭

제1절 머리말

중국과 한국은 지리적 이유로 오랜 기간 동안 민족 간의 접촉과 이동, 문화·사상적 상호영향, 그리고 영토의 분쟁을 겪어 왔다. 그 와중에서 문화와 풍습의 교류가 빈번했고 종교와 사상도 공유되었다. 따라서 어디부터 어디까지가 중국의 것이고 한국 고유의 요소는 무엇인지를 가리는 작업은 유형적인 영토, 민족, 풍습의 영역 뿐 아니라 무형적인 문화, 사상, 종교의 경계에 이르기까지 매우 민감하고 난이한 사안이 될 수밖에 없다. 그것은 한국과 중국의 교류가 유형, 무형을 막론하고 그 연원이 역사 이전에까지 거슬러 올라가기 때문이다. 중국인들이 실증적 입장에서 부인하였다가 최근 殷商代의 殷墟유적이 발굴된 후 그 실재를 인정하게 된 殷代의 대표적 유물인 甲骨에서만도 한국과 중국의 상호교섭문제가 중요하게 드러나고 있다. 이 사실만 보아도 한국과 중국의 상호교류와 영향관계를 밝히는 것은 동아시아 문화사 뿐 만 아니라 세계문화사에 이르기까지 매우 중요한 관건이 되는 요소임을 유추할 수 있다. 이러한 맥락에서 본다면 최근 중국과 북한이 고구려 문화유산을 둘러싼 유네스코 문화유산 지정 경쟁을 벌이는 것이라든가 중국에서 이미 수 년 전부터 많은 예산과 인력을 투입하여 고대사에 관한 '東北工程'[1]을 추진해 오는 일의 중요성을 인식할 수 있다.

일반적으로 한국은 중국의 문자를 빌려다 써 왔다. 따라서 역사에 관한 기록은 중국이 앞섰고 한국은 중국의 사료를 참조하여 자신의 역사를 기술하게 되었다. 이러한 이유로 한국과 중국 중 어느 쪽이 어느 쪽의 영향을 더 받았는지를 명확하게 가리기는 쉬운 일이 아니다. 한국 역사의 자원이 되는 중국의 역사가 아무리 객관적으로 기술되었다 하여도 자신에게 유리하게 쓰여지게 마련이다. 더욱이 중국은 古來로 문화민족의 자긍심이 강했으므로 '中華'적 사관에 입각하여 타민족의 역사는 열악한 것으로 인식, 서술하기 쉬웠을 것이다. 이러한 분위기에서 한국이 중국문화의 영향 없이 독자적 문화를 형성, 유지하여 왔다고 강변하는 것도 억지에 지나지 않는다. 그러나 한국문화가 어떠한 방면에서 중국과 구별되는지, 그리고 중국에서 영향을 받은 요소와 중국에 영향을 준 요소를 가려내는 것은 중국과 한국이 공존하는 동아시아 문명권의 건설적

---

1) 소수민족사를 연구하는 중국 사회과학원 산하의 '中國邊疆史地硏究中心(www.chinaborderland.com)'이 지난해 2월 '東北工程'이라는 프로젝트를 세웠다. 이 프로젝트는 5년간 200억 위안(약 3조원)의 사업비를 들여 고구려에 대한 연구를 대대적으로 펼쳐 고구려를 중국 변방의 소수민족 정권으로 자리매김하는 것이 목적이라고 한다. 이 프로젝트의 계획서에는 '중국의 동북지역은 근대 이후 전략적 요충지일 뿐만 아니라 특히 개혁 개방의 요구에 따라 이 지역에 대한 역사 연구에 관심이 높아지고 있다'고 명시되어 있다.

발전을 위해서도 긍정적인 작업이라고 생각된다. 만약 한국문화가 중국의 그것과 동일했다면 영토의 문제를 떠나서도 한국은 중국에 자연스럽게 흡수, 동화되어 버렸을 것이기 때문이다.

　중국인이 가지고 있는 문명적 자긍심에도 불구하고 고대로부터 중국인은 한국을 가리켜 '문화민족'으로 지칭해왔다. 중국 고대 기록에 보이는 '君子國', '靑邱之國' 등의 칭호는 한국이 중국의 다른 변방민족들과는 구별되는 높은 수준의 문화를 향유하고 있었음을 보여주는 예이다. 그러나 이러한 '찬사'의 배경을 보면 殷의 遺民인 '箕子'가 동쪽으로 이동하여 와서 한국민족을 '敎化'하여 그 이후부터 문화민족으로 살아왔다는 뿌리깊은 '中華主義'가 자리잡고 있음을 볼 수 있다. 즉, 문화의 이동이 서쪽(중국)으로부터 동쪽(한국)으로 일어났고 이로 인하여 한국은 고대로부터 문화민족으로 거듭날 수 있었다는 견해이다. 이러한 관점은 특별히 유교문화와 연결되는데 중국에 근원한 유교의 인문주의 문화가 한국에 유입된 후 한국인들은 '군자국'으로 불리울 만한 수준으로 고양되었다는 논리이다.

　전술하였듯이 이러한 중국의 견해를 일방적으로 전면 부인할 수는 없다. 한국이 문자로부터 사상에 이르기까지 중국 문화의 영향을 받았고 그것이 고대로부터 시작되었다는 것을 모두 부인할 수는 없고 또 그렇게 할 필요도 없다. 인접한 국가는 상호영향을 주는 것이 당연하기 때문이다. 그러나 한국이 중국으로부터 일방적으로 영향을 받았고 그들의 선진문화에 의하여 문명화되었다고 일방적으로 주장하는 것도 똑 같은 이유에 의하여 문제가 있다. 따라서 한국과 중국은 고대로부터 상호 영향을 주고받았다는 것이 본 연구의 기본적 출발점이다.

　이러한 인식의 기초 하에서 본 연구는 한국과 중국의 고대문화

상호교류와 영향관계를 규명하고자 한다. 특별히 고대문화는 종교문화가 주축이 되므로 한국과 중국의 고대 종교문화에 관한 상호영향관계와 한국문화의 특징을 밝혀내고자 한다. 이를 위하여 먼저 東夷族의 고대문화를 규명하고 箕子가 東來하여 朝鮮을 敎化하였다는 '箕子東來說'과 '箕子朝鮮說'의 문제를 규명하고자 한다. 마지막으로 중국고대문화와 한국고대문화의 특성과 교섭관계를 밝혀내어 한국고대문화의 고유성과 독자성을 추출하고자 한다. 나아가 이 연구를 통하여 최근 중국이 추진하고 있는 한국고대사에 관한 동북공정 등 양국의 역사분쟁에도 기여하는 바가 있으리라 생각된다. 본 연구는 檀君朝鮮과 箕子朝鮮을 그 시대적 범위로 한다. 이 시기는 학자들에 따라 三朝鮮說 등 설이 다양하지만 일단은 단군을 중심으로 한 고조선과 기자동래설로 그 범위를 한정하고자 한다. 분석자료로는 한국과 중국의 고대 史書를 활용하며, 연구방법으로는 문헌연구를 통한 교섭사적 고찰을 통하여 한국과 중국의 上古文化를 비교 고찰한다.

제2절 東夷族의 고대문화

1. 東夷族의 기원

한국민족은 아시아 동부에 있어서 가장 오랜 역사를 가지고 있으며[2] 고대로부터 東夷族과 漢族은 밀접한 관련을 맺어왔다. 한국

---

2) 이서행, 1993, 「한민족의 원류」『한국·한국인·한국정신』, 대광서림,

사상의 연원을 논증할 수 있는 역사적 문헌과 그 원류를 밝혀 보면
고려 후반기의 『三國史記』와 『三國遺事』로서 서기 12·13세기의
작품이다. 고대 한국에 관한 기록을 중국 문헌에서 고찰해 볼 때
『史記』「朝鮮傳」, 『漢書』「地理志」, 『後漢書』「東夷傳」, 『三國
志』「東夷傳」, 『山海經』「大荒東經」 등을 꼽을 수 있다. 보다 더
오래된 문헌으로는 『春秋左傳』, 『尙書』, 『詩經』 등 유교의 경전들
이다. 최근 고고학적 발굴이 활발해지고 先史時代의 유물과 유적
이 발견되어 한국의 유구한 역사를 뒷받침하고 있다. 문자로 기록
된 古文獻을 종합적으로 살펴볼 때 국내의 고자료로는 金石文이
나 단편적 古文書 등이 있는데 「광개토대왕비」(414)나 「진흥왕순
수비」(561)가 가장 오래된 자료이며 기원전 10세기경의 중국청동
기 銘文과 기원전 15세기의 甲骨文이 있다.

한편 중국사상사는 孔子(B.C. 551~473)를 중심으로 하여 儒敎라
는 획기적인 분기점이 이루어지는데 공자는 가까이는 周公을, 멀
리는 堯·舜을 최고의 인격으로 사모하고 존숭하여왔다.3) 그런데
중국에서는 역사의 범위를 西周시대(B.C. 11C)로부터 보고 그 이전
은 前史시대로 보았기 때문에 堯·舜의 문제는 학문적 영역에서

79쪽. 한반도에 사람이 살기 시작한 것은 대략 15만년에서 3만년 전에
해당하는 구석기 시대로 짐작된다. 우리의 구석기 시대의 유물이 처음
발견된 것은 1933년에 두만강 기슭이었으며 1963년에 함북 웅기의 貝
塚에서, 평남 상원읍의 검은 모루, 1964년 충남 공주군 석장리에서,
1978년 한탄강 유역에서 각각 발견되었다. 1968년에 석장리에서 발굴
된 목탄을 방사성 탄소 연대측정을 한 결과, 그것이 약 30,690년 전의
것임이 확인되어 적어도 삼만년 전에 한반도권에도 후기구석기 인류가
생활하였음이 확실하여 졌다.
3) 『論語』「術而」. "子曰, 甚矣 吾衰也, 久矣, 吾不復夢見周公"; 『論語』
「泰伯」. "子曰, 大哉, 堯之爲君也, 巍巍乎唯天爲大, 唯堯則之, 蕩蕩乎
民無能名焉"; 『中庸』, 6장. "子曰, 舜其大知也與, 舜好問而好察邇言,
隱惡而揚善, 執其兩端, 用其中於民, 其斯以爲舜乎"

제외되어 왔었는데 淸朝末(1898) 河南省 安陽縣 小屯 지방을 중심
으로 갑골문이 발견되고 1928년 제 1차 발굴작업이 시작된 후 점
차 연구가 진행됨에 따라 주대 이전 은대의 종교, 사회, 민족 관계
등 제반의 모습이 드러나게 되었다. 이 갑골학의 연구는 중국역사
연구에 획기적 성과를 가져올 뿐 아니라 우리나라 고대사 연구에
도 많은 기여를 하였다.

　이처럼 甲骨卜辭를 통하여 3,400년 전 은대의 기록을 읽을 수 있
으며 이 연구결과에 의하여 그 이전 신석기 시대에 있어서의 한중
문화의 관련성을 추정할 수 있다. 한편 石器와 土器를 통해 보면
遼東과 南滿洲와 한반도, 그리고 山東지방과 華北지방은 문화적
으로 일련의 연관성이 있음이 증명되지만 東夷와 漢族은 생활권을
달리함을 알 수 있다. 일본의 고고학자 駒井和愛에 의하면 신석기
시대에 있어서 황하유역에는 3대의 문화중심지가 있었다고 한다.
즉, 제1은 中原의 農主牧從의 문화이며 제2는 황하 상류의 고원지
대의 오아시스적인 農牧문화로서 彩陶문화이다. 제3은 황하하류의
沿海지대로서 산동을 중심으로 한 農漁적인 특수문화지대로서 흑
도문화이다.4) 이같이 산동을 중심으로 한 넓은 沿海지대를 흑도문
화권이라고 하였는데 이 흑도문화에 관하여 중국학자 徐亮之는
『中國史前史話』란 저술에서 灰陶문화와 東夷를 설명하여 중국의
회도문화는 동이족이 창조한 것이라고 하였다. 그리고 중국 동부
에 있는 萊夷・徐夷・淮夷 등은 동이족임을 논증하였다. 따라서
흑도는 산동지방 및 동이족과 상호관련성이 깊음을 알 수 있다. 중
국고전에서 東夷라 함은 漢族이 동방의 非漢族을 가리키는 호칭
으로서 東方은 중국 하남의 동부 산동 지방과 淮水와 徐州 일대를
가리키는 것이고 南蠻・北狄・西戎에 대하는 용어이다.5) 이 東夷

---

　4) 駒井和愛編,『考古學槪說』, 8장 2절.

에 관한 기록은 『史記』, 『太公世家』, 『周本記』, 『漢書』 등 史書와 『春秋左傳』, 『尙書』, 『詩經』 등의 經書에 나타나며 이보다 더 앞선 기록으로는 주대 초기(B.C. 11~8세기)의 金文 중에 많은 기록이 있다.6)

중국 은대에 있어 동이족이라 함은 山東과 徐州와 淮水지역에 사는 부족으로 이를 '人方'이라 칭하였다. 인방은 상기 지역에 사는 부족 이름으로 타부족과 구별되는 고유명사이다. 예를 들면, 土方·井方·羌方·孟方·虎方·馬方·人方 등은 모두 異方을 칭한 것으로서 人方은 다른 他方과 구별된 칭호임을 알 수 있다. 金文에 보면 東夷나 淮夷를 東人, 夷人으로 기록하였는데 이를 통하여 볼 때 '夷'의 칭호는 후기의 것이고 본래는 '人'이었음을 알 수 있다. 유교에서 君子와 夷와 仁은 불가분의 관계에 있다. 『說文』에는 "東夷는 大를 따르며 큰 사람[大人]이다. 夷의 풍속은 어질다. 어진 자는 장수하니 君子가 죽지 않는 나라가 있다"7)라고 설명되어 있다. 『論語』나 『孟子』, 『中庸』에는, '仁'은 곧 '人'이라고 하였다[『中庸』 제20장, 『孟子』「盡心下」]. 이처럼 '仁', '人', '夷'는 같은 의미로 동방의 사람들을 뜻하였다. 그런데 중국 甲骨文에서는 '仁' 보다는 '人' 자가 역사적으로 선행하며 동이족을 '人方'으로 표시하였다. 따라서 유가사상의 핵심인 이 '仁'의 원형은 人方族의 '人'에서 유래한 것을 알 수 있다.8)

고대 동이족의 거주지역은 殷 武丁期(B.C. 1339~1280)의 卜辭와

---

5) 『禮記』「王制」. "西方曰戎, 東方曰夷, 被髮文身, 有不火食者矣, 南方曰蠻 … 西方曰戎 … 北方曰狄 …"

6) 柳承國, 1983, 「儒學의 淵源으로서의 堯舜의 歷史的 實在와 東夷와의 關係」『東洋哲學硏究』, 근역서제, 20~21쪽.

7) 『後漢書』「東夷列傳」. "說文云, 東夷從大, 大人也. 夷俗仁, 仁者壽, 有君子不死之國"

8) 勞幹, 「中韓關係論略」, 『中國文化論集(2)』, 393~395쪽.

帝乙과 帝辛의 장기에 걸친 동이정벌에 관한 卜辭에 자세히 나타
나 있는데, 이를 고증하면 山東과 淮水 일대를 가리킨 것을 알 수
있다.9) 사실 金文이나 문헌자료를 통해서 확인되는 은주시대 이래
적어도 전국시대까지의 '夷'는 중국 山東省 동부와 그 이남 淮水
유역에 이르는 집단을 지칭하였다. 傅斯年의 유명한 『夷夏東西
論』이 하남성 서쪽의 仰韶文化와 그 동쪽의 龍山文化의 주인공을
각각 夏와 夷로 배정한 주요근거도 바로 이것이었다. 더욱이 이
'夷'들과 동시대 또는 그 이후의 '東北' 주민들과의 종족적·문화
적 동질관계도 현재 고고학의 성과로 부정되고 있으며 秦帝國의
통일과 함께 淮水·泗水 유역의 '夷' 들이 중국의 編戶로 편입되
면서 이 上古의 '東夷'는 소멸되었다고 한다.10) 그런데 한대 이후
의 史書에 보이는 '東夷'는 先秦시기 중국 동부 연안지방에 존재
하던 '夷' 집단들이 아니라 중국 동북부 지역의 종족이나 민족을
가리키는 것으로 그 위치가 변화되었음을 볼 수 있다. 이는 『史記』
의 "東胡在匈奴東, 夷人在東胡東(卷110)"이라는 기록을 통해서도
알 수 있는데 이 내용은 당시의 夷가 중국 대륙의 동북쪽에 있었음
을 알려준다. 이외에도 中國史書 중 『後漢書』와 『三國志』에서는
夫餘, 挹婁, 高句麗, 沃沮, 濊, 韓, 倭에 관한 내용을 '東夷'라는 내
용으로 묶어서 하나의 傳으로 기록한 것을 보면 적어도 東漢代부
터는 東夷의 개념이 중국 대륙 바깥의 동북부 지역에 위치한 한민
족과 관련된 종족이나 민족을 가리키는 명칭으로 정립되었음을 알
수 있다.11)

---

9) 郭末若主編, 中國社會科學研究院編, 1984, 『甲骨文合集』, 中華書局.
10) 李成珪, 2003, 「中國 古文獻에 나타난 東北觀」 『동북아시아 선사 및
　　고대사 연구의 방향』(한국정신문화연구원 학술대회 논문집), 9～10쪽.
11) 기수연, 2001, 「中國 文獻에 보이는 '東夷'와 '朝鮮'」 『단군학연구』 4,
　　10～11쪽.

2. 동이족과 상고조선의 문화형성

그렇다면 고대 중국인들은 '東夷'를 어떻게 인식하였는가? 기원
전 1세기에 편찬된『漢書』「地理志」에는 이 지역의 풍속에 관하
여 다음과 같이 기술하였다.

　　殷道가 쇠하자 箕子는 朝鮮으로 가서 그 백성에게 예의, 농경과 양
잠, 옷감짜기를 가르쳤으니 (처음) 낙랑과 조선의 백성에게는 犯禁 8
조가 있었다. 사람을 죽인 자는 즉시 죽이고, 사람을 다치게 한 자는
곡물로써 배상하며, 도둑질한 자는 노비로 삼았다. 스스로 속죄하고자
하는 자는 50만을 내었다. 그러나 비록 면천되어 양인이 되었어도 풍
속에서는 오히려 그것을 부끄럽게 여겼으니 아내를 취하려고 해도 짝
되는 이가 없었다. 이 때문에 그 백성이 끝내 서로 도적질을 하지 않
아 문호를 닫는 일이 없었고 부인들은 貞信하고 음란함이 없었다. …
상인들이 왕래하면서 밤에 도적질을 하니 그 풍속이 조금씩 각박해져
지금은 (범금이) 60여 조에 이른다. 정말 귀하구나! 어질고 현명한 敎
化는! 그러나 東夷의 천성도 유순하여 다른 三方 밖의 (夷狄과는) 다
른 때문이기도 하다. 그러므로 공자가 도가 행해지지 않음을 슬퍼하
여 바다에 뗏목을 띄워 九夷의 땅에 살려고 하였다는 것도 이유가 있
었을 것이다.[12]

이처럼 평화롭고 안정된 '東夷'에 대한 인식은 3세기 초 낙랑 대
방군의 수복에 이은 고구려의 정벌 시 '東夷'를 두루 돌아 본 보고

---

12)『漢書』권28하, 地理志 下. "殷道衰, 箕子去之朝鮮, 教其民以禮義, 田
蠶織作, 樂浪朝鮮民犯禁八條, 相殺以當時償殺, 相傷以穀償, 相盜者男
沒入爲其家奴, 女子爲婢, 欲自償者, 人五十萬. 雖免爲民, 俗猶羞之, 嫁
取無所讐. 是以其民終不相盜, 無門戶之閉, 婦人貞信不淫辟 … 及賈人
往者, 夜則爲盜, 俗稍益薄, 今於犯禁寖多, 至六十餘條, 可貴哉, 仁賢之
化也. 然東夷天性柔順, 異於三方之外, 故孔子悼道不行, 設浮於海, 欲
居九夷, 有以也"

서를 기초로 기술되었다는『三國志』「魏志 東夷傳」에도 계승되었
으며13)『後漢書』「東夷傳」은 이『삼국지』「위지 동이전」의 내용
과 관점을 그대로 따르고 있다.

　　동방을 '夷'라 한다. 夷라는 것은 '柢'(나무뿌리)로서 '어질어서 살
리기를 좋아하니 천지만물이 땅에 뿌리박아 나오는 것'을 말한다. 천
성이 유순하기 때문에 道로써 다스리기 쉬우며 군자가 (끝내) 죽지 않
는 나라다. … 따라서 공자가 九夷에 살고자 하였다. … 東夷는 모두
고유한 습속이 있는데 술 마시고 노래하고 춤추는 것을 좋아하고 혹
자는 고깔모자를 쓰고 옷에 수를 놓았으며 그릇은 제기를 사용하였으
니, 이른바 중국에서 禮를 잃어버리면 四夷에서 구한다는 것이 이것
이다.14)

　이처럼 중국 고대사서에 나타난 한민족에 관한 평가는 매우 긍
정적이다. 그런데『三國志』「魏志」에 기술된 각 집단의 문화적 수
준은 상이하였음을 알 수 있으며 특히 肅愼의 後身이라는 挹婁의
경제생활은 낙후되고 불결하며 상습적으로 이웃나라를 약탈하는
야만인으로 묘사되어있고 이들은 東夷에 대한 높은 평가와는 무관
한 존재라는 것도 명시되어 있다.15) 이것은『三國志』「魏志」가 東
夷를 先進한 濊貊系와 後進한 肅愼系(挹婁·勿吉·靺鞨)로 大分
한 것임을 보여주며 역대 문헌들도 이 관념을 계승하였다.16)
　일반적인 중국의 夷狄觀에 비하면 '東夷'에 대한 총론적 관점은

---

13)『三國志』魏志 東夷傳. "雖夷狄之邦, 而俎豆之象存, 中國失禮, 求之四
　夷, 猶信"
14)『後漢書』東夷傳. "東方曰夷, 夷者柢也. 言仁而好生, 萬物柢地而出,
　故天性柔順, 易以道御, 至有君子不死之國焉 … 故孔子欲居九夷也 …
　東夷率皆土著, 熹飮酒歌舞, 或冠弁衣錦, 器用俎豆, 所謂中國失禮, 求
　之四夷者也"
15)『三國志』魏志 東夷傳.
16) 李成珪, 앞의 논문, 13쪽.

파격적으로 호의적임을 알 수 있는데 이는 '東夷'의 세계에서 중국 적 禮敎의 문화를 발견하였기 때문인 것이다. 이와 관련된 기사는 『梁書』「東夷傳」·「東夷 新羅傳」,『南齊書』「東夷 高麗傳」,『周 書』「高麗傳」·「百濟傳」,『隋書』「新羅傳」·「東夷傳」,『舊唐 書』「高麗傳」·「百濟傳」·「新羅傳」,『宋史』「高麗傳」,『明史』 「朝鮮列傳」 등에 자세히 나타나 있는데,[17] 이와 같은 六朝시대에 서 淸代까지 편찬된 중국 正史의 '東夷' 관계 기사는 '東夷'가 중 국의 선진문화를 성공적으로 수용하여 발전시킨 과정을 객관적으 로 서술한 것이다. 그러나 이러한 東夷관의 시초인 『漢書』「地理 志」를 유심히 관찰한다면 각종 제도와 학술과 종교, 농경, 예의와 풍속을 지닌 東夷의 높은 문화적 수준이 바로 箕子가 東來하여 敎 化한 것으로부터 비롯되었다는 '中華的' 발상으로부터 시작되었음 을 알 수 있다.

제3절 고조선 이해의 二重說

1. 君子國과 靑邱之國

그렇다면 箕子東來 이전의 한국의 상고문화는 어떠하였는가? 전술했던 甲骨卜辭를 통하면 단군조선의 실재성과 그 연대를 고증 할 수 있고 고대에 있어서 한중문화교섭의 단초를 볼 수 있다. 甲 骨文의 實年代는 商王 盤庚이 중국의 諸族을 통일하고 수도를 小

---

17) 上同, 13~14쪽 참조.

屯으로 천도한 이후 (B.C.1384 이후부터 商을 殷이라 칭함) 殷末 帝辛(紂) 亡國(B.C.1112)까지의 기간인 273년에 해당하는 바 殷代 중기 이후이다. 甲骨卜辭에 의하면 殷의 武丁시대에 수차에 걸친 東夷정벌의 기록이 있었는데 武丁의 제위연대는 기원전 1339년에서 1280년까지로 59년 간이다. 『帝王韻紀』에 따르면 武丁 8년 乙未년에 단군이 아사달산으로 이주한 후 164년 만에 기자가 조선에 들어왔다고 하는데 그 해가 周 虎王 元年 己卯라고 하였다. 己卯에서 乙未까지 164년으로 이를 거슬러 가면 기원전 1286년으로서 武丁 년 간에 해당한다. 그러므로 기원전 1286년 이전에 단군의 고조선 사회가 계속되어 왔음을 알 수 있으며 『三國遺事』 紀異編의 '與高(堯)同時'(魏書云 乃往二千載 有檀君王儉 立都阿斯達 開國號朝鮮 與高同時)란 기사나 『東國通鑑』, 『朝鮮史略』 등에서 "檀君與堯竝立於戊辰" 이라고 한 것을 보면 단군의 건국연대는 보통 기원전 2333년으로 추정된다. 즉 갑골복사를 통해 단군조선의 건국연대를 고증해 보면 『帝王韻紀』의 기록을 뒷받침해 준다.[18]

그렇다면 기자가 동래하여 동이를 교화했다는 사실이 과연 중국인들의 기록대로 인지 살펴 볼 필요가 있다. 즉 殷의 멸망 이후 周 武王에 의해 기자가 조선의 제후로 봉해졌는지의 여부가 관심의 대상이 된다. 이에 관하여는 먼저, 중국의 고대 기록에서 우리 민족을 지칭한 칭호에 관심을 가져봄으로써 문제의 실마리를 풀어 보고자 한다.

이와 관련하여 중국에서는 고대로부터 한국을 '君子國'으로 호칭하였음을 볼 수 있다. 공자가 중국에 道가 행해지지 않음을 탄식하고 배를 타고 九夷에 가서 살고 싶다고 하였을 때 어느 제자가

---

18) 柳承國, 1983, 「古朝鮮 探索으로서의 君子國과 儒學精神」 『東洋哲學研究』, 근역서제, 53~56쪽.

그곳은 누추한 곳이라고 하자 공자는 "君子들이 사는 나라이니 누추할 것이 무엇인가?"[19]라고 반문하였다. 또한『漢書』「地理志」에는 다음과 같은 기록이 있다.

> 東夷는 천성이 유순하여 세 지방(南蠻・北狄・西戎)과 다르다. 그러므로 공자는 도가 행하여지지 않음을 슬퍼하여 바다에 뗏목을 띄워 九夷에 살고자 했으니 까닭이 있다.[20]

이처럼 '군자가 사는 나라'는 중국인들이 上古朝鮮을 부르던 칭호였음을 알 수 있다. 이 기자조선 이전의 상고조선은 중국의 夏代와 병행했던 시기였고 이 '군자'는 바로 유학에서 추구하는 이상적 인간형이다. 이렇게 보면 중국 고대 동이족의 위상은 유학사상 형성과도 지대한 관계가 있고 人方族의 '人'이나 君子之國의 '君子'는 깊은 관련성이 있음을 알 수 있다.

한편『呂氏春秋』에는 禹가 동쪽으로 靑邱之鄕에 왔었다고 하였다.[21] 이 '靑邱'에 관해서는『山海經』에도 나온다.[22]『山海經』은 상고대의 지리와 풍속을 기록한 것으로 伯益의 作으로 전하여 왔다. 그러나 그 저술의 진위에 대하여 의심하게 되고 그 내용과 비교적 후기의 지명이 들어있는 것도 있어 신빙성있는 고서로 인정하지 못하고 또 학문적 가치도 없는 것으로 여겨져 왔다. 그러나 갑골학의 연구결과『山海經』과 일치하는 부분이 나왔다.[23] 따라서

---

19)『論語』「子罕」. "孔子欲居九夷"
20)『漢書』地理志. "東夷天性柔順, 異於三方之外, 故孔子悼道不行, 設浮於海, 欲居九夷, 有以也"
21)『呂氏春秋』. "禹東至 … 鳥谷靑邱之鄕"
22)『山海經』「海經」권4, 제9「海外東經」과 제12「海內北經」, 그리고「海經」권9,「大荒東經」제14 靑丘國에 보인다.
23) 胡厚宣,「甲骨文四方風名考證甲」『骨學商史論叢初集』第2冊.

『산해경』은 상고대의 사실도 있고 비교적 후대의 기록도 섞여있어 전적으로 긍정, 또는 부정할 수 는 없다.

『산해경』과 갑골문의 기록이 일치한다는 第14「大荒東經」條에 靑邱之國과 君子之國이 보이는데 여기에 고증되는 갑골복사는 武丁때의 복사이므로 기원전 1400년 경으로 올라가는 기록이다. 따라서 군자지국과 청구지국은 적어도 기원전 1400년 이전에 존재하였던 국명으로 보아야 할 것이다.[24] 柳承國 박사에 의하면 이 청구국은 요동반도 지역을 가리키고 군자지국은 한반도의 서북부를 가리키므로 청구국과 군자지국은 다른 나라라고 보았다.[25] 또한 이 군자지국의 칭호는 역사적으로 중국인들에게 많이 사용되어 왔는 바, 唐의 玄宗이 使者를 신라에 보낼 때(738)의 기록을 보면 알 수 있다.

> (開元 25년) 邢璹이 출발하려 하자 上은 詩序를 지어 太子 이하 및 百僚와 다 함께 詩로 전송하였고 邢璹에게 말하였다. '新羅는 君子의 나라라고 하며 자못 書記를 알고, 中華와 비슷한 문화가 있다. 卿은 학술이 있고 강론을 잘하기 때문에 使者로 선발하여 이 임무를 맡기는 것이니 그 나라에 가면 經典을 잘 闡揚하여 유교의 성대함이 있다는 것을 알게 하라'[26]

이 기록은 고대 중국인들이 우리 민족을 어떻게 생각했는지를 보여주는 기록으로서 『三國史記』新羅本紀 효성왕 2年에도 같은 내용이 나타난다. 또 공자가 배를 타고 異邦에 가서 살고 싶다고 한 것도 이 군자지국을 가리킨 것이라고 하겠다. 어떤 이가 공자의 이 말을 듣고 그 누추한 곳에서 어떻게 살 수 있겠느냐고 하자 공

---

24) 柳承國,「古朝鮮 探索으로서의 君子國과 儒學精神」, 앞의 책, 58쪽.
25) 이에 관한 자세한 고증은 柳承國, 위의 논문, 59∼60쪽을 참조.
26) 『舊唐書』新羅傳.

자는 '君子居之 何陋之有'[27]라는 대답을 하였는데 이를 朱子는
'君子[孔子 자신]가 살면 感化가 될 것이니 무슨 누추함이 있겠느
냐'로 해석하였다. 그러나 '군자들이 사는 나라이니 무슨 누추할
것이 있겠는가?'로 해석하는 경우 이 해석은 일찍이 기자가 동래하
여 교화하여 군자국이 된 것이라는 견해에서의 해석이다.

  이처럼 '청구지국', '군자지국'이라는 칭호는 고조선과 관계 있
는 국명으로 한국 상고대의 칭호였다고 하겠다. 이로써 중국인의
눈에 비친 동방족은 내적으로는 성격이 유순하고 겸양의 덕을 갖
추었으며, 외적으로는 위의와 체모가 있는, 곧 내외가 겸비된 군자
의 모습 그대로였음을 알 수 있다. 그러나 한편으로는 동이에 대한
이러한 긍정적 평가가 기자동래설과 기자조선이 뒷받침된 중국인
들의 중화적 사관에서 비롯했음도 간과할 수 없다.

2. 箕子東來說과 단군조선

  그렇다면 '기자조선'은 실재하였으며 고대 한국은 기자에 의하
여 교화되었는지의 사실에 관심을 가져 볼 필요가 있다. 그런데
'기자동래설'을 시인한다 하여도 箕子는 殷 亡國 이후의 유민이므
로 연대가 殷이 망하기 전까지 올라갈 수는 없다. 武王이 은을 멸
한 것이 기원전 1122년에서 1111년까지인데 이 군자지국의 칭호가
나오는『山海經』「大荒東經」條를 고증한 갑골복사의 연대는 제1
기 武丁期이므로, 기원전 1400년 이전에 이미 청구국과 군자지국
이 존재했음을 알 수 있다. 따라서 이 기록이 기자보다 300년 전의
상고대를 기록한 것이므로 기자의 동래로 인하여 군자지국의 칭호

---

27)『論語』「子罕」.

가 생겼다고 볼 수 는 없는 것이다. 따라서 군자지국은 본래 중국
인들이 부르던 상고조선의 칭호이며 군자지국과 청구국은 기자조
선 이전의 상고조선으로서 중국의 하대와도 병행한 시기임을 알
수 있다. 이는 단군조선일 가능성을 부인할 수 없다. 왜냐하면 그
시기가 상고로 올라가고 지역이 서북지대인 것으로 볼 때 왕검조
선을 지칭한 것이라고 추리할 수밖에 없다.[28]

다음으로 기자조선에 관한 것이다. 현재 고고학의 성과는 周初
殷의 箕族 一族이 燕侯에 臣屬된 소집단으로 하북성 북부 지역으
로 이동한 것은 확인되었다. 그러나 기원전 1세기에 편찬된『史
記』와『尙書大全』이전의 문헌에서는 기자의 조선 봉건을 전하는
기사는 없고 이 문헌에도 기자의 조선 봉건 만 간단히 언급되었을
뿐, '朝鮮侯 箕子'나 '기자의 나라 조선'의 개념은 없다.[29] 역사학
계에서도 대체로 기자조선의 존재를 부인하는 입장이 강하고 이에
대하여 다양한 대안이 제시되기도 한다. 이병도 박사는 기자의 동
래를 부인하고 '韓氏朝鮮說'을 제시하였고[30] 김정배 박사는 문헌
과 고고학의 성과를 감안하여 '濊貊朝鮮說'을 주장하기도 하였
다.[31] 또한 윤내현 박사는 기자집단의 동쪽 이동설은 인정하였지
만 기자국은 고조선의 변방에 있는 작은 국가였을 뿐이라고 하였
다.[32] 따라서 '기자동래설'에 대하여 기자가 조선 평양에 와서 왕
이 되었다는 것은 속단하기 어려운 문제이다.『三國遺事』나『帝王
韻紀』에 있는 대로 기자가 조선의 侯가 되어 정치적 지배자가 되
었다고 단정하기는 어렵지만, 은말 주초에 있어 주족과의 전쟁으

---

28) 柳承國, 앞의 논문, 62쪽.
29) 李成珪, 앞의 논문, 18쪽.
30) 이병도, 1935,「三韓問題의 新考察」『震檀學報』3.
31) 김정배, 1973,『韓國民族文化의 起源』, 고려대출판부.
32) 윤내현, 1983,「箕子新考」『韓國史硏究』41.

로 은이 멸망을 당할 때에 기자가 정치적 망명을 할 수밖에 없었던 환경은 부정하기 어렵다.

　기자에 대한 문헌은 『尙書』「洪範」, 『左傳』僖公 15年條·文王 2年條·成王 16年條. 『論語』「微子」, 『呂氏春秋』, 『史記』「宋微子世家」·「殷周本紀」, 『漢書』 등이 있다. 따라서 역대로 중국 학자들은 기자의 史實에 대해 의심하지 않으며 공자도 殷末 三仁이라 하여 箕子·微子·比干을 말하였다. 그러므로 기자가 실존인물이었음은 의심할 수 없고 단지 기자가 조선의 侯로 통치한 것이 사실인가 하는 것이 문제이다. 그 이전의 문헌으로는 기자가 어디로 망명했는지를 알기는 어렵고, 기자가 망명한 방향이 조선이었다는 기록이 처음으로 보이는 것이 『史記』「宋微子世家」이다. 『呂氏春秋』에 보면 "武王이 比干의 墓에 封하여 주고 (가버린)箕子의 宮을 깨끗이 해 주었다."[33) 고 하는데 여기서 기자는 가버리고 궁만 남았다고 하여 간 곳은 밝히지 않았다. 기자는 나라가 망한 후 피란 하였으므로 무왕이 주는 벼슬에 관심이 없는 것은 당연한 일이었을 것이고, 반면 무왕의 입장은 혁명 후 민심을 수습하기 위하여 기자를 예우했을 것이다. 그러나 죽은 比干에게 封墓를 하는 것이나 달아난 기자를 제후로 봉한 일이나 모두 현실적 의미가 없는 일이라고 보아야 할 것이다.

　『尙書大傳』에도 비슷한 기록이 있다. "기자는 주 무왕에 의해 감옥에서 풀려난 것을 참지 못하여 조선으로 달아났는데 무왕이 그 소식을 듣고 기자를 조선에 봉하였다."[34)고 하였다. 『史記』「宋微子世家」에는 무왕이 상나라를 멸망시킨 후 기자를 방문하여 백성을 편안케 할 방법에 대하여 물으니 기자가 대답하자, "이에 무

---

33) 『呂氏春秋』. "武王封比干之墓, 靖箕子之宮"
34) 『尙書大傳』. "箕子不忍周之釋, 走之朝鮮, 武王聞之, 因以朝鮮封之"

왕은 기자를 조선에 봉하였으나 신하는 아니었다"[35]고 하였다. '封
於朝鮮'이라 했으므로『三國遺事』나『帝王韻紀』에서 기자조선이
등장한다. 그런데 문제는 '而不臣也' 라는 구절이다. 이 구절은 기
자의 입장에서는 무왕을 신하로서 섬기지 않았다는 것이고, 무왕
의 입장에서는 기자를(제후로는 봉하였지만) 신하로는 대하지 않
았다는 것을 뜻한다. 더욱이 무왕이 치세의 원리를 기자에게 물었
다는 구절을 참고한다면 '封於朝鮮'이란 문구에 큰 의미가 있는 것
은 아닌 것 같다. 즉 기자가 조선에 왔지만 사실상 고조선의 왕으
로 통치했다고 보기는 어렵고, 오히려 은나라의 귀족으로서 유민
을 이끌고 조선에 왔다고 보아야 할 것이다. 이를 뒷받침할 구절로
는『竹書紀年』의 "武王十六年 箕子來賓"과 같이 무왕이 기자를
빈객으로 접대하였다는 기록이나『尙書』「洪範」의 "惟十有三祀
王訪于箕子"라 하여 무왕 13년에 무왕이 친히 기자를 예방하여 箕
子에게 天道를 물었다는 것을 볼 수 있는데, 이는 모두 무왕이 기
자를 신하로 대하지 않고 통치의 선배로서 예우하였음을 보여주는
기록들이다.

　　따라서 이러한 기록들을 통하여 볼 때 기자가 동쪽으로 이동한
후 동이족이 교화되어 문명국이 되었다는 중국의 주장을 그대로
받아들이기는 문제가 있음을 알 수 있다. 즉 단군조선의 문화는 동
이족의 역사로서 동이족은 기자가 동래하기 이전부터 높은 문화적
수준을 지니고 있었다. 그러므로 고대 중국인들도 이미 동이족을
군자국 또는 청구지국이라 호칭해왔던 것이다.

---

35)『史記』「宋微子世家」. "武王乃封箕子於朝鮮, 而不臣也"

제4절 상고시대 문화교섭과
한국고대문화의 독자성

1. 중국고대문화의 특징

그렇다면 한국과 중국의 고대문화 교섭관계는 어떻게 보아야 하는가? 이에 관하여는 중국인들의 세계관과 가치관의 근원이 되는 유교문화의 연원을 찾아 들어감으로써 한국과 중국의 영향관계를 고찰해 볼 수 있다. 유교의 鼻祖 孔子는 가까이는 周公을, 멀리는 堯, 舜을 최고의 인격으로 사모하고 존중하였음은 전술하였다. 그런데 맹자에 보면, "舜은 諸馮에서 탄생하고 負夏로 옮겼다가 鳴條에서 돌아갔는데 東夷 사람이다"[36]라고 하였다. 그런데 이 지명 '동이'에 대한 고증이 어려우므로 朱子는 지명에 대하여 주석하지 않았었는데, 이는 이후 갑골문에 의하여 고증되었음도 전술한 바 있다. 舜이 '東夷之人'이라는 맹자의 기술은 의심할 것이 없다. 맹자는 또한 「盡心下」에서 역대 聖王의 탄생을 약 500년 단위로 말하였는데[37] 즉 堯舜에서 湯까지 500여 년, 湯에서 文王까지 500여 년, 文王으로부터 孔子까지 500여 년으로 보았다. 그렇게 본다면 공자(B.C. 551)에서 요순까지의 시간간격은 1500여 년이 되는 셈이다. 즉 요순시대는 대략 기원전 2000여 년으로 말할 수 있다. 또한 『史記』의 「五帝本紀」舜條에 의하면 "舜은 역산에서 밭갈고 뇌택

---

36) 『孟子』 「離婁下」. "舜 生於諸馮, 遷於負夏, 卒於鳴條, 東夷之人也"
37) 『孟子』 「盡心下」. "由堯舜至於湯五百有餘歲 … 由湯至於文王五百有
  餘歲 … 有文王至於孔子五百有餘歲"

에서 고기잡고 하빈에서 도기를 구웠는데 … 그 도기가 모두 일그러짐이 없었다"[38]라는 기록이 있다. 이 도기는 黑陶와 관련이 있다고 볼 수 있다.[39] 농경과 어로를 겸한 신석기 시대에 있어서 도기를 구운 것은 고대의 실제적 사실을 반영하는 것으로서, 요순은 가상적 인물이 아니라 중국 상대에 실재한 역사적 인물로 볼 수 있다. 나아가 공자가 존숭했던 순이 동이의 인물이었음은 중국유교문화의 연원이 동이족으로부터 많은 영향을 받았음을 보여주는 것이기도 하다.

한편 공자의 유교사상은 전래되어 오던 중국의 사상을 집대성하였다고 한다. 공자 이전의 중국문화는 세 가지로 분류되는데 夏代의 문화, 殷代의 문화, 그리고 周代의 문화이다. 공자는 일찍이 夏・殷・周 三代의 사상을 진술하면서 각각의 차이점을 밝히고 주대의 문화는 하・은 양대 문화의 거울이 된다고 하며 자신은 주나라를 따를 것을 말하였다.[40] 공자의 이 언명에는 두 가지의 의미가 함축되어 있는데 이는 중국 유가의 연원이 주대의 문화와 사상으로부터 연유한다는 것이고, 또 그 주대의 문화는 바로 전 시대인 하와 은의 문화로부터 비롯된다는 것이다. 그러나 두 왕조의 유적이나 유물이 발굴되지 않아 하・은 두 왕조의 실재성에 대해 확신을 가지지 못하고 있었다.

그러던 중 1959년 중국 하남성에서 하나라의 궁궐터와 청동제의 창, 도끼 등과 농기구들이 발굴되어 하나라의 실재가 확인되어 중국사상의 시원에 대한 획기적 단초가 되었다. 이 곳은 중국 대륙 전체에서 볼 때 황하의 중류지대로서 위수의 동, 제수의 서, 회수

---

38) 『史記』「五帝本紀」. "舜, 耕歷山, 漁雷澤, 陶河濱 … 河濱器, 皆不苦窳"
39) 董作賓, 『甲骨學考六十年』, 26쪽.
40) 『論語』「爲政」. "子曰, 殷因於夏禮, 所損益可知也, 周因於殷禮, 所損益可知也"

와 한수의 중간부분에 위치하며 중원문화권에 속한다. 이 지역은 농경에 적합한 지역으로 방적 및 목축과 건축, 도요 등도 발달한 곳이었다. 하나라(B.C.2300～1800)의 문화는 비교적 초기에 농경문화로 진입하여 질서 있는 자연의 변화 속에서 삶을 영위하였기 때문에, 후대의 殷의 문화에 비해 종교적 흔적이 적었다. 또한 동물숭배가 자기 기원에 대한 추구와 결합한 '토템숭배'가 존재했다.[41]

하하왕조는 기원전 18세기 중엽 殷의 湯에게 멸망되고 은대(B.C. 1800～1200)가 시작되었다. 고고학의 연구결과에 따르면, 은은 용산문화의 대표적인 부족으로 오랜기간 유목생활을 하였다. 그들은 조상을 숭배하고 신을 숭배하여 가족과 부족 등 혈연중심의 단합을 공고히 하여 큰 세력을 떨쳤으며, 동에서 서로 진출하여 앙소문화의 대표부족인 하를 쳐서 통일을 이룩하고 정착된 농경사회에 들어갔다. 은의 문화는 帝, 自然神, 祖上神에 대한 숭배가 특징적인데 이 중 '제'는 초월적인 권위를 가진 지상신으로 자연계와 인간계의 주재자였다. 은왕조는 점술을 통하여 최후의 결정을 (국왕이 아닌) 上帝의 뜻으로 결단을 내렸다. 상제는 자연현상과 인간사를 주관하고 상벌을 통해 인간적으로 반응하는 인격적 존재로서 우주전체를 관장하는 최고의 신으로서, 이러한 상제의 현격한 권능과 권위는 통일왕국 형성의 근거가 되기도 하였지만 혈족주의에 의거한 배타적인 조상신 숭배로 인하여 은의 멸망을 초래하기도 하였다.

주나라는 은상을 멸망시킨 것이 그들이 모시는 신의 명령에 의한 필연적인 사건, 즉 '天命'이라고 생각하였다.[42] 이 天은 우주 만

---

41) 崔文馨, 1997,『중국 고대의 신개념에 관한 연구』, 성균관대 대학원 박사학위 논문, 28～30쪽.

42)『詩經』「大雅・大明」. "有命自天, 命比文王, 于周于京";『書經』「周書・蔡仲之命」. "王若曰, 小子胡, 惟爾率德改行, 克愼厥猷, 肆予命爾,

물과 만사의 실질적 주재자로서 인간사회의 모든 일과 긴밀하게
연관된 것으로 여겨졌다. 주대에 와서 천과 상제는 한동안 혼용되
었으나 천이 상제의 지위를 대신하였다고 할 수 있다. 주초에는 절
대자의 호칭으로 상제와 천이 혼용되다가 점차 천으로 대치되었
다. 천은 모든 사람을 사랑하며, 덕 있는 자를 왕으로 세워 자신을
대신하여 백성을 다스리게 한다. 그러므로 天子로서의 왕은 천의
뜻을 받들어 덕을 닦아 선정을 행해야 한다는 것이다.[43] 이러한 天
命사상은 은의 탕이 하의 걸을 칠 때에 내세웠던 易姓革命의 명분
이었으며[44] 그 후에 주가 은을 정복하는 데도 여전히 이 천명을 정
당성의 명분으로 사용했음을 알 수 있다.[45] 그러나 주는 은의 종교
적 성격을 띤 천명을 민의에 의거한 도덕적 성격을 갖는 천명으로
발전시켰다.[46] 또한 천명이 항상 일정하게 특정한 정권을 비호하
는 것이 아니라고 하여 왕의 修德을 강조하고 있다. 즉, 하늘을 신
뢰할 수 없기 때문에 文王과 같은 德治를 행해야만 왕권이 유지될
수 있다는 것이다. 주대에는 조상숭배에도 변화가 따랐다. 은대에
는 단순히 조상의 주재에 따랐으나 주대에는 조상의 덕을 본받으
려는 경향을 띠었으며 은대에는 자연적 혈연관계에 치중하였으나
주대의 조상숭배는 정치적, 도덕적 의의에 치중하는 면이 보인다.
　이렇게 중국 고대문화는 하대의 소박한 자연문화로부터 시작하

　　侯于東土, 往卽乃封敬哉. … 皇天無親, 惟德是輔, 民心無常, 惟惠之懷"
43)『書經』「周書・泰誓上」. "惟天地, 萬物父母, 惟人萬物之靈, 亶聰明,
　　作元后, 元后作民父母, … 天佑下民, 作之君作之師, 惟其克相上帝, 寵
　　綏四方"
44)『書經』「商書・湯誥上」. "夏氏有罪, 予畏上帝, 不敢不正"
45)『書經』「周書・泰誓上」. "今商王受, 弗敬上天, 降災下民, 沈湎冒色,
　　敢行暴虐, 罪人以族, 官人以世, 惟宮室臺, 榭陂池侈服, 以殘害于爾萬
　　姓, 焚炙忠良, 刳剔孕婦, 皇天震怒, 命我文考, 肅將天威, 大勳未集"
46)『書經』「周書・泰誓中」. "天視自我民視, 天聽自我民聽"

여 은대에는 神意가 중심이 된 종교문화로 전개되었고 주대에 들어오면 그 관심이 신에게서 인간사회로 옮겨져 인문문화로 발전하였다.

2. 한국고대문화의 고유성

이처럼 중국의 은대문화가 종교적이라면 주대문화는 인문적인데, 한국의 고대문화와 은대의 문화는 상통하는 점이 많음을 알 수 있다. 『漢書』, 『後漢書』, 『三國志』「東夷傳」에 나타난 기록들은 은대의 풍속과 고대 한국의 풍속이 유사한 것이 많음을 보여준다. 최근 중국의 학자 중에는 은민족의 발상지를 동부로 보는 이도 있는데 傅斯年은 발해 동쪽 요동반도에서 殷민족이 기원했다고 한다. 陳夢家는 『殷墟卜辭綜述』에서 상부족은 일찍이 동방의 발해 연안에서 활동하였으며 그들은 요동반도와 산동반도의 고대 토착문화와 공통된 점이 있다고 말하고 그 내용으로, 첫째, 玄鳥의 시조신화가 같은 것, 둘째, 獸骨에 점치는 것, 셋째, 살인순장, 넷째, 백의를 숭상하는 것 등을 들었다. 그리고 韓道誠은 은나라의 유민이 동부로 망명하여 고대 한국에 은의 풍속을 남긴 것이라고 하고 부여인들은 은의 유민임을 알 수 있다고 하였으며 '厚葬'과 '積石爲封'하는 것도 중국의 풍속이 전해진 것이라고 하였다.[47]

그런데 고대 은인의 풍속이 夫餘나 濊의 풍속과 상호관련 되어 있다고 하여 은대문화의 전래라고만 볼 것인지, 아니면 별개의 두 문화가 그 유사성을 공유하고 있는 것인지는 연구해 보아야 할 문

---

47) 柳承國, 「殷周文化의 傳來와 韓國古代社會 및 그 信仰」, 앞의 책, 76~77쪽.

제이다. 고조선족은 기원전 2000년경에 이미 존재하고 있었음은 전술하였다. 고조선의 최초의 신화인 단군신화에는 후기적 성격이 없는 것은 아니지만 상당 부분 고대의 원시적 요소가 내재되어 있다. 단군신화의 신은 최고신과 기능신(多神: 風伯・雨師・雲師)의 중층구조로 구성되어 있는데 이 기능신들은 당시 사회가 농경에 의지했음을 보여 준다. 이는 主穀・主病・主命・主善惡 등 이 신들이 관장했던 영역에서도 뒷받침된다.[48] 고대에 있어 생명과 질환은 인간의 부주의보다는 하늘의 재앙으로 해석되어 왔다. 상고대인의 생활에 있어서 가장 큰 관심의 대상은 기근과 질병이었는데 신과의 관계에서 제사의식을 통하여 이러한 문제들을 해결해 나갔다.

또한 단군이 후에 아사달로 가서 山神이 되었다고 한 기록은 시조 단군이 불사의 산신이 되어 후손들을 돌본다는 조상숭배사상임을 알 수 있다. 따라서 단군신화의 세계는 신의를 중시한 신정시대를 의미하고 있다. 그런데 이와 같은 천에 대한 숭배와 산천의 여러 신에 대한 제사라든지 조상숭배는 중국 은대의 풍속이 들어오기 이전에 이미 고래로 한국에 있었다고 보아야 할 것이며, 이것이 은대문화의 전래에 의하여 더욱 발전하게 된 것이라고 보아야 할 것이다. 즉 유교의 효사상이 중국에서 들어오기 이전부터 한국 고대신앙 속에는 조상숭배 관념이 있었다고 보아야 할 것이다. 지석묘의 규모라든지 상고대의 제단 등은 한국 고대인이 죽음 이후의 삶에 대한 관심이 지대하여 영혼의 불멸을 믿었으며 하늘과 조상에 제사 드리는 의식을 중시하였음을 알 수 있다.

한편 단군신화의 신은 중국 은대의 상제와 유사한 점이 많다. 은

---

48) 최문형, 2003.7, 「홍익인간사상의 신개념」 『홍익인간사상의 의미와 과제』(홍익문화통일협회 제6회 정기학술회의 발표집), 9~10쪽.

대의 상제는 은상족의 조종신으로 인간의 생사화복을 주장하는 인격신으로서 이 신의 위력과 공능은 갑골복사에 잘 나타나 있는데 은부족은 전쟁, 농사, 관리의 임명 등 국가의 대소사에 일일이 상제의 뜻을 물었던 것으로 나타난다.[49] 그런데 중국에서는 주대 이후 이 인격신적 관념은 점차 사라져 비인격적 하늘의 뜻(天命)으로 변화되기 시작하였고 이는 송대 성리학에 의해 우주적 질서와 이법을 뜻하는 太極과 理의 개념으로 발전하였다.[50] 그러나 한국에 있어서는 이와 달라서 한국인들은 조상신이며 인격신인 '하느님'에 대한 숭배를 지속적으로 유지하여 왔다. 한국인은 인간을 중시해왔고 자기의 생명을 존귀하게 여길수록 자기의 근원을 그리워하였다. 이것이 조상숭배사상을 낳게 하였는데 한국인은 조상신이 우리 자손들을 보호하며 복을 준다고 생각해 왔다. 나아가 부모로부터 먼 조상까지 숭앙했으며 최고 조상의 근원은 하느님이라고 생각하였다. 따라서 조상신보다 천신이 더 상위인 것이다.[51] 이처럼 한국적 신개념은 중국의 경우와 달리 고대신앙이 가지는 인격신의 요소를 놓치지 않고 있다.

또한 단군이 아사달로 들어간 이후에 고대 사회는 과도적 혼란에 빠졌다고 한다. 이는 은 武丁시에 대규모 정벌이 있을 때 동이 정벌의 공세에 의하여 고조선사회가 후퇴한 것이라고 볼 수 있다. 『帝王韻紀』에 보면 "가깝게는 164년 간 부자관계(가족)는 있었지만 군신관계(국가)는 없었다"[52]고 하여 단군이 아사달로 들어간 이후 고조선사회에 고대 정치질서가 붕괴되어 사회가 혼란했다는 것

---

49) 최문형, 2002, 『동양에도 신은 있는가』, 백산서당, 49~57쪽.
50) 위의 책, 117~120쪽.
51) 柳承國, 1988, 「韓國人의 神觀」 『韓國思想과 現代』, 동방학술연구원, 165쪽.
52) 『帝王韻紀』. "邇後一百六十四, 雖有父子, 無君臣"

을 보여준다. 그러므로 사회적인 단합과 정치적인 통제가 크게 요
구되었으므로 犯禁八條와 같은 고대의 관습법이 사회를 규제하는
규범으로써 나타나게 되었다고 할 것이다. 즉 중국에서 상제를 중
심으로 한 은의 종교문화가 주대로 오면서 인문질서의 문화로 전
화되는 것과 비슷한 상황이었을 것이다. 이는『漢書』「地理志」의
기록처럼[53] 기자가 동래하여 교화시킨 것이라기 보다는 고대사회
에 있어서 그 규범의 중심이 신으로부터 인간으로 서서히 옮겨가
는 공통적 성격이라고 하겠다.

이는 기원전 10세기 경(기자시대)에도 제천의식은 계속되어 왔
는데 그 성격이 왕검조선시대의 제천의식과 비교해 볼 때 변화하
였다는 사실로도 알 수 있다. 부여·고구려·예에도 제천의식이
있었는데[54] 이러한 제천의식은 단군조선시대와 같이 엄숙한 종교
적 의미에 머무는 것이 아니라 거국적 단결을 목표로 하고 있으며
그를 통하여 사회 공동체의식을 고취하게 된다. 그 뿐 아니라 이
대회를 기하여 규범에 어긋난 자는 처형하기도 하고 특사하기도
하여 사회를 통제하였다. 이처럼 후기의 제천의식 또한 순수히 천
을 제사하는 것으로부터 인간사회의 질서와 공동체 의식을 함양하
는 기능으로 변화해 간 것을 알 수 있다.

---

53)『漢書』「地理志」. "殷道衰, 箕子去之朝鮮, 教其民以禮義 ,田蠶織作,
樂浪朝鮮民犯禁八條, … 是以其民終不相盜, 無門戶之閉, 婦人貞信不
淫辟"
54)『後漢書』「東夷列傳」. "夫餘國, … 以臘月祭天, 大會連日, 飲食歌舞,
名曰迎鼓, 是時斷刑獄, 解囚徒, 有軍事亦祭天";『後漢書』「東夷列傳」.
"高句麗, … 好祠鬼神, 社稷零星, 以十月祭天大會, 名曰東盟";『後漢
書』「東夷列傳」. "濊 … 常用十月祭天 晝夜飲酒歌舞 名之爲舞天"

제5절 맺음말

한국이 고대로부터 중국의 영향을 지대하게 받았다는 것은 바로 문자를 비롯한 사상과 문화면일 것이다. 특히 중국의 유교문화는 한국역사 전반에 유·무형적인 영향을 주어왔다. 춘추전국시대부터 秦漢시대에 우리나라에는 중국의 사상과 문화가 밀려들어왔다. 殷末 周初에 중국문화가 동방에 전래한 것을 제1차시기(공자 이전, 이른바 箕子시대)라고 한다면 秦漢시대는 제2차시기라고 하겠다. 그런데 공자의 사상이 한국에 폭넓은 영향을 주는 것은 진한시대부터라고 하겠다.[55] 중국의 문화는 제도와 사상에 있어서 지대한 영향을 주어 한국의 법제·학제 등 문물제도가 모두 영향을 받았다. 윤리나 사상 등 정신적 가치에 있어서도 마찬가지였다.

그러나 한국의 고대문화와 중국의 고대문화가 상통되는 점이 많다고 하여도 중국과 한국사상이 일치한다고 볼 수는 없다. 한국은 상고대로부터 고유한 풍토와 민족성이 다르므로 사상에 있어서도 다를 수밖에 없다. 유학의 경우를 보더라도 중국 유학의 특징은 周禮 이후에 뚜렷이 드러난다고 하겠는데 이 禮制는 중국의 풍토에서 발전한 것이다. 고대 한국의 경우는 중국 문화의 장점인 제도와 형식적인 면은 많이 수용하였으나 그 지나친 형식주의와 인문주의적 사고방식을 그대로 받아들이지 않았음을 알 수 있다.[56]

중국문화는 주대문화가 중요한 기점이 된다. 중국문화의 기반을 이루는 공자의 仁사상은 天命사상에 기초하고 있고 이 천명은 주

---

55) 柳承國, 앞의 논문, 90~95쪽.
56) 上同, 97쪽

대로 연원하기 때문이다. 또한 하, 은대의 종교문화가 인문문화로
발전하는 기점이 주대이기도 하다. 한국에는 삼국시대 중국문자
(한자)의 유입과 함께 중국의 유교가 수입되었고 이후 유교사상과
문화의 영향 하에 있었으므로 주대 이후 중국문화의 영향을 크게
받았음을 부인할 수 없을 것이다. 그러나 최근 발굴된 은허유적의
갑골을 살펴보면 고대 중국인들의 종교생활과 문화 전반을 파악할
수 있는데 이 갑골문에는 고대 한국을 '人'으로 표기하고 있음에
주목하게 된다. 이 '人'은 고대 한국을 지칭하던 고유명사였는데
갑골문에는 '人方' 정벌을 놓고 그들의 상제에게 가부를 묻는 구절
이 여러 번 등장한다. 따라서 이를 통하여 고대 한국과 중국의 빈
번한 전쟁 및 교류가 있었다는 것과 중국인들이 우리를 '人'이라는
고유명사로 지칭했다는 두 가지 사실을 알게 된다. 그런데 이 '人'
은 중국 유교문화의 기반인 '仁'에 선행하는 글자로서 이를 유추하
여 보면 유가의 '仁' 사상은 그 연원이 한국 고대로 거슬러 올라감
을 알 수 있다. 즉, 주대 이후에는 우리가 중국 유교문화의 영향을
받아 왔지만 주대 이전에는 오히려 우리의 문화가 중국 문화에 영
향을 준 것이다.

따라서 우리문화가 전적으로 중국의 영향을 받았다고 단정하기
는 곤란하다. 고대 한국과 중국의 문화교류와 영향의 상호관계는
더욱 상세하게 규명되어야 할 문제이지만 적어도 한국 고대문화가
독자적이고 독창적으로 발전해 왔었다는 사실은 부인할 수 없는
것이다. 그리고 이러한 한국 문화의 특성은 이후 한국이 중국문화
에 흡수, 동화되지 않고 독자적으로 자신의 문화를 창달하고 유지,
발전시키는 계기로서 작용해 왔다.

周부족은 서부에서 기원한 농목민으로서 활동적인데 비하여 殷
부족은 동부에서 발전해 온 농경민으로서 정적이고 종교적이라고

할 수 있다. 西部族은 인문주의적 합리적 사고를 가진데 비하여 東部族은 갑골복사를 통해 알 수 있듯이 정서적이고 신앙적이다. 그런데 공자의 사상은 이 두 가지 이질적 요소를 아우르고 있었고 秦漢이후의 유교는 주부족의 인문문화로의 노정을 밟게 되었다. 그런데 한국의 고대문화는 은대의 신정문화와 유사한 점이 많았으므로 중국의 문물과 사상을 수용하였어도 그 양상에 있어서는 신비적이고 종교적 성향을 가지게 되었다.

제3장

공자의 天命론과 인간관

제1절 머리말

　춘추전국시대는 정치적으로 혼란과 무질서가 난무하였던 격동의 시대였다. 봉건제도를 근간으로 한 주왕실은 제후를 통제하지 못했으며 제후들은 봉건지배의 구속에서 벗어나기 시작하였다. 이러한 추세 속에서 열국은 상호 병립하게 되었는데 이 같은 사회·경제상의 변혁과 혼란 속에서 윤리와 가치가 타락하여 결국 정치는 도덕과 윤리와는 무관한 것이 되었으며 힘의 정치만이 이루어졌다. 이와 같이 춘추전국시대는 구제도와 구질서, 구전통과 가치관이 붕괴되었던 역사적 전환기였다고 하겠다. 이 같은 변혁은 당시의 지식인과 사상가들에게 깊은 충격을 주었으며 새로운 사상과 학술이 일어나게 되었다. 그리하여 춘추전국시대에는 중국 역사상 전무후무한 학술과 사상이 일어났으며 諸子百家가 출현하였다. 또

한 이 같은 학술과 사상은 정치사상으로 전개되었는데 諸家의 정
치사상의 이론상의 근저를 이루는 것은 天에 대한 이론적 관심과
근거였다고 하겠다.

춘추전국시대에 제일 먼저 일어난 사상과 학파는 춘추말기에 살
았던 孔子에 의해 성립된 儒家思想이었다.『史記』孔子世家에 의
하면 공자는 魯 襄公 22年(551 B.C.)에 출생하여 哀公 16年(479
B.C.)에 사망하였다. 공자가 생장했던 노국은 서주의 개국직후에
周公의 아들 伯禽이 諸侯로 분봉되었던 국가였으므로 제후국 가
운데 문화가 가장 발달하였을 뿐 아니라 서주시대의 문물전장을
가장 많이 보존하고 있었다. 따라서 공자는 노국에 보존된 서주시
대의 전통문화에 깊이 심취하였고 공자의 학문과 사상은 주대의
전통문화의 기반 위에서 형성되었으며, 三代를 정치적 이상세계로
하는 복고주의적 경향을 띠게 되었다.

공자는 도덕과 예치에 입각한 도덕정치를 주장하였으며 그의 이
상적 정치세계는 도덕적 봉건계급사회가 전제된 것이었다. 이 같
은 사회는 도덕을 기반으로 한 사회이기 때문에 공자는 禮를 통해
인간의 의지와 감정을 자율적으로 규제·극복할 수 있는 도덕적
자제력과 극기를 함양하는 禮治를 주장하였는데 이 같은 예의 절
대성을 강화하기 위해 예의 기원과 역할을 천지자연의 이치에서
추구하였다. 그러므로 공자사상의 근저에는 삼대로부터 전래되어
온 전통적 천사상이 배태되어 있음을 부인할 수 없으며, 공자에 있
어서 이 天의 의미는 命, 天命, 鬼神, 祭祀와 관련되어 나타난다.
본고는『論語』를 중심으로 공자의 天命論과 鬼神觀을 고찰하여
공자 사상의 특성을 밝히고자 한다.

제2절 天개념

'天'은 古典에서 보여지듯이 '自然'이란 개념과 밀접하게 연관되어 있는데 그 개념의 이행은 '자연'의 개념에 비하여 반대 방향으로 전개되었다. 즉, 추상적인 의미를 갖는 것으로 성립된 '자연'이 후대에 오면서 대상적인 사물이나 현상을 나타내는 말이 된 것에 대하여, '천'은 명사로서 구체적인 존재를 표현하는 말로부터 차츰 추상성을 갖게 되면서 형용사적인 의미가 되어 갔다. 또한 사상적으로도 '자연'이 실제 생활상의 의미에서 인간과 분리된 세계로 옮겨간데 대하여 '천'은 본래 인간을 초월한 존재였던 것이 서서히 추상화되면서 인간세계로 근접하여, 때로는 인간의 '내면적인 것'으로 까지 그 의미가 발전됨과 동시에 사물의 객관적인 본연의 자세를 나타내는 의미로까지 되었다.[1]

천이 원래 천공을 의미한 것은 의심할 수 없으나 종교적인 대상의 의미로도 생각할 수 있고 帝·上帝 혹은 天帝라고 하여 천이라는 한마디로 같은 의미로 쓰여진 것은 상당히 오래된 시대부터의 일일 것이다. 그리고 이 두 가지 의의가 천의 개념 중에서 가장 원시적 의미인 것도 자명하다.『書經』·『詩經』 등에서 보여지는 天의 개념은 종교적 의의를 가지지만 로서의 天개념은 종교적 의미로는 사상적 발전을 보이지 않았다. 더욱이 '天을 神으로서 신앙하는' 것은 유가에 있어서 형성되지 않았다. 결국 소박한 종교적 대상으로서의 天에서 두 가지 방향으로 개념이 전개되었는데, 하나

---

1) 栗田直躬, 1996,『中國思想における自然と人間』, 岩波書店, 27쪽 참조.

는 정치적 방면이고 다른 하나는 윤리적 방면이었다. 전자는『書經』의 天命思想을 구성하는 것이고 후자는『論語』의 규범설에서 볼 수 있는 것이다.

그런데 공자가 살았던 시기의 天에 대한 이해는 다음과 같았다. 첫째는, 서주 초기로부터 이어져 내려온 전통적인 관념에 따라 '천'을 인격화된 지상신으로 이해한 것이고, 둘째는, '천'을 '운명'으로 이해한 것이며, 셋째는, 자연적인 존재로 천을 이해하는 것이었다. 공자는 이 세 가지에 대해 절충적인 태도를 취했다.[2]

즉, 공자는『論語』에서 천에 대해서 일관된 표현을 하지 않고 있다. 어떤 때는 천을 인격적인 존재로서 언급하였고, 한편으로는 이법적인 의미로 언급하였다. 때문에 공자의 천개념을 일률적으로 단언하기에는 많은 문제점이 있다. 공자의 천개념에 대한 해석은 학자의 견해에 따라 주장이 상반되기도 하는 문제로 논의의 쟁점이 되어왔다. 이러한 이유는 공자가 자신의 천개념에 대해 명확하게 밝히지 않았고 그 자신이 언급한 내용도 여러 측면에서 해석할 수 있는 여지를 남기기 때문이다.[3]

공자의 천개념중 자연적 질서의 의미를 내포한 것은 다음과 같다.

오직 하늘이 제일 크거늘 오직 堯임금께서 본 받으시다.[4]

하늘이 무슨 말을 하느냐? 사철이 바뀌고 만물이 생성되나니 하늘이 무슨 말을 하느냐?[5]

---

2) 向世陵, 馮禹, 1991,『儒家的 天論』, 齊魯書社, 31쪽.
3)『論語』에 나타난 '天'字는 모두 19字이나 그중 孔子가 언급한 것은 14字로 모두 아홉 문장에 들어있다.
4)『論語』泰伯. "唯天爲大, 唯堯則之"
5)『論語』陽貨. "天何言哉, 四時行焉, 百物生焉, 天何言哉"

공자는 제자들이 스스로 만물과 자신 속에 작용하고 있는 천의 존재를 깨닫게 되기를 바랐다. 이러한 천은 말로써 설명하거나 그 존재를 증명할 수가 없는 것이므로 공자는 말을 하지 않으려 했던 것이다. 즉 자연 원리로서의 천은 사시의 변화와 만물의 원천이 된다.6) 여기서 인간의 의지와는 무관한 객관적인 하늘의 질서와 운행에 대한 관념을 볼 수 있다.

공자의 천에 대한 언급중 많은 부분은 인간 행위의 원칙으로 작용한다. 또한 공자에게 있어서 이 천은 자신의 역사적 사명의 수여자로서의 德의 근원이 되기도 한다. 공자는 八佾篇에서 다음과 같이 언명한다.

> 그렇지 않다. 하늘에 罪를 지으면 빌 곳도 없느니라.7)

여기서의 하늘은 의인화된 천의 의미이다. 이 '천'은 인격적 존재로서 인간계와 분리되어 외재하는 우주 만물의 지배자이며, 인간 행위의 도덕성을 감시하는 上帝와 같은 존재이다. 이러한 천개념은 다음과 같은 공자의 고백에서도 드러난다.

> 내가 부당할 바이면 하늘이 싫어 할 것이다. 하늘이 싫어하실 것이다.8)

이는 南子를 만난 것에 대한 부당함을 토로하는 子路에 대한 공자의 답변인데 공자는 자신의 정당성을 입증하는 근거로 '천'을 내세운다. 이 구절 역시, 의인화된 인격천으로서의 천의 면모가 드러

---

6) 施湘興, 『儒家天人合一思想研究』, 臺北, 正中書局, 90쪽.
7) 『論語』 八佾. "不然, 獲罪於天, 無所禱也"
8) 『論語』 雍也. "予所否者, 天厭之, 天厭之"

남을 볼 수 있다. "내가 누구를 속이란 말이냐, 하늘을 속일까?"[9]라
는 구절과 또, 사랑하는 수제자 顔回의 죽음 앞에서 천을 빌어 비
통한 심정을 토로하는 공자의 절규[10]에서도 주재하는 천을 드러낸
공자의 천개념을 엿볼 수 있다.[11]

한편, 이러한 천은 공자의 당당한 立志의 기반으로 禮의 수호자
가 되기도 한다.

> 하늘이 나에게 德을 주셨으니 환퇴가 나에게 어찌하리요.[12]

> 하늘이 장차 斯文을 없애 버리려 했다면, 내가 斯文을 얻지 못했을
> 것이지만 하늘이 斯文을 없애지 않으셨으니, 광땅의 사람들이 나를
> 어찌하겠느냐?[13]

여기서의 덕은 사명의 의미이다. 이는 생사가 천에 달려 있으므
로 걱정할 것이 없다는 자신에 찬 말로서 '천'에 대한 공자의 절대
적인 신뢰를 나타낸다. 이는 공자가 자신의 지지자로서의 천을 굳
게 믿었고, 이러한 근거에서 인력으로는 자신을 해칠 수 없으리라
는 천에 근거한 강한 신념을 지녔음을 보여준다. 즉 전통문화의 계
승자로서의 공자의 자부심은 天에 대한 믿음에 근거되었음을 보여

---

9) 『論語』子罕. '吾誰欺, 欺天乎'
10) 『論語』「先進」. "아, 하늘이 나를 버렸구나! 하늘이 나를 버렸구나!(噫
   天喪予 天喪予)"
11) 栗田直躬, 1996, 앞의 책, 岩波書店, 28쪽. 이 天은 초월적 지위에 있어
   인간과 상대적일 뿐 아니라 意志的인 면을 보여 준다. 그 배후에는 祭
   儀와 예배의 대상이라는 종교적 존재자로서의 모습이 나타난다. 즉, 善
   에 대항하는 해악을 방지하며 도덕적 죄악을 허용하지 않는 의미에서
   의 윤리적・인격적 존재이다.
12) 『論語』「述而」. "天生德於予, 桓魋, 其如予何"
13) 『論語』「子罕」. "天之將喪斯文也, 後死者不得與於斯文也, 天之未喪斯
   文也, 匡人其如予何"

준다. 그러므로 공자는 이미 하늘을 원망하지 않는 경지에 올라 있을 수 있었다.14) 이상의 구절은 공자의 천에 관한 언급중 이전시기의 '상제'와 같이 주재하는 천으로 볼 수 있는 것들이다. 공자는 서주초기로부터 이어진 전통적 천관을 수용하여 인격신의 개념으로 천을 이해하였음을 알 수 있다. 그런데 공자의 천은 인간행위의 근거가 되는 윤리와 교육의 준거로서의 천이었다. 즉, 공자가 본 인간세계는 禮의 세계였으며, 공자는 이 예의 가능근거로 仁을 제시하였다. 그런데 이 인의 가능 근거는 공자의 천명사상에 있다. '天生德於予'에서의 德은 바로 '仁'15)이다.

제3절 천명과 인간

공자에게 있어서 천은 최고의 권위를 지니고 만물을 생성·변화시키는 존재이며, 인간의 행위의 준칙이 되는 도덕원칙을 함유한 존재로 인생법칙의 본원이다. 그런데 이러한 천의 자기의지의 표현이 '命'16)이다.

---

14)『論語』「憲問」. "不怨天, 不尤人, 下學而上達, 知我者, 其天乎"
15) 吳康,「孔·孟·荀哲學」, 85쪽 ; 羅光,『儒家形而上學』, 中華文化出版事業委員會刊, 74쪽.
16) 勞思光, 1968,『中國哲學史1』, 香港, 崇基書局, 25쪽 ; 唐君毅, 1970,『中國哲學原論』-道論篇-, 臺北, 學生書局, 501쪽. 고대 중국에 있어서 命, 혹은 天命思想은 周初의『詩』·『書』에 이미 언급되고 있는데 이후 孔子는 知命을 말하고 墨子는 非命을 말하고, 老子는 復命을 주장하였다. 命에 대한 諸家의 설이 비록 다르기는 하지만, 모두『詩』·『書』의 종교적인 天命思想에 그 근원을 두고 있다.

杜任之는 공자의 '명'의 의미[17]를 두 가지로 보았다. 첫째는 객관적인 규율을 가리키는 것이고 둘째는 숙명적인 것이다. 숙명적인 것으로 볼 수 있는 경우는 공자가 자연이나 사회에서 불가해한 일을 만났을 때 이를 운명으로 돌렸다는 것이다.[18]

공자는 제자인 伯牛에게 문병을 가서

> 이럴 수가, 命이로다! 이 사람이 이런 병에 걸리다니! 이 사람이 병에 걸리다니![19]

라고 탄식하며 인간의 능력이 닿지 못하는 한계로서의 운명을 말한다. 여기서 '명'이란 인간의 입장에서의 운명의 의미, 인간의 정해진 운명이라는 뜻을 나타낸다.[20] 인간이 아무리 노력을 한다해도 이룰 수 없는 것을 '명'으로 돌린 것은, 인간의 한계를 벗어난 영역이 있다는 것을 뜻하는 것이며, 한계에서 벗어난 이러한 영역은 초월적인 존재에 의해 좌우되는 것이다. 즉 공자는 이러한 필연성이 인간의 의지에 의해서 변화될 수 없는 것으로 보았다.[21]

子路가 季氏를 섬기고 있던 어느 날, 그의 친구요 동료이기도 한 어떤 사람이 공자에게 다른 동료가 자로를 계씨의 宗主에게 중상하고 있다고 하며, 자기가 그 중상하는 사람을 사형에 처하도록 영향력을 행사하겠다고 말했다. 그러나 공자는 "道가 행해져도 命이고,

---

17) 命에 대한 解釋은 크게 둘로 나눌 수 있다. 하나는 『論語』의 命은 모두 運命을 나타내는 것이라 본 것이다. 이와는 정반대로 孔子는 命을 고정된 어떤 것(運命)이라고는 생각지 않았다는 입장이다. 前者의 대표적인 사람이 徐復觀이요, 後者에 속하는 이는 H.G. 크릴을 들 수 있다.
18) 杜任之, 高樹幟, 1985, 『孔子學說精華體系』, 新華書店, 75∼76 참조.
19) 『論語』「雍也」. "命矣夫, 斯人也而有斯疾也, 斯人也而有斯疾也"
20) 金勝惠, 1990, 『原始儒教』, 民音社, 133쪽.
21) 上同, '命'은 운명의 의미를 지니고, '天'이라는 용어가 쓰일때는 天이 인간에게 사명을 준다는 적극적 의미를 가진다.

道가 행해지지 않는다 해도 그것 또한 命이다"라고 말하면서 그 중 상자가 이 命을 어떻게 할 수 있겠느냐고 반문하였다.[22] 이는 도의 행과 불행은 전혀 천의 의지 즉 천명에 있다는 것이요 公伯寮와 같은 소인에 의하여 좌우되지 아니 한다는 것을 말한 것이다. 크릴은 이에 대하여 음모를 써서 상대를 해치는 것은 바람직한 일이 아니 라고 생각하였기 때문에 그 제안을 거절하는 방법으로 공자가 명을 이용한 것으로 보고 있다.[23] 즉 공자는 자신의 원칙에 어긋나는 상 대방의 제안을 '명'으로써 완곡히 물리친 것으로 보았다.

그러나 '天生德於予'라는 확신에 찬 공자의 언명을 상기한다면 크릴의 이 주장을 완전히 납득하기는 힘들다. 자신의 생명이 위협 받는 상황에서 공자가 천을 단지 궁여지책으로 끌어들였다고 보기 어렵다. 같은 맥락에서 당시 제후들에게서 자신의 이상이 실현되 기를 염원했던 공자가 자신의 제자와 관련된 이 문제에 있어 단지 곤란을 모면하기 위한 방편으로 '천'을 끌어들였다고 보는 것도 무 리이다.

한편, 자한편 1장에서는 "孔子께서 利와 命과 仁에 대하여는 드 물게 말씀하셨다."[24]고 전한다. 안연편에서 孔子의 제자인 子夏는 다음과 같이 말하였다. "내가 듣건대 생사에는 명이 있고, 부귀는 하늘에 달려 있다."[25] 생사는 인간의 노력으로 좌우할 수 있는 일 이 아니다. 인간에게 죽음이 다가오면 '운명'으로 받아들일 수밖에 없는 것이다. 부귀 또한 노력하면 얻을 수 있겠지만 꼭 그런 것만 은 아니며 君子가 관심을 가질 일도 아니다. '仁'에 관해서라면 공 자 사상의 중심이 되는 것이지만 그는 제자들이 그 자신의 언행을

---

22) 『論語』「憲問」. "道之將行也與. 命也. 道之將廢也與. 命也."
23) H.G Creel, 『孔子, 人間과 神話』, 李成珪 譯, 140쪽.
24) 『論語』「子罕」. "子罕言利與命與仁"
25) 『論語』「顏淵」. "商, 聞之矣, 死生有命, 富貴在天"

통하여 이 인을 체인하기를 바랐을 것이며 또한 단언하여 규정할 수 없는 것이라 여겼을 것이다. 그러므로 공자가 '명'에 대하여 드물게 말씀한 것은 '인'에 관한 언급이 적었던 것과 그 성격이 상통한다고 볼 수 있겠다.

즉, 공자는 비록 운명의 존재를 부정하지는 않았지만, 운명에 좌우된다거나 운명 때문에 생활이 방해받는 일이 있어서는 안 된다고 생각하였는데[26] 이는 평이함에 거하면서 운명을 기다리는 군자의 초연한 모습을 보여준다.[27] 그러므로 공자는 명은 놓아두고 우선 인간이 할 수 있는 일부터 실행해 가야 된다고 본 것이다. 즉 공자는 인간으로서의 한계상황은 겸허하게 받아들이면서 인간의 능력내의 문제들에 대해서는 최선을 다하고자 했던 것이다.

공자는 堯曰편에서 "命을 알지 못하면 君子가 될 수 없다."[28]고 한다. 이 때의 '知命'은 표면상으로는 운명을 받아들이는 것처럼 보이지만, 실제로는 자신의 능동성을 최대한으로 발휘하여 운명에 대처하는 생활태도를 보여준다. 명을 안다(知命)는 것은 한계를 인정하는 것을 의미한다. 한계의 인정은 반드시 소극적이고 수동적인 것만은 아니다. 한계의 인정은 오히려 인간의 노력 밖의 일들에 대해 속히 포기하고 자신의 능력이 닿는 범위내의 일에 매진할 수 있게 해주는 적극적이고 능동적인 일면도 가지고 있기 때문이다. 그래서 공자는 명을 알지 못하면 군자가 될 수 없다고 했던 것이다. 즉 군자가 되려면 인생에 작용하는 운명을 부인해서는 안되며 그 힘을 인정하고 이에 대처해야 한다는 것이다.

요언하면, 공자는 인간의 힘으로는 어찌할 수 없는 일이 있음을

---

26) 徐復觀, 『中國人性論史』第4章, 84쪽.
27) 『中庸』14章. "上不怨天, 下不尤人, 故君子居易以俟命, 小人行險以徼幸"
28) 『論語』「堯曰」. "不知命無以爲君子"

깨닫고 천은 인간이 저항할 수 없는 힘을 가지고 명령하는 것임을
자각하였고 이것을 '命' 또는 '天命'이라고 하였다.

　　　君子는 세가지 敬畏할 것이 있으니 天命을 敬畏하고 大人을 敬畏
　　하고 聖人의 말씀을 敬畏한다. 그러나 小人은 天命을 알지 못하므로
　　敬畏하지 않으며 大人을 無視하고 聖人의 말을 업신여긴다.[29]

　만약 무모하게 천명의 한계를 뛰어 넘으려 하다가는 화를 초래
할 수 있으므로 두려워해야 한다. 그러나 한편으로는 군자가 자신
의 한계를 깨닫게 됨으로써 오히려 여유와 자유를 가지게 된다.
　한편, '쉰 살에 天命을 알았다'[30]는 이 구절은 학자에 따라 다른
뜻으로 이해되기도 한다. 董仲舒는 '하늘의 명령(天命之謂命)'[31]으
로 보았고 孔安國은 이 '명'을 '출세하지 못함과 현달함의 구분(命
爲窮達之分)'[32]으로 해석하였다. 한편, 徐復觀은 50세 이후의 공자
가 신앙의 길로 나가지 않았다고 하면서 천명은 곧 사명감이라고
주장한다.[33]
　그런데 劉寶楠은 『書經』 召誥篇의 '今天其命哲, 命吉凶, 命歷
年'라는 구절에 근거하여 천명을 德命과 祿命으로 나누어 설명하
였다.[34] 즉 천으로부터 받은 선을 행할 수 있는 가능성을 덕명이라
하고 천이 부여한 생사화복을 녹명이라 하였다. 그러므로 이 구절
의 천명은 '도덕적 사명(德命)'과 '운명(祿命)'의 두 가지 의미로 이
해해도 무방하겠다. 이를 통하여 볼 때, 공자가 이해한 인간은

---

29)『論語』「季氏」. "孔子曰, 君子有三畏, 畏天命, 畏大人, 畏聖人之言, 小
　　人不知天命而不畏也, 狎大人, 侮聖人之言"
30)『論語』「爲政」. "五十而知天命"
31)『漢書』董仲舒傳.
32)『十三經主疏』8,『論語』, 臺北, 藝文印書館影印, 180쪽.
33) 徐復觀, 위의 책, 87쪽.
34) 劉寶楠, 1965,『論語正義』, 世界書局, 44쪽.

'천'으로부터 완전히 독립된 존재는 아님을 알 수 있다.[35] 또한 '명'이나 '천명' 모두 사명 및 운명의 두 가지 의미를 함유함을 알 수 있다.

제4절 귀신과 제사

'鬼神'은 고대 중국인들의 원시적인 신개념이 그대로 전승되어 온 개념으로서『論語』에서의 '鬼'는 죽은 사람의 혼령을 지칭하고, '神'은 자연신을 포괄해서 神明이라는 뜻을 지닌다.[36] 먼저, 귀신에 관한 공자의 태도는 다음에서 볼 수 있다.

> 孔子는 怪異한 일이나, 勇力에 대한 것이나, 悖亂에 관한 것이나, 鬼神에 대하여서는 말하시지 않았다.[37]

이것은 두 가지로 해석할 수 있는데, 첫째는 이 모든 것을 긍정적으로 받아들이긴 하나 인간 능력의 영역 밖의 일이라 여겼기 때문에 언급하지 않은 것으로 볼 수 있다.[38] 둘째는 공자가 이러한 것들에서 벗어나려는 의도로 언급하지 않았다고 볼 수 있다.[39]

---

35) 赤塚忠, 1973,「儒敎－中國倫理の本流」『中央公論』所收, 373~376쪽 참조. 孔子의 天命思想에는 보편적, 집단적 권위의 실재를 지향하는 전통적 天道觀의 공통적 성격이 존재함을 否定할 수 없다.
36) 金勝惠, 앞의 책, 141쪽.
37)『論語』「述而」. "子不語怪力亂神"
38)『論語』「述而」朱子注. "鬼神造化之迹, 雖非不正, 然非窮理之至, 有未易明者, 故亦不輕以語人也."

그런데 번지가 知에 대하여 물었을 때의 孔子의 대답은 좀 다르다.

> 사람이 지켜야 할 道理를 힘쓰고 鬼神을 恭敬하되 멀리한다면 知라고 말할 수 있을 것이다.[40]

여기에서는 귀신에 대한 공자의 태도를 볼 수 있다. 공자는 사람의 도리와 귀신 섬기는 일을 구분하고 사람의 행할 의무를 우선시하며 귀신을 섬기되 멀리하라는 조건으로 知를 규정해 주었다. 당시의 사람들은 귀신을 섬기고 귀신에게 복을 빌면서 자신의 노력은 소홀히 하였다. 그래서 공자는 번지가 知에 대해 질문했을 때, 진정한 知는 현실에 진력하는 것이라고 말했다.

그러면, '멀리한다'는 것은 무슨 뜻인가? 劉寶楠은 "춘추시대에는 그릇된 鬼神觀으로 禮에 어긋나는 祭祀를 지내, 미혹됨이 심하여 결국은 귀신을 모욕하였고 부작용도 컸기 때문에 공자가 귀신을 멀리하라고 했다고 지적하였다"[41]고 한다. 그러므로 멀리한다는 것은 귀신을 모독하지 않고 바르게 섬기는 예를 보여 주는 것이다.

> 子路가 鬼神섬기는 것을 묻자, 孔子께서는 "사람을 잘 섬기지 못한다면 어찌 鬼神을 섬길 수 있는가?" 하셨다. "감히 죽음을 묻겠습니다." 하자, 孔子께서 "生을 알지 못하면서 어찌 죽음을 알겠는가?" 하셨다.[42]

이 구절에서 볼 수 있는 것은 공자가 귀신보다 인간의 일을 더

39) 徐復觀, 1984, 『中國人性論史』, 商務印書館, 81쪽.
40) 『論語』「雍也」. "樊遲問知, 子曰務民之義, 敬鬼神而遠之, 可謂知矣"
41) 劉寶楠, 1965, 『論語正義』, 世界書局, 127쪽.
42) 『論語』「先進」. "季路問事鬼神, 子曰未能事人, 焉能事鬼, 敢問死, 曰未知生, 焉知死"

우선시하였다는 것이다. 孔子는 여기에서 귀신 섬기는 일이나 죽음에 대하여 직접적으로 설명하기보다는 도리어 귀신 섬기는 것보다는 사람을 섬기는 일을, 죽음보다는 삶의 문제를 우선하여 힘쓸 것을 강조하였는데 이는 귀신이나 죽음에 대해 경시하거나 배척하기보다는 현실에서 실천 가능한 일에 최선을 다하기를 바라는 공자의 교화적 의도를 보여주는 것이다.

그러므로 공자는 귀신에 대한 제사43)를 긍정하고 중시하였다. 이것은 적극적인 면의 귀신관으로 여기에서 다룰『논어』의 구절들은 제사와 관련된 구체적인 사항들이다.

> 祖上에게 祭祀 드릴 때는 조상이 눈 앞에 계신 것과 같이 하고, 神靈에게 제사드릴 때는 신령이 눈 앞에 계신 것과 같이 한다. 공자께서는, "나는 제사에 참가하지 못하면 제사를 모시지 못한 것 같은 기분이 든다."라고 하셨다.44)

이는 제사에 임하는 태도에 관한 것인데 공자는 조상신과 초월적인 귀신을 제사의 대상으로 보았으며 정성으로 제사에 임했음을 알 수 있다. 따라서 공자가 귀신을 부정했다고 볼 수 없겠다. 한편, 제사에 임하는 실제적인 정성에 관한 것을, "禹임금에 대해서는 지적할 일이 없다. 자신은 보잘 것 없는 음식을 먹었지만 귀신에게는 풍부한 제물을 드렸다"45)고 우임금을 칭송하면서 제사에 임할 때는 실제적인 정성이 있어야 함을 간접적으로 밝히고 있다.

---

43) 祭祀의 對象은 크게 셋으로, 天神과 地祇와 鬼神이다. 天神에는 天帝와 日·月·星·辰·風·雨 등 天에 관계되는 모든 神이 이에 포함되며, 地祇에는 社稷·山川 등 地에 관계되는 모든 神, 人鬼에는 宗廟를 비롯하여 모든 祖上神과 英雄豪傑들의 神등, 사람에 관계되는 모든 神이다.
44)『論語』「八佾」. "祭如在, 祭神如神在. 子曰, 吾不如祭, 如不祭"
45)『論語』「堯曰」. "子曰, 禹, 吾無間然矣, 菲飮食而致孝乎鬼神"

다음으로 공자는 제사의 대상을 분명히 할 것을 말했는데 이는

> 자기가 제사지내야 할 귀신이 아닌데 제사 지내는 것은 아첨하는 것이다.[46]

라는 구절에서 볼 수 있다. 제사의 대상은 天神·地祇·鬼神으로 분류되는데 천지와 조상에 대한 제사가 가장 중요하다. 천지에 대한 제사는 天子만이 올리고 산천에 대한 제사는 諸侯가 올리며 庶人은 조상의 제사만을 받든다.[47] 자기 조상이외의 귀신에게 제사 드리는 것이 아첨이라고 공자가 규정한 것은, 자신의 노력은 소홀히 하면서 기복하는 미신적 제사를 경계한 것이다.

그런데 공자가 귀신에 관한 것은 언급하기를 꺼리면서도 제사는 정성을 지니고 임한 까닭은 무엇이었을까? 그것은 아마도 제사의 긍정적 기능 때문이었을 것이다. 공자의 관심은 내세보다는 현세, 죽음보다는 삶에 우선하였다. 공자는 현실주의자였으며 철학자라기보다는 교육자에 더 가까웠다. 그러므로 공자는 항상 백성의 교화를 염두에 두었기 때문에 오히려 자신의 명쾌한 견해를 피력할 수 없는 경우가 있었다.

『孔子家語』에 보면 이러한 대화가 있다.

> 자공이 공자에게 죽은 사람에게 앎이 있는 지의 여부에 대해 묻자, 공자가 말하기를 "나는 죽은 사람에게 앎이 있다고 말하고 싶으나 장차 효자와 후손들이 생명을 돌보지 않고 오직 죽은 자의 후장에만 정성을 다할까 두렵고, 내가 죽은 이는 앎이 없다고 말하고자 하나 장차 불효자식들이 그 어버이를 버리고 장례도 지내지 않을까 두렵다. 사야! 죽은 자에게 앎이 있는지 없는지 알고자 하지 말아라. 지금 급한

---

46) 『論語』「爲政」. "子曰, 非其鬼而祭之, 諂也"
47) 『禮記』「大傳」. "禮不王不禘, 王者禘其祖之所自出, 以其祖配之"

것이 아니다. 후에 스스로 알게 될 것이다." 하였다.[48]

공자가 만약 귀신이나 사후세계에 관하여 긍정하였다면 백성들은 미신에 현혹되어 귀신을 숭배하며 복만 구하고 살 것이며[49] 한편 이에 관하여 부정해 버린다면 무수한 악행으로 사회에 혼란을 야기 시킬 것으로 보았다. 그러므로 공자는 귀신은 공경하면서도 멀리하고, 제사는 조상과 신이 임한 것처럼 하라는 양면적 입장을 보인 것이다. 특히, 조상신에 대한 제사에 관하여는 의례의 차원을 벗어난 진정한 孝의 연장으로 보았다.

> 맹의자가 孝를 묻자 공자가 대답하셨다. "禮制를 어기지 않는 것이다." 번지가 공자의 수레를 몰 때, 공자가 그에게 말씀하셨다. "맹손이 나에게 효를 묻길래, 예제를 어기지 않는 것이라고 대답해 주었다." 번지가 말하기를, "무슨 뜻입니까?" 하자 孔子가 대답하셨다. "부모님이 살아 계실 때는 예절로 섬기고, 돌아가셨을 때에는 예제를 따라 장례를 치루고 또 예제로 제사지내는 것이다."[50]

살아 계실 때나, 돌아가셨을 때나, 그 이후에도 정해진 예에 어긋나지 않게 섬기는 것이 효라고 한 것은, 이른바 '돌아가신 부모님을 생전과 같이 모시고 돌아가신 조상을 살아 계신 것과 같이 모신다'[51] 는 태도와 같다. 여기서 제사의 예가 효도의 연장과 확대

---

48) 『孔子家語』. "子貢問於孔子曰, 死者有知乎, 將無知乎, 子曰吾欲言死之有知, 將恐孝子順孫, 妨生以送死, 吾欲言死之無知, 將恐不孝之子, 棄其親而不葬, 賜, 不欲知死者有知與無知, 非今之急, 後自知之"
49) 이러한 점은 앞에서도 언급했듯이 殷代의 至高唯一한 祖上神만의 숭배로 인한 사회적 弊害를 보더라도 능히 짐작을 할 수 있는 것이다.
50) 『論語』「爲政」. "孟懿子問孝. 子曰, 無違. 樊遲御, 子告之曰, 孟孫問孝於我, 我對曰, 無違. 樊遲曰, 何謂也? 子曰, 生, 事之以禮, 死, 葬之以禮, 祭之以禮."
51) 『中庸』 19章. "事死如事生, 事亡如事存, 孝之至也."

라는 의의를 지니고 있음을 알 수 있다.[52] 이 밖에도 학이편을 보면 "죽은 사람을 신중하게 다루고, 먼 조상을 추모하면 국민의 기풍이 후하게 될 것이다"[53]라는 말이 있는데, 이는 제사를 지냄으로써 효가 돈독해지고 사람들이 순화되는 제사의 중요한 순기능적 차원이라고 하겠다.

공자의 귀신관과 제사관은 인간과 신사이의 조심스러운 조응이라는 소극적 방면에서 시작되어 미신과 기복을 억제하고 부정하려는 의도가 드러나 있으며, 한편으로는 제사를 공경과 효도의 연장으로 확장하여 공자 자신의 교화의 의지가 엿보이는 적극적인 면도 아울러 갖추고 있다. 그러므로 귀신과 제사에 대한 공자의 태도는 이 양면이 교차되어 있다.

제5절 맺음말

이상에서 살펴본 바와 같이 공자 천개념의 사상적 출발은 고대의 상제신앙에서 비롯되어 주대의 정치적 천명사상을 거친 후 천을 인간사회의 규범으로 끌어들인 것이다. 중국에 있어서 천사상은 은대의 초월적이고 절대적인 존재인 제, 상제, 또는 조상숭배에서 시작하는데 은대 말기에 들어오면서 조상신에 대한 숭배가 부작용을 가져와 주에 의해 정복당함에 따라 통치자의 덕을 강조하는 덕치의 사상이 나타난다.

---

52) 蔡仁厚, 1990, 『孔孟敬哲學』, 臺北學生書局, 136쪽.
53) 『論語』「爲政」. "愼終追遠, 民德歸厚矣"

이러한 토대 위에 주대에는 새로운 개념으로서 천사상이 형성된
다. 은대의 미신적 종교정치의 부작용을 자각하고 주초의 통치계
층의 반성을 통해서 천이 계시한 자에 의해 정권의 담당여부가 결
정된다는 정치적 색채가 혼합된 천명사상으로 이어진다.

그러다가 서주말에 이르러 봉건제도의 부패와 사회적 혼란으로
천은 그 능력을 상실하게 되고 인간의 능력에 대한 자각이 일어나
게 되었다. 이러한 변화 속에서 주대를 계승한54) 공자는 인간에 그
중심을 두고 事鬼보다는 事人을 중시했으며55) 귀신을 부정하지는
않으면서도56) 선조의 제사에 대한 성의를 강조함으로써 유가의 기
본덕목인 효의 확대개념으로 인정하였다.

그러나 『논어』에 나타난 공자의 사상은 의식과 의지를 구유한
우주의 주재자적 천을 부인하지 않았음을 알 수 있다. 공자는 전
래되어 오던 신앙의 대상으로서의 인격적 天神의 요소를 긍정하면
서도 천의 절대적 권위를 개인의 윤리적 자각의 촉구라는 내재적
의미의 천개념으로 전향시킨 일면이 보인다. 결론적으로 공자의
천명론과 귀신관은 초월적인 면을 무시하지 않으면서도 인간의 자
각적 노력 또한 경시하지 않았다. 즉, 초월성과 내재성, 자율성과

---

54) H.G. 크릴, 앞의 책, 135쪽. 『論語』의 어느 곳을 보아도 ‘天’과 동일한
    神格이지만 보다 이념적인 측면으로 이해되는 ‘帝’를 공자가 언급한
    일이 없는 것은 흥미있는 사실이다.
55) H.G. 크릴, 앞의 책, 141쪽. 종교는 인간의 힘으로는 어찌할 수 없는 힘
    의 세계에 관한 것이지만 공자는 견디기 어려운 이 세상을 살기 좋은
    세상으로 만드는 일에 관심을 가졌으며 인간의 힘으로는 어쩔 수 없는
    문제들은 그의 관심을 끌지 못하였다
56) 徐復觀, 1984, 『中國人性論史』, 商務印書館, 86쪽 참조. 徐復觀은 공자
    의 天槪念이 전통적으로 이념적 종교의식을 가지고 있는 과거 天, 帝
    의 최고 통일체를 일반적인 귀신으로 格下시키고 이에 도덕적 규정을
    부여하였다고 하면서, 공자에 있어서 天과 일반적으로 말하는 鬼神은
    명확히 분리되었다고 한다.

타율성의 융합적 성격을 갖는다. 인간 주체의 선과 덕성의 잠재적 가능성에 대한 공자의 신념이 천개념과 천명·귀신론에도 드러나 있는 것이다.

제4장

묵자의 종교적 天개념

제1절 머리말

천에 대한 논의는 언제나 자연에 대한 관심으로 시작되는 것이 보통이며 이는 단순히 종교, 철학적 측면뿐 아니라 사회, 문화, 교육 등에도 지대한 영향을 미쳐왔다. 중국 고대의 천개념의 변천을 파악하는 것은 인간이 삶의 터전으로서의 자연을 어떻게 이해하느냐의 문제와 관련이 있다.

공자가 처했던 춘추시대는 주의 문화가 붕괴되는 시기였다. 공자가 생장했던 노국은 서주시대의 문물전장을 가장 많이 보존하고 있었으므로 공자는 노국에 보존된 서주시대의 전통문화에 깊이 심취하여 삼대를 정치적 이상세계로 하는 복고주의적 경향을 띠게 되었다. 공자는 인간의 의지와 감정을 자율적으로 규제·극복할 수 있는 도덕적 자제력과 극기를 함양하는 禮治를 주장하였는데 이 같은 예의 절대성을 강화하기 위해 예의 기원과 역할을 자연의 이치에서 추구하였다.

그런데 공자가 살았던 시기는 주의 문화가 붕괴되는 시기였으므로 天에 대한 이해도 주초와는 달라질 수밖에 없었다. 당시의 천에 대한 이해는 다음과 같았다. 첫째는, 서주 초기로부터 이어져 내려온 전통적인 관념에 따라 '천'을 인격화된 지상신으로 이해한 것이고, 둘째는, '천'을 '운명'으로 이해한 것이며, 셋째는, 자연적인 존재로 천을 이해하는 것이었다. 공자는 이 세 가지의 '천'이해에 대해 전적으로 인정하거나 부정하지 않고 비교적 절충적인 태도를 취했다.[1)

공자 천개념[2)의 사상적 출발은 고대의 상제신앙에서 비롯되어 주대의 정치적 천명사상을 거친 후 천을 인간의 내면으로 끌어들인 것이다. 중국에 있어서 천사상은 은대의 초월적이고 절대적인 존재인 제, 상제, 또는 조상에 대한 숭배에서 시작하는데 은대 말기에 조상신 숭배의 부작용으로 방탕해진 주왕이 주에 의해 정복당함에 따라 통치자의 덕을 강조하는 덕치의 사상이 나타난다. 이러한 토대 위에 주대에는 새로운 개념으로서의 천사상이 형성된다. 즉 은대의 미신적 종교정치의 부작용을 자각하고 주초의 통치계층의 반성을 통해서 천이 계시한 자에 의해 정권의 담당여부가 결정된다는 정치적 색채가 혼합된 천명사상으로 이어진다. 그러나 서주말에 이르러 봉건제도의 부패와 사회적 혼란으로 천은 그 능

---

1) 向世陵, 馮禹, 1991, 『儒家的 天論』, 齊魯書社, 31쪽.
2) 孔子의 天槪念의 성격을 규명할 수 있는 『論語』의 언급들로는, 鬼神과 祭祀에 관한 孔子의 말씀과 天에 관한 구절, 그리고 命·天命에 관한 것과 天道에 관련된 구절들이 있다. 이들은 모두 天을 대하는 孔子의 태도와 입장을 엿볼 수 있는 자료들로서 『論語』에 나타난 孔子의 天槪念의 의미와 성격을 규명해 볼 수 있다.

력을 상실하게 되고 인간의 능력에 대한 자각이 일어나게 되었다. 이러한 변화 속에서 주대를 계승한[3] 공자는 모든 것을 인간에 그 중심을 두고 事鬼보다는 事人을 중시했으며[4] 귀신을 부정하지는 않으면서도[5] 선조의 제사에 대한 성의를 강조함으로써 유가의 기본덕목인 효의 확대개념으로 인정하였다.

한편『논어』로 본 공자의 사상은 의식과 의지를 구유한 우주의 主宰者的 天을 인정한 면도 보인다.[6] 공자는 전래되어 오던 신앙의 대상으로서의 인격적 천신의 요소를 긍정하면서도 천의 절대적 권위를 개인의 윤리적 자각의 촉구라는 내재적 의미의 천개념으로 전향시켰다. 말하자면, 공자의 천개념은 초월적인 면을 무시하지 않으면서도 인간의 자각적 노력 또한 경시하지 않았다. 즉, 초월성과 내재성, 자율성과 타율성의 융합적 성격을 갖는다. 공자는 인간 주체의 선과 덕성의 잠재적 가능성에 대한 신념을 강조하였다.

이러한 공자의 천개념은 고대 중국의 인격성을 띤 상제가 그 인격적 색채를 차츰 벗어버리고 비인격화 되면서 인간의 세계로 하향하는 모습을 보여준다. 공자의 천은 인간사회와 세계의 질서에 관여하고 있으나 그것은 제한적이다. 다시 말하면 인간내면에의 '仁'이라는 질서와 외면의 '禮'라는 규범을 통하여 작용할 수 있을

---

3) H.G. 크릴, 李成珪역, 1983,『孔子: 인간과 신화』, 지식산업사, 135쪽. 『論語』의 어느 곳을 보아도 '天'과 동일한 神格이지만 보다 이념적인 측면으로 이해되는 '帝'를 공자가 언급한 일이 없는 것은 흥미있는 사실이다.

4) H.G. 크릴, 앞의 책, 141쪽. 종교는 인간의 힘으로는 어찌할 수 없는 힘의 세계에 관한 것이지만 공자는 견디기 어려운 이 세상을 살기 좋은 세상으로 만드는 일에 관심을 가졌으며 인간의 힘으로는 어쩔 수 없는 문제들은 그의 관심을 끌지 못하였다

5) 徐復觀, 1984,『中國人性論史』, 商務印書館, 86쪽 참조.

6)『論語』「八佾」. "不然, 獲罪於天, 無所禱也";「雍也」. "予所否者, 天厭之, 天厭之";「子罕」. "吾誰欺, 欺天乎,'「先進」. '噫, 天喪予, 天喪予"

뿐이다.7)

공자사상을 계승한 맹자의 천개념은 당시 현실을 비판하는데서 비롯된 전래의 천명사상의 내면화에서 그 사상적 의의를 찾아볼 수 있을 것 같다. 맹자는 당시 '以力假仁'하는 패왕들의 무력적 통일의 의도를 지양하고 '以德行仁'하는 내면적 통일을 이상으로 했으므로 종래의 천명사상을 새롭게 해석하게 되었다. 맹자의 천개념은 전통적인 인격신의 요소와 공자가 개인적으로 느꼈던 하늘과의 친밀한 관계라는 성격이 많이 희석되고 '誠實'이라는 형이상학적 성격을 띠게 된다. 왜냐하면 맹자는 자신의 王道政治思想을 주장하기 위한 철학적·형이상학적 근거를 필요로 했고 그 근거를 종래의 천개념에서 구했기 때문이다. 천이 도덕적으로 선하기 때문에 천의 본성을 부여받은 모든 인간이 도덕적이라는 근거를 제시하고8) 선한 인간의 의지의 집합체인 民意는 그대로 天意이므로 치자는 이 민의에 의해 다스려야 한다는 이론을 전개시켰다. 또한 이 천은『詩經』·『書經』에 나타난 바와 같이 역사를 주재하는 천이기도 하다.9) 그러므로 통치자는 이 천의 뜻(天命)을 두려워해야 한다는 것이다.

요컨대 맹자의 천은 외적 측면과 내적 측면의 두 가지로 나타난

---

7) 이 仁과 禮는 각각 Ethos(풍습, 도덕적 기풍)와 Ethik(윤리)에 대응된다. Ethos로서의 仁은 개인이나 공동체의 표본성(Muster)으로서 솔직하고 순박한 이해성(Naive Selbstverständlichkeit)으로 기대되는 행동이며 조직적이 아닌 반사적(Reflextion) 행동이다. Ethik로서의 禮는 공인된 정당성이 설정된 것이다. 이는 어떠한 지시나 규정에 관한 과거의 예(etwas Vorschreiben)가 발전되어 나타난 것이다. 그러나 이 禮는 추상 윤리(Metaethik)로는 발전되지 못하였다.

8)『孟子』「盡心上」. "孟子曰, 盡其心者知其性也, 知其性則知天矣, 存其心養其性所以事天也, 殀壽不貳脩身以俟之, 所以立命也"

9)『孟子』「萬章上」. "萬章問曰, 人有言, 至於禹而德衰, 不傳於賢而傳於子, 有諸, 孟子曰, 否, 不然也, 天 與賢則與賢, 天與子則與子"

다.10) 정치적으로는『詩經』·『書經』를 중심으로 주대의 천명 정
치사상을 민본과 혁명의 근거로 제시하여 통치자에게 왕도정치(仁
政)의 근거로 제시하였으며 내적인 윤리면에서는 인간 심성의 내
면을 추구하여 인간 본성의 선함을 천에 근원시키고 있다. 이 두가
지 성격은 서로 어우러져 천명은 인성의 내적 근거가 되며, 性善은
천명에 기초한 인정과 혁명의 명분을 제공한다.

  맹자의 천개념은 그 논리 전개상에서 공자보다 한층 더 발전하
여 天을 인간의 심성 안으로 끌어들여 자연의 법칙을 인간규범의
원칙으로 삼으며, 나아가 역사와 정치를 주관하는 천의 의미로까
지 발전시켰던 점이 보인다. 맹자는 천명을 역사를 주재하는 천의
의미로 봄으로써 천의 초월적 성격을 부각시킨 듯이 보이지만, 이
천의 뜻이 '민의'라는 형태로 현현됨으로써, 다시금 천은 인간사회
의 질서 속으로 복귀한다.

  그런데 맹자의 이러한 입장과는 달리 묵자는 먼저 天의 초월성
을 인정한 후 이 천을 중심으로 세계를 재구성한다. 이런 점에서
묵자의 천개념은 초월적이라 할 수 있다

제2절 천개념의 정당성

  공자와 맹자의 천은 인간 내면의 덕성을 통하여 인식 가능한 윤
리적 가능 근거이다. 주대의 천사상을 계승한 유가의 이러한 천개
념과는 달리, 묵자는 은대의 상제개념을 복원하여 천의 외면적 초

---

10) 安炳周, 1987,『儒敎의 民本思想』, 成均館大 大東文化硏究所, 103쪽.

융화를 시도한다.

묵자는 천을 구심점으로 한 이상사회의 건설을 목표로 삼는다. 묵자는 안정되고 행복한 세계를 이루기 위해서는 천·귀신의 존재를 부인하려는 경향을 되돌려 오히려 그 존재를 믿어야 한다면서, 천·귀신이 實有를 증명한다. 묵자는 한편으로는 모든 것이 命에 의한다는 숙명론적 운명론의 폐해를 지적하면서 명을 부정(非命)한다.

묵자가 유가를 비판하여 '非命'을 주장한 것은 묵자와 공자의 천개념의 차이에서 온 것이라 하겠다. 공자의 천은 인간 안에 내재하므로 인간은 자각적 입장에서 이 천명을 실천할 수 있다. 그러나 묵자의 천은 의지를 가지면서 행위의 결과를 상벌로써 주관하는 존재이다. 공자의 천이 내재성과 외재성의 양면을 공유하는 반면, 묵자의 천은 외재적인 천이기에 결과로서의 상벌이 강조될 수밖에 없었다.

공자는 운명적인 명과 사명적인 명을 다 수용하지만 묵자는 운명적인 명은 강하게 부정한다. 묵자는 운명론을 믿고 자신의 책임과 노력을 회피하는 유가를 비난하였는데 묵자가 비명론을 통하여 부정하려고 했던 것은 운명적인 결정론이었고 사명적인 면까지 부정한 것은 아닌 것으로 보인다. 묵자는 천을 절대화·권위화함으로써, 천의 내재적 인문화로 빚어진 당시 유가의 폐단을 비판하고 나름대로의 완전한 구도를 제시하여 이상사회를 이루고자 한 것이다.

제3절 사회현실과 천개념의 충돌

묵자의 천개념에는 춘추시대라는 당시 사회 현실에 대한 불신과 비판이 내재되어 있다. 묵자는 天志의 원칙이 아직 세워지기 이전의 상태를 다음과 같이 그리고 있다

> 천하가 어지러워지는 까닭은 어디있는가? 그것은 온 세상의 모든 士君子들이 사소한 일에는 밝고 큰일에는 어둡기 때문이다. 그러면 천하의 사군자들이 사소한 일에는 밝고 큰일에는 어둡다는 것을 무엇으로 알 수 있는가? 그것은 그들이 하늘의 뜻을 모른다는 사실로 알 수 있다.[11]

묵자는 '大'로서 존재하는 天을 모르기 때문에 세상의 모든 혼란이 생긴다고 한다. 만약 천을 알고 그 권위를 인정한다면 세상은 평화와 안정을 되찾을 것이다. 그러므로 천의 뜻에 따르는 정치는 義로써 다스리는 정치, 곧 義政이요, 천의 뜻을 거스르는 정치는 힘으로 다스리는 것, 곧 力政이다.[12] 묵자는 시대적 혼란을 해소하기 위하여 국가 간의 대외관계에서도 천의 뜻을 표명한다. 대외적으로 제후국간의 관계에 있어서도 천의는 다음과 같이 실재하는 것이다.

> 하늘의 뜻은 큰 나라가 작은 나라를 공격하거나 大家가 小家를 어지럽히거나 강자가 약자를 해치거나 잔꾀 많은 자가 어리석은 자를

---

11) 『墨子』「天志下」. "天下之所以亂者, 其說將何哉, 則是天下士君子, 皆明於小而不明於大, 何以知其明於小不明於大也, 以其不明於天之意也"
12) 『墨子』「天志下」. "順天意者, 義政也, 反天意者, 力政也"

속이거나 귀한 자기 천한 자에게 오만한 것을 원하지 않는다. 이것은 하늘이 원하지 않는 바이다. 하늘이 원하는 것은 힘있으면 서로 도와주고 道가 있으면 서로 가르쳐 주고 재물이 있으면 서로 나누어주는 것이다.[13]

묵자가 묘사하고 있는 원초사회의 모습은 정의보다는 힘이 우선하는 것으로서 이는 당시의 사회 상황과도 상통하는 것이었다 이제 묵자는 자신이 이해한 왜곡된 사회인 춘추시대에 대한 처방으로 '天志'의 원칙들을 제시한다

제4절 천개념의 전개

1. 兼愛는 親親에 대한 반론

묵자는 親親의 원칙에 따라 차등을 두고 禮를 행하는 것은 유가가 別愛를 하고 있는 것이라고 하며 서로 차별 없이 사랑하고 이로움을 주는 兼愛를 해야한다고 한다. 묵자는「非儒」篇에서 유가의 차별을 다음과 같이 비난한다.

유가에서는 '親한 이를 가까이 하는데도 차별이 있고 어진이를 존경하는데도 等級이 있다.'고 하니 이것은 親疎와 尊貴의 차이가 있음을 말하는 것이다. [14]

---

13)『墨子』「天志中」. "天之意不欲大國之攻小國也, 大家之亂小家也, 强之暴寡, 詐之謨愚, 貴之傲賤, 此天之所不欲也, 不止此而已 欲人之有力相營, 有道相敎, 有財相分也"
14)『墨子』「非儒下」. "儒者曰, 親親有術, 尊賢有等, 言親疎尊卑之異也"

묵자가 유가를 비판한 것은 공자의 仁이 현실에서 실천되기 어려운 점 때문일 것이다. 이는 당시의 시대 상황에서 공자의 忠恕를 통한 仁과 그의 표현으로서의 禮·正名 등의 이론이 그 실현 면에 있어서 한계를 보였기 때문이다. 공자는 천으로부터 인간에게 주어진 덕성을 고양하여 그것을 가까운 곳으로부터 먼 곳으로 확대하고자 했다. 그러나 이와 같은 이상은 실천면에 있어서 別愛에 그치고 말 한계성이 있다. 그러므로 묵자는 그 대안을 좀 더 강력한 천의 의지, 곧, 차별 없는 만인에 대한 사랑이라는 '兼愛'에서 찾았다. 인간이 천과 맺어질 수 있는 경우는 천의 의지를 본받아 겸애를 실천할 때이다.

> 위로는 하늘을 존중하고 가운데로는 귀신을 섬기며 아래로는 사람들을 사랑했다. 그러므로 하늘의 생각은 이것이 바로 내가 사랑하는 바를 알아 차별 없이 사랑하고 내가 이롭게 하는 바를 알아 한결같이 이롭게 했다. 사람을 사랑하는 것은 넓고 사람을 이롭게 하는 것도 두터웠다.[15]

좀 더 구체적으로 본다면, 겸애는 나와 남, 내 가정과 남의 가정, 우리 국가와 남의 국가에 차별 차등을 두지 않고 사랑하는 것이다. 묵자는 다음과 같이 말한다.

> 가령 천하 사람들이 모두 서로 사랑하여 남 사랑하기를 내 몸 사랑하듯이 한다면 어찌 불효가 있겠는가. 부형과 임금을 내 몸처럼 본다면 누가 불효를 행하겠는가. 제자와 신하를 내 몸처럼 본다면 누가 不慈를 행하겠는가. 그러므로 不孝, 不慈가 없어진다. 그런데도 도적이 있겠는가. 남의 집을 내 집처럼 본다면 누가 도둑질을 할 것이며, 남의 몸을 내 몸처럼 본다면 누가 해치려 하겠는가. 그러므로 도적이 없

---

15) 『墨子』天志上. "其事上尊天, 中事鬼神, 下愛人, 故天意曰, 此之我所愛, 兼而愛之, 我所利, 兼而利之, 愛人者此爲博焉, 利人者此爲厚焉"

어진다. 그런데도 大夫가 서로 그 집을 어지럽히고 제후가 서로 그 나라를 공격하는 자가 있겠는가. 남의 집을 제 집처럼 본다면 누가 남의 집을 어지럽히겠으며, 남의 나라를 제 나라처럼 본다면 누가 남의 나라를 공격하겠는가.16)

결국, 겸애란 남 사랑하기를 자신을 사랑하듯 하고 남의 아버지·형·아우·아들 보기를 자기 자신 대하듯 하는 것이다. 묵자의 겸애17)는 구별과 차별이 없는 사랑의 세계로 이끈다. 이와 같이 남을 아끼고 이로움을 주고자 하면 도적과 전쟁은 자연히 없어진다. 뿐만 아니라 천이 인간을 차별 없이 사랑하고 이롭게 하는 것처럼 인간도 하늘의 뜻에 순종하여 살면 天·鬼·人이 서로 사랑하고 서로 이롭게 하여 전쟁·도적·혼란이 없는 하늘의 뜻에 부합한 세계가 실현된다는 것이다.

공자는 결과적 손익은 고려하지 않고 仁의 동기와 과정을 중시했는데 이는 천의 내재성이 그 근거가 된 것이었다. 반면 묵자는 더 강력한 이론적 근거로서 외재하는 천의 뜻(天意)을 따랐을 때 이룰 수 있는 전체적인 이익을 강조했으며 모든 일은 하늘의 뜻이기 때문에 해야한다고 역설하였다. 묵자는 공자가 도덕적 당위로 인을 행해야 한다고 한 것은 설득력이 약하다고 생각하였고 그 원인은 천의 뜻이 곧 겸애 임을 모르는데서 온 것이라고 생각하여 천

---

16) 『墨子』「兼愛上」. "若使天下兼相愛, 愛人若愛其身, 猶有不孝者乎, 視父兄與君若其身, 惡施不孝, 猶有不慈者乎, 視子弟與臣若其身, 惡施不慈, 故不孝不慈亡有, 猶有盜賊乎, 視人之室若其室, 誰竊, 視人身若其身, 誰賊, 故盜賊亡有, 猶有大夫之相亂家, 諸侯之相攻國者乎, 視人家若其家, 誰亂, 視人國若其國, 誰攻"

17) 孟子는 墨子가 兼愛를 하기 때문에 자기 父母와 남의 父母를 똑같이 여기니 無父라고 공격하였는데, 墨子가 兼愛를 통하여 아버지를 자신처럼 대한다고 한 점과 天志를 중심한 兼愛의 실천 속에서의 孝를 강조한 점등으로 볼 때 孟子의 이 비판은 문제가 있음을 알 수 있다.

지를 강조하였다. 묵자는 외재하는 천의 뜻인 겸애를 실천해야 한
다고 하여 겸애를 통한 이상세계를 제시한 것이다.

공자의 인과 묵자의 겸애가 자기를 미루어 남을 대한다는 점에
서는 서로 통한다. 그러나 공자의 인은 내재하는 천의 도덕성에 근
거한 도덕적 당위성이라는 의미를 갖고, 묵자의 겸애는 초월적인
천지를 따라야만 하는 인간의 의무로서의 성격을 띤다.

2. 天志로부터 非命을 도출

공자는 인간의 힘으로는 어찌할 수 없는 일, 즉 '不可爲之事'가
있음을 깨닫고 천은 우리 인간으로서는 도저히 저항할 수 없는 위
대한 힘을 가지고 전 인류에게 명령하는 것임을 자각하여 이것을
'命' 또는 '天命'이라고 하였다. 공자에게 있어서 천은 최고의 권위
를 지닌 존재이며, 인간의 행위의 준칙이 되는 도덕원칙을 함유한
존재로 인생법칙의 본원이다. 이러한 天의 자기의지의 표현이 '命'
이다. 杜任之는 공자의 '명'의 의미[18]를 두 가지로 나누었다. 첫째
는 객관적인 규율을 가리키는 것이고 둘째는 숙명적인 것으로 설
명한다. 숙명적인 것은 공자가 자연이나 사회에서 불가해한 일을
만났을 때 운명으로 돌렸다는 것이다.[19]

한편, 묵자는 공자에게 있어 운명과 사명의 두 가지 의미로 해석
되는 명의 개념을 규정하는데 있어서, 유가는 오로지 운명만을 믿

---

18) 命에 대한 解釋은 크게 둘로 나눌 수 있다. 하나는『論語』의 命은 모두
  運命을 나타내는 것이라 본 것이다. 이와는 정반대로 孔子는 命을 고
  정된 어떤 것(運命) 이라고는 생각지 않았다는 입장이다. 前者의 대표
  적인 사람이 徐復觀이요, 後者에 속하는 이는 H.G.크릴을 들 수 있다.
19) 杜任之, 高樹幟, 1985,『孔子學說精華體系』, 新華書店, 75~76쪽 참조.

었다고 비판하면서[20] '非命'을 주장하는데, 이는 「비명」편에 드러난다. 묵자는 儒家의 '命'을 運命論者들의 말이라 하여 다음과 같이 비판한다.

> 부자가 될 사람이라면 부자가 될 것이요, 가난하게 살 운명이면 가난하게 될 것이며 인구가 많이 늘어날 운명이면 많아질 것이요 줄어들 운명이라면 적어질 것이다. 또 나라가 잘 다스려질 운명이라면 다스려질 것이요 그렇지 않은 운명이면 어지러워질 것이며 오래 살 운명이면 오래 살고 쉬 죽을 운명이면 쉬 죽을 것이다. 아무튼 운명이란 우리네 사람의 힘으로는 도저히 어찌할 수 없는 것이다.[21]

> 지금 왕인이나 대인이나 할 것 없이 가령 운명을 믿고 행동한다면 반드시 옥사를 다스리고 정사를 다스리는 것을 게을리 할 것이고 … 농부는 반드시 농사일을 게을리 할 것이고 부인은 반드시 길삼을 게을리 할 것이다. … 이렇게 되면 우리는 천하의 입고 먹을 재물이 반드시 부족하게 될 거라고 생각할 것이다.[22]

운명론의 폐해는 사회 전반에 걸쳐 나타나게 된다. 왜냐하면 사회 구성원들이 모든 일이 운 좋으면 저절로 잘 될 것이며, 운 나쁘면 아무리 노력해도 반드시 실패할 것이니 노력할 필요가 없다는 체념에 이르기 때문이다. 그러므로 묵자는 철저히 '명'을 물리치고 자기 스스로가 책임 질 수 있는 자발적이며 주체적인 '强'의 노력을 다짐하였다.[23]

---

20) 『墨子』「非命下」. "今天下之士君子中實將欲求興天下之利, 除天下之害, 當若有命者之言, 不可不强非也, 曰命者, 暴王所作, 窮人所術, 非仁者之言也, 今之爲仁義者, 將不可不察而强非者此也"

21) 『墨子』「非命上」. "執有命者之言曰, 命富則富, 命貧則貧, 命衆則衆, 命寡則寡, 命治則治, 命亂則亂, 命壽則壽, 命夭則夭"

22) 『墨子』「非命下」. "今雖毋在乎王公大人, 蕡若信有命而致行之, 則必怠乎聽獄治政矣 … 農夫必怠乎耕稼樹藝矣, 婦人必怠乎紡績織紝矣 …, 則我以爲天下衣食之財, 將必不足矣"

23) 李雲九, 尹武學 共著, 위의 책, 52쪽. (非命下. "彼以爲强必富, 不强必

묵자는 '비명'을 三表法에 의해 증명하는데 첫째, 백성의 이목을 통하는 방법이며[24] 둘째, 선왕의 사적에서 보이며[25] 셋째는 실용적 효과가 그 기준이 되는 것으로 백성의 이익과 부합하느냐에 따라 가치를 둘 수 있다는 것이다. 상벌과 命에 관한 논의를 보자.

> 命이 있다고 주장하는 사람들이 말하기를 '윗사람이 상을 주는 것은 운명이 원래 상을 주게끔 되어있는 것이며 그 사람이 어질다고 하여 상을 주는 것이 아니다. 윗사람이 벌을 주는 것은 운명이 원래 벌을 주게 되어 있는 것이지 난폭하다고 하여 벌을 주는 것이 아니다. 이 때문에 들어와서는 부모와 친척에게 자애롭거나 효도를 행하지 않고, 나가서는 마을 사람들에게 공손하지 못하다. 몸가짐에 법도가 없고 출입에 절도가 없으며 남녀를 분별하지 못한다. 그 때문에 관청일을 맡게 되면 도적질을 하고 성을 지키게 되면 무너지게 되며 임금에게 어려움이 닥쳐도 목숨을 버리지 않고 망명하게 되어도 전송하지 않는다. 이것은 임금으로선 벌주어야 할 자요. 백성들로서는 비난해야 할 자이다.[26]

결국 운명을 믿음으로써 세상은 어지러워지고 나라는 멸망하게 될 것이라고 한다.[27]

貧, 强必飽, 不强必飢")

24) 『墨子』「非命中」. "我所以知命有與亡者, 以衆人耳目之情, 知有與亡, 有聞之, 有見之, 謂之有, 莫之聞, 莫之見, 謂之亡"

25) 『墨子』「非命下」. "昔者禹湯文武, 方爲政乎天下之時曰, 必使飢者得食, 寒者得衣, 勞者得息, 亂者得治, 遂得光譽令問於天下, 夫豈可以爲其命哉"「非命上」. '然而今天下之士君子, 或以命爲有, 蓋嘗尙觀於聖王之事, 古者桀之所亂, 湯受而治之, 紂之所亂, 武王受而治之, 此世未易, 民未渝, 在於桀紂則天下亂, 在於湯武則天下治, 豈可謂有命哉"

26) 『墨子』「非命上」. "執有命者之言曰, 上之所賞, 命固且賞, 非賢故賞也, 上之所罰命固且罰, 不暴故罰也, 是故, 入則不慈孝於親戚, 出則不弟長於鄉里, 坐處不度, 出入無節, 男女無辨, 是以治官府則盜竊, 守城則崩叛, 君有難則不死, 出亡則不送, 此上之所罰, 百姓之所非毁也"

27) 『墨子』「非命上」. "今用執有命者之言, 則上不聽治, 下不從事, 上不聽

묵자 '비명'의 특징은 묵자가 '명'조차도 필연적 원리로서 작용
하는 천의 기능으로 보고자 한 것이다. 즉, 묵자는 유가의 명의 개
념을 부정하면서 천이나 귀신같은 공능의 차원까지 끌어올려 백성
의 이익[28]과 사회질서 유지에 기능하는 원리로 보고자 했다. 묵자
가 유가를 비판하여 비명을 주장한 것은 묵자와 공자의 천개념의
차이에서 온 것이라 하겠다. 공자의 천은 주재하면서 인간 안에 내
재하기도 하므로 인간은 자각적 입장에서 이 天命을 실천할 수 있
다. 그러나 묵자의 천은 의지를 가지면서 행위의 결과를 상벌로써
주관하는 존재이다. 공자의 천이 내재성과 외재성의 양면을 공유
하는 반면, 묵자의 천은 외재적인 천이기에 운명은 부정되고 행위
의 결과성이 강조될 수밖에 없었다.

3. 天論으로부터 鬼神論을 도출

한편 묵자는 천을 믿는 것 외에 귀신[29]의 존재도 믿었는데, 양자
는 다 같이 감독과 상선벌악의 기능이 있었다. 天의 집행자로서 귀
신을 두는데, 이 귀신들 또한 인간 행위에 상응하는 상벌[30]을 내리
는 존재이다. 귀신은 묵자에 와서는 천과 거의 비슷한 성격을 가지

治則刑政亂, 下不從事則財用不足"
28) 李雲九, 1987, 『中國의 批判思想』, 麗江出版社, 95~96쪽 참조.
29) 『墨子』 중에 귀신과 관계있는 것은 「明鬼」편 하나 뿐이다. 「明鬼」는
    원래 3편이 있었는데 지금은 下篇만 남아있다. 孔子의 '鬼神'은 애니미
    즘이나 祖上神의 의미를 가지지만 墨子의 '鬼神'은 合目的的인 그의
    의도에 따라 擬人化되었다.
30) 墨子는 行爲의 結果에 초점을 맞추었다. 그런데 인간의 行爲는 動機와
    그 結果가 항상 일치하지는 않는다. 結果는 나빴는데 動機는 옳았을
    수도 있고 나쁜 動機로 善行이 유발될 수도 있기 때문이다

면서 개인의 선악뿐 아니라 국가, 사회의 선악, 치란까지도 감시하
는 존재로 필연적 원리로 작용한다.

그런데 귀신과 천의 관계에 대해서는 명백하게 설명하지 않았
다.[31] 묵자는 귀신이 인간의 선악에 따라서 상벌을 내릴 수 있는
존재임을 믿지 않는 데서 당시의 사회적 혼란이 야기된다고 생각
하였다. 귀신에 대한 신앙은 중국 고래의 전통적 믿음이었으나 춘
추전국시대에는 합리적 사고의 영향으로 귀신의 존재를 믿지 않는
사람들이 더욱 많아졌다. 그러므로 묵자는 사람들이 귀신을 믿지
않아 세상이 어지러워졌다고 통탄하였다.[32]

귀신은 세 가지로 구별되는데, 天鬼·山水鬼·人鬼이다.[33] 이
세 종류의 귀신 가운데서 天鬼는 가장 높은 위치를 차지하고 있지
만 주재신인 천과는 구분된다. 한편 묵자는 '귀신이 성인보다 지혜
롭다'[34]고 하여 귀신의 지혜를 성인과 천자까지 포괄한 어느 인간

---

31) 柳正基,「東洋思想의 體系」『東洋文化』2, 大邱大 東洋文化硏究所 ;
   范壽康, 民國 68年,『中國哲學史綱要』, 臺灣, 開明書店, 76쪽. 天과 鬼
   神의 관계에 대하여 柳正基는, 天은 公的인 主宰者로서 심판하는 것이
   나 鬼는 私的인 관계자에게 심판하는 것이며 天은 唯一者로서 모든 인
   간을 상대하는 것이나 鬼는 多數者로서 각 개인을 상대하는 것으로 天
   은 上位에 있고 鬼는 下位에 있는 것이라 하였고 范壽康은 墨子의 鬼
   神은 天에 비해 그 지위가 한 계급 낮은 것으로 鬼神은 작은 일에 대한
   것은 단독으로, 큰 일은 天의 지휘아래 賞罰을 내린다고 보았다.

32)『墨子』「明鬼下」“子墨子言曰, 逮至昔三代聖王旣沒, 天下失義, 諸侯
   力正, 是以存夫爲人君臣上下者之不惠忠也, 父子弟兄之不慈孝弟長貞
   良也 … 是以天下亂, 此其故何以然也, 則皆以疑惑鬼神之有與無之別,
   不明乎鬼神之能賞賢而罰暴也”

33)『墨子』「明鬼下」. “古今之爲鬼非他也, 有天鬼, 亦有山水鬼神者, 亦有
   人死而爲鬼者” 이같이 귀신을 세 종류로 구별하는 것은 고대 중국의
   전통신앙인 하늘에는 天鬼, 땅에는 地神, 사람이 죽어서 되는 人鬼를
   그대로 계승한 것이다. (『周禮』春官 太宗伯 참조).

34)『墨子』「耕柱」.“鬼神之明智於聖人”

보다 우위에 둔다. 그러므로 묵자에서의 귀신의 지위는 천보다는 낮고 인간보다는 높은 위계에 있다. 이렇게 천과 인간의 중간 위치에 있는 귀신 역시 천과 같이 인간의 행위 여하에 따라 상벌을 줄 수 있는 존재이다.[35]

이러한 귀신이 주는 벌은 부귀·권력·용맹이나 군대와 무기로도 당해낼 수 없는 강한 힘으로 작용한다.[36] 그러므로 묵자의 귀신관은 종래 고대신앙에서의 귀신관과는 달리 인간에게 행사[37]하는 의인화된 모습이다. 귀신은 분명히 존재하는 것이고 세상과 인간을 감시하고 있으므로 귀신을 섬겨야 한다고 묵자는 주장한다.[38] 무엇보다도 제사를 지낸다는 것은 귀신의 존재를 인정하는 것으로 천과 함께 모든 인간을 다스린다는 지배권을 인정하는 것이다.[39]

그러므로 묵자의 귀신관은 孔子와는 다르다. 공자는 괴이한 일과 폭력과 난동과 귀신에 관해서는 언급하지 않았다.[40] 즉, 공자는 귀신을 敬遠하였다.[41] 공자는 귀신에 대해 敬虔한 마음을 가졌을 뿐이었으며[42] 나아가 효의 연장선으로서 조상에 대한 제사를 중시했을 따름이었다. 묵자의 귀신이 생활 전반에 걸친 것인 반면, 공자의 귀신관은 제사에 국한된 것이었다. 또, 묵자는 귀신을 인간보

---

35) 『墨子』「明鬼下」. "鬼神之明, 不可爲幽閒廣澤山林深谷, 鬼神之明必知
   之"
36) 『墨子』「明鬼下」. "鬼神之罰, 不可爲富貴衆强, 勇力强武, 堅甲利兵,
   鬼神之罰, 必勝之"
37) 차인애, 1983, 「墨子와 論語의 鬼神觀」, 서강대 석사학위논문, 75쪽 참
   조.
38) 『墨子』「天志中」. "潔爲酒醴粢盛, 以祭祀天鬼"
39) 『墨子』「明鬼下」. "是以賞于祖而僇于社, 賞于祖者何也, 言分命之均
   也, 僇于社者何也, 言聽獄之中也"
40) 『論語』「述而」. "子不於怪力亂神"
41) 『論語』「雍也」. "樊遲問知, 子曰務民之義, 敬鬼神而遠之, 可謂知矣"
42) 『論語』「八佾」. "祭如在, 祭神如神在"

다 앞 세운데 비해, 공자는 귀신보다 인간을 우선시킨 인간중심적
입장이다. 이러한 유가의 입장에 대한 묵자의 비판은 유자인 公孟
과의 대화에서 드러난다.

> 公孟은 "귀신은 존재하지 않는다."고 말하고 나서, 이어서 그는,
> "군자는 마땅히 제사에 대해서 배워야 한다"고 주장했다. 이에 묵자는
> 다음과 같이 대답한다. "귀신이 존재하지 않는다고 주장하며 제사를
> 공부하는 것은 손님이 없는 데도 손님접대를 배우는 것과 같고, 고기
> 가 없는데도 그물을 만드는 것과 같다."[43]

묵자의 귀신관은 귀신이 천으로부터 명령을 받아 인간에게 상
벌을 준다는 전통적인 귀신관을 수용하였으나 일방적으로 귀신의
권한만을 강조하던 것에서 벗어나 귀신 또한 인간의 행복을 바란
다고 하여 그 상벌기능 또한 행복과 이익을 위한 것으로 발전시켰
다. 즉, 묵자는 종래의 애니미즘적인 요소를 갖던 귀신의 지위와
성격을 상승·발전시켜 천의 뜻을 집행하여 인간 사회에서의 질서
유지까지도 담당하는 위격으로까지 상승시켰다.

제5절 천의 권위화

묵자는 인간은 절대적인 보편성을 지니고 있지 못하기 때문에
가치 기준으로 삼기에는 적합치 못하다고 보고 '천'을 가치기준으

---

43) 『墨子』「公孟」. "公孟子曰, 無鬼神, 又曰, 君子必學祭禮, 子墨子曰, 執
無鬼而學祭禮, 是猶無客而學客禮也, 是猶無魚而爲魚罟也"

로 제시한다.

> 천의 운행은 광대하되 임의로움이 없으며 베풂이 두텁되 생색을
> 내지 않으며 밝음이 장구하여 쇠퇴하지 않는다. 그러므로 성왕은 하
> 늘을 법으로 삼았다. 이미 하늘을 법으로 삼았다면 동작과 일에 반드
> 시 하늘을 기준으로 삼아야 한다.[44]

천은 가변적인 인간과는 달리 절대적인 보편성을 지니고 있으므
로 천을 모든 가치의 기준으로 해야 한다는 것이다. 천을 가치 규
범으로 삼은 것을 다음과 같이 비유하고 있다.

> 내가 하늘의 뜻을 지니고 있는 것은 비유하면, 수레바퀴를 만드는
> 사람이 둥근 자(規)를 가지고 있고, 목수가 네모난 자(矩)를 가지고 있
> 는 것과 같다. 수레바퀴를 만드는 사람과 목수는 둥근 자와 네모난 자
> 를 가지고 세상의 방원을 헤아리면서 '들어 맞으면 옳은 것이고 들어
> 맞지 않으면 잘못된 것이다.' 라고 하는 것과 같다.[45]

이와 같이 천지는 최고의 권위척도이며 가치규범인 것이다. 묵
자는 여기서 천의 의지를 공구에 비유하여 천이 가치기준의 척도
임을 밝히고 있다. 이같이 묵자의 천은 유가와는 달리 일반적 자연
법칙으로서 인간에게서 분리되어 외재하면서 강한 가치의 척도가
되고 있다. 천은 지고무상할 뿐 아니라 만물을 기르고 은혜를 고
루 베푸는 존재임을 알 수 있다. 또한 天은 무소부재하여 인간의
모든 행위를 감시하는 전지한 존재[46]로 인식된다. 그러므로 묵자

---

44) 『墨子』「法儀」. "天之行廣而無私, 其施厚而不德, 其明久而不衰, 故聖
   王法之, 既以天爲法, 動作有爲, 必度於天"
45) 『墨子』「天志上」;『新譯漢文大系50』, 明治書院, 昭和 59年, 296～297
   쪽. "我有天志, 譬如輪人之有規, 匠人之有矩, 輪匠執其規矩, 以度天下
   之方圓日, 中者是也, 不中者非也"
46) 『墨子』「天志上」. "無所避逃之, 未天不可爲林谷幽閒無人, 明必見之'

는 다음과 같이 '천'의 주재성을 언명한다.

조심하고 삼가서 반드시 천이 원하는 일이면 하고 싫어하는 일이면 하지 말아야 한다.[47]

왜냐하면 묵자에 있어서의 천은 개인 각자의 도덕성을 감시하는 존재일 뿐 아니라 사회와 국가의 이익과 질서를 유지해 주는 근원으로 존재하기 때문이다. 천은 자연세계와 인간사회를 주재하는 존재이다.

천은 日月星辰을 구분하여 밝게 인도하고 四時를 제정하여 春夏秋冬으로 기후를 바로 잡으며 霜雪과 雨露를 내려 五穀과 麻를 자라게 함으로써 백성들로 하여금 이익을 얻게 했다. 또 산천과 계곡을 만들고 여러 직업을 주어 百姓들의 善惡을 감독하며 王公과 侯伯을 두어 어진 자를 賞주고 포악한 자를 罰하게 했다. 또, 金, 木材, 鳥獸 따위를 稅로 징수하고 五穀과 麻를 심게하여 백성들의 衣食을 해결케 했다.[48]

그러므로 옛 성왕들은 이러한 천에게 제사 드리며 복을 빌었다고 한다.[49] 천은 인간과 만물을 이롭게 하는 존재일 뿐 아니라 인간중 최고지위인 천자까지도 상선벌악할 수 있는 지고무상의 존재이기 때문이다.[50] 상벌의 증거는 자연재앙으로 나타나는데 천자의

「天志下」'今人皆處天下而事天, 得罪於天, 將無所以避逃之者矣"

47) 『墨子』「天志下」. "戒之慎之, 必爲天之所欲, 而去天之所惡"

48) 『墨子』「天志中」. "以曆爲日月星辰, 以昭道之, 制爲四時春秋冬夏, 以紀綱之, 實降雪霜雨露, 以長遂五穀麻絲, 使民得而財利之, 列爲山川谿谷, 播賦百事, 以臨司民之善否, 爲王公侯伯, 使之賞賢而罰暴, 賦金木鳥獸, 從事乎五穀麻絲, 以爲民衣食之財"

49) 『墨子』「天志上」. "昔三代聖王禹湯文武, 欲以天之爲政於天子, 明說天下之百姓, 故莫不犓牛羊豢犬彘, 潔爲粢盛酒醴, 以祭祀上帝鬼神, 而祈福於天"

50) 『墨子』「天志下」. "天子有善, 天能賞之, 天子有過, 天能罰之"

상벌과 소송이 정당하지 못한 경우에 천은 때아닌 서리와 눈을 뿌려 경고한다고 한다.[51] 그러므로 천은 무엇보다도 백성의 이익을 보증해주고 인간을 사랑해 주는 존재로서 인간을 사랑하고 이롭게 해준 사람에게는 복으로, 인간을 미워하고 해롭게 한 사람에게는 재앙으로 반드시 갚아준다.[52]

천의 이 같은 의지가 실현된 역사적인 예를 묵자는 다음과 같이 말한다.

> 옛 聖王이었던 禹·湯·文·武 는 天下의 모든 백성을 똑같이 사랑하고 그들을 이끌고서 하늘을 尊敬하고 鬼神을 섬겨서 백성에게 이익을 끼친 점이 많았다. 하늘이 福을 내려 그들을 세워 天子로 삼아서 天下의 제후들이 모두 복종해 섬기게 하였다. 이와는 반대로 桀·紂·幽·厲는 天下의 모든 백성을 한결같이 미워하고 그들을 이끌고서 하늘을 욕하고 귀신을 업신여겨 사람들에 해를 끼친 것이 많았다. 그러므로 하늘이 화를 내려 마침내 그 나라를 잃고, 죽은 뒤에 또 天下의 비난을 받아 후세 자손이 지금까지 끊임없이 헐뜯게 하였다. 착하지 않은 일을 행하여 災殃을 얻은 임금은 桀·紂·幽·厲이고 사람을 사랑하고 사람에게 이익을 끼쳐 福을 얻은 이는 禹·湯·文·武이다.[53]

묵자가 생각한 천은 가정·종족·국가를 초월하여 온 세상을 다 포용하는 존재로서 인간 중 최고지위인 천자보다 높다. 덕의 원천으로서 궁극자인 천은 인간에게 말하거나 명령을 내리는 양상으로서가 아닌, 欲, 意志로서 표현되는 존재로서 천의 원하는 바는

---

51)『墨子』「天志下」. "天子賞罰不當, 聽獄不中, 天下疾病禍祟, 霜露不時"
52)『墨子』「法儀」. "愛人利人者, 天必福之, 惡人賊人者, 天必禍之"
53)『墨子』「法儀」. "昔之聖王禹湯文武, 兼愛天下之百姓, 率以尊天事鬼, 其利人多, 故天福之, 使立爲天子, 天下諸侯皆賓事之, 暴王桀紂幽厲, 兼惡天下之百姓, 率以詬天侮鬼, 其賊人多, 故天禍之, 使遂失其國家, 身死爲僇於天下, 後世子孫毁之, 至今不息, 故爲不善以得禍者, 桀紂幽厲是也, 愛人利人以得福者, 禹湯文武是也"

무차별적인 겸애로서 인간이 이러한 천지를 따르기를 원하는 존재
이다. 묵자는 이와 같이 천에 절대적인 권위를 부여한다.

제6절 맺음말

묵자는 천을 절대화·권위화함으로써, 천의 내재적 인문화로 빚
어진 당시 유가의 폐단을 비판하고 천지에 의하여 구조화된 이상
사회를 이루고자 하였다.

따라서 안정되고 행복한 세계를 이루기 위해서는 천·귀신의
존재를 부인하려는 경향을 되돌려 천·귀신의 존재를 믿어야 한
다면서, 천·귀신이 실유함을 증명한다. 한편으로는 모든 것이 命
에 의한다는 숙명론적 운명론의 폐해를 지적하면서 명을 부정(非
命)한다.

즉, 묵자는 대중을 깨우치고자 하는 방편으로 종래의 天·鬼·
命등의 개념을 독창적으로 재구성하여 제시하였는데 묵자가 천지
를 중심으로 그의 사상을 전개하였다고 하여 그를 종교가로, 그의
사상을 종교사상으로 볼 수는 없을 것 같다. 왜냐하면, 일반적인
종교에서 보여지는 내세에의 관심이 전혀 없기 때문이며, 종교적
신비체험에 관한 것도 없기 때문이다.[54] 묵자는 오직 현실의 혼란

---

54) 蔡仁厚, 1978,『墨家哲學』, 東大圖書公司, 96쪽 참조. 蔡仁厚는 徐復觀
    의『中國人性論史』의 제10장을 인용하여, 墨子에 있어서는 불가사의
    한 종교적 신비경험과 신비한 성격이 결여되었음을 강조하면서, 墨子
    는 현실의 문제를 초현실에서 해결하려 하지 않은 현실에 철저한 사상

과 부조리의 사회를 어떻게 하면 행복한 사회로 만들 수 있을까에
만 관심을 두었을 뿐이며 그 방안으로 천과 귀신을 그의 사상체계
안에 끌어들여 자신의 의도에 맞추어 합목적적으로 권위화 시켰을
뿐이다. 그런데 그 과정에서 운명과 사명의 두 가지 의미가 묘하게
얽혀있는 애매한 (그의 시각에서는) '명'의 개념은 거추장스러운
것이 된다. 그러므로 묵자는 이 명의 개념을 부정[55]하여 자기 자신
의 자발적인 향상에의 노력만이 자신의 운명을 결정짓는 것이라고
하였다.

이 같은 묵자의 천개념은 개개 사물과 그것의 지각과에 선행하
는 형식으로서의 일치된 공간개념을 갖지 못하는 단계에서 선천적
으로 하나의 일치된 공간을 갖는 단계로 이행해 가는 것을 보여준
다. 즉, 묵자는 자연과 인간, 사회현상에 있어서, 이 각각의 공간들
을 '천지'라는 의인화된 천의 의지로 동일화하였다. 또한 이 '천지'
를, 선천적으로 일치된 공간인 확실한 형식으로 세계에 부여하였
다. 이 '천지'는 각각의 독립된 감각의 공간으로 보여지는 자연·
인간·사회에 통일된 질서를 제공한다. 이 질서는 '겸애'로 규정되
는 데 이 '兼愛'에 의하여 인간·천·귀신·사회질서 등이 선천적
인 일치된 공간 안으로 들어오는 것이다.

그런데 중요한 것은 묵자의 천개념이 '정신(Geist)'[56]의 단계에까

가였음을 밝혔다.
55) 그러나 삶 속에는 '어찌할 수 없는 일'이 반드시 존재하는 것이 현실인
    데 묵자는 자신의 神槪念의 철저한 合理化와 擬人化 과정에서 이것조
    차 배제해 버린것이다.
56) 막스 쉘러, 최재희역, 1990, 『인간의 지위』, 博英社, 56~59쪽 참조. 쉘
    러는 이 '정신'이란 개념을 희랍인들이 '理性'이라고 불렀던 것과 같은
    의미로 사용한다. 이 '정신(Geist)'은 '인간' 보다 上位의 개념으로서, 이
    념·사고·직관이 결합된 특정급의 의지적이고 정서적인 작용으로 정
    의되는 데, 이 정신이 유한한 존재 내부에서 드러나는 작용이 중심이

지는 오르지 않았다는 것이다. 이 '정신'은 그 자신을 대상화할 수
없는 유일한 존재로서 순수·순결한 활동성이요 자신의 존재를 오
직 그 작용의 자유 수행 중에서만 가진다. 정신의 중심인 인격은 대
상적 존재도, 물적인 존재도 아니요, 부단히 실현하는 작용들의 질
서 있는 결합체이다. 물론 그의 '天志'는 인식 면에서는 본질질서,
사랑의 정신면으로는 객관적인 가치질서, 그리고 의욕하는 정신으
로 보아서는 세계과정의 목표질서를 의미한다. 그러나 묵자에서의
천의 뜻(천지)은 대상화된 존재이다. 인간은 수시로 천지의 실유 여
부를 가늠해 볼 수 있다. ― 삼표법을 통해서이다 ― 이 천은 '증명'
될 수 있는 존재로 인식 가능한 실존재이며, '귀신'에게 명령하는
존재이고 더 나아가 그의 행사는 인간의 이익을 위한 것이다. 즉,
묵자의 천은 인간과 그를 둘러싼 환경 내에 머물러 있어서 ― 그것
도 오직 인간의 이익을 위해서 ― 현존하는 사물들의 세계를 벗어
나 세계를 개시하고 해방[57]시키지 않는다. 단지 환경과의 상호작용
만이 있을 뿐 환경의 구속을 원칙상 흔들어 떨어뜨리지 않는다.

묵자의 천개념의 특성을 다시금 분석한다면 묵자가 인간·사회
로부터 벗어나 외재적인 천을 상정하고 이 천(천지)을 인간·사
회·역사의 가치규범의 절대적 근거로 삼았음은 유가에 비하여 진
일보한 것이지만, 천의 권위화 과정에서 천을 대상화함으로써 묵
자의 의인화된 천은 대상화된 세계 내로 복귀한다. ― 오히려 묵자
가 '세속적' 천을 상정했다고 보는 것이 더 타당할 것 같다. ― 그
러므로 묵자의 천개념은 현실세계에서 현세적인 기능만을 담당하
였다.

된 개념인 '인격(Person)'과 同義語로 쓰인다
57) 막스 쉘러, 앞의 책, 59~63쪽 참조. 이러한 '정신'의 특성을 쉘러는 '世
界開示性(Weltoffenheit)'이라고 규정하였다.

제5장

유교와 기독교의 神개념

제1절 머리말

1. 신개념의 변천

신개념은 인간이 삶의 터전으로서의 자연을 어떻게 이해하느냐의 문제와 관련이 있다. 원래 인간은 자연과 더불어 생활하고 자연의 영향력 가운데 있었으므로 자연을 숭배하였다. 이는 곧 원시적 자연숭배로서 이 숭배의 대상은 초기에는 다원적으로 나타나다가 정치 권력의 초능력적 이념과 함께 그 숭배의 대상도 하늘(천)의 초능력적 힘으로 대표되게 된다. 원시사회가 발달하면서 이 하늘의 초능력적 힘은 인격신의 성격을 띠게 되지만 정치적 변화 및 자연과학의 발달로 미래의 이상향을 요청할 수 있게 되면서 영웅적 인격체로서의 천의 권위는 약화되고 천을 비인격적인 자연이나 법칙으로 이해하게 되었다.

신의 유형은 인간의 지적 수준이나 사회발전과 상응하고 있다. 이러한 관점에서 신의 유형을 보면, 씨족신의 성격을 띤 것이 오래 되었고 사회발달에 따른 신분의 분화로 여러 기능신이 등장하게 되는데 농업신 · 수렵신 · 상공신 · 창조신 · 수호신 등이다. 한편 자연현상이 신격화된 자연신이 있는데, 특별히 인간생활에 큰 이 해를 끼치는 현상이 신격화되는 경향이 있었다.[1]

그런데 역사가 발전함에 따라 인간은 한정된 세계관으로부터 무 한한 우주관으로 사고를 확대하게 되고 세계를 지배하는 법칙과 질서를 인식하게 된다. 만유를 통일하여 일정한 질서를 부여하려 는 경향이 나타나는데 신들의 세계에서도 잡다한 제신들이 통일되 는 유일의 초월신이 등장하는 것이 그것이다. 다신론이 궁극적 실 재의 구체적 특색을 나타내지만 통일성이 결여되어 있는 것처럼 사회는 가치들의 경쟁으로 다원적이지만 보편성과 통일성은 결여 된다. 그런데 모든 상대적인 가치들을 초월하여 그들을 통일하는 절대 궁극적 원리나 가치의 실재를 요청(Postulat)할 때 최고신[2]의 관념이 생기고 일신론이 나타난다. 전시대에는 기능과 형태가 다 른 독자적인 기능을 가진 신들로서 구성되어 있었다. 그러다가 지 배적인 원리에 의하여 신들의 세계가 정비됨에 따라 최고신의 관 념이 생기게 된다. 그런데 이러한 최고신의 성립은 사고의 발달과

---

1) 농경이 큰 비중을 차지하였던 우리나라에서는 大地母神이 특별히 神 格化되어 숭배되었고 인도차이나반도의 여러 민족들 사이에서는 태양 신, 노르웨이에서는 항해와 관련하여 바람의 신이 특별히 중시되었다. 인도의 토다(Toda)족처럼 젖소사육을 주된 生業으로 하는 民族에서는 소를 神聖視하였고 아이누족은 곰을 神聖視하였다.

2) 유대교의 야훼, 이슬람교의 알라, 로마의 쥬피터, 中國의 上帝 등은 모 두 그러한 最高神들이며, 佛敎의 다르마(法), 우파니샤드의 브라만, 道 敎의 道등은 궁극적 實在를 보다 存在論的, 哲學的으로 표현한 예라 할 것이다.

도 일치할 뿐 아니라 정치, 경제, 사회발전과도 상응하는 것이다.

일반적으로 고대 이스라엘 종교, 유대교, 그리스도교 및 이슬람교를 유일신교라 하는데 이들은 『구약성서』·『신약성서』·『코란』이라는 경전을 가진다. 그 중 대표적이라 할 수 있는 헤브라이즘의 유일신은, 그리스 사상에서의 철학적 우주원리나 원시적 자연종교와 구별되며 고대 오리엔트 종교의 다신교에서 보여지는 우주론적 지고신과도 다르다. 이 신은, 자연순환을 신격화한 것이나 해탈의 구원관에서 보이는 신에 대한 관념과도 구별된다. 즉, 살아 있는 역사적·초월적 신이며 특정한 집단과 관계를 맺는 계약과 법의 신이다. 또한 헤브라이즘의 신은 가장 적절한 때에 기적으로 나타나, 세계 내적인 구제를 기대하고 있다. 그러므로, 신의 법적 의지에 따르는 윤리적 합리성(베버)이 종교적 성격의 특징을 이룬다.3)

헤브라이즘의 신은 역사적으로는 모세 시대에 기원하지만, 그 배경은 더 오랜 옛날이며, 「창세기」족장시대의 '족장신'으로 거슬러 올라간다. 모세의 지도에 의하여 기적적인 구출(출애굽)을 경험한 히브리인들은 역사적 구원의 하느님과 언약(계약)을 맺는다(시나이 계약, 출애굽기19-24장). 이리하여 특정한 '유일신'에게 배타

---

3) 梁再赫, 1987, 『東洋思想과 마르크시즘』, 일월서각, 197쪽. 니담(J. Needham)은 서구문화에서는 자연법칙에 대한 생각이 한편으로는 법학적인 의미로 다른 한편으로는 자연과학적 측면에서 전체의 일반적인 근본이념으로 삼았다고 분류하고 있다. 다시 말해서, 지상에 있는 帝王이 만든 법에 모든 인간이 어김없이 복종해야 하는 것처럼, 天上에서는 創造主가 동물과 식물, 그리고 별들과 우주 전체를 질서 있게 운행하도록 만들었다는 기독교적 설명이다. 그러나 중국에서는 그와 반대로 고대의 民間宗教(Schamanismus)같은 데에서 창조자의 사상이 있었으나 그것이 그대로 人格神化되어 모든 법을 만드는, 즉, 절대 권위자를 상징하는 의미로는 발전하지 않았던 것이다. 니담의 견해로는 중국에서는 자연을 창조했다는 절대신에 대한 관념이 희박하다고 지적한다.

적인 충성을 바치는 종교와, 이웃사람의 기본적 권리를 존중하는
윤리를 분리하여 통합하는 독특한 생활형태가 성립되었는데 이것
이 모세의 십계명이다. 그리스도교는 유대교의 유일신 신앙을 이
어받고 플라톤과 아리스토텔레스 철학의 형이상학적 요소를 부분
적으로 흡수하여 고유한 神觀을 형성했다. 교리신학은 헤브라이즘
의 전통적 유일신과 예수 그리스도의 인격과의 관계를 둘러싼 논
쟁을 거쳐서 삼위일체론4)을 형성한다.

　유일신교인 유대교, 기독교의 성립과정은 배타성을 띤 교리성립
과 민족 수호의 역사로 이루어졌다. 특히 삼위일체의 신관이 성립
되는 과정에서 부단한 교의논쟁이 이어졌으며, 로마통일을 기하여
여호와신 이외의 신들은 철저히 배격, 근절되었다. 서구 근대사회
를 주도해온 기독교의 신관은 영혼 불멸을 근거로 하여 내세의 화
복을 중시하였으며, 육체를 떠난 내세의 정신적 삶을 긍정함으로
서 윤리의 이상적 토대를 구축하였다. 이는 서구사회의 계속된 사

---

4) 敎理的으로 三位一體 神觀은 니케아 公議會(A.D.325)와 콘스탄티노플
　　公議會(A.D.381)에서 확립되었지만, 이미 초기 그리스도교 공동체의 예
　　배의식문과 복음서와 사도들의 편지에서 三位一體論的 神觀이 고백되
　　고 있다. 聖父 하느님은 모든 神性의 원천이며, 存在 그 자체이며, 제약
　　이 없는 근거이다. 聖子 하느님 로고스는 神性과 自己啓示의 原理이
　　다. 聖靈 하느님은 神의 자기충만과 내적 교제와 하나됨의 원리이다.
　　카를 바르트는 三位一體論의 근거를 그리스도의 啓示에서 발견한다.
　　初期 그리스도교 信仰共同體는 啓示者와 啓示事件과 啓示의 現實際
　　를 구별하면서도 분리할 수 없는 統一性, 一致性, 同時性에서 체험했
　　다. 三位一體는 하느님의 '存在樣式'이며 啓示의 해석이라고 보았
　　다. 폴 틸리히는 三位一體論을 그리스도교가 살아 계신 하느님 체험을
　　서술하는 방식이며, 神의 力動性, 啓示性, 靈의 現存的 활동을 표현하
　　는 神學的 표현으로 본다. 三位一體論은 하나의 神的 本質이 세 位格
　　안에 있다는 가르침이다. 三位一體 하느님은 하나의 神秘요 秘義인데,
　　세 位格으로 존재하면서도 항상 統一性・交際・救援・創造行爲의 충
　　만 속에 있다.

회분화와 그에 수반된 민족간, 계급간의 투쟁 속에서 승자 중심의 유일신 신앙이 확립된 것으로 지적된다.5)

한편 유교적인 의미의 신은 대체로 두 부분으로 나누어 볼 수 있다. 첫째는 고대 문헌에 나타난 신으로 흔히 '상제' 혹은 '천'으로 표현된 원시형태의 일반적 인격신을 가리키고, 둘째는 주자를 비롯한 후기 성리학파에서 제시하는 '理'의 개념으로 인격을 초월한 우주질서의 성격을 대표하는 신을 가리킨다.6)

2. 神에 대한 이해

본고는 선진유교의 초월 존재에 관한 관심과 의미규정, 그리고 성리학의 초월자관의 전개과정을 살펴 유교의 초월적 존재관의 특징을 분석하고자 하며 이 초월적 존재를 '신'이라 명명하고자 한다. 여기에서 논자가 사용하는 '신'이란 용어는 서구의 그리스도교 전통에서 그 전통의 독특한 특질을 형성해 왔던 '신(God)'이란 용어7)와 흔히 동일시 되어왔기 때문에 중국의 유교사상에 적용시키

---

5) J.B. 노스, 윤이흠 역, 1986, 『세계종교사(上)』, 玄音社, 214~264, 349~437쪽 참조.
6) 金鎔貞, 1986, 『第三의 哲學』, 思社硏, 459~464 참조. 宋代 性理學의 理와 太極에 관한 논의는 주목할 만한 것이었다. 라이프니쯔는 이에 관하여 당시 프랑스의 섭정 오를레앙공의 고문으로 있던 르몽드(Rèmonde)에게 장문의 서한을 붙인 가운데에서 셍트 마리 선교사의 天에 대한 유물론적 해석에 반론하여 다음과 같이 말하고 있다. "理는 영원하고 기능적인 모든 것의 완전성을 구유하고 있습니다. 한 마디로 말하면, 그것은 위에서 입증한 바와 같이 理는 우리의 神의 의미에 해당합니다" 라고 언명하여 性理學의 '理'를 기독교의 '神'의 의미와 동일시하고 있다.
7) 한편 神에 관한 초월적 파악과는 달리, 이를 내면화시켜 인간 경험의

기에는 어딘가 부자연스럽게 여겨질 수도 있다.

이 신개념은 명칭의 여하에 관계없이 최초이며 최후이고, 지고하며 심오하고, 개인의 사유와 결합된 최고 최상의 원리로서 만물을 다스리는 질서로서의 개념이다. 그러므로 유교의 '천' 개념을 '신'개념의 범주에 두고 논의를 전개하고자 한다. 왜냐하면, 유교의 '천'개념은 나름대로의 신앙의 대상으로, 자연계와 인간사회를 지배하는 초월적인 역할을 담당했으며『시경』·『서경』등의 경전에서 보여지는 최고신적 의미(상제천)를 갖는 전통적 천사상에 대한 해석으로, 궁극 실재에 대한 해석이라 할 수 있다.

본고는 또한 중국 고대에 있어서의 신개념의 합리화 과정을 중심으로 신개념의 현세적 기능면에서 논의를 전개하고자 한다. 중국에서의 신개념은 − 헤겔은 자연종교적 성격으로 파악했는데 − 자연신과 인간신의 단계를 거쳐 주술적 초월신의 성격을 띠다가 객관적 자연질서를 매개로 하여 인문화 되어가는 발전과정을 갖는다. 즉 애니미즘적 다신론에서 조상신을 중심한 인간신으로 발전하다가 초월신인 '상제'의 개념을 갖는데, 중국의 신개념의 독특성이라면 이에 그치지 않고 다시금 인간의 현세적인 삶, 인간 내부로의 전향이 이루어졌다.8)

깊이의 차원에서 이해하려고 한 시도도 있었다. 중세의 신비주의자 에크하르트(Eckhart Meister: 1260∼1327)는 인간 안에 내재한 '마음의 불꽃(Funken des Seele)'을 통하여 神과 合一될 수 있다고 보았다. 그는 "神(Gott)은 행동하나 神性(Gottheit)은 행동하지 않는다. 神性은 할 일이 없고 神性 안에서 일어나는 일은 하나도 없다. 神과 神性사이의 차이점은 행동과 비행동의 차이점이다"(Raymond Blakney,『Meister Eckhart, A Modern Translation』, New York, Harper & Brothers, 1941, p.226)라고 하여 神의 긍정적인 면과 부정적인 면을 神性의 개념으로 구별했다.

8) 이 超越神 '上帝'라는 개념은 영웅을 매개로 한 民族 守護神이 아니라 宇宙의 질서라는 自然生成의 원리로 인간의 本性속으로(儒家의 경우), 또는 세계의 질서로서(道家의 경우) 아니면 윤리의 절대적인 外的 근거

이는 베버가 주지했듯이 중국 종교 및 신개념의 현세중심적 특색 － 세계에의 적응과 내세적 예언의 결여 － 때문인 것으로 본다. 그러므로 본 논문은 공자, 맹자의 신개념을 고찰함으로써 중국 고대 신개념의 비인격신적이며 현세적·인문적인 합리화의 성격 규명을 체계화하고 송대 주자에 의해 형이상학적으로 합리화된 유교의 신개념과 기독교의 신개념의 차이점을 비교해 보고자 한다.

제2절 유교 신개념의 전개

유교에 있어서의 신개념의 전개는 '천'개념의 발전에서 찾아볼 수 있다. '천'이란 말은 古典에서 보여지듯이 '자연'이란 관념과 밀접하게 연관되어 있는데 그 관념의 이행은 '자연'의 관념에 비하여 반대 방향으로 전개된다. 즉, 추상적인 의미를 갖는 것으로 성립된 '자연'이 후대에 오면서 대상적인 사물이나 현상을 나타내는 말이 된 것에 대하여, '천'은 명사로서 구체적인 존재를 표현하는 말로부터 차츰 추상성을 갖게 되면서 형용사적인 의미가 되어 갔다. 또한 사상적으로도 '자연'이 실제 생활상의 의미에서 인간과 분리된 세계로 옮겨간데 대하여 '천'은 본래 인간을 초월한 존재였던 것이 서서히 추상화되면서 인간세계로 근접하여, 때로는 인간의 '내면

로서(墨家의 경우) 작용하여 어떠한 경우든 간에 非人格的 自然秩序라는 성격으로 合理化, 人文化의 자연변증법적 체계를 이루는데 비인격성에로의 이러한 발전은 반대로 擬人的 개념이 지속적으로 잔재했기 때문에 기인된 것이었다.

적인 것'으로까지 그 의미가 발전됨과 동시에 사물의 객관적인 본연의 자세를 나타내는 의미로까지 되었다.9)

1. 공자의 신개념

공자의 신개념의 성격을 규명할 수 있는 『논어』의 언급들로는, 天에 관한 구절, 命·天命에 관한 것과 天道에 관련된 구절들이 있다. 이들은 모두 궁극자(신)을 대하는 공자의 태도와 입장을 엿볼 수 있는 자료들로서 『논어』에 나타난 공자의 신개념의 의미와 성격을 규명해 볼 수 있는 것이다.

공자는 제자들이 스스로 만물과 자신 속에 작용하고 있는 天의 존재를 깨닫게 되기를 바랐다.10) 이러한 천은 말로써 설명하거나 그 존재를 증명할 수가 없는 것이므로 공자는 말을 하지 않으려 했던 것이다.11) 즉 자연법칙으로서의 천은 사시의 변화와 만물의 원천이 된다.12) 여기서 인간의 의지와는 무관한 객관적인 하늘의 질서와 운행에 대한 관념을 볼 수 있다. 즉, 공자에게 있어서 천은 최고의 권위를 지니고 만물을 생성·변화시키는 존재이며, 인간의 행위의 준칙이 되는 도덕원칙을 함유한 존재로 인생법칙의 본원이다. 이러한 천의 자기의지의 표현이 '命'13)이다. 두임지는 공자의 '명'의 의미를 두 가지로 보았다. 첫째는 객관적인 규율을 가리키

---

9) 栗田直躬, 1996, 『中國思想における自然と人間』, 岩波書店, 27쪽 참조.
10) 『論語』泰伯. "唯天爲大 唯堯則之"
11) 『論語』「陽貨」. "天何言哉, 四時行焉, 百物生焉, 天何言哉"
12) 施湘興, 1981, 『儒家天人合一思想硏究』, 臺北, 正中書局, 90쪽.
13) 勞思光, 1968, 『中國哲學史1』, 香港, 崇基書局, 25쪽.

는 것이고 둘째는 숙명적인 것으로 설명한다. 숙명적인 것은 공자가 자연이나 사회에서 불가해한 일을 만났을 때 運命으로 돌렸다는 것이다.[14] 먼저 후자를 중심으로 공자의 '명'에 내재된 신개념을 고찰한다.

공자는 제자인 백우에게 문병을 가서 탄식하며[15] 인간의 능력이 닿지 못하는 한계로서의 운명을 말한다. 여기서 '명'이란 인간의 입장에서의 운명의 의미, 인간의 정해진 운명이라는 뜻을 나타낸다.[16] 인간이 아무리 노력을 한다해도 이룰 수 없는 것을 '명'으로 돌린 것은, 인간의 한계를 벗어난 영역이 있다는 것을 말하는 것이며, 한계를 벗어난 이러한 영역은 초월적인 존재에 의해 좌우되는 것이다. 공자는 천명과 같은 필연성이란 인간의 의지에 의해서 변화될 수 없는 것으로 보았다.[17] 즉 공자는 인간의 힘으로는 어찌할 수 없는 일, '不可爲之事'가 있음을 깨닫고 天은 우리 인간으로서는 도저히 저항할 수 없는 위대한 힘을 가지고 전인류에게 명령하는 것임을 자각하여 이것을 '명' 또는 '천명'이라고 하였다. 천명은 인간을 제약하는 힘인데 만약 무모하게 그 한계를 뛰어 넘으려 하다가는 화를 입게 마련이므로 마땅히 두려워해야 한다.[18] 그러나 한편으로는 그러한 한계를 깨닫게 됨으로써 오히려 그 테두리 안에서 유유자적할 수 있는 여유와 자유를 가지게 된다. 한편, '쉰 살에 천명을 알았다'[19]는 구절은 학자에 따라 여러 가지 뜻으로 이해되

---

14) 杜任之, 高樹幟, 1985, 『孔子學說精華體系』, 新華書店, 75~76쪽 참조.
15) 『論語』「雍也」. "命矣夫, 斯人也而有斯疾也, 斯人也而有斯疾也."
16) 金勝惠, 1990, 『原始儒教』, 民音社, 133쪽.
17) 上同, '命'은 운명의 의미를 지니고, '天'이라는 용어가 쓰일때는 天이 인간에게 사명을 준다는 적극적 의미를 가진다.
18) 『論語』「季氏」. "孔子曰, 君子有三畏, 畏天命, 畏大人, 畏聖人之言, 小人不知天命而不畏也, 狎大人, 侮聖人之言"
19) 『論語』「爲政」. "五十而知天命"

기도 하는데[20] 이 때의 천명은 '도덕적 사명(德命)'과 '운명(祿命)'의
두 가지 의미로 이해해도 무방하겠다. 이를 통하여 볼 때, 공자에
있어서 인간 존재는 신적인 '천'으로 부터 완전히 독립되지는 못했
다고 보겠다.[21]

한편 공자의 天에 관한 언급중 이전시기의 '상제'와 같이 주재하
는 신으로 볼 수 있는 것도 있다. 먼저, 팔일편의, "그렇지 않다. 하
늘에 죄를 지으면 빌 곳도 없느니라."[22]라는 구절을 보면 이 천은
의인화된 신으로서 인간의 잘못된 행위를 용서해 줄 수 있는 존재
이다. 또한 인격적 대상으로서 인간계와 분리되어 존재(外在)하는
신인 것이며 나아가 우주 만물의 지배자이며, 올바른 도의 근원으
로서 사람의 도덕적 행위를 감시하는 상제와 같은 존재이다.

이러한 신개념은 南子를 만난 일에 대한 부당함을 토로하는 자
로에 대한 공자의 고백에서도 드러나는데[23] 공자는 자신의 정당성
을 입증하는 근거로 '천'을 내세운다. "내가 누구를 속이란 말이냐,
하늘을 속일까?"[24] 라는 구절과 또, 사랑하는 수제자 안회의 죽음
앞에서 천을 빌어 비통한 심정을 토로하는 공자의 절규[25]에서도
주재하는 천을 드러낸 공자의 신개념을 엿볼 수 있다.[26] 또한 이러

---

20) 孔安國은 이 '命'을 "출세하지 못함과 현달함의 구분(命爲窮達之分,
　　『十三經主疏』 8 ;『論語』, 臺北, 藝文印書館影印, 180쪽)"으로 풀이했
　　고 董仲舒는 "하늘의 명령(天令之謂命)"으로 각각 달리 주석하였다.
21) 赤塚忠, 1973,「儒敎－中國倫理の本流」『中央公論』1月號 所收, 373～
　　376 참조.
22)『論語』「八佾」. "不然, 獲罪於天, 無所禱也"
23)『論語』「雍也」. "予所否者, 天厭之, 天厭之"
24)『論語』「子罕」. "吾誰欺, 欺天乎"
25)『論語』「先進」. "噫 天喪予 天喪予"
26) 栗田直躬, 1996, 앞의 책, 岩波書店, 28쪽. 이 天은 초월적 지위에 있어
　　인간과 상대적일 뿐 아니라 意志的인 면을 보여 준다. 그 배후에는 祭
　　儀와 예배의 대상이라는 종교적 존재자로서의 모습이 나타난다. 즉, 善

한 천은 공자의 당당한 입지의 기반으로 예의 수호자가 되기도 하며[27] 생사가 천도에 달려 있으므로 걱정할 것이 없다는 자신에 찬 말[28] 은 천에 대한 공자의 절대적인 신뢰를 나타낸다. 이는 공자가 자신의 지지자로서의 신을 굳게 믿었고, 인간의 힘으로는 자기를 어찌할 수 없다는 강한 신념이 천에 근거하고 있었음을 보여준다. 즉 전통문화의 계승자로서의 공자의 자부심은 천에 대한 믿음에 근거되었음을 보여준다. 그러므로 공자는 이미 하늘을 원망하지 않는 높은 종교적 경지에 올라 있을 수 있었다.[29]

2. 맹자의 신개념

맹자는 '天'과 '命'에 대해 정확히 정의하고 있다. 맹자는 堯ㆍ舜ㆍ禹의 왕위계승에 관하여, 요ㆍ순의 아들들이 불초하고 순과 우는 재상으로 일한 기간이 길었으므로 순ㆍ우가 세상을 소유했으며, 우의 아들은 현명하고 益은 재상으로 일한 기간이 짧아서 啓가 세상을 소유했음을 말하였다. 이에 관해 맹자는 천명이란 인간의 의지와는 관계없이 그렇게 되는 것을 이르는 말이라고 정의[30]하였다. 이것은 분명히 인간의 한계를 자각한 입장에서 볼 때의 천과 명이다. 천은 절대적으로 인간의 능력을 넘어선 존재이므로 인간

에 대항하는 해악을 방지하며 도덕적 죄악을 허용하지 않는 의미에서의 윤리적ㆍ인격적 존재이다.

27) 『論語』「述而」. "天生德於予, 桓魋, 其如予何"
28) 『論語』「子罕」. "天之將喪斯文也 後死者不得與於斯文也, 天之未喪斯文也, 匡人其如予何"
29) 『論語』「憲問」. "不怨天, 不尤人, 下學而上達, 知我者, 其天乎"
30) 『孟子』「萬章上」. "舜禹益相去久遠, 其子之賢不肖, 皆天也, 非人之所能爲也. 莫之爲而爲者, 天也, 莫之致而至者, 命也"

의 힘으로서는 어찌할 수가 없는 것이다. 그러나 이 천명은 사람이
노력했어도 초래된 결과를 말한 것이지 자신의 실수로 인한 결과
는 명이라고 하지 않는다고 하였다.

맹자의 신개념은 전대에서 진일보한 그의 정치사상과 떼어놓고
볼 수 없다. 맹자는 주대의 천명사상을 받아들여 민본의 정치사상
으로 끌어 올렸다. 그리고 그 사상적 기반에는 그의 독특한 천개념
이 작용하고 있다. 맹자가 "民爲貴, 社稷次之, 君爲輕"31)이라 하여
民을 강조한 것을 볼 때, 천명의 근거가 민의에 있다는 것을 알 수
있다. 그러므로 맹자의 정치사상에서 나타나는 天은 민의의 대변
자로서 표현되고 있는 것이다.32) 그런데 맹자의 천사상 중에는 공
자의 천사상에서와 같이 개인의 도덕 윤리규범의 바탕이 됨과 동
시에 감시자가 되는 천개념 또한 공존하고 있다.

맹자는 사람에게 세 가지 큰 즐거움이 있는데 그 중, 우러러 하
늘에 부끄럽지 않고, 아래로는 사람에게 부끄럽지 않은 것이 두 번
째 즐거움이라고 하였다.33) 하늘을 우러러 보아 부끄러움이 없다
는 것은 天이 자연적인 天만을 가리키는 것이 아니라 인간의 마음
에 부끄러움을 느끼게 하는 그 무엇이 있다는 뜻이다.

맹자는 인간과 천과의 관계를 설명하는데 있어서 인간의 심성은
천에 기인하고 천으로부터 부여된 것으로 절대 선한 것으로 강조
하였다.34) 인간이 자기의 본성을 알게 되면 하늘을 알 수 있다는

---

31) 『孟子』「盡心下」.
32) 이 점은 殷代 以來의 전통적 天思想과 비교할 때 큰 차이가 없는 것이
며 개인의 도덕적 실천을 강조한 孔子와 비교한다면 오히려 후퇴한 감
이 있다. 물론 孟子의 天이 吉凶禍福의 主宰者인 崇拜의 대상으로 표
현된 부분이 많은 것은 아니지만 民本思想과 革命을 매개로 하여 詩書
의 天命思想으로 소급하는 성격을 띠었다는 것도 부정할 수 없다.
33) 『孟子』「盡心上」. "仰不愧於天, 俯不怍於人, 二樂也"
34) 『孟子』「盡心上」. "孟子曰, 盡其心者知其性也, 知其性則知天矣, 存其

말은 하늘과 인간사이에 어떤 내적인 관계가 있다는 의미이다. 즉 '心'과 '天'과 '性'이 완전히 통일되어 있는 불가분의 관계로 나타나므로 하늘에 대해 기도나 점복과 같은 행위를 할 필요가 없고 자신의 마음속에 뿌리내린 四端을 온전히 깨닫기만 하면 되는 것이다. 그러면 자신의 본성을 알게 되는데, 이 본성은 하늘이 부여한 것이기 때문에 본성을 알면 자연히 도를 깨닫게 되고 자신의 마음속의 사단을 확충하면 천을 섬기게 된다는 것이다. 하늘은 성실 그 자체이기 때문에 하늘로부터 본성을 부여받은 인간도 자연히 도덕적이다.[35]

제3절 유교와 기독교의 신개념

1. 신개념의 성립과 발전

유교와 기독교에 있어서 초월적 궁극자에 대한 관념은 원시시대부터 있어 왔다. 유교에서의 '神'[36]은 본래 天神·地祇·人鬼, 즉

─────────────

心養其性所以事天也, 殀壽不貳脩身以俟之, 所以立命也"

35) 『孟子』「告子上」. "詩曰, 天生蒸民, 有物有則, 民之秉彝, 好是懿德"; 『孟子』「公孫丑上」. "孟子曰, 人皆有不忍人之心"; 『孟子』「盡心上」. "孟子曰, 人之所不學而能者, 其良能也, 所不慮而知者, 其良知也"

36) 崔英辰, 1983, 「「易傳」에 있어서의 神의 문제」『공주사대논문집』21, 171~187쪽. '神'은 '示'와 '申'이 합하여 만들어진 合意文字인 동시에 '申'이 音을 표시하는 形聲文字인데, 甲骨文에는 보이지 않고 金文에서부터 보인다. '示'는 上天에서 象이 드리워져서 인간에게 吉凶을 나타내는 형상을 그린 것이고 '申'은 電字의 初文이다. '神'을 '雷電의 神格化'로 보기도 한다. 이상과 같이 '神'의 원초적 의미에는 生命力의

자연신과 조상신 전체를 포괄하는 개념이었다. 이 神의 개념은 다
양한 변용과정을 거쳐 『주역』「十翼」과 『중용』에 이르러 초월적
경지를 표상하는 개념으로 정립되었다. 이 '신'은 은대에 와서 '상
제'라는 천제의 구체적·인격적 표현으로 나타난다.

　그 후 이 '상제'는 두 가지 방향으로 변용되었는데, 하나는 물리
적 공간을 뜻하던 '천(하늘)'의 개념이 주대에 와서 신을 뜻하게 되
면서 공자·맹자 등 원시유교에 있어서 내재적 질서나 법칙으로
이해된 것이다. 이 같은 이해는 음양사상을 통하여 도가와 연관되
고 도가의 자연주의를 수용하여 '태극'의 개념을 생성한 한대를 거
치면서 송대의 주자에 의하여 궁극적 절대개념인 '理'의 개념으로
발전한다.37) 또 다른 하나의 방향은 '상제' '천' 등의 최고신으로
일컬어지던 신이 '존재' 보다는 '작용'의 개념－神妙한 작용－으
로 이해된 것이다. 그리하여 이러한 '神' 개념은 다양한 양태로 나
타났다.

　『周易』「繫辭傳」 上篇에서는 "陰陽으로 측량할 수 없는 것을

　根源性, 絕對者의 自己 表現樣相으로서의 권위와 그에 대한 敬畏心
　및 人智로서 헤아릴 수 없는 不可知性 등이 내포된 것으로 정리될 수
　있을 것이다.
37) 김하태, 동서철학의 만남, 종로서적, 1993. p.87. 그러나 이 '理'의 내재
　성은 초월성을 배제하는 의미가 아니다. 그 까닭은 자연과 인간에게 나
　타난 내적 顯現이 초월적인 天에 근원하기 때문이다. 이 理를 규범원
　리로 한정하는 경우도 없지 않으나, 退溪가 "(太極이) 主宰運用하여 이
　와 같이 하도록 하는 것은 『書經』에서 '上帝께서 백성에게 本性을 내
　리셨다'고 말한 바 이며, 程子가 '主宰로서 말하면 帝다'라고 말한 것
　이 이것이다. … 理는 지극히 존엄하여 상대가 없으니, 사물에게 명령
　을 내리고 어떠한 사물에게서도 명령을 내리지 않기 때문이다."(『退溪
　全書』권13, 「答李達李天機」)라고 간파한 바와 같이 종교적인 존엄성
　과 주재성까지 내함하고 있다. 이것은 '理'가 인격신적인 上帝를 그 원
　형으로 해서 성립되었기 때문이다.

神이라고 한다(陰陽不測之謂神)"라고 神의 개념을 정의하고 있는데, 이는 神은 陰陽으로 측량할 수 없는 존재임을 말한 것이다. 『中庸』제16장에서도 "神이 오는 것을 헤아릴 수 없는 데 하물며 싫어할 수 있겠는가"라는 『詩經』의 한 구절을 인용하여 鬼神과 性에 관해 진술하고 있는데, 「繫辭傳」의 '측량할 수 없음(不測)'과 『中庸』의 '헤아릴 수 없음(不可度)'은 모두 인간의 이성으로는 인식이 불가능한 초합리성을 표현한 것이라고 할 수 있다.[38]

주자는 귀신을 음양의 문제로 해석하였다.

> "펴는 것은 神이고 오무리는 것은 鬼인가?" 선생님(朱子)이 손으로 책상 위에다 圓을 그리고 그 中央을 가리키며 말하였다. "理는 圓과 같다. 그 안에서 이와 같이 구별이 있다. 앞으로 오는 氣는 陽에 속하고 神이라 하고 근원으로 되돌아가는 氣는 陰에 속하고 鬼라 한다. 하루 중에서 오전은 神이고 오후는 鬼이다. 달 중에서 처음 3일부터는 神이고 16일 이후는 鬼이다." 童伯羽(朱子의 弟子)가 물었다. "해와 달이 반대된다고 말할 때 해는 神이고 달은 鬼라고 할 수 있는지요?" "그렇다. 植物이 자라는 것은 神이고 시드는 것은 鬼이다. 사람이 어린이로부터 장년이 될 때까지 神이고 노쇠할 때가 鬼이다. 숨을 쉼에 있어 내쉬는 것이 神이고 들이쉬는 것이 鬼이다."[39]

이와 관련하여 주자는 귀신을 기능적인 측면에서 생각하였다.

---

38) 최영진, 1996, 「탈근대 문명과 유교」『과학사상』17, 252~253쪽. 일찍이 孟子가 善·信·美·大·聖의 개념을 정의한 다음 '聖스러워 알 수 없는 것을 神이라고 한다'(『孟子』盡心下)라고 하여 不可知한 존재를 神으로 규정한 것도 같은 맥락에서 이해될 수 있다.
39) 『朱子全書』卷51. "伸是神, 屈是鬼否. 先生以手圈卓上而直指其中曰, 這道理圓, 只就中分別恁地. 氣之方來. 皆屬陽是神, 氣之反, 皆屬陰是鬼. 日自午以前是神, 午以後是鬼. 月自初三以後是神, 十六以後是鬼. 童伯羽問, 日月對言之, 曰是神, 月是鬼否. 曰亦是. 草木方發生來是神, 彫殘衰落是鬼. 人自小至壯是神, 衰老是鬼. 鼻息呼是神, 吸是鬼."

> 귀신을 기능의 측면에서 말할 수 있다. 신은 신비한 기능(妙用)에서
> 말한 것이다. 귀신은 陰陽·屈伸·往來·消長과 같이 눈으로 볼 수
> 있는 거치른 흔적이 있다. 神의 경우 그것은 이른바 신비스러운 기능
> 때문에 갑자기 생겨나고 측량할 수가 없다. 홀연히 왔다가 홀연히 가
> 고 홀연히 여기에 있다가 홀연히 저기에 있다.[40]

　여기서는 신과 귀신을 구분하여 귀신이라고 할 때에는 음양과
같이 상대적인 관계를 떠날 수 없는 측면에서 말한 것이고 신은 陰
陽·屈伸·往來·消長과 같은 기능을 갖지 않는 것으로 말한 것
이다.[41] 그러나 신이 아무리 신비한 기능에서 작용하여 홀연히 여
기에 있다가 홀연히 저기에 있는 기적적인 일을 할지라도 그것은
다만 理의 지배를 받는 것에 지나지 않는다. 그러므로 따지고 보면
생사와 귀신도 한가지 이치에 의해 지배된다고 할 수 있는데 그 이
치가 理이다. 그러므로 성리학에서의 '신'이란 말은 氣의 신묘한
작용이라는 의미로 사용되었고 따라서 이때의 '신'은 '기'의 차원
에 머물렀다.
　'천'의 개념은 원래 통치자들이 죽은 뒤에 돌아가는 곳으로 공간
적 의미를 가졌다. 이 天의 공간적 개념은 이후 '제'라고 하는 인격
적 개념으로 대치되었다. 상왕조(B.C.1751~1112)시대에 중국의 임
금들과 백성들은 조상들과 다른 혼백에게 정중한 제사를 올렸는
데 이 혼백 중에 가장 힘이 센 혼백을 '제'라고 했다. 중국인들은
특히 조상의 혼백들이 그들의 운명을 지배한다고 믿었다. 한편
'천'은 '제'와 동일한 개념으로 사용되면서 공간적인 의미로부터

---

40) 上同. "以功用謂之鬼神. 以妙用謂之神. 鬼神如陰陽屈伸往來消長, 有
　　粗迹可見者. 以妙用謂之神, 是忽然如此, 皆不可測, 忽然而來, 忽然而
　　去, 忽然在這裏, 忽然在那裏."
41) 李恩奉, 1992,「朱子에 있어 天地와 鬼神」『東方哲學思想硏究』－道原
　　柳承國博士 古希記念論文集 刊行委員會－, 606쪽.

인격적인 주재자로 변용되었다. 공자에 이르러서는 내재적 道를
의미하는 것이 되고 맹자는 이를 '性'과 결부시켰으며 朱子에게서
는 '理'·'太極'으로, 그리고 양명에게서는 '心'으로 이해되었다.

한편 기독교에서 '신' 개념의 발전은 다음과 같다. 원래 이스라
엘인의 신은 사막지대에 거주하는 유목민들과 친밀한 관계를 가졌
던 신들과의 단순한 관계에서 비롯된 것이었다. 유일신의 출현은
족장 아브라함에게 '엘 샤다이'라는 이름으로 관계를 맺는데서 시
작된다. 이 신은 아브라함, 이삭, 야곱 등 족장들의 신이었다. 그후
이스라엘의 지도자 모세에게 나타난 신은 '야훼'라는 이름으로 자
신을 표현한 전쟁과 수호의 신이며 역사 속에서 능동적 의지를 가
지고 그의 백성들과 계약을 맺는 신이었다.

이스라엘이 출애굽하여 가나안에 정착한 후, 그들은 선주민들의
농경신(자연신)인 바알(Baals)신을 숭배하게 되었고, 이러한 종교적
타락(baalization)으로부터 그들의 여호와 신앙의 순수성을 지키고자
하는 경고와 노력이 계속된다.[42] 그러다가 계속되는 사회·정치적
질서의 혼란 속에서[43] B.C. 586년 바빌론에게 패망한 후 유대인들

---

42) 이것은 B.C. 1000년경부터 B.C.586년 예루살렘이 점령될 때까지 출현하
였던 예언자들에게서 보여진다. 이들은 모두 단순한 자연종교로 타락
한 윤리적인 야훼신앙을 비판하였는데, 바알신앙에 대한 엘리야와 엘
리사의 일대 타격에 뒤이은 것이었다. 야훼의 속성은 정의의 神(아모
스), 사랑의 神(호세아), 정의와 사랑의 神(이사야)으로 나타난다. 요시
아王의 종교개혁 이후 예언자들은 더욱 늘어났으며 극도의 혼란기를
살았던 예레미아(B.C. 600년경)에 이르러서는 집단과 관계하는 神이 아
닌, 개개인과 만나는 神의 개념이 형성되었는데 예레미야에 나타난 神
의 관계성은 孔子가 개인의 도덕성을 근원으로 본 天과 개인의 관계성
과 유사하다.
43) B.C. 760년경 유다는 웃시야(Uzziah)왕이, 이스라엘은 여로보암 2세
(Jereboam II)가 통치할 무렵 경제적인 상황이 복잡한 북부지방에서는
많은 토지를 소유한 지주가 출현하게 되어 농부는 소작농으로 전락하

의 신개념은 변용되기 시작한다. 역사 속에서 인격과 감정을 가지고 이스라엘인들을 수호해 주었던 야훼신앙은 바빌론 유수시대(B.C. 586~538)를 거치면서 점차 세상으로부터 멀어져 초월성과 절대성이 강조되기 시작한다.[44] 그리하여 제2이사야(이사야 40장 이하)에 나타난 '야훼' 개념은 범우주적이고 초민족적인 보편적 유일신으로 발전하며 예루살렘의 회복을 염원하는 내세관과 유대민족을 구원해 줄 메시아 사상으로 확대되어 갔다.

예수 전도와 십자가 죽음, 부활의 사건 이후, 바울은 3차의 전도 여행을 통하여 유대인, 그리스인, 로마인 등에게 그리스도의 가르침을 가르치면서 신비주의(그리스)와 윤리(율법주의)를 융합시키고 그리스도의 先在說(the pre–existent Christ)을 주장하였다. 초기 기독교(A.D. 50~150)는 로마의 박해와 공개처형 속에서 儀式과 조직을 발전시키고 교리를 형성하면서 제4복음서를 중심으로 예수의 신성성을 분명히 하였다. 그후 A.D. 383년 콘스탄틴 대제에 의해 기독교는 국교화되고 고대 카톨릭 교회시기(A.D. 150~1054)에는 많은 이단과의 논쟁 속에서 神性과 人性을 고백하는 '三位一體'의 독특한 신개념을 형성하였다. 즉, 이스라엘 멸망후 제2이사야에게서 보여지는 범우주적 신은 희랍철학의 이원론적 사고의 영향을 받아 중보적 개념(예수)을 필요로 하는 절대 타자이며 창조주로서의 신의 모습으로 개념화되었다.[45]

게 되고 비정상적인 사회구조가 조성되었다. 결과적으로 도덕적으로는 무질서했으며 종교적으로는 방종해져서 사회는 점차 해체상태에 빠지게 되었고 사회정의나 종교도 몰락하게 되었다.

44) 막스 베버, 이상률 옮김, 1990, 『유교와 도교』, 문예출판사. 베버는 이스라엘 민족이 강대국들 사이에서 작은 국가에 머무르다가 결국에는 그들에게 굴복하고 말았기 때문에 여호와는 단지 초세속적 운명 조종자로서만 '이 세계의 神'이 될 수 있었다고 보았다.

45) 교부철학(A.D. 160~430)과 스콜라철학(A.D. 9~15C)으로 이어지는 중

이후 20세기에 들어서면서 철학적 인식론의 변화와 함께 신에
대한 이해도 달라지기 시작하였는데, 이것은 인간의 본질적 특성
인 '초월성'에 대한 갈망이 표상화 된, 神에 대한 인식론적 개념의
변화를 의미하는 것이다.[46)

2. 합리화로의 전개

그러면, 유교 신개념과 기독교 신개념은 어떠한 유사성과 상이
성을 갖는가를 비교해 보고자 한다. 먼저 유가와 기독교의 신개념
의 발전사를 보면 비슷한 점이 많음을 알 수 있다.[47)

고대 유교 경전에서 보이는 인격적 성격을 갖는 '상제'와 우주
적 · 도덕적인 힘이나 질서로 그 의미가 변용되는 '천'의 개념의 경
우, 이 두 개념은 고대 이스라엘에 있어 인격과 의지를 지니고 역

세철학, 新Platon 학파의 이론을 원용한 Augustinus와, Aristoteles의 형이
상학(질료와 형상)을 도입하여 신학적으로 재현한 Aquinas의 사상이 대
표적이다.

46) 이러한 이유로, 기독교의 전통적 唯一神觀은 틸리히와 불트만과 같은
새로운 신학자들에 의해서 새로운 神觀의 필요성이 강조되면서 서양
의 형이상학적 인식론의 틀을 벗어나게 되는, 이른바 탈 서양화의 경향
을 가지게 되는데, 이와 같은 기독교의 현실적 존재로서의 神, 절대 타
자로서의 神, 절대 유일의 神을 가능하게 한 인식론적, 존재론적, 논리
학적인 神의 개념은 神의 한계를 넘어선 內面的 一元論으로의 神의 개
념으로 회귀하는 것을 의미한다. 그러나 이러한 새로운 神觀은 아직 정
립되지 않고 있으며 전통적 神觀을 고수하는 입장과 갈등관계에 놓여
있다.

47) 김하태, 앞의 책, 85쪽. 중국에 있어서 종교 관념의 발전의 모형(pattern)
은 세계의 다른 종교의 모형과 놀랍게도 아주 비슷하다. 그 발전은 多
神論에서 초월적인 唯一神論으로, 그리고 그 다음에는 內在的 一元論
으로 나아가는 모형을 따랐다.

사 속에서 능동적으로 활동하는 '야훼'와 유일한 권능의 신을 가리
키는 '엘로힘(Elohim)'[48]이라는 명칭에 각각 대응한다고 볼 수 있다.
나아가 '상제'와 '천'의 개념은 주대에 와서는 합쳐져 유일하고 지
고한 신을 지칭하게 되며, '야훼'와 '엘로힘'은『구약성서』에서 합
쳐져[49] 권능을 가지고 그의 민족을 수호하는 신의 개념으로 형성
된다. 한가지 더 주목할 만한 것은 殷商人의 부족신 '상제'가 합리
성을 띤 周人의 '천'개념으로 확장되는 점이다. 이것은 이스라엘
민족의 전쟁과 수호의 神이었던 '야훼'가 제2이사야에 이르러 아
무런 제한조건을 가지지 않는 범우주적이며 초민족적인 신으로 보
편화되는 것과 상응한다.

다음은 공자와 맹자의 '천' 개념에서부터『대학』·『중용』·
『역전』과 같이 철학적으로 이론화 되어 가는 천개념으로의 이행
이다. 신의 존재에 대한 춘추시대의 전통적 입장과 진보적 입장의
대립은 귀신을 멀리하면서도 공경하며 제사를 강조한 공자에게서
일단 지양되지만, 천을 인간의 내재적 심성에서 파악하려는 맹자
에게서는 종교적 측면보다는 오히려 윤리적·정치적 측면이 부각
되었으며, 순자에 이르러서는 천의 주재성 및 인격성이 철저하게
배제된다. 이는 제2이사야에서 보편성을 띤 신개념이 희랍철학의
영향을 받아 철학과 신학이 융합되어지는 초대 교부신학의 신개념
으로 발전되는 것과 유사하다. 즉, 국가멸망 이후 '야훼'의 민족의
수호신(역사의 신)적 개념이 변하여 보편적 유일신화되었던 것이

48) 朴大善·金正俊·金燦國, 1960,『舊約聖書槪論』, 대한기독교서회, 81
쪽. '야훼'가 역사의 神이라면, 'Elohim'은 'El(힘)'이란 뜻 그대로 초자연
적인 수단과 방법으로 이스라엘을 지도하고 훈육한다(창 15:1, 창
28:12, 출 3:5, 7:10).
49) 신명기 4:35. ' 너의 主(Yahweh)가 神(Elohim)임을 알며 그밖에 다른 神이
없음을 알라.'

중세 로마의 통치 하에서 희랍철학의 이원론의 영향을 받아 인간과 분리된 절대 타자로서의 신으로 개념화되었다.

한편, 주자에 의해 집대성된 형이상학적인 성리학은 거의 동시대에 플라톤주의적, 아리스토텔레스주의적 동기 아래 주해·집성 등을 이루어낸, 그리스도교의 스콜라 철학에 비견될 수 있다. 이 두 철학을 고전적으로 대표하는 12세기의 주희와 13세기의 토마스 아퀴나스(Thomas Aquinas)가 이 점을 잘 보여준다. 주희가 사물을 지배하는 법칙인 리와 물질적인 역량인 기사이의 관계를 추구하였던 것처럼 아퀴나스는 행동과 능력 사이의, 형태와 실질사이의 관계를 검토하였다. 중국의 철학자 주희가 볼 때에 궁극적인 진실은 大一이라고도 부르는 태극이었듯, 서양의 신학자 아퀴나스에 있어서는 순수한 사실과 존재 그 자체였다. 유학자인 주희가 모든 사물이 그 자체의 理와 天地間의 모든 리를 포용하는 태초적이고 궁극적인 진실을 갖추고 있다고 보았듯, 그리스도교도인 아퀴나스는 모든 존재가 그 자체를 통하여 궁극적인 존재의 일익을 담당한다고 보았다. 만물이 태극으로부터 나와서 순차적으로 태극으로 돌아가듯, 아퀴나스에 따르면 모든 존재는 순수한 사실로부터 나와서는 모든 노력의 궁극적인 목표에 돌아간다고 한다.[50]

그러면 유교의 신과 기독교의 신은 같은 것인가? 유교에 있어 지고신은 과정중에 있는 존재 (『역경』)이며 내재하는 초월자로서 『시경』·『서경』·『맹자』·『중용』의 신의 개념은 그 안에 여러 가지 역설들을 포함하고 있다. 그러나 해마다 황제가 지고신에게 드리는 하늘에 대한 제사를 볼 때 지고신으로서의 하늘에 대한 관념이 잔존함을 분명하게 알 수 있다. 유교의 세계관은 신적인 것과

---

50) 한스 큉·줄리아 칭, 이낙선 옮김, 1994,『중국 종교와 그리스도교』, 분도출판사, 206~209쪽.

인간적인 것 사이의 보다 위대한 연속인 반면, 기독교는 신의 '완전 타자성'이라는 질적인 차이를 주장한다. 줄리아 칭은 유가와 기독교의 신개념의 중요한 차이점을 神의 啓示의 역사적 성격으로 파악하고 있다.

> 신의 역사성이란 기독교에서 이해되는 인간을 향한 신의 자기 계시에 대한 역사상의 특징을 말한다. 나는 신개념에 대한 기독교와 유가 사이의 중요한 차이가 이 역사성으로 드러난다고 생각한다.[51]

기독교 전통을 유교와 비교하면, 인간을 향한 신의 계시의 역사적 성격에 분명한 중요성이 부여된다. 첫째는 시나이산에서 유태인을 향해 한 계시이고, 다음은 예수 그리스도 안에서 모든 사람에게 향해 한 계시이다. 시나이 산에서의 최초의 계시는 유교 성왕들의 성스러운 유산과 여러 면에서 비교되는데 그것은 신 자신(야훼)에 대한 가르침과 선택된 백성과의 관계를 포함하는 동시에 믿음과 복종도 요구한다. 유교와 기독교의 신에 대한 이해의 차이는 예수 그리스도라는 인물과 인류를 향한 그의 의미에서 원리적으로 드러난다. 유교는 전통적으로 수많은 성왕들을 가지고 있으나 기독교는 무엇보다도 신의 유일회적인 계시로서 예수 그리스도를 중시한다. 기독교는 예수 사건의 역사성을 각인하는 데, 그런 방식에서 유교가 공자나 다른 성인들을 생각하는 것과 차이점이 있다.[52]

또 한가지 차이점은 현세성과 내세성의 문제이다. 풍우란은 철학사상을 출세간의 철학과 세간의 철학으로 나눈 바 있다. 전자는

---

51) 줄리아 칭, 임찬순·최효선 옮김, 1993,『유교와 기독교』, 서광사, 181쪽.
52) 같은 책, 183쪽. 儒敎의 핵심에는 하늘과 인간의 合一이라는 가르침이 서 있고, 기독교의 핵심에는 神안에 唯一回的인 방법으로 그 자신을 인간을 향해 드러낸 구세주로서의 예수 그리스도가 서 있다.

최고 경지에 도달하기 위하여 현실생활을 등한히 하는 형이상학적 철학이며 후자는 일상적인 정치사회면을 강조하는 철학이다. 전자는 지나치게 이상주의적이며 소극적이어서 공허해질 위험을 내포하고 있는 반면에 후자는 지나치게 현실적이며 맹목적인 사상으로 흐를 위험성이 있다. 이와 같은 사상의 유형을 그대로 기독교와 유교에 적용할 수는 없겠지만 기독교의 내세에의 강한 집념이 현실세계를 어느 정도 경시할 수 있는 가능성을 내포하며 유교의 현세성은 초월적인 면을 간과할 수 있다.53)

결론적으로 말하면, 역사적 의미를 갖는 구원관의 유일회성과 내세관, 그리고 신의 계시의 역사적 현현으로서의 그리스도 사건이 기독교의 신개념이 갖는 독특성이라 하겠다. 이러한 역사성의 문제가 신개념형성에 있어 유교가 완전한 인격성을 소유한 의인적 신을 설정하지 않은 것을 반증해 준다고 할 수 있다.

제4절 맺음말

공자는 전래되어 오던 신앙의 대상으로서의 인격적 天神의 요소를 긍정하면서도 천의 절대적 권위를 개인의 윤리적 자각의 촉구라는 내재적 의미의 천개념으로 전향시킨 일면이 보인다. 이러한 공자의 신개념은 고대 중국의 인격성을 띤 신(上帝)이 그 인격적 색채를 차츰 벗어버리고 비인격화되면서 인간의 세계로 下向하는

---

53) 류무상, 1997, 『현대사회와 철학』, 양서원, 341쪽 참조.

모습을 보여준다. 공자의 신은 인간사회와 세계의 질서에 관여하고 있으나 그것은 제한적이다. 다시 말하면 인간내면에의 '인'이라는 질서와 외면의 '예'라는 규범을 통하여 작용할 수 있을 뿐이다. 그것은 인간과 신, 인간과 사회 사이의 긴장 없는 적응으로 특징지워진다. 이는 유교가 현세성, 합리성을 그 특징으로 갖는 것과 상통하는 것이며 서구의 신과 같이 의인적으로 합리화된 내세지향의 신으로서 현세와 팽팽한 긴장을 갖지 않는 특징을 보여주는 것이기도 하다.

맹자의 신개념은 전통적인 인격신의 요소와 공자가 개인적으로 느꼈던 하늘과의 친밀한 관계라는 성격이 많이 희석되고 '성실'이라는 형이상학적 성격을 띠게 된다. 왜냐하면 맹자는 자신의 왕도정치사상을 주장하기 위한 철학적·형이상학적 근거를 필요로 했고 그 근거를 종래의 천개념에서 구했기 때문이다. 묵자·노자 등의 논리에서 공자의 인문적 합리성을 지키고자 하였던 맹자의 신개념은 그 논리 전개상에서 공자보다 한층 더 발전하여 신으로서의 천을 인간내면의 심성 안으로 끌어들여 자연의 법칙을 인간규범의 원칙으로 삼으며 나아가 역사와 정치를 주관하는 신의 의미로까지 발전시켰던 점이 보인다.

춘추시대의 신의 존재에 대한 전통적 입장과 진보적 입장의 대립은, 귀신을 공경하면서도 멀리하며 제사를 극히 강조하는 공자에 이르러 일단 지양되지만, 천을 인간의 내재적 심성에서 파악하려는 맹자에 이르러 종교적 측면 보다 윤리적·정치적 측면이 부각되었으며, 순자에 이르러서는 천의 주재성 및 인격성이 철저하게 배제된다. 이러한 이행은 제2이사야에서 보편성을 띤 신개념이 희랍철학의 영향을 받아 철학과 신학이 융합되어지는 초대 교부신학의 신개념으로 발전되는 것과 유사하다. 국가멸망 이후 야훼의

'민족 수호신'(역사의 신)적 개념이 보편적 유일신화 되었던 것이, 중세 로마의 통치하에서 희랍철학의 이원론의 영향을 받아 인간세계와 분리된 절대 타자로서의 신개념을 형성시켰다.

유교의 신이 과정중에 있는 존재이며 내재하는 초월자로서의 성격도 가지면서 동시에 지고신으로서의 하늘에 대한 관념도 잔존하는 반면에, 기독교의 신은 인간을 향한 신의 역사성과 그 표현으로서의 계시의 문제가 중요하게 대두된다. 이는 현세에 주된 관심을 갖는 유교와 내세를 중시하는 기독교의 특성과 아울러 유교와 기독교의 신개념의 차이점을 드러내 주는 것이며, 이러한 신의 역사성의 문제는 신개념 형성에 있어 유교의 신이 완전한 인격성을 소유한 의인적 신으로 개념화되지 않은 것과 연결된다.

제6장

단군신화의 神개념과
'홍익인간' 사상

제1절 머리말

　홍익인간사상은 한민족 최초의 건국신화인 단군신화의 대주제
이다. 신화는 신들의 이야기인 동시에 인간 자신에 관한 이야기이
다. 고대의 인류는 자신을 둘러싼 자연 환경의 천변만화한 현상들
이 그들의 생존과 직결되었기 때문에 그에 대해 민감할 수밖에 없
었다. 자연의 가공할 만한 위력은 그들에게 신적인 것이었고 그들
은 신들의 이름을 빌려 자연과 세계를 설명하기 시작하였다. 선사
시대의 인류는 자신이 이해한 환경에 대하여 나름대로의 전승을
시작하였다. 그것은 구전되기도 하고, 상형·설형문자나 벽화의
그림 등으로 남겨지기도 하였다. 20세기에 들어 신화학자들은 허

구로만 여겨졌던 신화들 속에 인류의 공통된 사고의 원형이 잠재되어 있음에 주목하기 시작하였다. 심리학자 융은 이것을 프로이트의 '개인 무의식'에 대하여 '집단 무의식'으로 명명하였다. 이 집단 무의식의 실체로서의 신화는 민족과 지역에 따라 다양한 양태를 지니기도 하고 인종과 지역을 초월하여 공통된 함의를 지니기도 한다.

우리 조상들은 그들이 이해했던 자연환경과 인간, 사회에 관하여 나름대로의 의미있는 기록을 남겨 놓았다. 『삼국사기』의 저자 김부식은 이를 '怪力亂神'의 범주에 속한다고 여겨 간과해 버렸지만 거의 동시대를 살고 간 인물인 승려 일연(1206~1289)은 이 특기할 만한 기록을 『삼국유사』를 통하여 남겨 놓았다. 또한 『제왕운기』의 저자 이승휴(1224~1300)도 고조선 건국에 관한 신화를 기록하였다. 우리는 이 저자들의 도움으로 한민족의 최초의 국가에 관한 기록을 접할 수 있게 되었다. 이 기록은 우리를 우리 조상들이 그렸던 태고의 세계상으로 안내할 것이다. 우리는 단군신화의 문을 통하여 고대 한국인들이 이해했던 자연과 신들, 개인과 사회에 관한 태고적의 이상향이 웅장하게 펼쳐짐을 보게 될 것이다. 그것은 신들의 이야기이기도 하고 자연에 관한 최초의 기록이기도 하며 문명에 관한 이야기, 남녀의 관계, 그리고 바람직한 공동체의 모습이기도 하다. 우리 조상들은 이들을 뭉뚱그려 '홍익인간'이라는 네 글자에 압축하여 놓았다. '신'들의 이야기에서 왜 그 주제가 '인간'이었을까? 그것은 신화라는 형식을 빌어 인간에 관한 이야기를 하고 싶었던 그들의 염원이었을 것이다. 이 오천년 전의 신화가 현대의 우리에게 가지는 의미는 무엇일까? 우리는 그 안에서 한민족의 집단무의식, 원형을 읽어낼 수 있을 것이다.

한편 단군신화의 신관(세계관)과 홍익인간사상에 관한 최근의 선행연구들은 다음과 같다. 단군 연구사에 관하여는 강돈구의 「단군신화의 민속학 및 철학·사상분야의 연구」(윤이흠 외, 2001, 『檀君, 그 이해와 자료』, 서울대학교 출판부)라는 논문을 참고할 수 있다. 그는 이 논문에서 단군 연구현황을 분석하였고, 결론적으로 단군신화연구에 있어 비교적인 시각과 종교이론적 배경의 필요성, 그리고 종교적 중립의 관점을 제의하였다.

단군신화에 관한 최근의 논문들로는 문학방면 연구자들의 연구가 있다. 이재원의 『단군신화 연구』(세종대학교 박사학위논문, 1991)는 단군신화의 역사적 성격을 정리하면서 단군신화의 제종교적 측면을 고찰하였으며 환인, 환웅, 단군을 중심으로 하여 언어적 상징성을 최대한으로 검토하였다. 이 연구는 다양한 접근방법으로 신화의 상징적 요소를 최대한 추출해 내었으나 신개념 분석에 있어서는 그 범위를 환인, 환웅, 단군에 제한하였다. 허경애의 논문 「建國神話에 나타난 '하늘'意識 攷」(동아대학교 석사학위논문, 1981) 중에는 대표적 건국신화인 단군신화의 '하늘'의식에 2장을 할애하였는데 주로 단군과 웅녀에 초점을 맞추어 山神이 된 단군의 의미와 웅녀의 곰토템적 성격 등에 치중하였다. 최병두의 「檀君神話와 武梁祠 畵像石에 대한 비교연구」(단국대학교 교육대학원 석사학위 논문, 1992)도 단군신화의 여러 위격을 분석하였는데 이 논문의 부제처럼 '巫敎的 분석'이 중심이 되어 중립적 시각이 아니다. 김준기의 『神母神話硏究』(경희대학교 박사학위논문, 1995)는 현재 민간전승으로 구연되고 있는 神母神話가 고대 신화의 형성원리를 재조명하는 단서가 됨을 밝혔다. 이 연구에는 단군신화의 환인, 환웅, 웅녀에 관한 간략한 언급이 있다.

신학방면의 연구는 이상현의 「한국적 신론의 가능성 – 단군신화에 대한 신학적 해석을 중심으로」(감리교신학대학 석사학위논문,

1993)가 있다. 이 연구는 천신강림 신앙, 지모신 신앙과 천지, 신인의 융합과 창조신앙으로 표상되는 단군신화의 구성요소와, 원형적 神人로서의 단군과 익명의 주체로서의 웅녀를 분석하였다. 또 신동원의 「삼국유사 단군신화에 나타난 한국인의 종교성에 대한 종교사회학적 고찰」(감리교신학대학 석사학위논문, 1998)은 인식론적, 구조주의적, 기능론적 관점에서 단군신화를 분석하여 천신사상, 곰토템사상과 조화사상을 한국인의 원초적 자의식으로 추출하였다. 그러나 두 논문 모두 그 외의 신개념에 대한 심도있는 분석은 이루어지지 않았다. 철학 방면의 연구는 이풍용의 『홍익인간사상에 관한 연구』(대전대학교 박사학위논문, 2001)가 있다. 홍익인간사상의 신화적 표현으로서 환인, 환웅, 웅녀, 단군을 분석하였고 홍익인간의 개념을 분석, 정의하였다. 또 이선행의 「단군신화의 역철학적 고찰을 통해 본 한국 고유의 천·신관에 관한 연구」(충남대학교 석사학위 논문, 2002)는 역철학적 분석을 통하여, 단군신화의 천·신이 주재적 천·신이 아닌 존재원리로서의 神道임을 논증하였다. 이들 논문에서 아쉬운 점은 전반적으로 신화의 몇 몇 신격들을 분석하는데 그쳤고 단군신화의 신화적 의미소와 홍인인간사상이 유기적으로 연결되지는 않은 점이다.

본고는 단군신화의 여러 신격들의 신개념을 분석하여 그 신격들의 의미를 통하여 고대 한국인들의 이상적 세계상을 밝혀내고 이를 '홍익인간'의 사상과 연결하고자 한다. 나아가 서구와 중국의 신개념과 변별되는 한국적 신개념의 특징을 통하여 '홍익인간' 사상의 의미를 규명할 것이다. 즉 단군신화의 신개념을 분석함으로써 신과 인간의 관계, 신의 세계와 인간의 세계의 의미소를 찾아 '弘益人間'의 함의를 밝히고자 한다.

제2절 원시종교의 신개념과 신화

단군신화는 한국 고대인들의 원시신앙이 반영된 것이다. 이 속에는 한국적인 특수한 함의도 있지만 원시시대 인류가 공유했던 원시종교적인 요소들도 내재되어 있다. 이 장에서는 원시신앙의 형태와 특징을 살펴보고 인류의 집단 무의식으로서의 신화의 의미를 추출하고자 한다. 일반적으로 자연과 사회현상을 인식하는 능력이 아직 발달하지 못한 원시인들은 그들의 능력을 넘어서는 모든 현상에 대해 두려움과 공포를 느꼈고, 그 안에서 활동하는 정령들의 초인적 힘에 대해 경외하고 복종할 수밖에 없었다. 그리고 그 숭배는 도덕적 가치판단에 의한 것이라기보다는 단순한 생존의 동기에서 요청되었을 것이다. 종교학의 준비기라 할 수 있는 18세기 계몽사상을 배경으로 한 인류학자들의 종교연구는 원시시대를 중심으로 종교의 기원을 찾아내 종교의 본질을 밝혀내는 데 집중되었다. 그들은 종교의 기원을 서물숭배,[1] 정령숭배[2]로 보기도 했고, 또는 '비인격적인 힘'에 대한 두려움이 기원이 된다는 마나(Mana)론,[3] 주술의 실패가 종교의 기원이 되었다는 주술론 등을 주창하

---

1) 庶物崇拜란 呪物崇拜라고도 하는데, 인공물 또는 간단히 가공한 자연물에 대한 숭배를 총칭하는 것이다. 적당한 물체를 제사의 대상으로 하거나 주술적으로 사용하거나 몸에 지녀 효과를 기대하는 것 등을 모두 포함한다. 현재에는 감각적으로 보아 많은 인공을 가해 휴대 가능한 물체에 대한 숭배라는 의미로 한정해서 쓰인다.
2) 정령숭배는 초목, 소택 등 정령의 활동이 인간의 생활에 중대한 영향을 끼친다고 믿어 갖가지 방법으로 宥和하여 가호를 받고 화를 피하기 위해 섬기는 것으로, 사실상 원시종교의 중심을 이루고 있으며 문명사회의 민간신앙에서도 널리 볼 수 있다.

기도 했다. 한편 인간성 안에 원초적으로 종교적 경외감을 느끼는 능력이 본유함을 주장하면서 이 경외감이 곧 종교의 기원과 본질이라고 주장한 학자4)도 있다. 이들 논의는 후일 그 정당성이 반박되기도 했으나 원시종교의 양상을 규정해 주는 이론으로 정착되었다. 이같이 원시종교의 관심은 현실적인 것에서 시작되었다. 즉 우주를 형성하고 운행하는 어떤 신비한 힘에의 요청이 필수적인 요소였음을 알 수 있다.

이러한 원시적인 신앙은 신화와 밀접히 결합되어 있었는데, 신화의 기능은 전체의 입장에서 집단을 유지하고 존속하는 것이었다. 신화는 그 시대에 발생한 두려움의 표현이었고 앞으로 모든 집단의 행동을 위한 원형적 모델을 형성했다. 신화의 묘사는 '사회구조의 반영'이나 '감정을 배제한 현실의 추론' 또는 '의식에 관한 정련된 주석'이라고 하겠다. 이들은 고대의 사유방법과 관련된 가치 있는 언급들이었다. 1년의 생활리듬은 동물 유형의 종교를 위한 기초를 구축했으며 땅·바람·산과 강이 배양하는 것을 위한 제사, 그에 동반되는 것에 대한 기도와 기구, 장군·군주·선조들에 대한 숭배를 동반했다. 이처럼 신화의 형태는 인류 최초의 기원과 출발을 같이하는 것이다. 레비 스트로스에 의하면 신화란 동물과 인간이 아직 서로 분리되지 않았고 또 우주에서 차지하고 있는 서로의 영역이 아직 분명히 구별되지 않았던 아주 옛날 이야기이다. 그러나 동시에 이 태고적의 일은 여러 가지 사물이 어떻게 만들어졌

---

3) 마나란 멜라네시아 일대의 미개민족 사이에서 볼 수 있는 비인격적·초자연적 힘의 관념으로서, 사람, 무생물, 기물 등 일체의 것에 작용해 두려움과 공포의 감정을 일으키는 영력을 가리킨다.

4) Rudolf Otto, *The Idea of the Holy: An Inquiry into the Non—rational Factor in the Idea of the Divine and Its Relation to the Rational,* J. W. Harvey(trans)(Oxford: Oxford University Press, 1923), p.59 참조.

고 현재는 어떻게 되어 있으며 장래 어떠한 형태로 남을 것인가 하
는 것을 설명해준다. 그러므로 신화의 첫 번째 성격은 이러한 시간
통합 기능이다. 그것은 과거에 의해 현재를 설명하고 현재에 의해
미래를 설명하고, 어떤 질서가 나타나게 되면 그것이 영구히 계속
된다는 것을 설명하는 것이다. 두 번째 성격은 다중 암시의 사용이
다. 신화가 문제로 하는 것은 결코 특정한 어느 한 현상을 설명하
려고 하는 것이 아니라, 신화 전체가 요약될 수 있는 하나의 줄거
리를 사용하여 단 한가지의 설명을 가지고 우주의 여러 가지 현상
을 동시에 설명하는 것이다.5)

  이처럼 인간은 오랫동안 신화를 통하여 우주와 인류, 문화에 대
하여 자신들의 기본적인 생각을 표현해 왔다. 신화는 인간 최초의
이야기이며 인류의 가장 원초적인 언어이며 몸짓이며 의식이다.
엘리아데에 의하면 신화는 성스러운 역사를 설명하는 것으로서 원
초적인 시간, 즉 전설적인 '창조'의 시간에 발생한 사건과 관련이
있다. 다른 말로 하면 신화는 항상 초자연적인 존재의 행위를 통하
여 어떤 실재(Reality)가 어떻게 존재하게 되었는지를 이야기한다.6)
B.C. 6세기경 그리스에서 소피스트들을 중심으로 신화에 대한 많
은 논의가 시작되었고 이 결과, 그리스·로마신화는 인류문화에
많은 공헌을 남겼으며 현대 문화의 건설에도 기여하였음을 밝혔
다. 19세기까지의 학자들은 신화를 하나의 우화, 허구, 창작으로 보
아왔지만 20세기에 접어들면서부터는 인류학자들을 중심으로 현
존하는 미개사회에 대한 치밀한 현지연구를 통하여 신화의 가치와
중요성을 인식하게 되었다. 인류학자들의 신화에 대한 견해는 매
우 긍정적인 것으로 '신화가 무엇을 의미하고 있는가?' 하는 인식

---

  5) 全圭泰, 1980, 『韓國神話와 原初意識』, 二友出版社, 15~16쪽.
  6) M. Eliade, *Myth and Reality*(New York : Harper, 1963), p.5.

론적인 접근에서부터 '그 신화가 인간사회 속에서 어떤 역할을 하고 있는가?'하는 현상적 관심으로 전이된 것이라고도 할 수 있다.[7]

이처럼 신화는 모든 인간사의 가장 단순화된 상징이고 원초적인 이야기이다. 신화학자들이 '原型(primitive type, archetype)'이라는 개념으로 신화를 이해하는 이유도 여기에 있다. 신화의 의의는 바로 이 원형성에 있다. 원형이란 원래는 철학적 개념으로 일반적으로 진화 이전의 원시형태로서의 본형을 의미한다. 이 原型의 이론은 융(Jung Carl Gustav : 1875~1961)에 의하여 문학해석에 수용되었다. 융은 프로이트(Freud Sigmund : 1856~1939)가 신화분석에 정신분석 이론을 도입한 것에서 진일보하여 무의식을 두 가지 유형으로 나누었다. 융에 의하면 원형이란 결코 쓸데없는 고대의 잔존물이거나 유물이 아니다. 원형은 살아있는 실체이고 신령사상의 전성 혹은 주요한 상상력으로서 원형에 대한 개념은 사고의 외연을 나타내는 유형이거나 철학적 성찰의 일종이다. 실제로 원형은 본능의 활동영역에 속하고 심리적 형태를 받은 유형에서 나타난다.[8] 이같이 분석 심리학에서는 무의식을 개인적 무의식과 집단적 무의식으로 나눈다. 집단적 무의식이란 인류 공동의 시·공간, 문화종족의 차이를 초월한 원초적 내용으로 구성되어 원형으로 구성된 무의식이다. 개인적 무의식이 콤플렉스로 나타나는 반면, 집단무의식은 오로지 원형으로 존재하는 것이다. 따라서 원형의 본체는 집단적 무의식의 구성요소인 동시에 내용으로서는 무의식의 원초적 이미지의 모형이다. 따라서 신화를 구성하는 구조적 요소를 융은 원형, 모티브, 원초적 이미지의 현시라고 보았다.[9]

---

7) 정진홍, 1980,『종교학 서설』, 전망사, 109쪽.
8) 신동욱 외, 1992,『神話와 原型』, 고려원, 17쪽.
9) 김무조, 1988,『韓國神話의 原型』, 정음문화사, 34쪽.

요언하면 신화는 세계, 동식물, 인간의 기원뿐만 아니라 인간의 모든 피할 수 없는 상황 - 죽음을 면할 수 없는 것, 성별, 사회를 구성하는 것, 살기 위해서 노동하지 않으면 안 되는 것, 어떤 규칙에 따라 일하는 것 등 - 의 유래가 되는 모든 원초의 사건을 말한다.[10] 한국신화의 형성 또한 세계 각 국의 신화의 유래와 그 맥락을 같이 한다. 한국인의 신화는 한민족의 고유한 생활양식이 투사된 문화의 원형이다. 다시 말하면 한국이라고 하는 개별문화 속에 존재하는 세계관과 인생관이 투영되어 있는 것이다. 우리의 단군신화는 우리 선조의 사유와 존재태의 한 단면이기도 하다.[11] 다음 장에서는 단군신화의 신개념을 분석함을 통하여 고대 한국인의 원형, 집단무의식을 고찰하고자 한다.

제3절 단군신화의 신개념

단군신화의 신개념을 분석하기에 앞서 먼저 『삼국유사』에 나타난 '단군'에 관한 기록을 소개하면 다음과 같다.

> 古記에 이르되, 옛날에 환인(帝釋을 이름)의 서자 환웅이 있어, 항상 천하에 뜻을 두고 人世를 탐내거늘, 아버지가 아들의 뜻을 알고 三危太伯을 내려다보매 널리 인간세상을 유익하게 할만한지라 이에 天

---

10) 마르세아 엘리아드, 이은봉 역, 1985,『神話와 現實』, 성균관대학교출판부, 21쪽.
11) 최문형, 2002,『홍익인간 이념의 여성관』(홍익문화통일강연시리즈 02- 1호,) 홍익문화통일협회, 7쪽.

符印 세 개를 주어, 가서 다스리게 하였다. 웅이 무리 삼천을 이끌고 태백산 꼭대기 신단수 밑에 내려와 여기를 神市라 이르니 이가 환웅 천왕이다. 風伯·雨師·雲師를 거느리고 穀·命·病·刑·善·惡 등 무릇 人間의 360여사를 맡아서 인간세상에 있어 다스리고 敎化하였다. 그때 곰 한 마리와 호랑이 한 마리가 같은 굴에서 살며 항상 神雄에게 빌되 '化하여 사람이 되기를 원합니다' 하거늘, 한번은 신웅이 신령스러운 쑥 한 자루와 마늘 20개를 주고 이르기를 너희들이 이것을 먹고 백일동안 일광을 보지 아니하면 곧 사람이 되리라 하였다. 곰과 호랑이가 이것을 받아서 먹고 忌하기 삼칠일만에 곰은 여자의 몸이 되고 호랑이는 忌하지 못하여 사람이 되지 못하였다. 熊女는 그와 혼인해주는 이가 없으므로 항상 壇樹아래서 축원하기를 '아이를 배고 싶습니다' 하였다. 雄이 이에 잠깐 변하여 결혼하여 아들을 낳으니 이름을 壇君王儉이라 하였다. 왕검이 唐高(堯)의 즉위한지 50년인 庚寅에 평양성(지금 서경)에 도읍하고 비로소 朝鮮이라 일컫고, 또 도읍을 백악산 아사달에 옮기었는데, 그곳을 또 궁홀산 또는 금미달이라고도 하니 치국하기 1500년이었다. 周의 虎王 卽位 己卯에 箕子를 朝鮮에 봉하매, 단군은 藏唐京으로 옮기었다가 후에 阿斯達에 돌아와 숨어서 山神이 되니, 壽가 1908세이었다 한다.12)

---

12) 『三國遺事』「古朝鮮」. "古記云, 昔有桓因(謂帝釋也) 庶子桓雄, 數意天下, 貪求人世, 父知子意, 下視三危太伯可以弘益人間, 乃授天符印三箇, 遣往理之. 雄率徒三千, 降於太伯山頂(卽太伯今妙香山)神壇樹下, 謂之神市, 是謂桓雄天王也. 將風伯雨師雲師, 而主穀主命主病主刑主善惡, 凡主人間三百六十餘事, 在世理化. 時有一熊一虎, 同穴而居, 常祈于神雄, 願化爲人. 時, 神遺靈艾一炷蒜二十枚曰, 爾輩食之, 不見日光百日, 便得人形. 熊虎得而食之忌三七日, 熊得女身, 虎不能忌而不得人身. 熊女者無與爲婚, 故每於壇樹下, 呪願有孕, 雄乃假化而婚之, 孕生子, 號曰壇君王儉. 以唐高卽位五十年庚寅(唐高卽位元年戊辰, 則五十年丁巳, 非庚寅也, 疑其未實), 都平壤城(今西京), 始稱朝鮮. 又移都於白岳山阿斯達, 又名弓(一作方)忽山, 又今彌達, 御國一千五百年. 周虎王卽位己卯, 封箕子於朝鮮, 壇君乃移於藏唐京, 後還隱於阿斯達爲山神, 壽一千九百八歲"

1. 단군신화의 신개념 분석

이상에 소개된 전문과 같이 우리는 단군신화에 접하면서 홍익인 간사상을 구성하는 여러 신들을 만나게 된다. 그 첫 번째 신은 桓 因이고 두 번째 신은 환인과 거의 동일시되는 桓雄이며 세 번째 신은 — 부차적일지 모르나 — 환웅이 이끄는 風伯·雨師·雲師 의 주요 신과 삼천에 가까운 신들이다. 네 번째 신은 사람이 되기 를 소망하여 곰에서 여성이 된 熊女이고, 다섯 번째 신은 환웅과 웅녀의 결합에 의해 탄생되었고 후에 山神이 된 이 신화의 주인공 인 단군이다.[13)]

이러한 많은 신들은 이 신화의 줄거리를 이끌어 나가면서 '弘益 人間'이라는 주제로 일관된 구심점을 유지한다. 재미있는 사실은 단군신화 또한 고대 인류의 神인식, 신개념의 발달과정과 그 축을 공유하고 있다는 점이다. 그러므로 이 장에서는 이들 신들의 본질 과 기능, 역할에 대하여 분석하여 한국의 신개념이 원시종교의 발 전과정과 어떤 연계를 갖는가를 밝히고자 한다.

1) 桓因 : 격절신

환인은 天神인데『삼국유사』의 저자 일연은 '帝釋'이라고 하였 고[14)] 이승휴는『帝王韻紀』에서 '上帝'로 기록하였다.[15)] 일연이 제

---

13) 혹자는 많은 신들이 순차적으로 등장하는 이 신화의 복합적 구도를 분 석하여 환웅신화, 웅녀신화, 단군신화의 세 부분으로 이해하기도 한다. 또는 환웅신화와 단군신화의 두 부분으로 나누어 보기도 한다.

14)『三國遺事』권1, 기이1 古朝鮮. "古記云, 昔有桓因(謂帝釋也)"

15)『帝王韻紀』. "檀君古記云, 上帝桓因有庶子桓雄."

석이라 한 것은 최고신에 대한 불교적 표현이다. 帝釋天은 본래 힌두교의 천상신이나 불교에서는 동방의 수호신 또는 호법신으로 바뀌었다. 상제는 중국 고대의 갑골문에 보이는 인격신인 상제일 것이다. 이 신은 은상족의 조종신으로서 자기 종족을 비호하는 신이었는데 이 폐쇄성과 몰도덕성이 은 멸망의 원인이 되었다고 보이며, 뒤 이은 주나라는 상제 대신 좀 더 보편적 도덕성을 띤 天, 또는 천명을 숭상하게 된다. 이처럼 환인은 천신이며 최고신인데 천신에 관한 숭배는 고대 인류에 있어 공통적인 것이었다. 그런데 이 천신에게는 자신의 현현으로서 다른 위격이지만 동일한 본질을 가진 서자 환웅이 있다. 이 환웅의 등장과 함께 홍익인간 사상의 근원적 존재자로서의 환인은 신화의 무대에서 바로 사라진다. 엘리아데는 원시인들에게 창조자이며 인격신의 요소를 갖는 天空神에 대한 신앙이 보편적으로 존재했다고 하면서, 오히려 천공 그 자체에 종교적 의미가 담겨 있었다고 한다.[16] 또한 그는 이 천공신 개념이 중국인에게도 발견된다고 하였다.[17]

---

16) 천공은 그 모습 그대로 무한과 초월을 나타낸다. '가장 높음'은 당연히 신의 속성이기 때문이다. 천공은 거기 그렇게 있다는 것만으로도 초월성, 힘, 불변성을 상징한다. 높다는 것이 강력하고 신성성으로 가득 찬 존재를 의미한다는 것은 신들의 이름이 지닌 어원만 살펴보아도 알 수 있는데, 이로쿼이족의 오키(oki)라는 말의 의미는 높이 있는 자란 뜻이며, 마오리족의 지고신 이호(iho)는 '높이 오름, 높이 있는'이란 뜻이다 (멜시아 엘리아데, 이은봉 역, 1987, 『종교형태론』, 형설출판사, 125~127쪽 참조).

17) 중국의 옛 문헌에서 천공신은 두 개의 명칭을 가지고 있다. 즉 '천'(天: T'ien, 천공, 천공신)과 '상제'(上帝: Shang-ti, 고귀한 주, 천의 집권자)가 그것이다. 천은 우주질서의 조정자이며 제9천에서 가장 높은 데 거주하는 지고의 주권자이다. … 황제는 '天子'로서 천공신의 지상에 있는 대리자이다. … 우주의 질서와 지상에서의 생명 연속의 보편적 보증자로서 천공·창조자·주권자의 결합은 천공신의 특징, 즉 수동성에 의해 완전해진다(같은 책, 같은 곳).

엘리아데에 의하면 많은 미개민족, 특히 수렵·채집단계에 있던 민족은 至高神의 존재를 인정하지만 그 신은 종교생활에 거의 역할을 하지 못한다고 한다. 더욱이 그 신은 조금밖에 알려져 있지 않고 신화도 극히 적으며, 일반적으로 아주 단순하다. 이 지고신은 세계와 인간을 창조했다고 믿고 있지만 곧 그의 창조물을 버리고 천공으로 후퇴해 버린다. 때때로 지고신은 창조를 완성하지 않고 그의 자식이나 대리자인 다른 신이 그의 일을 인수받는 경우도 있다. 이처럼 지고신은 종교적인 실재성을 잃어버린 것처럼 보인다. 이 신은 인간으로부터 멀리 떠나 있는 것으로 그려지고 있고 '감추어진 신'으로 되었다. 그러나 지고신이 완전히 의례로부터 모습을 감추고 망각되어 있는 때라도 그 기억은 변모, 타락하여 원초의 낙원과 신화 이야기로, 샤만이나 주술사의 가입의례와 이야기에서, 종교적 상징 ― 세계의 중심의 상징, 주술적 비상과 승천, 大空과 빛의 상징 등 ― 으로, 또 창조신화의 어떤 유형으로 오랫동안 남아있다.[18]

환인 또한 구체적으로 인간 세상에 간여하는 모든 통치권을 아들인 환웅에게 위임하고 자신은 지극히 높은 위치로 숨어버리고 있는데 이를 '격절신'이라 볼 수 있다. 이러한 최고신 혹은 격절신으로 불리는 신은 퉁구스의 거의 전 지역에서 보이는데 그 중 대표적인 신으로 Buga와 tengri가 있다. 퉁구스인들은 이 Buga신에 대해서 성격을 알 만한 어떤 형태의 神像이나 모습을 가지고 있지 않고 인간과 동물의 삶을 규제하는 자연법칙에 가까운 관념으로 생각한다. 이 Buga신도 단군신화의 환인과 마찬가지로 격절적 성격을 지녀 다른 기능신들에게 자리를 위임하고 자신은 배후로 숨어버린다.[19]

---

18) 위의 책, 113~118쪽.

실제로 환인은 그의 역할을 아들인 환웅에게 위임한 채 자신은 배후로 숨어 버린다. 그러나 신화의 대 주제인 '弘益人間'은 바로 환인의 가치판단이고 천신의 이념이다.[20] 따라서 단지 네 글자에 지나지 않는 환인의 기사이지만 천신 환인은 이 신화의 주춧돌로서 매우 중요한 의미소를 갖는다.

2) 桓雄 : 최고신

환웅은 천신 환인의 아들(庶子)로서 신화에 등장하며 신화의 주인공 단군을 탄생시키는 주역으로서 이 신화의 다른 신들(환인, 풍백, 웅녀, 단군 등)을 연결하는 중요한 역할을 한다. 이 신화의 거의 전 부분이 환웅의 기사에 할애되어 있는 것을 보면 천신인 환웅은 이 신화의 실질적 주인공임을 알 수 있다. 환웅에 관한 기사는 세 부분으로 나뉜다. 첫 번째 장면은 신의 아들인 환웅이 인간계를 동경하는 장면,[21] 두 번째는 아버지 환인의 후원하에 天符印과 여러 신들을 이끌고 인간계에 하강하여 神市를 건립하는 장면,[22] 그리고 세 번째 장면은 인간이 되기를 열망하는 곰과 호랑이에게 禁忌를 일러준 후 여성이 된 곰과 결합하여 단군을 잉태시키는 기사이다.[23]

---

19) 위의 책, 67~68쪽.
20) 『三國遺事』 권1, 기이1 古朝鮮. "父知子意 下視三危太伯 可以弘益人間"
21) 『三國遺事』 권1, 기이1 古朝鮮. "昔有桓因, 庶子桓雄, 數意天下, 貪求人世. 父知子意, 下視三危太伯, 可以弘益人間."
22) 『三國遺事』 권1, 기이1 古朝鮮. "乃授天符印三箇, 遣往理之, 雄率徒三千, 降於太伯山頂, 神壇樹下, 謂之神市, 是謂桓雄天王也. 將風伯雨師雲師, 而主穀主命主病主刑主善惡, 凡主人間三百六十餘事, 在世理化."
23) 『三國遺事』 권1, 기이1 古朝鮮. "時有一熊一虎, 同穴而居, 常祈于神雄, 願化爲人. 時神有靈艾一炷蒜二十枚曰, 爾輩食之忌, 不見日光百日, 便

이 세 장면에 따라 환웅의 신격과 역할을 분석해 본다. 환웅은 환인의 아들로서 역시 천신이다. 이 천신은 자신의 염원에 따라 거대한 무리를 이끌고 인간계로 하강하여 '神市'라는 이상국가를 건설한다. 이 神國은 '널리 인간세상을 유익하게 할 만 하다(可以弘益人間)'[24]는 父神의 판단에 의해 세워진 것이었는데 그 '할 만 함'은 구체적으로 '天符印' 세 개라는 절대적 가치 기준과 여러 기능신들(풍백·우사·운사)에 의한 인간계의 질서지움으로 현실화된다. 이는 人界와 神界의 공존과 아울러 신계의 절대성에 의해 인계가 질서화 됨이 홍익인간의 조건이 됨을 암시한다. 나아가 이 신국은 인간계에 구체적으로 관여한다. 환웅은 인간이 되기를 갈망한 두 동물에게 금기를 주고 그 금기를 잘 준수하고 있는 곰[25]을 인간으로 변화시켜 준다. 이 신은 그것으로도 모자라 인간이 된 웅녀의 소원을 - 神異한 방식이 아닌 - 인간적인 방법[26]을 통하여 들어주어 자식을 갖게 한다.

환웅은 원시종교의 신개념에 있어 통일된 신개념인 최고신의 위격이다. 그는 천신으로서 여러 기능신을 관장하여 인간의 생사화

得人形. 熊虎得而食之忌三七日, 熊得女身, 虎不能忌而不得人身. 熊女者無與爲婚故, 每於壇樹下, 祝願有孕, 雄乃假化而婚之, 孕生子, 號曰壇君王儉."

24) '弘益'을 '널리 인간을 이롭게 함'이라고 해석하는 입장과 '널리 인간세계를 유익하게 함'이라고 해석하는 두 가지 입장이 있는데 홍익인간의 의미를 유적 존재로서의 인간의 존재의의와 그에 바탕한 인간의 역사추구라는 의미에서 볼 때 본고는 후자의 해석을 취하였다. 이에 관한 자세한 논의는 이풍용, 2002, 『홍익인간사상에 관한 연구』, 대전대학교 대학원 박사학위 논문, 49~60쪽 참조.

25) 원래 약속한 금기의 기간은 100일이었는데 그 이전인 3·7일 곧 21일 만에 곰을 인간으로 변화시켰다.

26) 빛을 통하거나 하는 神異한 방식(神의 방법)이 아닌 잠시 인간으로 변하는(假化) 방식으로 웅녀를 잉태시켰다.

복을 주관한다. 이러한 신개념의 특징은 고대중국에서도 비슷한
양상을 갖는다. 중국의 신석기시대 유물[27] 중에는 문자의 원형으
로 보이는 도안이나 부호가 보이는데, 여기에서 당시인들이 만물
에 영혼이 있다는 관념을 가졌으며, 그에 파생되는 종교적 의식을
행했음을 알 수 있다.[28] 자연물에 존재하는 영혼을 숭배한 것의 일
례로 태양신 숭배를 들 수 있는데 그 증거로 신석기시대 기물의 장
식도안 중에서 흔히 보이는 +자, 또는 +자 유형의 부호를 들 수
있다. 이 +자 유형의 도문은 商周의 甲骨文과 청동기의 銘文 중
에서도 자주 보이는데, 이 부호는 태양신, 천신을 상징하는 것으로
보이며,[29] 또한 이 +자 도안은 유럽과 아시아에서 모두 흡사한 모
양으로 나타나고 있다.[30] 이는 중국 고대의 원시신앙 또한 유럽의
원시신앙과 축을 같이하는 동질성을 공유하고 있음을 보여주는데
한국의 원시신앙도 이러한 면에서 공통점을 갖는다.

3) 風伯・雨師・雲師 : 多神, 機能神

풍백・우사・운사에 관한 기록은 환웅에 관한 기록 속에 보인
다. 환웅이 지상에 하강할 때 거느린 이 신들은 그 이름에서 볼 수
있듯이 기능신으로서의 多神이다. 그들은 천신인 환웅의 뜻을 받

27) Jacques Gernet, 이동윤 역, 1985, 『동양사 통론』, 법문사, 37~38쪽.
28) 任繼愈 主編, 『中國哲學發展史―先秦』, 49쪽.
29) 『禮記』祭義. "郊之祭, 大報天而主日, 配以月" 고대중국에서는 태양신
이 곧 천신의 상징이었다.
30) 河新은 +자와 태양을 모체로 한 장식도안이 商周秦漢의 銅鏡銅鼓 및
궁전의 와당에서 출토된 것이라든지 상고시대인들이 중국 경내에 대량
으로 남겨 놓은 태양숭배와 관련된 실물유적을 소개하면서, 벽화에 나
타난 도안 중 태양신의 형상이 금문과 고문 중의 '皇'자, '昊'자와 유사
하다고 주장하고 있다(河新, 1993, 『신의 기원』, 동문선, 30~42쪽 참
조).

들어 곡식, 수명, 질병, 형벌, 선악을 주관하였고 인간의 360여 가
지 일(事)을 주관하였던 신들이다.[31] 이 신들의 명칭에서 알 수 있
듯이 당시 고대인들의 생활문화는 농경에 근거한 것이었다. 이들
은 마치 그리스 신화의 각 기능신들처럼 인간의 모든 일을 관장하
였다. 이 기능신들은 원시종교의 物活論의 특징을 가지고 있었다.
일반적으로 고대인들은 자연에 대해 종속적이었고 자연현상의 원
인을 신비한 힘의 작용으로 돌렸다. 즉 자연물에도 사람과 마찬가
지로 감정, 생각, 의지 등의 주체인 영혼이 있다고 생각했는데, 이
것이 물활론(物活論 : 萬物精靈論, 萬物有靈論)이다. 이같이 고대
인들은 자연물을 그 숭배대상으로 했으며, 이러한 종교적 활동은
신석기시대에 이르러 활발해졌다.

　이러한 신개념의 특징은 다음과 같다. 첫째, 원시종교의 신령에
게는 각각 자신의 직무가 있다. 예컨대 日神, 月神, 星神, 風神, 海
神, 雷神 등과 男神, 女神, 農耕神, 倉庫鬼神 등으로 다양하고 기
능적이며 조직적이다. 둘째, 원시종교의 신령들은 의인적이다. 이
들 신령은 단지 자연을 지배할 뿐 아니라 인간과 같은 성품까지 지
니고 있는데, 특히 그리스신화의 신들은 '인간적'이다. 셋째, 원시
신령들이 비록 인간처럼 행동한다 해도 그들의 힘은 초인적이고
위대하며 가공할 만한 것이다. 즉 이들은 인간 같은 초인적 존재인
동시에 초인간적인 자연의 힘으로 설명된다. 넷째, 다신석 원시종
교는 다양하고 신비로운 우주의 힘에서 오는 무질서의 특징을 갖
는다. 이러한 무질서 속에서 인간은 많은 신령들과 다양한 관계를
잘 맺어야 하는데, 이 속에서 인간은 궁극적인 관심대상을 놓쳐 버
릴 수 있다.[32] 즉 다신적 신앙은 하나의 종교로 승화되기 어려울

31)『三國遺事』권1, 기이1 古朝鮮. "將風伯雨師雲師 而主穀主命主病主刑
　主善惡 凡主人間三百六十餘事 在世理化"

뿐 아니라 인간세계의 윤리적 질서를 잡아 주는 가치체계로 승화
되기 어렵다.

그러나 단군신화에서는 이 기능신들이 최고신 환웅의 지배 하에
통일된 질서체계를 가지고 인간의 생활에 작용했으며 인간사회에
타율적 제재를 가했다는 것이다. 바람과 구름과 비는 모두 농경생
활에 절대적 영향력을 끼친다. 특히 비신(雨師)은 벼락을 동반한다.
벼락을 맞아 죽는 것이 하늘의 벌이라고 여겨졌던 것은, 신성화된
자연이 인간을 제재한다고 믿었던 사고의 일환이다.[33] 이것은 신
들이 인간계에 적극적으로 규제를 가했던 일례이다. 이는 마치 '天
志'를 상부구조로 하여 다양한 하부 신격들이 인간을 감시한다고
믿었던 고대 중국의 墨子의 구도[34]를 연상시킨다. 무엇보다 이 타
율적 제재는 '홍익인간'의 실현이 인간의 자율성만으로는 부족하
다는 것을 암시한다.

4) 곰, 熊女 : 獸祖神, 地母神

곰은 호랑이와 함께 신화의 중반에 등장하여 환웅에게 사람이

---

32) 서광선, 1994,『종교와 인간』, 이대출판부, 98～100쪽.
33) 김재원은 중국 산동성 武氏祠堂의 畵像石과 단군신화의 내용을 결부
    시킨 그의 연구물에서, 雷公의 채찍이 번개를 치게 하는데 이는 벼락을
    내림으로써 인간에게 형벌을 가하는 것이라고 풀이하였다(김재원,
    1982,『단군신화의 新硏究』, 탐구당, 73쪽).
34) 墨子는 鬼神이 인간의 善惡에 따라서 賞罰을 내릴 수 있는 존재임을
    믿지 않는 데서 당시의 사회적 혼란이 야기된다고 생각하였다. 鬼神은
    세 가지로 구별되는데, 天鬼·山水鬼·人鬼이다. 이 세 종류의 鬼神
    가운데서 天鬼는 가장 높은 위치를 차지하고 있지만 主宰神인 天과는
    구분된다. 이러한 鬼神이 주는 벌은 부귀·권력·용맹이나 군대와 무
    기로도 당해낼 수 없는 강한 힘으로 작용한다(최문형, 2001,「墨子 天
    槪念의 權威化와 宗敎性의 의미」『종교연구』22, 141～143쪽).

되기를 소망한다. 환웅이 내린 금기를 지킨 곰만이 여자로 변화했고, 자식을 바라는 웅녀에게 假化한 환웅이 결합하여 단군이 탄생된다. 그렇다면 이 신화에서 곰의 의미는 무엇일까?

곰과 호랑이는 동굴에서 동거하는 사이였다.[35] 이들을 부부관계로 보는 경우도 있고[36] 남매 간으로 보기도 한다.[37] 또는 곰을 토템으로 하는 부족과 호랑이를 토템으로 하는 부족간의 연합형태로 해석하기도 한다.[38] 토템숭배는 자연숭배의 일종인 동물숭배로부터 연원 하는데, 원시인들은 동물에 의존했을 뿐 아니라 외경과 신성의 존재로 여겨 숭배했다. 이것이 사람들의 자기 기원에 대한 추구와 결합해 '토템숭배'[39]가 생겨나게 되었다. 한편 곰이나 호랑이가 山神의 使者였거나 혹은 직접 산신 자체로 숭배되었다고 보기도 한다.

그런데 단군신화에서는 곰이 인간이 되는 데 성공하는데 비하여 한국의 민담이나 전설에는 곰보다는 호랑이가 더 친근하게 많이 등장한다. 이것을 어떻게 이해할 수 있을까? 단군신화의 '熊'은 '곰'으로 발음되기도 한다. 古아시아족은 강한 곰토템을 가지고 있어서 곰을 신으로 받들었다.[40] 시베리아의 고아시아족에서 곰이

---

35) 『三國遺事』 권1, 기이1 古朝鮮. "時有一熊一虎, 同穴而居 …"
36) 金戊祚, 1988, 『韓國神話의 原型』, 正音文化社, 114쪽.
37) 羅景洙, 1993, 『韓國의 神話研究』, 教文社, 158~159쪽.
38) 이지영, 1995, 『韓國神話의 神格由來에 관한 研究』, 太學社, 97~98쪽.
39) 토템신앙(Totemism)이란 인디언족의 언어에서 유래한 것으로, 어떤 조직적 종교가 아니라 야만인들이 믿는 일종의 자연적 미신을 말한다. 그들이 숭배하는 물질적 대상이나 동물은 사회나 개인과 밀접한 관계가 있다. 토템은 종족적 토템과 개인적 토템으로 구분되는데, 종족적 토템이란 어떤 한 종족이 자신의 조상이 어떤 한 토템에서 유래되었거나 어떤 한 토템의 化身이라고 생각하는 것이다(王治心, 전명용 역, 1988, 『중국 종교사상사』, 이론과 실천, 18쪽).
40) 王彬, 『神話學入門』, 28쪽.

신으로 숭배되고 또 여신으로 나타나는 사실과 우리 민족문화가
고아시아족의 문화토대 위에서 형성된 것임을 고려할 때에 곰이
신으로 불리워질 가능성이 많다.[41] 따라서 단군신화에서의 熊女의
성격은 곰제의와 곰사상과 맥을 같이하는데 그 특징은 다음과 같
다. ①곰은 동물신이며 산신이다. ②곰은 인격신이며 조상신이다.
곰은 사람으로 간주되는 경향이 있다. ③곰제의 때 곰은 여성의 특
징을 갖는다. ④곰은 스스로 산신, 또는 동물최고신이기도 하고 동
물최고신의 사자이기도 하다. ⑤동물최고신으로서의 곰은 동물과
곰을 인간을 위해 보내기도 하고 또 때로는 자신 스스로 곰이 되어
인간에 내려오기도 한다. ⑥곰의 영혼은 천도되어 동물의 세계로
회귀한다. 곰은 영원히 죽지 않는다. ⑦조상이 죽으면 동물의 세계
로 가서 곰이 되어 영원히 죽지 않는다. 즉, 곰은 동물신과 동물최
고신이 되고 산신으로 자리를 굳히며 이 산신은 다시 조상신이기
때문에 聖界에 가서는 인간의 모습을 하고 있다는 것이다.[42]

나아가 熊이 동굴에 거했다는 것은 웅의 地母神으로서의 성격
을 확실히 하는 부분이다. 곰의 지모신으로서의 성격은 그 생물적
특징에서도 나타나는데 곰은 직립하는 것이 사람과 유사하며 겨울
동면의 기간을 거쳐 봄에 다시 활동한다.[43] 이러한 곰의 속성이 인

---

41) 곰이 종교사의 무대에 등장한 것은 매우 오래된 것이어서 엘리아데에
의하면, 달이 가입의례에서 중요시되는 때에 즉 구석기시대 말기에 月
動物로서 곰이 등장하고 있다고 한다. 곰이 숭배의 대상이 되었던 지역
은 의외로 넓어서 스칸디나비아 반도에서 베링해협에 이르는 북유라시
아, 북아메리카에 걸치는 古아시아족, 우랄 알타이족, 아메리카 인디언
족에게까지 퍼져 있었다고 보여진다. 곰은 외양에 있어서도 사람과 유
사하고 막대한 힘과 예측하기 어려운 행동, 그리고 수렵민에게 있어서
중요한 먹이의 대상이 되었다는 사실들이 종교사의 무대에 일찍부터
등장한 계기가 되었다고 믿어진다(李恩奉, 1984, 『韓國古代宗教思想』,
集文堂, 127∼128쪽).
42) 이정재, 1997, 『동북아의 곰문화와 곰신화』, 민속원, 240∼241쪽 참조.

간에게 재생관념을 일으킨다. 이 재생관념은 곰이나 다른 동면동물로부터 기인된 것이 아니라 식물계의 주기적인 죽음과 재생의 관찰에서 나온 것이다. 그러므로 이와 같은 재생 모티브는 농경문화에서 절대적으로 드러나는데 곡물신앙으로 나타나는 지모신이 이것이다.44) 곰에서 여인으로 변했다는 것은 새로운 존재로 질적 변화를 가져온 종교적 성년식(initiation)을 표현한 이야기다. 흔히 유목민들의 종교적 이니시에이션은 몸의 해체에서 죽음을 체험한다는 상징을 사용한다. 그러나 농경문화에서는 모태로 돌아가거나 굴 속에 머무름으로써 생명인 빛과의 난설로서의 죽음을 상징한다.

5) 檀君 : 祖上神, 山神

단군신화에 등장하는 신 환웅은 '貪求人世'하며, 동물인 곰과 호랑이 또한 '願化爲人'한다. 시조 단군은 신과, 인간이 된 동물과의 결합에 의해 태어난다. 이는 天·地·人 三才 중 인간이 가장 중심이 된다는 것을 의미하며, 신이 인간을 창조하고 인간에게 지상통치권을 부여하는 서구의 신개념과 대조적이다. 웅녀와 환웅은 단지 평등과 평화의 이념으로 공존하는 데서 그치지 않고 나아가 우리 민족의 시조인 '단군'이라는 새로운 생명체를 탄생시키는 사명을 달성해낸다. 신의 인간으로의 가화와 인간이 된 동물 사이에서 전혀 다른 생명체인 인간이 태어난다. 이처럼 개국의 시조인 단군은 천신인 환웅과 지신인 웅녀 사이에서 탄생한다. 단군은 요임금이 즉위한 지 50년 되는 경인년에 평양성에 도읍을 정하고 조선을 개국한 후 1500년 간 나라를 다스렸다. 周虎王이 즉위하던 기묘년에 기자를 조선에 봉하자 단군은 장당경으로 옮겼다가 후에 아사달로

43) 金烈圭, 1976, 『韓國의 神話』, 일조각, 25쪽.
44) 柳東植, 1975, 『韓國巫敎의 歷史와 構造』, 연세대 출판부, 32쪽.

돌아와 숨었다가 산신이 되었는데 나이는 1908세였다고 한다.[45]

단군은 여러 건국의 시조들과 같이 천신의 지상 대리자이고 現神人으로 숭배의 대상이 된다. 또한 그가 제정일치의 군장이며 동시에 巫라는 해석이 있다. 단군을 신성한 역사적 실재인물로서 이해하는 단계를 지나 고조선 祭政一致시대의 君長 또는 酋長을 일컫는 보통명사로 사실에 가깝게 인식한 것이다.[46] 단군의 역사를 포함한 우리 고유사상의 뿌리가 함축된 대표적 연구물로는 최남선의 「不咸文化論」[47]을 꼽을 수 있다. 최남선은 불함문화가 한반도에 국한되는 것이 아니라 동북아시아 전체에 분포되어 있을 뿐만 아니라, 그 문화의 중심이 한반도임을 밝히려고 하였다.

단군은 천신과 지신사이의 아들이므로 신임에 틀림없다. 특기할 것은 단군이 산신이 되었다는 대목이다. 이에 관하여는 한국인들이 숭배해 온 최고신의 모습이 바로 산신이었다는 해석이 있다. 한국인들에게는 산은 신성한 곳으로 산신들과 죽은 선조의 영혼이 거처한다는 것, 죽은 사람들이 흔히 산으로 간다는 생각, 그리고

---

45) 『三國遺事』권1, 기이1 古朝鮮. "號曰檀君王儉, 以唐高卽位五十年庚寅, 都平壤城, 始稱朝鮮, 又移都於白岳山阿斯達, 又名弓忽山, 又今彌達, 御國一千五百年, 周虎王卽位己卯, 封箕子於朝鮮, 檀君乃移於藏唐京, 後還隱於阿斯達, 爲山神, 壽一天九百八歲"
46) 李弼泳, 2001,「단군연구사」『단군-그 이해와 자료』, 서울대학교 출판부, 128쪽.
47) 최남선은 동방의 문화권을 중국 계통의 문화권, 인도 계통의 문화권, 그리고 불함문화권의 셋으로 나누고, 그 가운데 우리나라의 고대 문화는 불함문화권의 중심부에 위치하고 있는 것으로 보았다. 여기서 그가 언급한 '不咸'이란 말은『山海經』大荒北經에 나오는 "大荒之中有山, 名曰不咸"의 '불함'에서 따온 말로 '不咸山'은 곧 '붉'山으로 太伯山이요 神山이다. 최남선은 동방 문화의 원류를 '붉'사상으로 파악하였고, 이 사상의 발원지가 단군 신화에 등장하는 태백산이며, 단군은 그 중심인물임을 제시하였다(한국정신문화연구원 편, 1989, 『한국민족문화대백과사전』 10, 599~600쪽

산신이 기우제나 기설제의 대상이 된다는 산신에 관한 믿음이 있다. 이처럼 산신은 한국인들에게 친근한 존재로 남아있다.[48] 단군 또한 시조신이며 산신이라는 것은 건국의 시조들이 다른 왕이나 일반 조상들과 달리 특별한 지위, 즉 천신이나 최고신이 지상에 내려온 것과 똑같은 위력을 지니고 있었다는 것을 의미한다.

원시종교의 발달과정을 보아도 부계 씨족사회가 되면 사람들은 씨족이나 부족의 기원을 동물에서부터 남성 영웅으로 전이시켜 인간 자신으로부터 인간의 역사를 설명하기 시작함을 볼 수 있다. 이것이 바로 토템숭배에서 조상숭배로 넘어가는 과정이다.[49] 도구를 이용한 농업과 목축업의 발달로 인간은 자연을 어느 정도 극복하게 되었으며, 동시에 동물을 신성시하여 자기 조상으로 간주할 필요가 없어졌다. 또한 농경기술 발달로 인한 정착생활과 청동기 발명으로 인한 전쟁과 수렵의 발달은 사유재산과 부자상속을 가능하게 한다. 이로 인한 부계혈통의 확립으로 조상숭배가 가능해지는데 단군의 존재도 이러한 맥락에서 이해할 수 있다.

즉 조상신 숭배는 인류의 본능적인 생식력 숭배가 토템이나 귀신숭배를 거쳐 혈족상의 특정한 유능한 인물에 대한 숭배로 발전하면서 생긴 관념이다.[50] 이 조상숭배는 혈족관계의 중요성과도 관련되는데 고대인들은 현세에서 일 초라도 길게 살고 싶다는 현실적 원망을 갖고 있었고 부득이한 죽음 이후에 어떻게 해서든 이 세상에 다시 돌아올 수 있기를 원했다. 그리하여 그들은 사후에 다시 현세에 돌아올 수 있는 방법, 즉 생과 사의 경계를 교통하는 데

---

48) 이은봉, 2001,「단군신앙의 역사와 의미」『단군-그 이해와 자료』, 서울대학교 출판부, 325쪽.
49) 任繼愈 主編, 1983·1985,『中國哲學發展史(先秦, 兩漢)』, 人民出版社, 56~57쪽.
50) 李向平, 1989,『祖宗的神靈』, 廣西人民出版社, 28~36 참조.

까지 생각하였다. 招魂儀禮는 이러한 사고의 배경 속에서 행해지
게 된다. 이 초혼의식은 조상숭배와 조령신앙을 根核으로 한다.[51]
즉 조상의 영혼들은 신령한 세계에 거주하지만 단순히 死者의 세
계에 머무는 혼령이 아니라 살아 있는 후손들과 유기적인 관계를
지속적으로 유지하는 혼령이다. 이처럼 조상숭배의 특징적인 한
가지는 신령한 영역과 인간세계 사이의 경계가 분명하지 않은 것
인데, 혈연관계는 생사를 초월하여 산 사람과 죽은 사람을 연결하
고 공통의 사회 속으로 통합시킨다. 즉 조상의 영혼은 살아 있는
가족의 구성원과 흡사하게 자신의 역할을 수행하며 후손들에게 화
와 복을 내릴 수 있다. 이것이 시조신이면서 동시에 산신인 단군
신개념의 특징이라 볼 수 있다.[52]

2. 한국적 신개념의 특징

단군신화의 여러 신들의 위격과 공능을 분석해 볼 때 단군신화
의 신개념은 일반적으로 원시종교의 신개념 발달과 축을 같이 함
을 알 수 있다. 즉, 원시종교의 신개념의 발달은 애니미즘에서 최
고신인 지모신으로, 그리고 다시 천신으로 전개되고, 토템신앙은
조상숭배로 발전함을 볼 수 있는데 단군신화의 신들도 이러한 과
정을 거친다는 점이다. 그러나 한국의 신화는 그 전개과정에 있어
서 각 신들이 투쟁과 갈등을 거치지 않고 화합과 협동으로 '홍익인
간'을 지향하고 있다.[53]

---

51) 金丁鎭, 1992,『韓國儒學의 孝悌忠信思想 研究』, 釜山大學校 博士學
位論文, 20～21쪽 참조.
52) 최문형, 2002,『동양에도 신은 있는가』, 백산서당, 52～54쪽.
53) 地母神의 관념은 일반적으로 농경의 시작과 떼어서 생각할 수 없다. 이

나아가 한국인 최초의 건국신화인 단군신화의 중요성은 그 신개
념의 특수한 함의를 읽어낼 때 더 분명해진다. 우선 단군신화의 신
은 중국 은대의 상제와 유사한 점이 많다. 은대의 상제는 은상족의
조종신으로 인간의 생사화복을 주장하는 인격신이었다. 이 신의
위력과 공능은 갑골복사에 잘 나타나 있는데 은부족은 전쟁, 농사,
관리의 임명 등 국가의 대소사에 일일이 상제의 뜻을 물었던 것으
로 나타난다.54) 그런데 주대 이후 이 인격신적 관념은 점차 사라져
비인격적 하늘의 뜻(天命)으로 변화되기 시작하였고 이 후 송대 성
리학에 의해 우주적 질서와 이법을 뜻하는 太極과 理의 개념으로
발전하였다.55)

그러나 한국에 있어서는 이와 달라서 한국인들은 조상신이며 인
격신인 '하느님'에 대한 숭배를 지속적으로 유지하여 왔다. 한국인
은 인간을 중시해왔고 자기의 생명을 존귀하게 여길수록 자기의
所從來의 근원을 그리워하였다. 이것이 조상숭배사상을 낳게 하였
는데 한국인은 조상신이 우리 자손들을 보호하며 복을 준다고 생
각해 왔다. 나아가 부모로부터 먼 조상까지 숭앙했으며 최고 조상
의 근원은 하느님이라고 생각하였다. 따라서 조상신보다 천신이

여신들은 고대 수메르에서는 이난나(Inana), 바빌로니아에서는 이쉬타
르(Ishtar), 가나안에서는 아나트(Anat), 이집트에서는 이시스(Isis), 그리스
에서는 아프로디테(Aphrodite)라고 불려졌다. 서양신화에서의 남신들은
여신들을 처참히 살해한다. 남신들이 이 여신들을 처참하게 살해하면
서 천지가 개벽하는 것이 대부분의 서양신화의 모티브이다. 그러나 한
국의 신화에서는 그 어느 곳에서도 그러한 모습은 보이지 않으며 남신
이 여성의 존재를 부인하지 않고 오히려 도와주는 역할을 수행하므로
한국신화에 나타난 여성상은 매우 긍정적인 것이라는 견해이다(카렌
암스트롱, 배국원·유지황 옮김, 1999,『신의 역사』, 동연, 31쪽 ; 김상
일, 1988,『한밝문명론』, 지식산업사, 148쪽).
54) 최문형, 앞의 책, 49~57쪽.
55) 위의 책, 147~150쪽.

더 상위인 것이다.[56] 한국 성리학에 있어서조차 초월적 인격신인 '상제'에 대한 관념은 지속되어 왔다. 퇴계의 聖學 속에는 그 중심 축에 인격신에 대한 경외의 염이 절절이 서려있고[57] 다산에 와서 는 인격신 '상제'를 중심으로 구도화되는 신과 인간, 사회에 대한 이해가 보인다. 이처럼 한국적 신개념은 중국의 경우와 달리 고대 신앙이 가지는 인격신의 요소를 놓치지 않고 있다.

또한 한국의 신개념이 서구와 다른 점은 그 전개과정이다. 서구 의 유일신교는 다신에서 최고신, 그리고 최고신에서 유일신론으로 발전한 데 비하여 한국의 단군신화는 다신에서 최고신(천신)으로, 그리고 최고신에서 조상신으로 발전하였다. 이는 중국의 신이 다 신에서 최고신, 그에서 내재신으로 변화한 것과도 다르다. 또한 한 국 신개념의 특징이라면 인격신이며 산신이고, 조상신의 성격을 동시에 가진다는 점이다.

제4절 신개념으로 본 홍익인간사상

1. 神 – 人間 – 社會의 관계성

홍익인간이 지향하는 것은 인간의 행복을 최상의 가치로 추구하 는 것이다. 물론 여기에서 '인간'은 개개인이 아니라 인간사회로 보아야 할 것이다. 환웅이 지상에 뜻을 둔 것은 그 곳에 인간이 있

---

56) 류승국, 1988, 「韓國人의 神觀」『韓國思想과 現代』, 동방학술연구원, 165쪽.
57) 김형효, 2000, 『원효에서 다산까지』, 청계, 248~256쪽.

었기 때문이었고 그가 신시에서 주관한 360여사 역시 인간사회의 복지 질서에 관계되는 일들이었기 때문이다. 홍익인간 사상은 정치적으로는 백성의 행복을 국가와 정치의 궁극목적으로 간주하는 민본주의로 연결되며 현실적인 인간의 복지문제에 대한 관심으로 사회복지문제와 연결된다. 이 '홍익인간' 이념은 본질적으로 친화사상이며 인간존중사상으로서 인간은 신같이 존귀하고 모든 인간은 하늘(天)앞에서 한결같다는 평등사상으로 표현되기도 한다.[58] 이러한 단군신화의 '홍익인간' 이념은 신인 환웅의 이념이라기보다 오히려 사회와 국가에서 마땅히 구현되어야 한다고 보았던 우리 상고인의 바람과 요구의 표현이라고 볼 수 있다.

그런데 홍익인간사상은 신이 인간의 가능성을 열어 실현시킨다는 뜻이다. 즉 '可以弘益人間'이지 '乃成弘益人間'이 아니다. '可以弘益人間'은 가능성이지 완성태가 아닌 것이다. 신(환웅)이 '貪求人世'한 것은 단순히 인간계를 동경한 것이 아니라 인간계에 신성을 실현시키고픈 신의 선의지의 표현이다. 이것은 신이 인간에게서 그의 선의지를 실현할 수 있는 가능성의 싹을 보았다는 것을 의미한다. 신은 '홍익인간'을 구체적으로 구현하기 위하여 天符印 3개 및 여러 기능신을 대동한다. 이 천부인 세 개는 절대 기준으로서 신성을 뜻하는 절대 원리이고[59] 기능신은 인간을 양육, 교화, 규제하는 세부적 기능 담당을 담당한다. 따라서 '홍익인간'이란 한

---

58) 정영훈, 2000, 「홍익인간이념과 21세기 한국」『단군학연구』2, 177쪽.
59) 天符印은 인간 안에 내재한 선천적 본질은 의미하는 것이다. '天符'라 할 때 符는 부합한다는 뜻으로 하늘에서 준 선천적 本心과 합치한다는 뜻이다. … 혹 天符印 세 개를 거울과 칼과 옥으로 간주하는 이도 있지만 거울은 맑은 知性이요, 칼은 위엄이 있는 鬪志요, 옥은 도야된 情緒를 상징하는 것으로도 해석된다(류승국, 1983, 『동양철학연구』, 근역서제, 333~334쪽).

국인의 뜻이라기보다는 한국인이 믿는 하느님(神)의 뜻이다.[60]

그러므로 단군신화의 신개념을 통하여 본 '홍익인간'의 의미는 첫째, 신성을 기초로 하여(가능태), 둘째, 인간의 삶의 질을 향상시켜(조건화), 셋째, 인간 속의 신성을 구현하는 것이다(완성태). 이 과정이 구체적으로 환인, 환웅, 단군이라는 세 신에 의해 실현됨을 이 신화는 보여준다. 그리고 마지막으로 이 신성의 구현을 실현한 개개의 인간이 모인 것이 사회적 이상으로서의 홍익인간이다.[61]

이처럼 홍익인간 사상에는 인간계의 질서가 하늘의 절대가치로부터 연유한 것이라는 믿음이 있다. 단군신화의 신은 중국 은대의 상제천이나 구약시대의 야훼와 같은 경외의 대상으로서의 인격신이지, 주대의 천명사상을 근거로 내재천(즉 理, 性)을 주장하는 중국 유가의 신과는 전혀 다르다. '天命之謂性'의 천은 덕성의 천이지만 '弘益人間', '在世理化'의 천은 신성의 담지를 목적한 최고신이기 때문이다.

2. 全人的 個體의 추구와 全體의 響應

단군신화의 홍익인간사상에는 신·자연(동물)·인간이 차례로 등장한다. 그리고 신과 자연(동물)의 능동적이고 자발적 의사에 의하여 인간(君長)이 탄생되는 구도를 가지고 있다.

첫째로, 전인적 개체의 추구를 보자. 천신인 환인은 그의 분신인 아들 환웅을 땅에 내려보낸다. 환웅은 신성을 담지한 존재인데 환

---

60) 류승국, 1988, 「韓國人의 神觀」『韓國思想과 現代』, 동방학술연구원, 156쪽.
61) 이 때의 '홍익인간'의 의미는 '완성태'(乃成弘益人間)로 해석하였다.

웅의 하강은 신성에서 인간성에로의 변화이다. 다음으로 곰에서 웅녀가 된 사건인데 이는 동물성에서 인간성에로, 物格에서 人格으로의 승화를 뜻한다.[62] 神格에서 人格으로, 그리고 物格에서 人格으로의 변화를 거친 두 존재의 결합이 곧 전인적 인격으로서의 단군이다. 여기에서 우리는 한국의 고대인들이 생각한 인간의 이상형을 볼 수 있는데 그것은 유가처럼 人慾을 누르고 道를 지향하는 君子상도 아니고 노자나 장자가 그렸던 초탈적 존재로서의 聖人의 모습도 아니었다.

한국인이 추구한 전인적 개체는 바로 神性과 物性이 조화를 이룬 인간이다. 두 가지 욕구를 가지고 투쟁하며 괴로워하는 인간이 아니라, 영혼의 욕구와 육체의 욕구, 이상의 추구와 현실의 충족이 조화를 이룬 인간, 이것이 바로 홍익인간 사상이 추구하는 전인적 개체이다. 즉 한국인의 신관과 인간관의 특징은 '神人合一'의 경지를 이상으로 삼아 小人에서 君子로, 君子에서 賢人으로, 賢人에서 聖人으로, 더 나아가 神人의 경지에까지 이르고자 하는 것으로서 이 神人이 국조 단군으로 표상된 것이다.[63]

둘째로, 개체에서 전체로의 확장이다. 단군신화는 두 개의 세계를 가지고 있다. 신의 세계와 인간의 세계, 천상의 세계와 지상의 세계가 그것이다. 천상의 세계는 자신의 질서를 가지고 신단수 아래로 내려와 신의 나라(神市)를 건립하였고, 지상의 국가는 단군을 시작으로 하여 朝鮮이라는 國名으로 건설되었다. 먼저, 환웅은 지상에서 신성과 물성을 조화시켰다. 천부인을 가지고 영혼의 이상을 충족시켰고 풍백·우사·운사의 기능신들을 통하여 육체의 삶을 담당하였다. 이렇게 아버지 환웅이 다듬어 놓은 기초 위에서 지

---

62) 이계학, 2001, 「단군신화의 인격교육적 함의」 『단군학연구』 5, 265쪽.
63) 류승국, 앞의 책, 164쪽.

상의 군장으로서의 단군의 개국, 조선의 개국이 가능하여졌다.

따라서 단군신화의 신개념을 통하여 본 홍익인간사상은 개체에 있어서의 신성과 물성의 조화와 그 기초 위에서의 전체적 삶의 균형이 거의 동시에 가능하였음을 보여준다. 이러한 천상의 세계와 지상의 세계의 연합은 한국 고대인들의 인간관과 가치관과 세계관이 조화되어 균열되지 않았음을 보여준다. 이는 서구 헤브라이즘의 신이 유대인들의 역사적 질곡을 거치면서, 역사 속에서 운행하던 부족신인 '야훼'가 '저 멀리 계신 신'으로 변화되고 지상과 천상의 세계가 이원적으로 분리되는 과정을 거친 것과 대조적이다.64) 또한 이것은 우리 민족의 삶의 현장이 인간과 사회 현실을 긍정적이고 낙관적으로 바라보았음을 반증하는 것이기도 하다. 이처럼 신과 인간, 개인과 사회가 조화와 향응을 누리는 세계상이 바로 '홍익인간'의 실현처였다.

제5절 맺음말

단군신화의 홍익인간 사상은 천신의 지상강림, 하늘의 궁극적 기준과 합치하는 신시의 건설 및 불사영생의 산신으로 수렴되는 신관을 보여준다. 이는 인간을 유익하게 하는 단순한 인본주의 사상이기보다는, 인간 속에 신성이 깃들어 있어 인간의 사회 속에서 신의 세계가 추구되어지는 신인일체화의 사상이라 하겠다. 홍익인

---

64) 최문형, 앞의 책, 121~123쪽.

간 사상에서 한국의 신관과 인간관은 분리불가분성을 갖는다. '홍익인간'은 신본주의나 인본주의의 일변도로는 설명할 수 없다.[65)]

신이 인간을 찾아 내려오고 곰과 호랑이도 인간이 되기를 염원한 것으로 볼 때 고대 한국인은 인간을 중심에 놓고 신과 인간과 자연이 서로 화합하는 이상향을 추구했던 것을 알 수 있다. 그런데 홍익인간의 인간중심사상은 신으로부터 받은 통치이념을 가지고 그것을 인간세상에 구현하는 데에 목표를 두었으므로. 인간을 중심에 두었다고 하여도 신과 인간이 상화적으로 연결되어 있다.[66)] 이러한 특징은 당시 고조선사회가 농경문화에 근간을 두었다는 사실과 밀접한 연관이 있다. 농경문화의 속성은 자연변화에 민감한 영향을 받을 수밖에 없으므로, 자연히 천으로서 표상되는 절대적이고 초월적 존재인 신과의 교감이 우선시 된다. 홍익인간의 구현은 그 근원을 천상계, 신계의 질서에서 구한 것임을 알 수 있다. 즉 상대성을 지닌 인간끼리 협조하고 타협한다는 의미보다는, 절대성을 담지한 신에 대한 존경심과 외경이라는 고대 한국인의 신에 대한 사유가 이 신화에 내재되어 있다.

즉 고대 한국인은 단군신화로부터 기인한 순수한 인간성의 회복, 즉, 인간의 욕심과 상대성에 기인한 것이 아닌 천상의 절대적 기준을 중시했음을 볼 수 있다. 인간의 행복한 삶이란 인간사이의 상대성에 기초하여 이루어질 수 없다. 왜냐하면 인간의 끊임없는 욕망이 사랑과 양보를 용납하지 못하는 속성을 지녔기 때문이다. 한국 고유사상 속에 드러난 한국인들의 사고의 원형은 인간 욕망의 무제한성에 대한 적확한 인식을 기초로 하고 있다. 단군의 아버

---

65) 류승국, 앞의 책, 164쪽.
66) 최문형, 2002, 「한국의 고대사상」『동양사상의 이해』, 경인문화사, 22쪽.

지 환웅이 하늘로부터 인간세상으로 가지고 온 '天符印'은 '홍익인 간'의 실현을 위하여 하늘의 질서와 기준이 필수불가결한 요소임 을 반증한다. 이 다스림의 이념과 기준은 '金尺'이나 '金塔'이 의미 하는 바의 순수성과 불변성으로, '天秤'의 공평성과 절대성으로 의 미화 되었다. 그리고 이것이 곧 '以道興治'의 '道'의 의미이다.[67]

따라서 '홍익인간' 이념은 '인간의 聖化'를 통하여 인간세계가 신의 세계의 수준으로 지향하는 절대적이고 궁극적인 경지를 추구 한 것이지, 단순히 인간세계에서의 행복이라는 현세주의를 추구한 것은 아님을 알 수 있다. 한민족은 예로부터 신에게 감사의 제사를 드리는 풍속이 전해왔거니와[68] 신의 은총에 의하여 복된 삶을 누 릴 수 있는 '神市'의 건설을 목표로 하고 살아 온 종교적인 민족임 을 알 수 있다. 또한 '홍익인간' 이념은 어떤 특정한 민족이나 국가 나 계급을 위한 것이 아니라 보편적 인간애와 평화정신으로서 이 것이 바로 한국인의 이상이며 한민족이 믿는 신의 뜻이다.[69] 이 사 상은 인류가 추구해 온 궁극적 이상향으로서, 단군신화의 신개념 과 홍익인간사상은 인본주의적 상대주의의 폐해로 위기에 처해있 는 현대인에게 시사하는 바가 크다.

---

67) 위의 책, 25쪽.
68) 『三國志』「魏志」東夷傳 夫餘, 高句麗, 濊條.
69) 류승국, 앞의 책, 157쪽.

제2부

한국의 공동체문화와 여성관

제1장

단군신화와 기독교사상의 여성관

제1절 머리말

지구상에 인류가 탄생한 이래로 역사는 수많은 변천을 거쳐왔다. 오늘의 세기는 과학과 유전공학의 발달로 남성 없이 여성만의 처녀생식이 가능한 시대가 되었다. 따라서 세계의 이목은 性(gender)의 문제에 초점이 맞추어졌다. 性을 주목하여 본다면 인류의 역사는 하부구조에 토대를 둔 부루소아의 프롤레타리아트 착취의 역사(Marx)라기보다는, 남녀간 성대결의 역사라고 보는 것이 더 타당할 것이다. 계급모순이나 민족모순보다 먼저 있었던 원초적 모순이 성의 모순이라고 할 수 있다. 우주 발생의 기원을 보여주는 세계 곳곳의 신화들 속에도 남성과 여성의 성대결의 모습이 투영되어 있다. 신화시기로부터 산업혁명을 거쳐 정보와 생명과학이 지배하는 현대에 이르기까지 문명은 빠른 속도로 발전·변화한 반면, 여성의 역할과 지위는 그다지 발전하지 못하였다. 그 원인은 무엇일까? 또, 바람직한 여성 문화의 방향은 어떤 것이 되어야 하는가?

이 문제에 관한 시론으로 신화에 나타난 여성의 삶을 고찰하는 것은 의의를 가진다. 그 중에서도 한국의 최초의 문헌신화이며 건국신화인 단군신화를 통하여 한국 여성의 원초적 삶의 모습을 파악해 보고자 한다. 신화는 인류의 가장 원초적 삶의 양식과 사고의 표현이며 그 중에서도 한국의 신화는 우리 민족만이 독특하게 구유한 여성관을 반영해 준다고 할 수 있기 때문이다. 또 단군신화 속의 여성관은 과거의 신화 속에서뿐 아니라 현대의 한국여성의 삶 속에 배태되어 있는 무의식과 잠재의식을 반영한다고 볼 수 있기 때문이다.

서구의 정신과 문명의 역사를 돌아볼 때, 서구문화권의 여성은 어머니로서의 가족 내 역할보다는 남성의 待對的인 역할이 더 고유하고 원초적인 것으로 이해되었다. 기독교의 「창세기」 신화에서도 여성의 창조 목적은 남성을 돕고 그의 고독을 덜어주는 것이 고유의 역할이다. 그 위에 자녀 출산의 기능이 부가된다. 즉 여성의 두 번째 임무는 '잉태─출산'이었다.

한편, 단군신화를 살펴보면, 어려운 통과제의를 거쳐 겨우 여성의 몸으로 인간이 된 웅녀가 처음으로 한 일은 신단수 아래에서 자식을 갖게 해 달라고 기원[1]하는 일이었다. 창세기의 하와는 아담의 갈비뼈에서 창조되자마자 여성으로서의 자신의 실존성이 부여되었지만 한국의 단군신화에서는 다르다. 단군을 잉태하여 출산하기 이전의 웅녀는 아직 진정한 (한국적 의미의) 여성이 아니다. 웅

---

1)『三國遺事』권1, 기이1 古朝鮮. "熊女者無與爲婚, 故每於壇樹下, 呪願有孕"

녀의 첫 번째이자 마지막인 생의 임무와 목표는 '어머니'가 되는 것이었다. 어머니가 된 후의 웅녀의 거취는 더 이상 기술되지 않는다. 따라서 한국에서의 여성의 모습은 서구와는 달리 '어머니'로서의 모습, 즉, '출산'에 원초적 의의를 두었다고 할 수 있다. 반면, 남성의 '돕는 배필'로서의 여성의 모습은 이 신화에서는 비쳐지지 않는다. 이상을 요약하면, 서양에서의 여성의 삶은, '남성의 대대개념 – 배우자, 부인'에 중점이 주어지고, 한국에서의 여성의 삶은 '자녀의 대대개념 – 어머니, 출산자'로서 규정지어짐을 볼 수 있다.

그런데 일부에서는 이제까지의 '어머니'로서의 여성상에서 벗어나 서양과 같은 '동반자, 애인'의 역할로 전이하고자 하는 의식을 엿볼 수 있으며 이것이 진정한 여성의 모습을 되찾는 것이라고 주장하기도 한다. 커피광고의 '애인같은 아내'나 화장품광고의 '아내는 여자보다 아름답다' 등의 문구와 80년대 후반에 등장한 '미씨' 열풍은 이러한 사고를 반영한 일면으로 본다. 이러한 추세들이 단순히 상업주의에서 연원했다고 볼 수도 있겠으나 상업주의 역시 시대의 추이와 상반된 것은 아니다. 하여튼, 80년대 후반을 장식하는 이른바 '미씨' 열풍은 전통적인 희생과 인고의 '어머니' 상에서 탈피하고자 하는 여성들의 자기 주장이며 독립선언으로 여겨졌다. 외모에서부터 사고방식에 이르기까지 과거 전통사회에서의 여성상과는 철저히 결별하고자 애썼다.

그렇다면, '어머니'에서 탈피하여 진정한 동반자로서의 – 남성의 대대적 역할로서의 – 여성의 지위를 획득하는 것은 가능한가, 또한 그렇게 하는 것이 여성 자신을 위한 여성상인가를 자문하지 않을 수 없다. 만약 서양 신화에 나타난 원초적 여성상이 그 궁극적 도달점이며 여성 해방의 길이라고 가정할 경우 서양에서의 여성의 모습과 지위는 어떠한가 하는 것도 문제이다.

그러므로 본고에서는 한국 최초의 건국신화인 단군신화뿐만 아니라 서양의 정신 문명을 지탱하는 신화의 대표적 원형으로서의 성서의 창세기 신화에 나타난 여성의 원초적 삶의 모습을 살펴봄으로써 현대 한국 여성들의 삶과 의식의 방향을 짚어보고자 한다. 현대 한국 여성의 삶을 추구하는 작업에 있어 서구의 신화를 배제하지 못하는 것은 지극히 자연스러운 일이라고 생각한다. 현대 한국인들은 한국 고유의 정신문화 속에만 갇혀 있는 것은 아니며 이미 동서양의 정신문화에 노출되어 있기 때문이다.

제2절 신화 속의 여성

1. 신화, 집단 무의식

신화는 인간 최초의 이야기이며 인류의 가장 원초적인 언어이며 몸짓이며 의식이다. 신화는 모든 인간사의 가장 단순화된 상징으로서 가장 원초적인 이야기이다. 신화학자들이 '原型(archetype)'이라는 개념으로 신화를 이해하는 이유도 여기에 있다. 신화의 의의는 바로 이 원형성에 있다.

원형(primitive type, archetype)이란 원래는 철학적 개념으로 일반적으로 진화 이전의 원시형태로서의 본형을 의미한다. 융은 프로이트가 신화분석에 정신분석 이론을 도입한 것에서 진일보하여 무의식을 두 가지 유형으로 나누었다. 분석 심리학에서는 무의식을 개인적 무의식과 집단적 무의식으로 나눈다. 집단적 무의식이란 인류 공동의 시·공간, 문화종족의 차이를 초월한 원초적 내용으로 구성되어 원형으로 구성된 무의식이다.

그러므로 신화는 세계, 동식물, 인간의 기원뿐만 아니라 인간의 모든 피할 수 없는 상황(죽음을 면할 수 없는 것, 성별, 사회를 구성하는 것, 살기 위해서 노동하지 않으면 안 되는 것, 어떤 규칙에 따라 일하는 것 등)의 유래가 되는 모든 원초의 사건을 말한다.[2] 따라서 한국인의 신화는 한민족의 고유한 생활양식이 투사된 문화의 원형이다.

한국의 신화는 문헌신화와 구전신화로 대별되며 전자에는 건국신화가, 후자는 무속신화가 대표적인 것이라고 할 수 있다. 그 중 문헌으로 남아 있는 한국의 건국신화의 범주에 들 수 있는 신화자료는 지금까지 우리나라에서 역사의 층위를 이루어 왔던 여러 국가의 형성 과정을 설명하는 것들로서 고조선의 檀君神話, 고구려의 朱蒙神話, 신라의 赫居世神話, 가락의 首露神話등으로서 여러 개의 별전과 이본을 가지고 있다. 이러한 건국신화 중에서 가장 원형에 가까운 것은 단군신화이다. 단군신화는『三國遺事』를 비롯, 『帝王韻紀』,『世宗實錄地理誌』,『應制詩註』등에 각각 기록되어 있으며 내용은 각기 조금씩 다르다.[3] 이 중 가장 일반적인 텍스트로 인정되는『三國遺事』古朝鮮條에 나타난 원문을 중심으로 그 내용을 분석하고자 한다. 한편, 서양의 신화는 기독교의『聖書』「창세기」1~3장에 나타난 창조와 타락신화를 중심으로 보고자 한다.

---

2) 마르세아 엘리아드, 이은봉역, 1985,『신화와 현실』, 성균관대학교출판부, 21쪽.
3) 내용의 비교는 金廷鶴, 1954,「檀君神話와 토오테미즘」『歷史學報』7, 歷史學會, 279쪽 참조.

2. 하와의 용서받지 못한 원죄

찬란한 정신문화를 영위한 것으로 알려진 고대 그리스의 남성들은 첫째, 그가 동물이 아닌 인간으로 태어난 것, 둘째, 여자가 아닌 남자로 태어난 것, 마지막으로 그리스인으로 태어난 것을 감사하였다고 한다.[4] 희랍시대부터 여성의 육체는 경멸되어 왔다. 플라톤은 덕과 지혜와 정의에 있어 여성이 남성보다 열등하다고 하였으며 아리스토텔레스는 여성은 본성적으로, 생물학적으로도 열등하다고 규정하였다. 그는 자신의 인식론인 형상과 질료의 이분법에 남과 여를 대입하여 여성을 본성적으로 열등한 존재로 규정하였다. 그의 생물학은 남성의 정액이 인간의 형상을 만들고 여성은 단지 그것을 담는 그릇역할을 한다고 하였다. 나아가 여성은 남성으로 태어나려던 것이 잘못 태어난 것이기 때문에 여성의 신체는 불완전하다고 보았다.[5] 토마스 아퀴나스 또한 아리스토텔레스의 생물학적 여성관을 그대로 답습하고 있는데 여성은 결함을 지녔으므로 맨 처음 창조물은 될 수 없다고 한다.[6] 그러나 그는 神이 하와를 아담의 머리나 다리뼈가 아닌 옆구리의 갈비뼈로 만든 것은 여성을 내조자로 본것이며 이는 여성에게 매우 비우호적이었던 중세사회의 분위기에서 다소 진보적인 여성관이었다.[7]

---

4) 수잔네 하이네 지음, 정미현 옮김, 1998,『초기 기독교 세계의 여성들』, 이화여대 출판부, 138쪽.

5) Jean B. Elshtein, *Public Man, Private Woman*, New Jersey: Princeton Univ. Press, 1981, p.44~45.

6) 장상,「성서의 여성관」『한국의 정치신학』, 152~155쪽 참조. 그러나 여성신학자들은 오히려 가장 나중에 창조된 여성이야말로 神의 창조의 절정이라고 해석한다

7) 강숙자, 1998,『한국여성학연구서설』, 지식산업사, 152쪽.

한편, 서구 문명의 또 하나의 중심을 이루는 히브리 문화권에서도 여성에의 혐오는 마찬가지였다. 유대인들도 그들이 여성으로 태어나지 않은 것과 이방인으로 태어나지 않은 것과 노예로 태어나지 않은 것을 감사하였던 것이다.[8] 그러나 이러한 그들의 성차별의 전통은 기독교의 텍스트인 『신약성서』와 예수의 가르침에서 부인된다. 예수는 혈통에 근거하는 모든 혈연주의(마태복음 3:9)와 심지어는 가족중심주의까지 모두 부정하였다.(누가복음 18:29-30) 예수의 가르침은 가족에 대한 적대성을 특징으로 한다. 그는 진정한 가족은 믿음으로 결합되어 있고 혈통에 의한 것이 아님을 거듭 강조한다(마가복음 3;31-35). 예수의 제자들 또한 이방인이나 헬라인이나 유대인이나 남자나 여자를 불문하고 복음안에서는 모두 하나라는 사실을 천명하고 있다.(갈라디아서 3:28)

히브리 전통에서의 여성에 대한 죄악시는 죄의 기원이 여자에게서 유래한다는 창세기 신화(창세기 1~2)에서 연원한 것이다. 첫 번째 아담이 죄를 지어 - 그 죄는 첫 번째 여자로부터 유래하였다 - 죄가 인류에게 지워졌으며 두 번째 아담인 예수의 순종으로 이 원죄가 사함을 받는다. 그런데 특기할 것은 예수의 십자가 죽음으로 인하여 인류의 죄가 다 사해지는 것인데 실제로는 그렇지 못한 것을 보게 된다. 그것은 아담의 죄는 사해졌는데 하와의 죄는 사해지지 않은 것이다.

하와, 즉 여성은 인류의 정신문명사에서 소외되어 있을 뿐 아니라 영원한 - 예수의 속죄사건조차 침범할 수 없는 신성불가침의 영역으로서 - 죄와 사악의 근원이며 그 자체가 되어 어둠의 자리를 차지하고 있는 것이다. 여성은 남성에게 성욕을 불러일으키는 원인제공자이며 모든 죄악의 근원이거나 가능성이므로 여성과

---

8) 수잔네 하이네, 앞의 책, 139쪽.

의 접촉은 매우 위험한 것으로 여겨졌다. 이러한 견해가 창세기 4:12에서 하나님의 힐문에 대응하는 최초의 남자 아담이 여자에게 책임을 전가한 것과 일맥상통한다는 것은 그리 놀라운 일이 아니다. 현대의 남성들에게조차 "하나님이 주셔서 나와 함께 하게 하신 여자 그가 그 나무 실과를 내게 주므로 내가 먹었나이다."라는 아담의 발언은 영원한 고전이다. 또한 여성은 이성적 능력이 결여되었고 영혼조차도 소유하지 못한 것으로 여겨졌다. 예수를 따르던 여제자들의 용기와 헌신(누가복음8:1-3, 마가복음15-16:2), 그리고 초대교회의 중요한 여성인물들9)의 존재에도 불구하고 사도 바울은 (예수의 가르침과는 달리) 교회에서의 여성의 지위를 그들의 관습에 의거하여 제한하고 격하하는 모순된 교훈을 남겼다. 구체적으로는, 여자가 교회에서 잠잠할 것과(고전14:34-35), 공적 예배시 여성이 베일(예배포)을 착용할 것을 교훈한 것(고전11:5) 등이다. 이는 다시금 예수이전의 유대인의 전통으로 복귀하는 것으로서, 이는 예수의 복음조차도 침범하지 못하는 가부장의 성역이 어떻게 고수되었는가를 보여준다.

여자로 인하여 낙원이 상실되었다는 것이 기독교 교리의 정통적 입장이다. 그렇다면 창세기에 기록된 신의 복락원의 구도를 유심히 살펴보아야 한다. 신은 완벽한 분으로서 자신의 망쳐진 구도를 완벽하게 복원하는 다른 설계도를 즉석에서 제시하였다. 그것은 '여자'에 의하여 깨어진 질서가 '여자의 후손'에 의하여 회복될 것이라는 것이다.10) 이 여자의 후손은 그리스도이며 구원자 그리스

---

9) 눔바 (골로새서4:15) 뵈뵈(로마서16:1) 요한 마가의 어머니 마리아(사도행전 12:12) 욥바의 다비다(사도행전 9:36 - 42) 자주장사 루디아(사도행전 16:14 - 15).
10) 「창세기」 3:15. "내가 너로 여자와 원수가 되게하고 너의 후손도 여자의 후손과 원수가 되게 하리니 여자의 후손은 네 머리를 상하게 할 것

도는 결코 '남자의 후손'이어서는 안 된다. 그러나 많은 사람들은
이 부분은 간과해버린다. 그것은 그들의 관심이 복락원보다는 실
락원에, 구속보다는 죄의 기원에 있음을 반증해주는 것인가? 이 모
든 논의들을 제쳐놓는다 하더라도 '아담=남성'이 죄에서 해방되는
것과 꼭 같이, '하와=여성'도 죄에서 자유함을 받는다는 논리가 왜
정당하지 못한 것인가?

하와의 죄의 대가는 '출산의 고통의 증가'였다. 또 하나의 벌은
남자를 사모하고 그의 지배 하에 있는 것이며, 부수적인 대가로 -
이것은 뱀에 대한 벌인데 여자와 관계된 것이다 - 뱀과 원수가
된다.(창세기 3:15,16) 이 세 가지 죄의 대가는 중요한 의미를 지닌
다. '출산'은 단순히 출산으로 끝나는 것이 아니며 '양육'이라는
'어머니'로서의 의무가 부과된다. 하와가 '어머니'가 됨으로써 여
성은 가족내의 존재로 묶였으며 아이의 출산과 긴 양육기간 때문
에 자연히 경제적으로 남성에게 예속되고 이 예속은 곧바로 남성
에의 복종으로 이어진다. 그러므로 어머니가 된다는 것은 인고와
굴종과 시련을 의미한다. 이것은 곰이 어머니가 되기 위한 굴 속에
서의 통과의례를 치른 것에서도 알 수 있다. 또한 이것은 견고한
가부장사회에서 여성의 지위를 잃지 않는 수단이 되기도 한다.

마지막 형벌인 뱀과의 원수됨은 인류 문명사에서의 여성의 지위
와 관련된다. 최초의 인간이 낙원에서 쫓겨난 이후 세상에는 죄와
고통이 만연한다. 그리고 세상의 지배자는 창조주 신이 아닌 어두
움의 권세자(사탄=뱀) 이다. 그가 세상의 지배자임을 반증하는 기
사는 성경의 곳곳에 나타나는데 그 대표적인 예가 예수의 40일 금
식 후 사탄의 두 번째 시험이다. 누가복음 4:5-7에 그 사실이 나타
난다. "마귀가 또 예수를 이끌고 올라가서 순식간에 천하만국을 보

_____

이요 너는 그의 발꿈치를 상하게 할 것이니라 하시고"

이며 가로되, 이 모든 권세와 그 영광을 내가 네게 주리라. 이것은 내게 넘겨준 것이므로 나의 원하는 자에게 주노라. 그러므로 네가 만일 내게 절하면 다 네 것이 되리라." 그런데 이 세상의 권세자인 뱀의 원수는 바로 남성이 아닌 여성이라는 점에 주목해야 할 것이다. '여자의 후손(예수)'이 뱀의 머리를 밟을 때까지 뱀의 여성 탄압의 역사는 계속되는 것이다.

여성은 이같이 죄의 대가로 출산과 양육, 굴종과 예속이라는 순환고리와 같은 대가를 감수해야만 한다. 그러나 이것은 예수 그리스도 사역 이전의 여성이다. 예수 이후의 남성이 신과 적대한 과거에서 면죄 받았듯이, 예수 이후의 여성도 자신의 죄를 면죄 받아야 마땅한 것이다. 그러므로 예수의 제자들이 인간을 '종'이라 부르지 않는 것처럼,[11] 남자는 여자를 '여종'으로, '출산하는자ㅡ이것은 여성의 삶의 목적이 출산이라는 뜻이다'로 불러서는 안 되는 것이다. 남성이나 여성이나 그가 지음 받은 고유의 목적[12]을 동등하게 회복함이 마땅한 것이다.

3. 웅녀의 잉태에의 기구

단군신화의 여성의 원형은 '곰'이다. 그런데 왜 하필이면 '곰'인가? 곰이나 호랑이가 山神의 使者였거나 혹은 직접 산신 자체로 숭배되었다고[13] 보기도 한다. 호랑이와 함께 동격으로 단군신화에

---

11) 「갈라디아서」 4 : 7. "그러므로 네가 이후로는 종이 아니요 아들이니 아들이면 하나님으로 말미암아 유업을 이을 자니라"
12) 「고린도전서」 10:31. "그런즉 너희가 먹든지 마시든지 무엇을 하든지 다 하나님의 영광을 위하여하라"
13) 李恩奉, 1984, 『韓國古代宗敎思想』, 集文堂, 127~128쪽.

등장하는 곰도 역시 산신이었거나 그 사자였다는 일은 분명한 일이다. 곰이 종교사의 무대에 등장한 것은 매우 오래된 것이어서 엘리아데에 의하면, 달이 가입의례에서 중요시되는 때에 즉 구석기시대 말기에 月動物로서 곰이 등장하고 있다고 한다. 곰이 숭배의 대상이 되었던 지역은 의외로 넓어서 스칸디나비아 반도에서 베링해협에 이르는 북유라시아, 북아메리카에 걸치는 고아시아족, 우랄알타이족, 아메리카 인디언족에게까지 퍼져 있었다고 보여진다. 곰은 외양에 있어서도 사람과 유사하고 막대한 힘과 예측하기 어려운 행동, 그리고 수렵민에게 있어서 중요한 먹이의 대상이 되었다는 사실들이 종교사의 무대에 일찍부터 등장한 계기가 되었다고 믿어진다.

한편, 이 신화를 地母神에 대한 신앙과 종교적 성년식(initiation)의 표현으로 보기도 한다.[14] 일반적으로 동굴은 모태를 상징한다. 그리고 동굴 속에 머물렀다는 웅녀는 지모신이요, 생산신(삼신)을 의미한다. 이것은 북방의 유목민 문화를 배경으로 한 천신강림신화와는 대립되는 남방적인 농경문화을 배경으로 한 지모신 신앙이다. 한편, 곰에서 여인으로 변했다는 것은 새로운 존재로 질적 변화를 가져온 종교적 이니시에이션(initiation)을 표현한 이야기로서, 농경문화에서는 모태로 돌아가거나 굴 속에 머무름으로써 생명인 빛과의 단절로서의 죽음을 상징한다.

심리학자 융은 인간에게는 남성적인 원형과 여성적인 원형이 있다고 보고 이를 각각 애니무스(Animus)와 애니마(Anima)로 보았다. 융에 의하면 애니머는 남성의 마음의 모든 여성적인 심리경향이 인격화한 것이며, 애니무스란 여성에게 있어서의 무의식이 인격화

---

14) 柳東植, 李恩奉 엮음, 1986,「始原神話의 構造」『檀君神話研究』, 온누리, 103~104쪽.

한 것으로서의 남성상이다.15) 이러한 융의 이론에 입각하여 '곰'과
'호랑이'는 이 양성의 원형을 상징한다고 보고자 한다. 나아가 곰
과 호랑이로 상징되는 兩性의 원형을 모두 구유한 어떤 존재가 동
굴 속에 거하였다고 해석할 수도 있다. 그러므로 곰과 호랑이란 각
각의 별개의 존재가 아닌, 天神과 결합할 인간이 되기 이전의 하나
의 존재로서 동굴은 '마음'이라고 해석할 수 있겠다. 즉 동굴로 상
징되는 마음 속에 남성성(공격성)과 여성성(인종성)이라는 모순된
두 가지 원형을 구유한 자이다.

   그런데 인간이 되기 위한 통과의례에 있어서 곰은 그 시련을 통
과한 반면에 호랑이는 그 과정을 견뎌내지 못하였다.16) 이것은 무
엇을 의미하는가? 이는 천신의 대대관계로서의 자격을 지니는 데
는 공격성보다는 순응성과 인종이 더 요구된다는 의미로 볼 수 있
다. 남성과 여성의 수직적 연대가 가능하기 위해서는 호랑이여서
는 안 되는 것이다. 다시 말하면 한국여성상의 원형은 곰으로 상징
되는 순응과 인내라는 것을 보여준다.

   인간이 된 웅녀는 곧바로 자신의 존재의 일차적인 목적인 '출산'
을 위하여 희구한다. 출산은 인간이 된 웅녀의 첫 번째 관심사이자
마지막 소원이다. 웅녀의 존재는 '단군'을 출산함으로서 자리매김
되는 것이다. 만약 웅녀가 단군을 잉태하지 못한다면 동굴에서의
긴 인고의 과정이 무슨 의미가 있겠는가? 웅녀의 잉태에의 기원은
한국의 여성상이 '출산', '어머니'로서의 모습에 고착되어 있음을
보여주는 극명한 예이다. 잉태와 출산을 통해서만 곰이 인간 - 엄
밀히는 여성이다 - 이 된 것이 정당화될 수 있는 것이다. 이것은

---

15) 권오석역, 1990, 『C.G.융 심리학 해설』, 홍신문화사.
16) 『三國遺事』권1, 기이1 古朝鮮. "時有一熊一虎, 同穴而居, 常祈于神雄,
   願化爲人, 時神遺靈艾一炷蒜二十枚曰, 爾輩食之, 不見日光百日, 便得
   人形, 熊虎得而食之忌三七日, 熊得女神, 虎不能忌而不得人身"

현대 사회에서도 마찬가지이다. 결혼을 통해서만 성인 여성은 자신의 사회에서의 위치가 정하여지며 정당한 사회 구성원으로서 인정받는다. 혼기가 되었거나 지났는데도 결혼하지 않은 독신 여성은 ― 같은 조건의 남성에 반하여 ― 미성숙 되었다거나 이상한 성격의 소유자거나 사회적 불구로 낙인 된다.

그러므로 이것은 다음과 같은 의미를 함축한다. 동물로 표상 되는 열등한 지위의 여성은 그 존재가 '어머니'의 모습으로 나타날 때만 인간의 지위로 격상된다는 것이다. 이것은 조선조 여인들의 생활과 그 지위를 살펴볼 때 아들을 좇는 '어머니'로의 지위를 획득할 때에만 최소한의 인격체로 대우받았던 것을 보아도 반증된다. 남편이 죽으면 여성은 가장이 된 아들의 의견에 전적으로 따르고 모든 생활을 의존하게 된다. 남편이 죽은 후에는 남편을 대신하여 아들이 어머니의 주인이 되므로 어머니는 아들에 종속된다. 그러나 이 시기에 어머니는 아들에게서 연장자로서의 대우와 효도를 받을 수 있다.

한편, 환웅(남성)의 경우는 어떠한가? 환웅 또한, 단군을 잉태시키는 매개로서만 단군신화에 등장한다. 웅녀와 결합하여 단군을 낳게 한 후의 환웅의 거취에 이 신화는 더 이상 관심을 표하지 않는다. 그렇기 때문에 단군신화, 한국신화야말로 陰陽和合의 고대 한국인의 사고의 원형을 보여주는 신화로 해석되기도 한다. 동양에서는 하늘과 땅을 陰과 陽으로 상징화시켰다. 乾과 坤이라 하기도 하였다. 양과 음, 그리고 건과 곤은 서로 상보하는 힘이지 어느 한 쪽이 다른 쪽을 파괴시키지는 않았다. 차라리 음인 여성적인 힘을 양인 남성적인 힘보다 더 필요불가결한 요소로 취급하기까지 하였다. 단군신화에서도 하늘의 남성신 桓雄이 땅의 태모 곰과 만나 화합한다.[17]

단군신화는 하늘과 땅의 화합, 남성과 여성의 화합을 극명하게
드러내주는 융화와 화합의 사상으로서 서양에서는 그 예를 찾아볼
수 없다는 것이다.[18] 서양신화에서의 남신들은 여신들을 처참히
살해한다. 천신인 남신들이 지상에 하강하기 전까지는 세상은 대
지의 여신인 太母神(地母神)의 세계였다.[19] 지모신의 관념은 일반
적으로 농경의 시작과 떼어서 생각할 수 없다. 대지에 대한 숭배나
신성시는 이미 구석기시대에도 나타난다고 보여지지만 그것이 뚜
렷한 형태를 이루고 나타나는 것은 신석기시대에 들어와서부터이
다. 천신에 대한 관념은 아직 잊지 않고 있지만 농경이 시작되면서
부터는 하늘보다도 땅에 더 비중을 주는 듯한 인상을 주기도 한
다." 이 여신들은 고대 수메르에서는 이난나(Inana), 바빌로니아에
서는 이쉬타르(Ishtar), 가나안에서는 아나트(Anat), 이집트에서는 이
시스(Isis), 그리스에서는 아프로디테(Aphrodite)라고 불려졌다.[20] 그
러나 남신들이 이 여신들을 처참하게 살해하면서 천지가 개벽하는
것이 대부분의 서양신화의 모티브이다.[21] 그런데 한국의 신화에서
는 그 어느 곳에서도 그러한 모습은 보이지 않으며 남신이 여성의
존재를 부인하지 않고 오히려 도와주는 역할을 수행하므로 한국신
화에 나타난 여성상은 매우 긍정적인 것이라는 견해이다.

물론, 그러한 주장에도 수긍이 가는 면은 있다. 그러나 '모든 사

17) 김상일, 『카오스와 문명』, 동아출판사, 241∼242쪽.
18) 이을호, 1989, 『한사상의 묘맥』, 사사연, 84쪽.
19) 王彬, 1986, 『神話學入門』, 金蘭出版社, 26쪽.
20) 카렌 암스트롱, 배국원·유지황 옮김, 1999, 『신의 역사』, 동연, 31쪽.
21) 카렌 암스트롱, 앞의 책, 35∼38쪽 ; 김상일, 1988, 『한밝문명론』, 지식
산업사, 148쪽. "서양의 남성신들은 하늘에서 내려오면서 지상의 여성
신들을 죽이고 등장한다. 바빌론의 남성신인 말둑(Marduk)은 여성신 티
아맛(Tiamat)을 죽이고 희랍의 제우스(Zeus)는 대지의 신 타이폰(Typhon)
을 죽이고 …"

람을 결코 한갓 수단으로서가 아니라 목적으로서 대우하라'는 칸
트의 定言明法(categorical imperative)22)을 굳이 떠올리지 않는다 해
도 '여성'이 '어머니'가 아닌 '여성', 아니, '인간' 그 자체로서의 의
미를 부여받지 못한 이 경우에 있어서 진정한 여성상이 구현되었
다고 볼 수 있겠는가? 또한 한국의 신화는 남녀 양성의 대립이 아
니라 남성이 여성을 도와 잉태시키는 것이니 화합의 의미가 내포
되어 있다 하더라도, 그 전제에는 이미 남성우위적이며 가부장적
인 사고가 내포되어 있는 것이 아니겠는가?

　그렇다면 이러한 반론도 있을 수 있다. 단군신화에 있어서 그것
이 어찌 여성에게만 해당되는 경우이겠는가? 남성(환웅) 또한 단군
을 출현시키는 조연에 지나지 않는다는 것이라는 주장도 가능하
다. 그러나 환웅은 결코 웅녀와 같은 존재에 그치지는 않는다. 그
는 단군의 '씨앗'이다. 다시 말하면 단군은 환웅의 결실이며 현현
일 뿐이다.23) 환웅은 신화 속에서 곧 사라지지만 그는 결코 사라지
는 것이 아니고 단군이라는 모습으로 살아있는 것이다. 그가 엘리
아데의 이론대로 '잊혀진 신'이나 '감추어진 신'이 되었는지는 알
수 없다.

　많은 미개민족, 특히 수렵·채집단계에 있던 민족은 지고신의
존재를 인정하지만 그 신은 종교생활에 거의 역할을 하지 못한다.
더욱이 그 신은 조금밖에 알려져 있지 않고 신화도 극히 작으며,
일반적으로 아주 단순하다. 이 지고신은 세계와 인간을 창조했다
고 믿고 있지만 그는 곧 그의 창조물을 버리고 天空으로 후퇴해 버

---

22) 스털링 P. 렘프레히트저, 金泰吉·尹明老·崔明官 역, 1985, 『西洋哲
　　學史』, 乙酉文化社, 535쪽 참조.
23) 『三國遺事』 권1, 기이1 古朝鮮. " 檀君乃移於藏唐京, 後還隱於阿斯達,
　　爲山神, 壽一千九百八歲" 신화는 후에 단군이 아사달에 숨어 산신이
　　된 것으로 끝을 맺는다.

린다. 때때로 지고신은 창조를 완성하지 않고 그의 자식이나 대리 자인 다른 신이 그의 일을 인수받는 경우도 있다. 지고신은 종교적 인 실재성을 잃어버린 것처럼 보인다. 이 신은 인간으로부터 멀리 떠나 있는 것으로 그려지고 있고 감추어진 신으로 되었다. 그러나 지고신이 완전히 의례로부터 모습을 감추고 망각되어 있는 때라도 그 기억은 변모, 타락하여 원초의 낙원과 신화 이야기로, 샤만이나 주술사의 가입의례와 이야기에서, 종교적 상징(세계의 중심의 상 징, 주술적 비상과 승천, 大空과 빛의 상징 등)으로, 또 창조신화의 어떤 유형으로 오랫동안 남아있다.[24) 그리고 이러한 사고는 자손 을 통하여 不死한다는 동양의 불멸사상에 근거한 것이다.

　다른 차원에서 단군신화의 구조를 분석해 보아도 '인간' 또는 '인격'으로서의 남성과 '어머니' 또는 '도구'로서의 여성의 모습을 볼 수 있다. 단군신화는 한 개의 이야기로서만 전개되는 것이 아니 고 두 개의 주제로 구성되어 있다. 즉, 서로 다른 두 개의 신화가 결합된 것으로 분석할 수 있다.[25) 단군신화의 첫 번째 부분은 桓雄 神話이며 두 번째 이야기는 檀君神話로 분류된다. 桓因의 아들 桓 雄이 아버지 환인으로부터 天符印 세 개를 받아 가지고 무리 삼천 을 이끌고 태백산 神檀樹 아래에 하강하여 神市를 건설하고 비·바 람·구름신을 거느리고 인간의 온갖 일을 주관하면서 人世를 다스리고 교화시킨 부분까지가 환웅이 주인공인 환웅신화이며, 그 이후부터가 단군신화이다. 특히 환웅신화는 女神이 존재하지 않고 男神으로만 구성되어 있다. 두 남신인 환인과 환웅은 부자관계[26) 로서 ─ 환웅이 환인의 적장자가 아닌 서자로 보는 견해[27)도 있고

24) 미르세아 엘리아드, 이은봉역, 앞의 책, 113~118쪽.
25) 이지영, 앞의 책, 44~49쪽 참조.
26) 『三國遺事』권1, 기이1 古朝鮮. "古記云, 昔有桓因庶子桓雄, 數意天下, 貪求人世, 父知子意 …"

여러 아들중의 하나로 보는 경우28)도 있다. — 인간의 세계보다 상위에 존재하는 우월한 남신의 세계를 나타내며 이 남신들은 그들 자신만으로도 존재의 가치를 지니는 고유하고 침범할 수 없는 권위의 존재인 것이다. 이러한 남신의 세계 및 그 존재지위와 '아이를 낳는' 도구인 女神(熊女)의 가치는 이미 병치 비교할 수 없는 것이다.

그런데 특기할 것은 한국에서는 이 어머니상이 여성상의 고전이 되어 왔다는 사실이다. 이것은 창세기 신화에서 여성에게 지워진 숙명이 '출산의 증가된 고통'이라는 주제와 상통하는 것같이 보인다. 그러나 서양여성에게 이 숙명은 부정적인 굴레로 인식되었다. 서양여성들은 그들의 죄의 대가로 유전된 벌로 부과된 임신과 출산을 결코 달가와 할 수 없었다. 1970년대에 등장한 초기 급진주의자 슐라미스 파이어스톤(Shulamith Firestone)은 『성의 변증법』29) 에서 출산을 곧 여성억압의 요인으로 간주하였다. 그녀는 출산을 천벌로 인식하는 유태 기독교의 가부장적 전통을 전수하여 여성의 출산 기능이 근본적인 억압이 되므로 시험관 아기로 대체해야 한다고 주장하였다. 비슷한 사조로 영지주의자들의 금욕생활30)이나 그리스의 레스보스섬의 레즈비언31)에 관한 기록도 볼 수 있다.

반면, 웅녀에 의해 미화된 어머니상은 서양의 경우처럼 출산이 형벌이 아닌 사회구성원으로 인정되는 중요한 계기가 되었으므로 자녀양육과 가족 내에서의 여성의 지위를 여성 스스로 긍정적으로

27) 류무상, 1999,『현대사회와 철학』, 양서원, 54~58쪽. 예수를 嫡長子로, 환웅은 庶子·次子로 대비시켜 기독교와 환단사상을 비교하였다.
28) 나경수, 앞의 책, 87쪽 참조
29) 슐라미스 파이어스톤, 김예숙 역, 1983,『성의 변증법』, 풀빛.
30) 수잔네 하이네, 앞의 책, 199~205쪽 참조.
31) 아우구스트 베벨, 이순예 옮김, 1995,『女性論』, 까치, 50쪽 참조.

받아들이게 하였다. 나아가 여성이 단순히 성적 도구로서 남성에게 예속되고 지배당하는 지위로 전락하지 않는 든든한 버팀목이 되었으며 男尊女卑의 조선조사회에 있어서조차 여성의 가족내 지위를 지지하는 기능을 수행하였다. '三從之道'[32]와 '七去之惡' [33] 이라는 여성에게 굴종을 요구하는 불공평한 관습법이 시행되면서도 '三不去'[34]라는 조항에 의하여 여성은 보호받았다. 왜냐하면 정상적인 여성의 가정생활에서 삼불거에 해당하지 않기는 어려웠기 때문이다. 한편, 일반 향민들을 교화하기 위하여 시행한 향약의 조항에도 아내를 구타하고 정처를 소박하거나, 과부를 강간한 자를 극상벌에 처한다고 규정하고 있음[35]을 보아도 여성을 보호하고자 했음을 알 수 있다.

이것은 모두 조상숭배와 혈족중심의 유교문화의 배경에서, 좋은 자식을 얻기 위한 '좋은 밭'의 배양의 일환으로도 해석할 수 있겠다. 이 또한 여성이 도구적으로 기능한 것인데 비록 그렇다고는 하나 이러한 요구에 부응하기 위해 양반 가문에서는 女兒에게도 상당한 수준의 글공부와 교양과 예절 교육이 실시되었다. 陽尊陰卑, 男尊女卑의 사회구도 속에서 여성의 사회적(가족외적)활동과 지위는 용인되지 않았지만, 가족 내에서의 경영권과 자율권은 보장되었던 것은 사실이며 많은 곳에서 그 증거를 찾아 볼 수 있는 것이다. 그 예로 양반 가문의 부부간 존대와 안채와 사랑채의 분리, 바깥일과 집안 일로서 부부간의 영역을 구분한 것, 자녀의 교육권이

---

32) 金星元 校閱, 1994,『原本小學集註』, 明文堂, 66쪽. 明倫, 明夫婦之別. "有三從之道, 在家從父, 適人從夫, 夫死從子, 無所取自遂也"

33) 上同, 67쪽. "婦有七去, 不順父母去, 無子去, 淫去, 妬去, 有惡疾去, 多言去, 竊盜去"

34) 上同. "有三不去, 有所取無所歸, 與更三年喪, 前貧賤後富貴"

35) 지교헌·최문형·박균섭, 1991,『朝鮮朝 鄕約 硏究』, 民俗苑, 147쪽.

어머니에게 있었던 것 등이다.

그러나 내자(집안사람)로서의 제한된 활동영역과 남녀유별로 이어지는 부부유별의 구도 때문에 현대 사회에 있어서조차 여성은 '집안 내적' 존재로 인정되며 집안이라는 울타리를 떠나 사회 구성원으로서의 몫은 여전히 주어지기 힘든 것이 현실이다.

제3절 맺음말

1960년대 이후 한국의 사회경제구조는 농업사회에서 공업사회로 전환되었다. 지역적, 사회적 가변성은 지역적 대인관계를 기초로 했던 농촌 사회의 옛 의식구조를 현격하게 변화시켰으며 이웃과 친밀했던 공동 집단 의식은 비례적으로 소멸될 수밖에 없었다. 이에 따라 전통사회와 비교하여 결혼의 횟수(재혼의 일반화)가 늘어가는 수준인데도 산아는 줄어가고 있다. 전통사회의 대부분을 점유하던 농촌가족은 공동의 노동집단의 성격을 띠었으나 현대 산업 사회에서는 직업 선택의 구조가 크게 변하여 도시적 가족 형태에 속하게 되었다.

그러므로 현대 여성의 문제를 옛날 농촌에서 함께 공동으로 일하며 생각하던 전통적 가치관과 비유할 수는 없다. 때문에 전통적 가족구조에서 형성된 윤리(가치)가 현대의 핵가족에 그대로 적용될 수 없음은 자명하다. 이러한 관점에서 전통 사회 구조 내에서 형성된 생활상과 남녀 구별 등의 윤리는 현대 산업 구조에서 생활하는 사람들의 윤리관으로 적용될 수 없다.[36] 다시 말해서 오늘의 가정과 사회에 있어서 남녀의 위치는 그들이 활동하는 직업과 가정관계에서 볼 때 크게 변했으며, 이러한 변화된 상황에서 현대 가족과 사회에서 여성의 문제는 수직적 상하차등의 전통적 가족 윤리관과는 전연 연관될 수 없음을 알 수 있다.

한국의 전통적 여성상은 어머니상이다. 그러므로 한국의 여성들이 자녀에 집착하는 것은 일면 자연스러운 것이다. 그 원인을 생각해 본다면 첫째, 자손을 통하여 영혼 불사를 생각하는 유교 문화의 영향이고 둘째는 남성의 파트너적 관계에서 원천적으로 소외된 여성의 보상심리라고 하겠다. 첫째의 범주 안에서 여성들은 가문과 어머니라는 이름아래 속박과 동시에 보호받았다. 가문과 내외분별의 유교 문화는 여성을 예속시키기도 하였지만 그 예속 하에서는 보호하기도 하였다. '좋은 밭'으로서의 여성의 가치가 부여되었으며 다음 세대의 자기 자신인 좋은 자녀의 출산을 위하여 이 밭은 보호될 필요가 있었다. 가장 제도적으로 억압받던 조선조 후기 여성에 있어서 조차 남편의 死後에는 어머니로서의 존경과 집안 어른으로서의 대우를 받으며 어느 정도의 恨을 풀 수 있었다. 반면, 아들을 낳지 못할 때에는 씨받이나 첩을 통해서라도 가문의 대를 이어야했다. 둘째의 범주 안의 여성은 거절당한 자신의 사랑과 관심을 자식(아들)에게서 풀게 된다. 아들은 자신의 의사에 따라 좌지우지할 수 있는 (여성의 생애에서 만나는) 유일한 남성이다. 소외된 채 가정이라는 제도권내에서만 생활해야 했던 여성(웅녀)에게 있어 아들(단군)은 유일한 낙이고 삶의 희망이다. 이러한 자식에 대한 한국여성의 독점욕과 투사는 현대의 고부갈등으로까지 이어진다.

서양여성은 남성의 동반자 ─ 갈비뼈로부터 나온 ─ 로 대우받

---

36) 양재혁, 1998, 『동양철학, 서양철학과 어떻게 다른가』, 소나무, 286~290쪽.

았다기보다는 오히려 남성의 성적인 욕구충족수단 — 하체뼈로부터 나온 — 으로 여겨졌다. 이 같은 남성들의 성적 투사때문에 여성들은 성욕을 일으키는 악마같은 존재, 죄성의 존재로 여겨졌다. 어떤 의미에서는 오히려 '어머니'로서의 지위조차도 보장받지 못한, 남성의 성적도구로서의 존재였음이 곳곳의 기록에 나타난다. 그러므로 현대 서구의 여성들은 여성해방도 (어떤 의미에서는) '성적 해방'이라는 육체적 차원에 중점이 주어졌고 그 결과, 여성의 진정한 자아를 회복하는 길은 프리섹스, 계약결혼(시몬느 드 보봐르)등의 방법을 통하여 실현된다고 믿는다. 같은 맥락으로, 성의 해방, 임신과 출산 등 어머니로서의 역할 거부, 독신주의 등을 주장하는데 이러한 일련의 움직임들이 과연 한국 여성들의 진정한 삶의 진로로 적합한 것인가 하는 것은 재고의 여지가 있다.

요언하면 남성의 성적 도구와 출산으로 인한 남성의 지배에서 벗어나고자 하는 현대 서양여성의 몸부림은 여성의 성욕에의 인정과 동성애라는 육체적이고 물질적 차원의 맞대결로 응수되고 있다. 한편, 전통적 어머니상이 자신의 사회활동과 자아실현에 걸림돌이 된다고 믿는 한국의 여성들은 '어머니'로서의 모습이 아닌 남성의 대대관계로서의 여성, 다시 말하면, 아담의 배우자인 '하와'의 모습으로 전향하려 한다. 이러한 움직임은 80년대 후반에 일어난 소위 '미씨족' 열풍이 반증한다. '미씨'란 신조어는 'Miss' 와 'Mrs.'의 복합어로서 80년대 전반기까지도 여성상의 표상이며 모델로 인지되어 온 어머니상(즉 아줌마상)에 대한 정면 공격이다. '아줌마'보다 '미씨'가 여성 지위의 격상을 의미하는 것인지는 이 논문의 주제에서 다소 벗어나므로 다루지 않겠다. 그런데 우려되는 것은 현대 한국사회의 여성상의 흐름이 서양의 여성들이 그렇게도 벗어나고자 애쓰는 '하와'(남성의 갈비뼈에서 나온 존재)로 다시 되돌

아가는 오류를 범하는 것이 아닌가 하는 것이다. 부모－자녀 중심
의 가족관에서 부부중심의 가치관으로 돌아서고 부부중심의 삶을
즐기는 것이 전통적 희생과 인고의 어머니상에서 탈피하여 참다운
여성의 지위를 획득하는 한 여정이라고 생각한다면, 그것은 한국
의 웅녀에서 벗어나 중세 서양 여성이 되는 것으로 그치고 말 우려
가 있다.

  단군신화나 창세기 신화의 모티브에서 보여지는 것처럼, 남성의
대대관계로서든지 자녀의 생산과 양육기능이라는 여성의 '기능적'
삶에 계속 중점이 주어진다면 현대 한국 사회에서 진정한 의미의
'목적'으로서의, '인격'으로서의 여성의 삶은 영원한 신화로만 남
게 될 것이다. 복락원의 모델을 제시하는 신약성서의 마지막 부분
인 요한계시록은 새 하늘과 새 땅으로 묘사되는 이상세계를 性의
구별이 배제된 (구원받은) 인간과 神의 영원한 결합으로 묘사하고
있다.[37] 단군은 아사달로 돌아가 산신이 됨으로써 아버지(환웅)의
고향인 신의 세계로 복귀하였다. 출산이후 웅녀의 삶을 언급하지
않은 미완성의 단군신화의 뒷 부분이 어떻게 쓰여지는가는 바로
여성 자신의 몫이다.

---

37) 요한계시록 19:7－9 참조. 인간은 남성·여성을 막론하고 신부로, 神은
  신랑으로 묘사된다.

제2장

에코페미니즘과 동학의 여성관

제1절 머리말

세계적으로 환경오염이 심각해져 생태계가 파괴되어 가면서 기상이변과 전지구적 위기의식이 고조되고 있다. 이러한 현실 앞에서 환경보호와 생태계 보존을 위한 담론들이 생겨나 자연을 하나의 유기적 생명체로 보아야 한다는 각성이 높아지고 있다. 지금은 인간을 위한 윤리가 아닌 자연을 위한 윤리가 필요한 시기이다.

환경의 파괴는 인간에게 피할 수 없는 숙명이 되었으며 이제 우리의 사고방식과 행동양식을 수정하지 않고서는 이 문제를 해결할 수 없다. 생태계 위기시대에 대답하는 철학의 과제는 생태철학(Ökophilosophie) 이라는 유망한 철학의 한 분과를 필요로 한다. 이 생태철학은 생태계 위기를 이론적으로 탐구하고 실천적으로 해소하려는 다른 개별과학에도 도움을 줄 수 있다. 생태철학은 이성철

학의 '구조변경(Paradigmawechsel)' 위에서만 가능하고 이 구조변경
은 '이성 아닌 다른 무엇'으로 인간과 인간을 구성하는 자연을 설
명할 수 있을 때 가능하다. 그러므로 생태철학은 지금까지의 모든
철학, 특히 '자연철학'에 정면으로 대립한다. 자연철학은 '의식'과
'의식의 주체'의 이분법적 구조 속에서 관찰자 이외의 모든 '대상'
에 대한 지식을 추구한다. 생태철학은 이와 반대로 '의식적 존재
(Bewußts sein)'가 주체가 되는 것이 아니라 '자연존재(Natursein)'가
주체이면서 '자연의 자연성(Natürlichkeit der Natur)'을 문제삼는다.[1]

생태철학은 환경을 존재론적으로 인식하게 하면서 동시에 가치
론적으로 인식하게 한다. 생태철학은 사회라는 환경을 최상의 구
조로 생각하지 않으며 우주적 생명현상 속에서 인류의 문명과 문
화가 창조된다는 사실을 인식하게 한다. 그리고 그러한 우주적 생
명은 인류 역사라는 생명현상의 환경이 되기 때문에 당위적인 가
치부여를 하게 된다는 것이다. 이 입장은 유기체론에 입각하여 자
연에 존재론적 지위를 부여하는 입장이다. 여기에서 자연은 인간
에 의한 수단적 가치로서의 의미를 갖는 것이 아니라 본래적 가치
를 가지고 그 자체만으로 존재의 의미를 부여받는다.

이같이 현 문명에 대한 비판의 시각은 가부장적 자본주의[2]와 진
보, 근대화라는 서구 문명의 논리에 그 초점을 맞추어 가고 있다.
가부장적 자본주의는 경제논리로 생활의 본질적 부분들을 도외시
하였고 자연을 오염시켰으며 물질적 가치로 환원될 수 없는 많은

---

1) 구승회, 1995, 『에코필로소피』, 새길, 18~24쪽 참조.
2) 가부장제의 출현은 여성과 자연을 함께 평가절하하는 이원론적 이데올
   로기와 맥을 같이 한다. 그런데 가부장적 이원론의 뿌리와 그 전개과정
   을 보면 보다 고차적인 질서와 그에 상반되는 저급한 여성과 자연성과
   의 상관관계는 바빌론 사상으로부터 히브리사상, 나아가 그리스사상으
   로 옮겨감에 따라 극적으로 변화한다고 한다.

정신적 가치들을 축출하였다. 그리고 이러한 근대 문명에 대한 비판 위에는 항상 힘의 그늘에서 억압받고 착취된 자연생태계와 여성이 존재한다.[3]

　서구의 피폐화를 초래한 가부장적 상황에서 자연을 배제하는 神개념과 종교적 사고체계는 정신/육체, 영/자연, 남성/여성이라는 二元論을 형성하였다는 반성이 일어나면서 이에 대한 비판적 대안으로 지구에 근거한 영성과 상호연관성 및 인간과 자연의 분리를 부정하는 논리들을 전개해 왔는데 이것이 에코페미니즘(Ecofeminism)이다. 자연과 여성은 문명과 남성이라는 힘의 구도 하에서 자신이 가진 모든 것을 다 내어주고도 열등성과 미개성이라는 오명에서 벗어나지 못하고 있는 것이다. 이같이 자연생태계와 여성은 같은 입장에 놓여있다. 따라서 여성해방과 자연생태계 해방이라는 동일 목적을 위하여 새로운 세계를 만들려는 운동이 일어났는데 생태학적 여성해방주의가 그것이다.[4]

---

3) 데일리(Lois K. Daly)는 생태학적 여성해방신학의 여성에 대한 억압과 자연에 대한 억압 사이의 상호연관성에 관하여 가부장적 이원론에 근거하여 설명한다(Lois K. Daly, "Ecofemlnlsm, Reverence for Life, and Feminist Theological Ethics", *Liberrating Life*, New York: orbis, 1990).

4) 여성해방주의(Feminism)는 처음부터 남성과 여성의 관계 뿐 아니라 인간과 자연의 관계 개선 및 회복에 많은 관심을 가져왔는데 특별히 1960년대 말에서 1970년대 초에 형성된 여성신학(Feminist Theology)에 이르러 神人관계를 여성해방적인 안목으로 재해석함으로써, 남성중심적이고 가부장적인 하나님이 '남성우월, 여성열등'이라는 지배구조를 낳았고 그 결과 여성멸시와 연결되는 자연멸시마저 정당화되었음을 신학적 주제로 삼아왔다. 그런 과정 속에서 창조주-인간-자연의 관계를 상호대립 및 주종관계가 아닌, 상생적·총체적·상호적 관계로 보는 생태학적 전망이 조성되었는 바, 그것이 환경문제가 큰 위기감으로 대두된 80년대에 들어와서는 '생태학적 여성해방신학(Ecofeminist Theology)'이라는 뚜렷한 개념으로 자리잡게 되었다(구미정, 1992, 「생태학적 여성해방윤리의 모색」, 이화여자대학교 대학원 석사학위논문, 51쪽).

이 생태학적 여성해방주의는 정신과 물체의 二元論을 주장한 데
카르트의 근대적 자연관의 비판적 극복을 제창한다. 서양철학의
기계론적 자연관은 원자적인 물질로 된 자연을 상정하고 있는데
이러한 자연은 무가치적이고 무목적적이다. 또한 자연이라는 전체
는 각 부분의 산술적인 합에 지나지 않게 되어 전체와 부분 사이에
는 기계적인 관계밖에 존재하지 않게 된다. 이러한 자연관에서 자
연과 인간과의 관계는 정신과 물질이라는 이원론이 전제되어, 인
간은 사유하는 주체가 되고 자연은 그 대상이 된다. 이는 인간이
자연에 독립적으로 존재하며 자연에 의존하지 않아도 되는 관계를
의미한다. 반면에 사유하는 주체인 인간은 자연에 개입하여 자연
을 조작할 수 있는 지위를 지닌 것으로 이해된다.

한편 동양의 경우는 자연과 인간이 주체와 객체로 확연히 구분
되지 않은 상태로 있었다. 孔子의 경우 초월신이었던 上帝를 내재
적 의미의 천개념으로 전향시켜 인간내면의 '仁'이라는 질서와 외
면의 '禮'로서 제한적으로 적용시켰다. 이는 유교가 현세성, 합리
성을 그 특징으로 갖는 것과 상통하는 것이다. 老子는 우주와 만물
을 포괄하는 '道'를 중심으로 자신의 사상을 전개하는데 이 노자의
'도'에는 난세를 해결하려는 의도가 있었다. 莊子의 경우는 자연과
인간의 철저한 분리로부터 논의를 시작하지만 그 귀착점은 인간의
자연성 회복에 있었다.

그러나 道家와 佛敎의 영향을 받아 儒家를 철학체계화한 宋代
性理學에서는 만물의 근원 내지 궁극자를 신앙적 관점에서 보다는
자연과학적 견지에서 이해하였으며, 『周易』의 내재적 太極槪念과
陰陽思想을 발전시켜 太極理氣論[5]을 전개하였다. 朱熹는 '太極'
을 '理'로 규정하였다.[6] 그에게 있어서 이 '理'는 우주만물 총체적

---

5) 柳承國, 1983, 『東洋哲學硏究』, 槿域書齊, 159～202쪽 참조.

존재의 근원이요 궁극의 원리이며, 所以然의 체계로서 天道요 所當然의 當爲로서 人道다. 이러한 朱子의 궁극자관은 자연과 인간세계에 구별과 위계질서를 부여한다. 따라서 주자학적 자연관과 인간관은 서양에서와 마찬가지로 주체와 객체의 二元論으로 발전되었다.

이와 같은 사상과 문화적 토양에서 동학은 1860년 水雲의 깨달음에 의해 성리학적 이원론에 바탕 한 구질서가 붕괴되기 시작하고 서세동점으로 밀려오던 시기에 창도되었다. 수운은 한국의 원형적 신개념인 초월신 신앙을 부활시켜 '侍天主'사상으로 승화시킴으로서 전통적 이분법의 극복을 시도하였다. 특별히 수운의 '시천주'사상을 계승한 海月 崔時亨의 汎在神論[7]적 사상은 자연과 인간을 둘이 아닌 하나로 보았으며 억압받던 여성의 지위 또한 '侍天主者'로 격상시켰다. 해월의 사상은 대립과 투쟁, 억압과 착취를 배태시킨 동서양의 이분법적 자연관과 인간관, 그리고 여성관의 초극이라 할 수 있다.

본 논문은 이러한 해월의 '人卽天', '物物天事事天', '以天食天' 등의 범재신론적 사고가 에코페미니즘의 자연·인간·여성을 아우르는 새로운 靈性[8]과 상통함을 밝히는 것을 목적으로 한다. 이러한 전제 하에 먼저, 자연과 여성을 정복의 대상과 도구화로 치달

---

6) 『朱子語類』「理氣上」. "太極只是天地萬物之理 在天地言則天地中有太極 在萬物言則萬物中各有太極 未有天地之先 畢竟是先有此理 … 有此理 便有此天地若無此理 便亦無天地 無人無物都無該載了 … 太極只是一箇理字"

7) 汎在神論(Panentheism)이란 세상의 모든 것들이 神이라고 주장하는 신관을 말한다. John Bowker, *The Oxford Dictionary of World Religions*, Oxford University Press, 1997, p.730. (Pantheism, Panentheism) 자세한 것은 주 38)을 참조할 것

8) 영성에 관하여는 본고의 3절에서 자세하게 다룬다.

게 한 동서사상의 이분법적 사고의 배경을 전통적 天人觀을 중심
으로 고찰한다. 다음으로 이러한 이원론적 천인관으로부터 도출된
전통적 여성관의 전개를 살펴보고 이러한 억압적 여성관으로부터
의 해방과 자연에 기초한 영성으로서의 에코페미니즘의 시각을 다
룬다. 마지막으로 동학사상의 평등성과 해월 여성관의 에코페미니
즘적 성격을 추출하고 진정한 자유와 해방의 추구라는 탈이분법적
여성관을 모색하고자 한다.

제2절 동·서양의 전통적 天人관계

철학의 전 역사를 통해 자연에 대한 논의는 끊임없는 주제가 되
어왔다. 이것은 세계를 파악하고자 하는 철학적 작업의 가장 근원
적인 물음과 관련되기 때문이다. 특히 근대 자연과학과 철학은 기
계론적이고 이원론적인 존재론의 길을 확고히 하였으며 이에 대한
철학의 비판 작업도 끊임없이 역사 속에서 이어졌는데 이러한 비
판의 핵심적인 주제는 一元論적이거나 유기체적인 세계관이었다.
二分法的 二元論의 연원은 神과 人間, 自然이 분리되기 시작하
는 고대 종교의 전통으로부터 찾을 수 있다. 고대 종교는 동서양
공히 초기 농경문화의 특징이 그대로 반영되어 있었다. 중국의 경
우 토지의 풍요를 기원하는 土壇(社)은 農耕祭禮를 올리는 곳인데,
그 의례는 지방의 토지신을 숭배해서 대지의 풍요와 수확물의 성
장을 증대시키고자 하려는 것이었다. 또한 제국의 수도에 있는 壇
은 五色의 흙으로 만들어서 전체 영토의 土地神을 나타냈다.

시간이 흐름에 따라 大地 숭배는 점차 약화된 반면 天에 대한 숭배는 점점 더 중요시되었다. 殷에서는 '帝' 또는 '上帝'라고 하는 神을 숭배했다. 상제는 문자 그대로 높은 곳에 있는 지배자라는 뜻이지만, 한편으로 조상신과도 같은 성격을 가지고 있었으며 서구에서 말하는 전지전능한 신과 같은 것으로 여겨지지는 않았다. 周나라가 등장하자 '상제' 대신에 다른 이름이 나타났는데 그것이 바로 '天'이다. 天이란 원래 '위대한 신의 거처', 즉 '높은 신이 사는 하늘'을 의미하는 말이지만 이제는 가장 높은 신 그 자체를 의미하게 되었다. 周代와 그 이후의 황제들은 天과 밀접한 관계를 맺고 있다고 생각되어 '天子'라고 불렀다. 황제는 백성을 대신하여 매년 정기적인 의식 때 하늘에 제사를 올렸는데 이같이 인간의 운명을 결정하는 천은 20세기에 이르기까지 중국의 사상을 지배하였다.

그 후 이 '상제'는 두 가지 방향으로 변용되었는데, 하나는 물리적 공간을 뜻하던 '천(하늘)'의 개념이 주대에 와서 신을 뜻하게 되면서 공자·맹자 등 원시유가에 있어서 내재적 질서나 법칙으로 이해된 것이다. 이 같은 이해는 음양사상을 통하여 도가와 연관되고 도가의 자연주의를 수용하여 '태극'의 개념을 생성한 한대를 거치면서 송대의 주자에 의하여 궁극적 절대개념인 '리'의 개념으로 발전한다. 또 다른 하나의 방향은 '상제' '천' 등의 최고신으로 일컬어지던 신이 '존재' 보다는 '작용'의 개념―神妙한 작용― 으로 이해된 것이다. 그리하여 이러한 '신' 개념은 다양한 양태로 나타났다. 이는 고대 히브리인의 신개념과도 그리 다르지 않다.[9]

서양 고대 철학의 토양이 온화한 지중해성 기후와 비옥한 토지에서 비롯되었다면 중국인이나 히브리인의 경우는 수재와 한재에

---

9) 최문형, 『中國 古代의 神槪念에 관한 연구』, 성균관대학교 박사학위 논문, 41~48쪽 참조.

무시로 시달려야 하며 척박한 토지를 지닌 대륙성 기후대에서 그들의 사유를 출발시켜야 했다. 때문에 서양에서의 자연은 철학적 인식의 대상이었던 반면 중국이나 이스라엘에 있어서의 그것은 실천적 삶의 대상이었다. 그러므로 중국인이나 히브리인이나 자연에 순응하고 경외해야 했다

질서와 자연(혼돈), 남성성과 여성성의 상관관계는 바빌론과 가나안 신화의 세계로부터 히브리 사상, 그리고 그리스 사상으로 옮겨가면서 극적인 변화를 겪는다. 바빌론과 가나안 신화에서는 혼돈과 근원적인 물질의 힘이나 부활의 생명력 등 모두가 여성성으로 상징되고 있다.10) 세계, 이 지구가 곧 여성의 몸이다. 여신인 太母神은 자연의 혼돈을 초월한 것이 아니라 그 안에 존재하고 있다. 그러나 B.C. 2000년경에 전세계 도처에서 남성신들이 하늘로부터 하강하면서 땅의 태모신인 가이아·브리트라·티아마트를 처참하게 살해한다. 남성신 등장의 문명사적 의미는 가부장제와 청동기 문명, 그리고 도시국가의 등장을 뜻한다.11)

중국의 夏·殷·周 시대에 해당하는 이스라엘 역사시기는 B.C 2000년에서 B.C. 1800년에 걸친 족장시대와 B.C. 1000년 전후의 통일왕국시기였다. 족장 아브라함은 자신의 종교체험을 통하여 유일한 수호신을 신앙하게 되었다. 그러나 역사 속에서 인격과 감정을 가지고 이스라엘인들을 수호해 주었던 야훼신앙은 바빌론 유수시대(B.C. 586~538)를 거치면서 점차 세상으로부터 멀어져 초월성과 절대성이 강조되기 시작한다. 그리하여 제2이사야(이사야 40장 이하)에 나타난 '야훼' 개념은 범우주적이고 초민족적인 보편적 유일신으로 발전하며 예루살렘의 회복을 염원하는 來世觀과 유대민족

---

10) 조철수, 2000, 『메소포타미아와 히브리신화』, 길, 112~123쪽 참조.
11) 김상일, 1994, 『카오스와 문명』, 동아출판사, 221~230쪽 참조.

을 구원해 줄 메시아 사상으로 확대되어 갔다.

예수 전도와 십자가 죽음, 부활의 사건 이후, A.D. 383년 콘스탄틴 대제에 의해 기독교가 국교화된 후 고대 카톨릭 교회시기(A.D. 150~1054)에는 많은 이단과의 논쟁 속에서 神性과 人性을 고백하는 '三位一體'의 독특한 신개념을 형성하였다. 즉, 이스라엘 멸망 후 범우주적 신은 희랍철학의 이원론적 사고의 영향을 받아 중보적 개념(예수)을 필요로 하는 절대 타자이며 창조주로서의 신의 모습으로 개념화되었다.12)

그런데 이러한 히브리적 사유에 이어 남성적 의식과 비인격적 자연 사이에 더욱 근본적인 이원론을 보여주는 것은 그리스 철학이었다. 철학적 세계관은 B.C. 6세기경에 당시 그리스의 식민지였던 소아시아의 이오니아 반도에 있는 항구도시 밀레토스로부터 시작되었다. 그들은 '만물의 근원이 무엇인가?'라는 문제를 제기한 후 운동하는 물질적 존재에서 그 해답을 찾았다. 이 소박한 해답은 만물의 근원이 신이라는 전통적 종교적 세계관으로부터의 탈출이었으며 그들이 주장한 내용은 원초적인 자연발생적인 유물론이었다.

그러나 파르메니데스와 제논을 중심으로 하는 엘레아 학파는 밀레토스의 유물론에 대한 관념론의 공격이었으며 동시에 플라톤의

---

12) 이러한 이유로, 기독교의 전통적 唯一神觀은 틸리히와 불트만과 같은 새로운 신학자들에 의해서 새로운 神觀의 필요성이 강조되면서 서양의 형이상학적 인식론의 틀을 벗어나게 되는, 이른바 탈 서양화의 경향을 가지게 되는데, 이와 같은 기독교의 현실적 존재로서의 神, 절대 타자로서의 神, 절대 유일의 神을 가능하게 한 인식론적, 존재론적, 논리학적인 神의 개념은 神의 한계를 넘어선 內面的 一元論으로의 神의 개념으로 회귀하는 것을 의미한다. 그러나 이러한 새로운 神觀은 아직 정립되지 않고 있으며 전통적 神觀을 고수하는 입장과 갈등관계에 놓여 있다.

관념론으로 발전하는 요소를 가지고 있었다. 엘레아학파는 不動의
一者를 주장하면서 운동과 多를 부정하였지만 현실계에서 운동과
多가 존재함을 부정할 수는 없는 것이었다. 따라서 이의 반발로
'多元論者'로 불리는 엠페도클레스와 아낙사고라스는 다원론적 자
연론을 제창하였다. 그들이 다원론자로 명명되는 것은 과학적으로
'원소'에 해당하는 기본 물질을 과학적으로 탐구하였기 때문이지
만 그들의 노력은 데모클리토스에서 原子論으로 되어 이오니아 이
래 고대 유물론에 일단 완성된 형태를 부여한다.

특히 주목할 것은 철학의 선조라 알려진 소크라테스나 플라톤의
이분적 논리이다. 육체는 자연물이므로 사람이 죽게 되면 썩어 없
어지지만 정신은 육체를 벗어나 어디엔가에 영원히 소멸되지 않고
존재한다는 정신과 육체를 분리하여 사고하는 방식이다.

플라톤의 경우, 물질적인 존재가 아니라 정신적·관념적 존재로
서의 이데아(Idea)가 진정한 존재이고 물질적 존재는 이데아의 模
寫, 또는 그림자에 불과한 것이었다. 그의 이데아론은 인간의 의식
으로부터 독립한 관념적 존재가 있어서 이것만이 참다운 실재라고
하는 전형적인 객관적 관념론이다. 따라서 可視的 세계와 육체적
인 존재는 의식 아래에 있고 의식의 통제를 받아야 하는 열등한 영
역으로 객관화된다.

신이 세계를 창조했고 아담과 이브가 타락한 결과가 바로 현세
의 고통이라는 유대종교적·신학적 세계관과 정신·육체를 이원
적으로 설명하는 그리스적 세계관은 서로 상승작용을 일으키면서
중세의 스콜라적 우주관을 낳았으며 르네상스에 이르러서도 이 우
주관은 완화되지 않았다. 독일의 관념철학자 칸트에 와서는 인간
을 '선험적 자의식'과 '자연'이라는 구도로 이분화시켜 설명하였고
헤겔은 '정신의 소외된 현상이 자연'이라고 함으로써 인간이 보지

않으면 자연은 없는 것이라고 극단적으로 설파하였다. 마르크스는 인간을 자연의 객관적 법칙에 종속시킴으로써 종래의 인간중심적, 즉 자본가 중심적 생산양식을 비판하고 나왔다. 마르크스의 유물론은 "자연법칙이란 인간의 의지나 의식과 관계없이 독립해서 존재한다"는 선언이었다.[13]

이같이 서구 전통에 있어 세계에 대한 관점은 두 가지로 나누어진다. 세계는 정신으로 이루어진다고 보는 관념론과 세계는 물질로 이루어진다고 보는 유물론적 세계관이다. 존재에 대한 사유, 자연에 대한 정신의 관계에 대한 문제가 유물론과 관념론을 나누는 가장 중요한 문제이며 근대에 와서는 주로 존재와 의식의 대립, 객관과 주관의 대립이라는 양태로 나타난다. 근대적 세계관의 기반을 이루어 온 자연관에서는 자연은 인간을 위한 이용대상으로서 그 자체는 생명 없는 거친 질료이다. 결국 인간은 자연정복의 권리를 부여받게 되는데 이러한 이원론이 환경문제와 여성문제를 배태하게 하였다. 이에 대한 반성으로 기계론적 자연관에 대응되는 유기체론적 자연관이 대두되었다.

유기체 철학을 대표한다 할 수 있는 화이트헤드에게 있어 세계는 유기적인 현실적 존재의 상호의존적인 사건 내지 과정의 조직체이며, 자연은 감각의식으로 드러난 전체적 지속이며 현실적이고 구체화되어 나타난 사건의 복합체가 된다. 나아가 화이트헤드의 유기체론적 자연관은 창발론을 함축하고 있는데 '궁극적인 형이상학의 원리는 이접성(disjunction)에서부터 이접적으로 주어진 대상보다 새로운 것을 창조하는 연접성(conjuntion)으로 발전하는 것'으로 본다. 이 연접성의 개념은 그의 독특한 개념으로서 하위세계와의

13) 양재혁, 1998, 『동양철학, 서양철학과 어떻게 다른가』, 소나무, 13~17쪽 참조.

관련성을 가지면서도 그것에 의해서만 결정되지 않는 새로운 것을 창출하는 것을 의미한다. 이는 근대과학이 전제한 죽은 자연이 아니라 생명력 있는 자연이 되는 것이며, 이러한 유기체론적 자연관은 사건이나 대상들 사이의 존재론적 관계망을 의미한다. 관계들이 하나의 통일적인 망 속에서 상호관계 지어져 있다는 것을 함축한다.[14)]

서양철학에서는 합리적 자기통제라는 인식적 규범에 긴박되어 인간과 자연의 불연속적이고 대립적인 구도가 뿌리깊은 전통을 갖고 있다. 그리하여 인간의 이념세계와 자연은 존재적 위계와 지위에서 차별화 되어 있다. 반면 동양철학에서는 자연에 내재하면서 존재계를 일원론적으로 통합시키는 질서인 道를 상정함으로써 이러한 존재적 규범의 전통을 지켜오고 있다. 동양에서는 인간과 자연이 하나의 연속적 관계성 속에서 자리 매겨져 있다. 인간의 위계가 자연보다 높지도 않고 자연이 통제의 대상으로 취급되는 것도 아니었다. 그러나 성리학적 사유틀로 발전하면서부터는 자연과 인간의 대상화가 시작됨을 볼 수 있다.[15)]

---

14) Whitehead, A.N., *Process and Reality*: Corrected Edition, The Free Press, New York, 1978. p.340.

15) 양재혁, 앞의 책, 21쪽. 중국사상사에서도 '자연법칙'을 중시하는 天道觀이 후기 朱子學에서는 최고의 진리, 최고의 성스러움을 추구하는 공자의 윤리관과 합쳐져 '최상의 것' 에만 집착하였을 뿐 현실의 합리적 삶과는 거리가 멀어졌다. 결국 최고의 天道(이론)를 人道(실천)로 포섭 지양하는 것이 과제로 남게 되었다.

제3절 전통적 여성관의 비판과
에코페미니즘의 대두

동서양을 막론하고 남녀 불평등한 문화를 살펴보면 그것을 합리화하는 사고의 유형으로서 이분법적 이원론이 자리해 있다. 이 이분법적 이원론은 동·서를 막론하고 성차별을 합법화 해왔다. 로즈메리 류터(Rosemarry Ruether)는 고전적 종교가 이분법에 근거해 있다고 주장하면서 다양한 이분법의 형태를 들고 있다. 이것은 육체와 영혼, 性과 독신, 여성과 남성, 흑과 백, 선과 악 등의 이분법으로 나타난다. 또한 류터는 이 이분법이 도전 받게 되면 고전종교의 聖과 俗이라는 가치의 이분법적 틀도 위협받을 수밖에 없다고 하였다.16)

가부장제 문화의 철학적 근원은 이러한 이원론으로서 이에 따라 다양한 이분법이 전개되었다. 그러나 페미니스트 종교학자들은 몸과 마음을 둘로 보지 않고 통합적으로 파악하는 새로운 세계관을 추구한다. 서구철학의 뿌리인 희랍철학은 인간을 불멸의 영혼과 유한한 육체의 이원적 존재로 보고 인간의 정신적 불멸성 추구에 있어 육체는 방해가 되는 것이라 생각해 왔다. 이 최초의 영육 이분법은 서구 철학에서 주체와 객체를 구분하는 이분법의 토대가 되어 특히 인식의 주체인 정신적 인간은 남성으로서 이 정신적 인간인 남성만이 살아있는 생명체이고 객관화된 나머지 존재들은 단순한 물질에 지나지 않는다고 보았다.

---

16) Rosemarry Ruether, *Liberation Theology*, NY: Paulist Press, 1972, p.48.

이러한 서구 철학사상과는 달리 노자의 道개념이나 『주역』의 陰陽思想은 우주의 역동적 생성원리를 설명하는 것이었다. 그런데 송대 성리학에 이르러 程朱의 理氣二元論은 조선조 유교의 윤리 체계의 기초가 되었다. 특히 조선조 후기에는 主理論的 이기이원 론에 바탕한 통치 명분과 사회 신분질서가 확립되었다. 주리론적 이기이원론에서 리는 형이상이며 기는 형이하에 속하듯이 인간에 있어서 정신은 형이상이며 육체는 형이하이다. 이러한 성리학에 기초한 유교사회는 임금과 아비와 지아비를 향한 신하와 자식과 지어미의 일방적이고 절대적인 忠과 孝와 烈을 강조한다. 뿐만 아 니라 정주의 성리학은 유교적 윤리에 바탕한 사회질서를 세우기 위해 士農工商 및 班常, 嫡庶, 男女, 老少의 사회계급제도를 형성 하여 왔다.

한편, 성스러움을 추구하는 대부분의 역사적 종교들도 聖·俗의 이분법적 틀을 갖는데 이 성속이원론 또한 영육이원론에 그 근원 을 둔다. 肉에 대한 부정적 견해의 대표적인 예가 바로 기독교의 죄의 관념인데 이 죄는 바로 여성으로부터 비롯되었다. 따라서 여 성의 육욕이 남성을 유혹하여 타락시키지 않도록 남성은 유혹의 원인인 여성을 잘 다루어야 한다. 이러한 영육이원론은 여성을 남 성에게 예속시키는 것을 정당화하면서 남성 중심의 가부장적 전통 사회를 구축하게 되었다. 따라서 서구 기독교 전통의 여성 혐오론 이나 동양의 유교나 힌두교의 여성비하의 전통도 여성을 육체적 존재로만 간주한데서 시작되어 역사적으로 공고히 내면화되어 온 것임을 알 수 있다.

한편 문화와 자연의 이분법[17]도 전술한 영육이분법에 근거한 것

---

17) 한편 동양의 경우는 기본적으로 문화와 자연을 이분법으로 보는 사상 은 거의 없다. 동양에서는 만물을 정신성이 결여된 단순한 물질의 덩어

임을 간과할 수 없다. 靈의 개념은 중세에는 神의 관념으로 되었고 중세 이후 르네상스를 거치면서 인간의 理性과 같은 정신성으로 대치되었다. 따라서 이성적인 인간은 비이성적인 만물이나 자연을 변형·개조할 수 있다. 이렇게 이성을 지닌 인간이 주체가 되면서 자연은 객체가 되었고 자연스럽게 인간중심주의가 형성되었다. 인간은 이성을 지녔기에 자연을 가공하고 문화를 창조할 수 있다. 이것은 서구 문화의 대표적인 특징으로 르네상스 이후 개발과 발전의 꿈으로서 근대화 이데올로기의 기원이 되었다.

이러한 문화와 자연의 이분법은 남성과 여성의 이분법을 도출하였다. 희랍시대부터 여성의 육체는 경멸되어 왔다. 플라톤은 덕과 지혜와 정의에 있어 여성이 남성보다 열등하다고 하였으며 아리스토텔레스는 여성은 본성적으로, 생물학적으로도 열등하다고 규정하였다.[18] 토마스 아퀴나스는 神이 하와를 아담의 머리나 다리뼈가 아닌 옆구리의 갈비뼈로 만든 것은 여성을 내조자로 본 것이라 하였는데, 이는 여성에게 매우 비우호적이었던 중세사회의 분위기에서 다소 진보적인 여성관이었다고 여겨진다.[19]

한편, 서구 문명의 또 하나의 중심을 이루는 히브리 문화권에서도 여성에의 혐오는 마찬가지였다. 유대인들도 그들이 여성으로 태어나지 않은 것과 이방인으로 태어나지 않은 것과 노예로 태어나지 않은 것을 감사하였던 것이다.[20] 히브리 전통에서의 여성에 대한 죄악시는 죄의 기원이 여자에게서 유래한다는 창세기 신화에

리로 보지 않았다. 특히 道敎의 경우에 자연의 개념은 우주의 전존재가 상호분리될 수 없는 하나의 생명체이며 자연 그대로의 질서와 조화를 갖는다는 의미의 궁극적인 道로 간주되었다.
18) Jean B. Elshtein, *Public Man, Private Woman*, New Jersey: Princeton Univ. Press, 1981, p.44~45.
19) 강숙자, 1998, 『한국여성학연구서설』, 지식산업사, 152쪽.
20) 수잔네 하이네, 앞의 책, 139쪽.

서 연원한 것이다. 따라서 여성은 죄의 대가로 출산과 양육, 굴종과 예속이라는 순환고리와 같은 대가를 감수해야만 한다(창3:16).

하와, 즉 여성은 인류의 정신문명사에서 소외되어 있을 뿐 아니라 영원한 - 예수의 속죄사건조차 침범할 수 없는 신성불가침의 영역으로서 - 죄와 사악의 근원이며 그 자체가 되어 어두움의 자리에 동댕이쳐져 있는 것이다. 여성은 남성에게 성욕을 불러일으키는 원인제공자이며 모든 죄악의 근원이거나 가능성이므로 여성과의 접촉은 매우 위험한 것으로 여겨졌다.[21] 또한 여성에게는 이성적 능력이 결여되어 있을 뿐 아니라 영혼조차도 소유하지 못한 것으로 여겨졌다.

한편 동양의 여성관은 유교적 전통 여성관에서 찾아볼 수 있다. 중국에서는 西周 초기에 여성억압의 이념이 발생했는데 그 이전 시기인 殷代사회에서는 지배와 종속의 개념이 희박하였다. 은대 사회는 자연경제 단계로서 종족의 연합체로 구성된 사회였다. 가장 큰 종족인 殷族과 다른 종족간의 관계는 君臣개념이 아닌 상대적 자율의 관계이며 사회의 가장 기초 단위인 씨족 상호간에도 상대적 자율이 보장되던 시기였다. 그러나 은왕조 정복을 통한 서주 국가의 성립과정에서 부권적 계급질서가 요청되었다. 경제와 정치의 분배과정에서 생겨난 종법제는 바로 이 계급질서를 만족시키는 것이었으며 남성을 위주로 하고 여성을 배제한다는 원칙으로 모든 사회관계를 구성한 것이었다. 즉 남성적 원리를 강조하는 과정에서 성(gender)을 기준으로 한 계급질서가 창출되었다.[22]

---

21) 이것이 창세기 4:12에서 하나님의 힐문에 대응하는 최초의 남자 아담이 여자에게 책임을 전가한 것과 일맥상통한다는 것은 그리 놀라운 일이 아니다. 현대의 남성들에게조차 "하나님이 주셔서 나와 함께하게 하신 여자 그가 그 나무 실과를 내게 주므로 내가 먹었나이다."라는 아담의 발언은 영원한 고전이다.

고대 유교의 여성관은 그 우주론의 핵심인 『周易』의 음양사상에 기초하고 있다. 중국고대의 우주론에 의하면 우주는 일정한 법칙성을 가지고 운행하고 있다고 보았는데 이 질서가 天道이다. 따라서 인간이나 사회 모두 이 절대적 질서인 천도에 합치될 때 그 인간이나 사회 또한 가장 이상적인 상태에 있다고 보는 것이다. 易에서의 천도는 우주 법칙성을 우주의 총체인 陰陽의 관계로 설명하는 음양이원론의 구조를 갖는다. 易에서는 일체의 자연계와 인간계를 음양이원에 배분시키고 이 음양의 조화를 곧 道理라고 보았다.

乾의 법칙은 男을 이루고 坤의 법칙은 女를 이룬다고 함으로써 인간의 도리는 우주의 법칙에 따르는 것임을 명시하였다. 즉 『주역』의 첫 번째 괘인 '乾'은 남성적 剛健을, 두 번째 괘인 '坤'은 여성적 柔順을 상징한다. 이 음양사상에 있어 남녀의 도는, 양은 인도하는 도로 음은 뒤따르는 도로 표현된다 (『周易』 坤卦). 그러므로 음인 여성은 양인 남성을 따라야 하며 양이 提唱하면 음이 이에 和應하는 것이 자연의 순리요 법칙인 것이다. 三從의 道로 대표되는 여성의 순종의 윤리는 바로 이러한 『주역』의 원리에 근거한 것이다. 즉, 여성의 순종과 종속성을 규정하고 있는 '女必從夫', '夫唱婦隨', '一夫從事' 등의 규범들은 天道에 합치되는 坤道의 법칙성에서 도출된 것이다.

『주역』의 음양사상은 원래 순환과 변통의 원리를 근원으로 하므로 음과 양의 절대적 고정화는 원리적으로 성립될 수 없다. 그러나 『주역』은 그 자체가 가부장제가 이미 확립된 시기의 산물이므로 그 기본원리가 관철되지 못하였다. 그리하여 가부장제의 성립과

---

22) 이숙인, 1996, 『중국고대의 여성윤리사상 형성에 관한 연구』, 성균관대학교박사학위논문, 165~166쪽.

212 제2부 한국의 공동체문화와 여성관

더불어 형성된 남존여비적 제규범은 그 정당성의 근거를 『주역』의 음양사상에서 도출해 냄으로써 인류으로서의 婦道를 坤의 법칙성과 일치시켜 남성에 대한 여성의 순종과 종속성을 천도로서 합리화하는 작업을 수행하였다.

이러한 고대의 여성관은 송대 주자학에 이르러 더욱 심화되었다고 본다. 주자는 그의 우주론을 전개함에 있어서 태극은 우주만물의 '리'라고 하여[23] 리가 우주의 근원임을 못박았다. 이같이 '리'를 우주만물의 근원으로 고정시킬 때 『주역』과 『태극도설』에서 볼 수 있는 순환론적 성격은 희박해지고 理를 궁극적 근원으로 하는 일종의 합리론적인 우주론으로 전화된다. 이 리는 物理인 동시에 인간의 道理가 된다. 따라서 주자학 단계의 정절론도 리에 입각한 주자학의 철학적 체계화와 병행하여 강화되는데, 여성의 정절 그 자체가 리에 의해서 형이상학적으로 절대화되기에 이른다. 이는 당시의 교훈서인 『朱子家訓』과 『小學』을 통해 구체적인 여성윤리로 나타나는데, 주자는 부부관계를 군신관계로 비유하고 妻가 夫를 따르는 윤리를 상하주종의 원리로 파악하고 있음을 알 수 있다.[24]

이상과 같이 볼 때 영육이분법에서 비롯한 서양의 이분법적 이원론은 성과 속, 문화와 자연, 남과 여의 이분법을 도출하였음을 알 수 있다. 이와 같은 이원론은 자연과 여성을 이용과 착취의 대상으로 도구화시켰으며 결국 전지구적 황폐화라는 심각한 위기상황을 초래했다. 이러한 이분법적 이원론에 반발하여 시도된 일련의 사상과 운동이 생태학적 여성해방주의, 곧 에코페미니즘이다.

에코페미니즘은 여성운동, 평화운동, 환경운동 등 1970년대 말에

---

23) 『朱子語類』 卷1. "太極只是天地萬物之理"
24) 『小學』 「明倫」. "忠臣不事二君, 烈女不更二夫"

서 1980년대 초반까지의 다양한 사회운동에서 성장해 나왔다. 에코페미니즘이란 용어는 프랑스 작가 프랑소와즈 드본느가 1974년 자신의 책 La Feminisme ou la Mort 에서 처음으로 사용하였다. 그후 되풀이되는 환경재앙으로 환경재앙에 반대하는 수많은 항의와 운동을 통하여 널리 확산되었다. 스리마일섬에서의 원자로 노심 용해를 계기로 수많은 미국여성들이 1980년 3월 애머스트에서 열린 최초의 에코 페미니스트 회의, 즉, 'Woman and Life on Earth: Ecofeminism in 1980's'라는 협회를 조직하면서 이 용어를 채택했다. 어느 곳에서 환경파괴나 핵전멸 위협에 대해 반대활동을 하든지 간에 여성들은 여성과 이민족, 자연에 대한 가부장적 폭력 사이에 연관성이 있음을 깨닫고 이 가부장제에 도전하는 것이 미래 세대와 자연에 충실한 것임을 알게 되었다. 생명공학·유전공학과 생식기술의 새로운 발전으로 인해, 여성들은 과학과 기술이 성차별적이고 과학의 전체적인 페러다임 자체가 가부장적인 것이며 자연과 여성의 생산력을 박탈하는 것임을 깨닫게 되었다.

이같이 에코페미니즘은 1970년대 후반 여성운동, 환경운동, 평화운동의 교차점에서 출현했다. 이는 핵에너지와 핵무기에 대한 반대운동에 일익을 담당하면서 1980년대 초반 반핵운동과 연계되어 정치적 성향으로 발전했다. 정치적 경향으로서 에코페미니즘은 1960년대 후반과 70년대 초의 급진적 여성해방운동의 영향을 받았고 인간과 자연의 관계에 대한 성적 배열의 함의를 탐구함으로써 양성간 관계에 대한 비판으로 확장시켰다.[25]

에코페미니즘은 오늘의 위기의 근원을 상호관계성을 거부하고

---

25) Epstein, Barbara "Ecofeminism and Grass—roots Environmentalism in the United States" in Toxic Struggles, Richard Hofrichter eds, Philadelphia: New Society Publishers. 1993.

지배·복종의 관계를 산출하는 이원론으로 인한 모든 관계들의 상
호성 박탈에 둔다. 이러한 이원론적 사고는 인간뿐만 아니라 자연
역시 대상화하거나 적대시하며 인간은 주체, 자연은 객체로 인식
함으로써 지구와 자연을 억압·관리·지배한다. 그러나 지금은 분
리·지배·차별같은 남성원리를 상호관계와 조화 지향의 여성적
힘으로 대치해야 하는 시대이다. 그러므로 생태계 전체의 균형과
상호관계를 추구하는 생태학적 철학과 생명의 균형과 상호관계의
회복을 지향하는 여성해방론이 같은 맥락을 띤다는 것이 에코페미
니즘의 요지이다.

에코페미니즘이 추구하는 기본개념들은 다음과 같다. 첫째, 모
든 자연에 대한 생명의 투쟁들을 다루며 둘째, 비인간인 자연의 지
배를 포함하여 모든 종류의 지배의 연관성을 파헤친다. 따라서 에
코페미니즘은 지구상의 삶이 계급구조가 아닌 그물망으로 연결되
어 있다고 보기 때문에 반계급적이다. 나아가 에코페미니즘은 二
分法에 도전해야 하며 에코페미니즘의 원칙들에 의해 인간 사회를
급진적으로 재건설해야 한다고 주장한다.26)

에코페미니스트들은 환경정치학이 여성에게 특별히 친화력이
있으며 性差의 정의와 착취, 그리고 자연환경의 파괴 사이에 연관
이 있음을 주장한다. 여성과 자연의 이러한 연관을 이론적으로 규
명하기 위해서는 환경정치에 대한 여성의 친화력에 대한 근거와,
성차에 대한 생물학적·사회적 요인 사이의 관계를 밝혀야 한다.
이러한 근거는 여성이 자연과 동일한 피해자라는 점을 강조함으로
써 아니면 여성적 자질과 생태학적 원리가 가지는 친화성을 적극
적으로 강조함으로써 구성되고 있다. 이러한 에코페미니즘은 靈性

---

26) Rouland, "Feminism and Ecology", *Reclaim the Earth*, The Women's Press, 1983.
    p.63.

지향운동으로 규정되기도 한다.

영성이란 라틴어의 'Spiritus', 'soul', 'Animus'에서 그 뿌리를 찾을 수 있는데 모두 가슴 깊숙한 곳에서부터 무엇인가를 내뱉는다는 의미를 가진다. 그러므로 영성은 가장 내적이고 구체적인 우리의 감정이나 경험을 표현하는 것이라 하겠다.27) 이러한 전통적인 의미의 영성은 세상과 동떨어진 개인의 내적 구원에만 치중하므로 수동적이며 세계에 존재하는 실재와는 전혀 무관한 것이었다. 전통적인 영성의 특징에는 개인적이고 금욕적인 영성과 가부장적인 영성이 있다. 이 영성은 타자를 눌러 지배하는 힘, 억압하고 통제하는 힘의 기반위에 서있다.

반면 새로운 영성은 통합적인 것으로서 외향적·공동체 중심적·활동적·통전적(holistic)이며 모든 것을 포용하는 영성이다.28) 이 영성은 억압받고 착취당하는 여성과 자연에 대한 연민을 가진다. 그리고 인간에게 자신들이 정의와 평화의 도구라는 자각을 일깨워 가부장적 구조를 종식시키고자 한다. 나아가 전통적 영성의 구성요소인 가부장적 이원론으로 인해 여성과 함께 고통받아 온 자연현실을 직시하고 인간과 자연사이의 소외를 극복하고 내재성과 상호연관성에 근거한 생태계 여성해방적 영성(Ecofeminist Spirituality)에의 추구이다.

그러면 농학사상과 海月의 여성관에 나타난 에코페미니즘적 영성의 성격은 무엇인가?

---

27) Mariamn Francis, "Emerging Spirituality", *Asian Woman Doing Theology*, p.331.
28) Ibid., p.311.

제4절 동학사상의 평등성과 여성관

자연과 인간, 성과 속, 남성과 여성의 이분법적 시각은 왜곡된 관계들을 양산해 내었고 자연의 피폐와 여성의 억압된 삶을 초래하였다. 물론, 동양의 경우는 서구와 같이 자연을 착취의 대상 및 도구로 인식하지는 않았지만 송대 주자학의 합리적 체계화로 인하여 절대원리인 리·태극의 우위성이 존재론화되면서 기·물질·여성은 종속적인 것으로 전락하였다.

이러한 인식 하에 동학이 창도될 당시 한국 사회는 정주학적 유교윤리의 폐단이 드러나면서 사회제도와 남녀차별적 신분질서가 흔들리게 되었다. 이 때 천주교가 전래되었고 유교 신분제나 남녀차별 질서에 대립되는 면들이 많은 사람들에게 호응을 얻기도 하였다. 그러나 일각에서는 천주교와 함께 전래된 서구문명의 문제를 지적하면서 동양적 사유에 근거한 종교운동을 전개하기도 하였다. 이는 자연을 단순한 물질로 보는 이러한 문화와 자연의 이분법적 사고에 대해 위기감을 가진 것이라고도 볼 수 있겠다. 특히 대표적인 민족종교인 동학의 경우, 자연과 인간을 통일체로 봄으로써 神과 人間과 自然을 함께 성스럽게 여겼다.

수운 최제우의 侍天主사상은 모든 인간의 절대적 존엄성을 인정한 것으로서 신분제와 조선조 유교의 여성억압적 악법을 비판한 것이다. 그를 이어 2대 교주인 해월 최시형은 事人如天을, 3대 교주인 의암 손병희는 人乃天을 각각 주창하여 근대적 인권자각에 큰 영향력을 끼쳤다. 특히 수운은 夫和婦順의 새로운 부부윤리를 가르쳐 여성의 인권을 존중하게 하였고 특히 2세 교주인 해월 최

시형은 "婦人修道, 內則, 內修道文" 등에서 여성에 대한 가르침을
폈다. 海月의 사상은 정통적인 이분법을 극복하고 생태주의적인 시
각에서 자연과 인간의 진정한 화해와 통합을 추구하고자 하였다.

이러한 해월의 여성관은 동학사상의 인본주의적 성격[29]과 그 맥
락을 같이 한다. 동학사상의 인본주의적 성격은 水雲, 海月, 義菴
을 거치면서 심화, 발전되어 갔다. 그리고 이러한 동학의 평등성과
인본주의 사상은 '인내천'의 동학의 신관에서 비롯된 것으로 보인
다. 특히 해월에 있어 신관의 汎在神論的 內在化는 '物物天事事天'
의 만물평등론으로까지 발전되는 독창성을 갖는다. 해월의 만물평
등론의 입장에서 볼 때 남성과 여성의 차별은 결코 용납될 수 없는
것이다. 따라서 해월사상에 있어 자연이 결코 정복되어야 할 대상
이 아닌 것처럼 여성도 억압의 대상이 아니다. 그에게 있어 자연과
여성은 모두 天이다. 이러한 해월사상의 자유로움과 초월성은 최
근 논의되는 에코페미니즘과 상통하는 면이 있다. 해월은 이미 100
여 년 전에 서구의 이분법이 초래할 균열의 세계를 예견하고 진정

---

29) 최제우 시기(1860~1864)의 동학은 후천개벽에 의한 지상천국 건설이
목적이었다. 그는 당시의 시대적 위기의식 속에서 天人如一의 侍天主
사상을 종교이론으로 정립하여 혁명사상을 정당화하였다. 뒤를 이어
최시형시기(1864~1898)에는 侍天主사상을 구체적으로 체계화하기 시
작하여 '以天食天', '以心治心'의 논리로 인간이 곧 '한울님'이라는 것
을 합리화하고 현실개혁 의지를 강력하게 표명하였다. 이는 해월이 국
권수호의 절박한 분위기에서 事人如天의 인본주의 사상을 교조신원
운동, 갑오농민 혁명으로 드러낸 것이다. 손병희(1898~1921)는 천도교
의 종지를 人乃天으로 정립하여 인본주의를 사회적으로 실천하였다.
천도교에서 3·1 독립운동 당시 민족연합 결성과 민중시위 운동을 주도
할 수 있었던 것은 이같이 인내천을 사회사상으로 발전시켰기 때문이
다. 나아가 1920년대에는 서구 근대 사상을 수용한 이돈화의 인내천 논
증에 힘입어 『개벽』 등의 간행물을 발간하여 신분을 초월한 모든 사람
에게 지면을 개방하고 농민·노동자·학생·여성 등 각 분야별로 부
문 운동을 전개하여 근대 민족운동을 이끌어 나갔다.

한 자유와 해방을 꿈꾸었던 것이다.

동학의 신관의 경우, 최제우의 신관은 초월신적 경향이 강하게 드러나지만 2세 교주 최시형에 이르러는 초월신에서 점차 내재신으로 변화하고 있다. 그러므로 해월의 신관은 오히려 원시유교의 초월적 '上帝'개념으로부터 주자학의 '理', '太極' 등 내재신적 개념으로 이행하는 듯이 보여 유교적 신개념과 유사하다는 오해를 초래할 수도 있다.

그러나 유교의 '천'은 누구에게나 보편적으로 내재하는 존재가 아니고 오히려 천명을 소유한 최고통치자(천자)를 통해서만 감응될 수 있는 존재이다. 유교의 爲民의 통치이념은 물론 民을 天처럼 여기라[30]는 구도를 가지고 있지만 통치자와 피치자 사이의 신분 간격은 엄연히 존재하는 것이다. 그러므로 이러한 구도 하에서 인간관계의 위계질서가 이루어져 君·父·夫의 상층부와 臣·子·婦의 하층부가 엄연히 존재하게 되었다. 이러한 인간간의 위계는 지도층의 실덕과 비행을 어느 정도 정당화할 수 있는 이론적인 근거가 되어 동학이 발흥한 조선 후기 사회의 피폐함에 도달하게 된 것이다.

수운 최제우도 이러한 신분질서하의 불이익을 충분히 체득한 인물이었고 해월 역시 빈한한 생활을 꾸려가다가 수운을 만나고 심지의 기름이 닳지 않는 신비체험을 가지게 된다. 이들이 기득권을 지닌 양반층이었다면 동학의 평등성은 창출되지 못했을 것이다. 무엇보다도 동학은 그 신관에 있어 평등성을 지닌다. 한국인의 원형적 신관은 초월신이었으며[31] 수운이 경신년 강신체험에서 만난

---

30) 『書經』. "天視自我民視, 天聽自我民聽"
31) 우리 고유 신앙은 애니미즘이 바탕이 된 다신적 신앙인 것처럼 여겨 왔지만 그러나 실제는 하느님이라는 최고의 신을 받든 점으로 보아 유일신교적이라고 할 수 있다. 마치 유대인들이 모세이전에는 다신적 신앙

신 또한 초월신이었다.[32] 이 '한울님'은 수운에게 靈符와 呪文을 하사하여 세상을 구제할 뜻을 밝힌다.[33] 그러므로 수운이 만난 신은 인격적인 존재로서 자신의 뜻을 인간에게 계시했는데 이 신은 전지전능한 존재이며 세상을 주재할 수 있는 존재이다.[34]

또한 수운이 만난 신은 이상과 같은 초월적 경향을 지닐 뿐 아니라 내재적 성격도 지녔다.[35] 이러한 수운 신개념의 양면성이 그 후 동학과 천도교의 신관을 내재적 신관으로 발전시키게 된 것이다. 동학 신관의 내재적 경향은 바로 신이 인간에게 '베푸는' 차원이 이닌 인간이라면 '누구나' 신을 모시는, '시천주'의 신앙으로 자연스럽게 발전된다. 최시형은 '한울님'의 존재의미와 천인관계에 중점을 두고 범재신론[36]의 관점에서 '시천주'사상을 더욱 현실적으

이었는데 애굽고역을 겪는 과정과 모세의 출현으로 유일신 신앙을 형성하는 과정과 같다고 할 수 있다(이서행, 1993, 『한국, 한국인, 한국정신』, 대광서림, 148쪽).

32) 『東經大典』「布德文」.

33) 같은 책, 같은 곳.

34) 至氣는 우주에 충만해 있으면서 천지만물을 다스리는 단 하나의 기운이며 동시에 主宰神인 한울님의 지극한 기운이라면 한울님은 우주만물을 至氣를 통해서 다스린다고 할 수 있을 것이다. 즉 이 지상계를 넘어서 있는 초월적인 한울님은 至氣라는 자신의 기운에 의해 천지만물을 주재한다고 할 수 있다. 따라서 至氣는 한울님이 만물을 주재할 때 드러나는 한울님의 한 속성으로 볼 수 있다(이혁배, 1988, 「천도교의 신관에 관한 연구」 『종교학 연구』 7, 14~20쪽 참조).

35) 같은 책, 21~24쪽 참조.

36) 세계고등종교들이 갖고 있는 여러 형태의 神論 중에서 대표적인 것은 有神論(Theism), 汎神論(Pantheism), 汎在神論(Panentheism)으로 집약되는데 汎在神論的 신관은 인류고등종교의 최고 발달상태에서 나타나는 신관이다. 하트숀(Charles Hartshorne)은 神性의 다섯가지 요소를 차출하여 내고 그 함수관계로서 위에 언급한 대표적 신관의 특징을 설명하였다. (1) 신은 자의식적이다(C). (2) 신은 세계를 알고 있다(K). (3) 신은 세계 속에서 내재해 있다(W). (4) 신은 영원하다(E). (5) 신은 시간적이다(T).

로 체계화하였다. 그는 至氣論을 실천적으로 세속화하는 한편 '人卽天'의 논리로 천인관계와 '한울님'의 존재를 정의하였다. 즉 그는 천주를 인간과 동일시하여 손님, 어린이, 베짜는 여인등 모든 인간이 곧 하느님이라고 규정하고 나아가 사람뿐 아니라 천지만물이 다 하느님을 모시고 있다는 주장을 한다.

해월은 자신의 신관을 전개함에 있어 수운의 신관이 지닌 초월적 경향과 내재적 경향 중에서 전자의 경향을 배제시키고 후자의 경향만을 취하였다.[37] 해월은 수운의 시천주 개념을 확대시켜 사람만이 한울님을 모신 존재가 아니라 천지만물 또한 한울님을 모신 존재이며 무생물조차 한울님을 모신 존재이므로 자신과 한 몸이라는 것을 완전히 자각하였으며 그것을 생활 속에서 실천하였다. 타인을 시비하는 것은 한울님을 시비하는 것이요[38] 손님, 어린이, 베짜는 여인을 포함한 모든 인간이 곧 '한울님'이라고 규정하였다.[39] 그런데 해월은 사람 뿐 아니라 천지의 만물이 다 한울님을 모시고 있다는 주장이다. 그래서 그는 새소리 조차도 侍天主의 소리라고 말하였던 것이다.[40]

有神論은 이 중 C·K·E의 요소를 종합한 속성을 갖고 있고, 汎神論은 C·K·W·E의 요소를 포함하며 汎在神論은 C·K·W·E·T의 다섯가지 요소를 모두 내포한 존재 그 자체이다(金敬宰, 1983, 「崔水雲의 神槪念」 『東學思想論叢』 1, 天道敎中央摠部, 210~211쪽 참조).

37) 水雲의 '侍天主'는 내재신적인 경향으로 그 적용범위를 인간에 국한시켰다. 그리하여 그는 인간만이 한울님을 이미 모시고 있는 존재, 즉 侍天主者라고 보았던 것이다. 그러나 해월은 侍天主의 범위를 확장시켜 인간 뿐 아니라 사물도 侍天主者로 파악하였다. 이는 해월이 侍天主에 대한 수운의 내재신적인 해석을 확대시켜 수용하였다는 사실을 분명히 드러내고 있음이다.

38) 「天道敎書」 제2편, 『天道敎創建史』 제2편 ; 1979, 『東學思想資料集』 II, 아세아문화사, 41쪽.

39) 「天道敎書」 제2편, 36쪽.

40) 「天道敎書」 제2편, 36쪽.

해월의 신개념은 화이트헤드의 유기체론적 신개념과 상통하는 면이 있다. 화이트헤드의 신개념은 전능한 신이나 초월적 신, 또는 無에서 세상을 창조한 神개념과는 일치하지 않는다. 화이트헤드는 신의 본성에는 시원적 본성(primodial Nature)과 결과적 본성(consequencial Nature)이 있다고 보았다.[41] 시원적 본성은 구체적인 것이 생기는 영원한 상태로서 善에 제한 받고 있는 바 사람, 구세주 같은 動的인 세력인 반면에, 결과적 본성은 신이 세계의 과정(process)속에 참여하고 상호작용하며 성장하는 彼岸이다. 그래서 신은 초월적인 저쪽 편(over there)에 있는 분이 아니고 현실적 존재물들과 더불어 있는 창조주(The Creator with the Creature)로 인식된다.[42] 이같이 화이트헤드에 있어 신과 세계는 상호의존적이다. "피조물을 떠나서 '창조성'의 의미를 찾을 수 없고, 창조성과 시간적 피조물을 떠나서 신에게서 어떤 의미를 찾을 수 없다. '창조성'과 '신'을 떠나서 시간적 피조물에게서 어떤 의미를 찾는 것도 어렵다"[43]

---

41) A. N. Whitehead, op. cit., p.345.
42) Ibid., pp.344~345. 이 같은 兩極性的(dipolar) 神의 本性을 다음과 같이 설명한다. 神은 始原的이면서 同時에 結果的이다. 그는 시작이면서 끝이다. 모든 것을 과거로 돌리는 그런 의미에서 神은 시작이 아니다. 그는 개념적 작용의 전제된 사실성이다. 그는 다른 창조적 행위와 일치하여 함께 되어가는 존재이다. 모는 사물들은 서로 상대적이라는 그러한 이유로 인해서 세계가 神에 대하여 반작용을 한다. 물리적 감응의 충만성 속에서 神의 本性이 완성된다는 것은 神 안에 있는 세계의 객관화로부터 유래된다. 그는 모든 새창조와 더불어 그 사실 세계를 나누어 갖는다. 합생된 피조물은 그 사실 세계에 대한 신의 객관화 속에서 새로운 요소로서 신 안에서 객관화된다. 매피조물과 神의 이러한 파지는 주관적 목적을 지향해 있다. 주관적 형식으로 옷 입고는 완전히 그의 전체~포괄적인 시적 평가로부터 유래된다. 神의 결과적 본성은 그의 궁극적 완성이라는 그 이유로 불변한다. 그러나 그의 유래된 본성인 결과적 본성은 세계의 창조적 전진과정에 잇달아서 생긴다.

이처럼 해월의 신관 또한 범재신론에 기초한 것으로 '物物天事
事天'에 함축되어 있다.[44] 모든 자연만물과 일상생활에 '한울님'
아닌 것이 없다고 하여 만물만사에 신성이 있다고 하였고 物物·
事事 모두가 '한울님' 조화의 현상으로서 보았다. '物物天 事事天'
이라 함은 만사만물에 천이 내재하므로 만유가 천임을 의미한다.
결국 해월에 있어 이 지상에 존재하는 것 중에 한울님 아닌 것은
하나도 없게 된다. 즉 모든 인간, 모든 생물, 모든 사물이 예외 없
이 한울님과 동일시된다.

이런 입장을 취할 때 '인간이 음식을 먹는 것'은 '한울님이 한울
님을 먹는 것'으로 파악될 수밖에 없다. 이것이 바로 '以天食天'[45]
의 의미이다. 해월은 이천식천을 전제하면서 모든 사물이 인간과
한 형제라고 규정하고 있다. 인간이 한울님이고 사물이 한울님이
라면 인간과 사물은 하나의 근본을 지닌 한 형제라고 아니할 수 없
다. 이 '이천식천'은 모든 만물의 성장·발전을 도모하는 養天主
행위로서 범재신론으로 볼 수 있다. 또한 자연을 보호하는 행위를
'한울님'을 위하는 진정한 양천주라고 하여[46] 주체와 객체의 대립
이라는 이분법적 자연관을 극복하였다.

이러한 범재신론적 사고에서 三敬사상은 쉽게 도출된다. 삼경은
敬天, 敬人, 敬物을 의미한다.[47] 수운의 경우는 경천을 강조했다.
그 토대 위에서 자연스럽게 경인도 가능했다. 그런데 해월의 경물
사상은 수운의 신관과는 다른 특이한 부분이다. 그리고 이러한 경
물사상은 지구와 자연계를 상호연관된 것으로 인식하여 인간과 자

---

43) Ibid., p.225.
44) 「天道敎創建史」, 앞의 책, 126쪽.
45) 「天道敎創建史」 제2편, 18쪽.
46) 「天道敎創建史」, 앞의 책, 108쪽 참조.
47) 「海月神師」, 77쪽.

연을 분리하지 않고 하나의 전체로 상징화한 에코페미니즘과 상통한다고 보여진다.

그러면 이러한 신관을 기반으로 한 해월의 여성관은 어떠한가? 동학의 인내천 사상을 기반으로 한 평등사상은 엄격한 신분제를 기반으로 한 당시 사회에 있어 혁명적이라고 까지 할 수 있는 개념으로 이로 인해 일반 민중은 물론 당시 억압받던 여성들조차도 자신의 주체성을 깨닫게 되었다. 이러한 동학의 인간평등사상과 여성론은 시천주사상에서 비롯된 것이다. 수운이 제시하는 한울님은 경외의 대상으로서만이 아니라 사기 안에 모셔져 있는 존새이므로 신분과 남녀노소의 구별과 차별없이 누구나 동학의 가르침대로 수련하면 한울님과의 일체를 경험할 수 있다는 것이다. 이를 위하여 守心正氣할 것을 가르치고 주문[48])을 외우고 誠·敬·信을 통한 수련을 쌓아야 함을 강조한다. 이러한 수운의 侍天主 사상은 근대적 평등사상을 정립하는 근간이 되었다. 실제로 자신의 여종을 며느리나 수양딸로 삼아 모든 인간은 평등하며 여성도 존중해야 한다는 자신의 사상을 실체화하였다.

수운의 인간평등사상과 여성관은 해월에 이르러 더욱 심화되었다. 그는 인내천을 事人如天으로 발전시켰다. 해월에 있어서는 나와 타인과의 대인관계가 '사람을 섬기되 한울같이 하라'는 사인여천의 근대적 시민윤리적 성격을 띤다. 해월의 사인여천에서는 당시 억압받던 어린이, 상민, 천민, 여자도 모두 섬김받는 인간존중의 평등주의가 가능하다.

해월의 여성관은 「內則」과 「內修道文」에 잘 나타나 있다. 「內則」은 주로 태교에 관한 내용인데 이것은 '내 안에 한울님을 모시

---

48) 『東京大典』「論學文」. "至氣今至, 願爲大降, 侍天主, 造化定, 永世不忘, 萬事知"

고 있는' 養天主의 구체적 실천덕목으로서의 의의를 가진다.「內修道文」은 매사를 한울님께 아뢰어 행할 것을 가르친다. 이것들은 일상생활 속에서의 부인의 수도에 대한 내용으로 여성이 생활 속에서 한울님을 공경하는 신앙을 통하여 진리에 도달하는 길을 열어준 것이다. 특히 전통적인 남존여비와 아내학대 등의 구습에 대하여 여성도 시천주의 존엄한 존재라는 여성해방의 사상을 제창하였다. 나아가 아내와 다툼이 생길 때에도 욕하거나 구타하지 말고 二拜, 三排라도 하여 마음을 돌리도록 하라고 가르쳤다.[49]

한편 해월은 그의 성향 자체가 여성성이 강했음을 알 수 있는데 이는 그의 신체험에서 드러난다. 수운의 신체험은 외재적이었다. 동양에서는 전통적으로 절대적 실재가 인간의 내면에 존재한다고 보는 경향이 있었다. 그런데 수운의 신체험은 초월적 신과의 만남으로 이는 수운이 강한 남성성의 소유자였음을 보여준다. 유대교·기독교·이슬람교와 같은 남성성이 강한 종교에서는 종교적 체험이 인간 외부의 신과의 만남인 경우가 많다. 이들 종교의 신은 인간과는 철저히 다른 타자로 나타난다.

반면 해월은 여성적 성향이 강했기에 수운의 절대적 신체험은 다시 내면적인 체험으로 돌아가게 된다. 성리학에서 절대적 존재로 강조된 理는 남성적이며 외부독존적 경향이 강해서 인간의 내면보다는 天을 지향하게 된다. 그러나 여성성이 강한 해월의 경우는 하늘보다는 땅에 더 강한 애착을 느낀 것 같다. 여성성·땅·내면으로의 지향 등이 모두 해월의 종교적 체험의 특성을 나타내는 개념들이다.[50]

---

49)『天道敎創建史』제2편, 37쪽.
50) 최준식, 1999,「우리 스승 우습게 보지 말라」『해월 최시형과 동학사상』, 예문서원, 40~41쪽.

여성과 연결된 자연에 있어서도 해월은 자연을 대상화된 존재로 보지 아니하고 오히려 생생한 자연에서 시천주를 깨달았다. 숲 속의 새소리, 개울의 물소리 등 자연의 소리가 해월에게는 모두 한울님의 소리로 들렸다. 이는 자연이 곧 한울이라는 범천론적 세계관의 경지이다.[51] 이같이 해월의 道는 '敬天', '敬人'에 머무르지 않고 '敬物'로까지 나아가 자연 속의 흙이나 풀 한포기, 산천초목, 곤충들 속에서까지 한울님의 내재를 통찰하게 된다. 결국 그는 '사물마다 天 아닌 것이 없고 일마다 天 아닌 것이 없다'는 '物物天事事天'의 범재신론적 세계관에 도달한다.[52] 특히 하늘과 땅은 해월에게 어버이로 이해된다. 해월은 땅을 단순히 어머니로 표현하지 않고 '어머니의 살'같이 소중히 여기라고 한다.[53] 이는 자연과 인간을 유기적 그물망 속에서 파악하는 생태철학적 가치관의 精華를 보여주는 것이라 할 수 있다.

이같이 해월의 '경물'과 '물물천사사천'은 시천주를 세속화시킨 것으로서 우리의 일상생활에서 경천을 구체적으로 실현시킨 것이다. 따라서 그의 범천론적 세계관은 전통사상에서는 유례를 찾기 힘든 것인데 그 대표적인 예로서 인간의 식사행위를 천이 천을 먹는 일(以天食天)으로 신성화한 것이다. 이같이 해월의 사상은 여성성과 영성을 본위로 하여 만물의 보편적 통일성을 실현시키고자 한 것이었다.

---

51)「海月神師」『天道敎創建史』, 16쪽.
52)「海月神師」, 같은 책, 12쪽.
53) 같은 책, 같은 곳.

제5절 맺음말

이같이 동학은 우리의 인식을 총체적으로 전환시켜 모든 만물이 신령하고 존귀한 생명인 한울님이라는 관점에서 진정한 조화와 화해의 세계를 구상한다. 특히 해월의 범신론적 세계관은 에코페미니즘의 시각과 상통하여 억압과 질곡을 넘어서 화해와 자유의 추구라는 21세기 인류의 대과제에 시사하는 바가 크다.

전통사상이 가부장적 이원론에 근거하여 여성과 자연을 억압하는 도구로 전락했다면 에코페미니즘은 인간과 자연 사이의 소외를 극복하고 치유해 준다. 전자가 지구를 떠난 착취적 성격을 띠었다면 후자는 지구에 근거를 둔 치유를 목적으로 한다. 지구가 생명의 근원이며 자연은 신성하고 목적과 의미로 충만한 것이라는 이해는 에코페미니즘의 인식론적 기반이다

에코페미니즘의 시각은 인류를 포함한 자연 속의 모든 생명체가 상호 협력과 보살핌, 그리고 사랑을 통하여 유지된다는 점을 인식하는 새로운 우주론과 새로운 인류학의 필요성을 제기한다. 이러한 방법을 통해서만 우리는 모든 생명체의 다양성과 그들의 문화적 표현까지도 우리의 안녕과 행복의 진정한 원천으로서 존중하고 보존할 수 있게 된다. 이러한 목표를 위해 에코페미니스트들은 '세계를 새로 짠다' '상처를 치유한다' '망(web)을 새로이 연결한다' 등의 은유를 사용한다. 전체론적(holistic)인, 모든 생명을 아우르는 우주론과 인류학을 창조하려는 이러한 노력은 계몽주의이래 사용되어 온 것과는 다른 자유 개념을 내포하지 않을 수 없다.[54]

에코페미니즘은 지구에 기초하며 영혼과 물질을 분리하는 사상

체제들과는 전혀 관계를 갖지 않는다. 지구에 그 근거를 두고 통전성(wholeness)을 가지고 부서져 흩어진 것들을 다시 찾아 모으려는 의지이다. 그것은 우리 모두에게 부드러움(gentleness)과 보살핌(caring)이라는 여성적 특징들을 강조하고 이에 반하는 가부장제를 포기해야 한다고 주장한다. 이러한 에코페미니즘은 세 가지의 핵심개념[55] 즉, 내재의 개념, 유기체적인 자연의 개념, 天人일치의 개념등을 포함하고 있는바 이들을 가지고 해월의 사상을 드러냄으로써 결론을 내리고자 한다.

첫 번째는 내재의 개념이다. 내재의 개념은 지구가 살아있는 우주의 일부로서 생존함을 인식하는 것이다. 따라서 靈·聖스러움·神이 의미하는 바가 세계 밖에서는 따로 인정되지 않는다는 것이다. 세계가 바로 신적인 것이고 그것이 바로 우리 자신이다. 신은 현존하는 세상에서 인간·동물·식물, 그리고 무기물 공동체들과의 관련을 통해서 구체화된다. 따라서 내재성이 중요하게 부각되는데 신성한 것이 내재적으로 될 때 각각의 존재는 원래의 존재가치가 감소되거나 평가절하 되지 않는다. 이러한 내재성의 개념은 해월의 범재신론적 신관과 세계관에서 찾아진다. 과정신학의 '창조성'으로서의 신은 一者와 多者의 양극성을 모두 지니는 양극성적 유신론, 즉 '범재신론(panentheism)'적인 신이다. 그런 의미에서 해월의 '한울님'은 범재신론적이다.[56]

---

54) 마리아 미스·반다나 시바 지음, 손덕수·이난아 옮김, 2000,『에코페미니즘』, 창작과 비평사, 16쪽.
55) 최수현, 1995, 「여성해방적 영성에 대한 한 연구」, 이화여자대학교 대학원 석사학위 논문, 51~54쪽 참조.
56) '한울님'의 '한'의 의미속에 있는 애매성(한동안, 한 열 개)은 무작위성을 의미하며 이러한 '한'의 무작위적 애매성은 곧 불연기연 같은 논리를 그 속에 배태하고 있다고 할 수 있다. 우리나라의 '한울님'은 창조와 진화를 무작위적으로 작동하게 '하(doing)'는 자이다. 이러한 무작위성

두 번째는 유기체적인 자연의 개념이다. 지구는 살아있는 유기체처럼 모든 부분들이 서로 연결되어 있다. 이 연결성은 자신 이외의 다른 것들 — 인간, 자연적인 주기와 과정들, 동물들, 그리고 식물들 — 과 동화되거나 서로 감응하는 우리의 능력이다. 지구 자체가 靈이 肉化한 존재이고 우주는 살아있는 생명체임을 이해한다고할 때 그것은 곧 모든 것이 서로 연결되어 있다는 것을 의미한다. 이러한 상호연관성은 해월이 지구상의 모든 생명체가 다 '한울님'을 모신 존재로 파악하여 음식을 먹는 것조차 '한울님(인 인간)이 한울님(인 음식)을 먹는 것'으로 보았으며, 인간과 지구상의 모든 것들이 분리되어 있지 않고 유기적인 하나의 생명체임을 이해한 것에서 알 수 있다. 인간과 사물은 하나의 근본을 지닌 존재이다. 이러한 시각에서는 자연에 대한 인간의 착취나 여성의 도구화라는 이분법적 사고는 발 붙일 곳이 없다.

세 번째는 天人一致의 개념이다. 상호연관성의 이해는 우리 모두를 살아있는 공동체, 지구의 일부분이라는 것을 자각하게 한다. 따라서 신·여신·지구·생명·사물, 이 모두가 하나의 전체로 상징화되는데 이러한 전체는 지구와 하늘, 우리가 서 있는 땅, 그리고 모든 동식물을 비롯하여 우리 인간까지 한 덩어리의 피조물이라는 것을 의미한다. 해월은 자연을 대상화된 존재로 보지 않고 오히려 자연 속에서 한울님의 존재를 깨달았다. 숲의 새소리, 개울물소리 속에서도 한울님의 음성을 들을 수 있는 귀를 가진 사람이었다. 따라서 해월의 가르침은 敬天·敬人·敬物이 셋이 아닌 하나로 귀일 되는 三敬사상과 敬物의 구체적 실현으로서 '物物天事

속에 한울님의 신비가 들어 있다. 비결정적 존재로서의 신은 '하는'행위 뿐인 '하는님(God of doing)'일 뿐이다(김상일, 2000, 『동학과 신서학』, 지식산업사, 147~149쪽 참조).

事天'의 세계관으로까지 확대되어 진다. 해월에게 있어 자연과 인간이 얼마나 밀접하고 친근한 관계였는가는 그가 하늘과 땅을 부모로 이해하고 특별히 땅을 '어머니의 살'처럼 여기도록 가르친 것에서 그 에코페미니즘적 사고의 정수를 찾을 수 있다.

21세기의 세계는 어디로 가야 하는가? 그늘(陰)을 지향하고 투쟁보다는 평화와 화해, 강함보다는 부드러움, 억압보다는 해방의 공존공영의 세상을 지향해야 그 정당성이 확보된다. 동양의 대표적 사유틀이라 할 수 있는 유가는 그 발전과정에서 이분법적 사고로 음/양의 세계를 공고히 하고 음에 대한 양의 지배를 정당화하였다. 오랜 세월에 걸친 이 정당화와 합리화는 자연과 여성에 대한 억압·지배·착취로 귀결되었다. 서양의 근대 철학 또한 신/인간, 정신/육체, 남/녀, 하늘/땅, 인간/자연의 대립을 초래하였다.

진정한 사랑과 평화는 어디에서 비롯하는가? 여기에는 투쟁하는 신이 아닌 조화·화해·용서의 신이 전제되어야 하며 이러한 신의 모습은 해월의 '한울님' 속에 다 내포되어 있다. 자신의 의지를 지닌 전지전능한 조화와 섭리의 신이면서도 이 신은 인간, 만물, 어디에나 없는 곳이 없다. 따라서 해월의 한울님은 신과 자연과 인간, 그리고 남성과 여성이 모든 이분법적 가치관을 극복하고 둘이 아닌 하나로서 진정으로 공존·공생할 수 있는 평화와 화해의 이상향을 함축하고 있으며, 해월은 이것을 21세기의 현대인에게 제시하고 있다.

이같이 신-인간-자연, 그리고 남성과 여성이 공존하는 세계, 투쟁과 갈등이 없는 세계가 바로 해월의 이상향이며 이 세계상이 바로 21세기를 지향하는 에코페미니즘의 이상향이어야 한다.

제3장

율곡향약의 공동체문화

제1절 머리말

鄕約은 鄕民간의 약속으로서 서로 돕고 돌보며 풍속을 순화하여 三代의 理想社會를 건설함이 그 목적이었다. 향약은 宋代의 呂氏鄕約으로부터 시작되었는데 朱子에 의해 수정되어 朱子增損呂氏鄕約으로 정제되었다. 조선에서는 이 주자증손여씨향약을 받아들여 정착시켜 갔으며 栗谷先生에 이르러 그 완성을 보았다. 율곡은 각 지방에서 그 곳 실정에 맞는 향약을 제정·시행하였는데 明宗朝에는 坡州鄕約의 序文을 짓고 宣祖朝에는 淸州西原鄕約을 제정하였으며 宣祖 10년, 海州 石潭에 退居한 후에는 海州鄕約을 비롯한 社倉契約束, 海州—鄕約束 등을 제정하였다. 향약은 勸善懲惡과 相扶相助의 정신을 기초로 鄕人의 교화를 목적으로 한 鄕村의 자치규약이었다.

이러한 鄕約제정의 취지는 현대사회에서 우리가 경험하는 개인
화 현상 및 그에서 빚어지는 사회분화, 그리고 전통사회의 유기적
인 공동체적 성격의 유실문제와 연결 지을 수 있다. 이러한 사회적
맥락에서 개인의 자유와 권리는 비교적 긍정적 가치로 정착하고,
공동체는 억압적인 것으로 여겨지고 있는 것이 사실이기 때문이
다. 이러한 시각을 자유주의 정치이념으로도 이해할 수 있는데 자
유주의 정치이념은 자유주의 정치학과 결합된 원칙들 - 자유, 인
내, 개인권, 구조적 민주주의와 법률의 원칙 - 을 산출하였다. 자
유주의자들은 정치구조가 개인들의 관심에 공헌함으로써 정당화
된다고 믿는다. 개인들의 그러한 관심은 사회와 정치이념으로부터
분리되어 이해될 수 있는 것들이다. 그들은 문화, 공동체, 국가들이
고유한 목적을 지녔다는 관점과 사회정치적 조직체는 인간 본성에
적합하도록 변형되어야 한다는 두 가지 관점을 모두 거부한다.[1]

그런데 이러한 自由主義(Liberalism)의 관점을 비판적으로 보는
共同體主義(Communitarianism)의 시각이 있다. 공동체주의는 사회
가 단순한 법적 관계를 넘어선 도덕적 질서라는 점에서 출발한다.
사회의 구성원들이 개인들 상호간의 관계를 규제하는 법을 준수할
뿐만 아니라 특정한 윤리적 가치를 공유할 때 사회적 통합은 비로
소 올바로 이루어질 수 있다는 것이다. 공동체는 계약관계 라기 보
다는 도덕을 생산하는 관계의 조직망이다. 그러나 사회는 개인들
상호간의 도덕적 유대관계를 조성하는 공동체를 해체하는 방향으
로 발전해 왔다. 개인들이 이처럼 역사적·문화적으로 형성된 사
회관계로부터 분리되면서 자신들의 자유공간을 점차 넓혀 가는
'개인화'의 과정을 가진다. 공동체주의는 이러한 개인화의 도전에
대한 철학적 응답이다.

1) Edward Craig(ed.), *Routledge Encyclopedia of Philosophy*, 2000, p.486.

이와 같은 자유주의와 공동체주의간의 논쟁을 바라보는 오늘날 우리의 이해방식은 서로 무시하기 어려운 두 가지 도덕적 직관 내지 신념간의 갈등으로 다가온다. 그 중 하나의 직관은 근세적 체험을 통해 발견되었고 자유주의를 중심으로 한 근대적 기획이 그 보전책을 지속적으로 추구하고 있는 바 개인권(individual rights)이라는 가치이다. 다른 하나의 도덕적 직관은 단지 개인으로서가 아니라 공동의 삶 속에서 비로소 인간이 되고 인간으로서의 의미와 보람을 찾게 된다는 공동선(common good)이라는 가치이며 이는 또한 그것이 없을 경우 깊은 인간적 상실감과 소외감을 느낀다는 공동체주의적 요구의 원천이다. 따라서 우리의 과제는 우리가 공유하고 있는 이 두 가지 도덕적 직관 내지 신념을 정합적으로 통합시키는 방도를 찾는 일이 아닐 수 없는 것이다.2)

향약은 지역공동체를 중심으로 개개인의 자발적인 의사를 존중하여 인간관계에서 일어날 수 있는 다양한 삶의 양태에 관한 상호협동과 제재를 규약한 것이다. 이는 개인의 자각을 통한 '修己' 이후 이상적 공동체에 도달하는 방법인 '治人'에 이른다는 유교사상의 사회적 구현 방식이었다고 하겠다. 따라서 이 향약의 이념은 조선조에서 뿐 아니라 개인화에 따른 공동체의 붕괴위기에 직면한 현대 한국사회에 있어서도 그 의의를 재조명함에 충분한 가치를 지니는 것이다.

본고에서는 율곡의 향약을 현대적으로 조명함에 있어서 자유주의에 대한 공동체주의의 응답 또는, 자유주의와 공동체주의의 절충적 대안으로서의 지역공동체의 모색으로서 그 의의를 탐색하고자 한다.

---

2) 황경식, 1999, 「왜 '자유주의와 공동체주의' 인가?―개인선과 공동권의 갈등과 화합」『철학연구』45, 8~9쪽.

제2절 유교와 공동체주의

1. 자유주의와 공동체주의

동서양을 막론하고 개인이 공동체의 성원으로서 어떤 방식으로 자기가치를 실현함과 동시에 공동체와 유의미한 관계를 맺고 사느냐의 문제는 인류 공동의 관심사로서 철학과 윤리의 대주제였다고 할 수 있다. 현실적, 역사적 차원에서 이상적 사회를 지향하는 자유주의와 공동체주의간의 논쟁은 변증법적(Dialectic) 구도에서 이해될 수 있고 발전적이고 보완적인 맥락에서 나타날 수 있다.

근세 초기에 중세의 전체론적이고 집단론적 공동체주의에 대한 반정립으로서 원자론적이고 개체론적인 고전적 자유주의가 나타났다. 그런데 이 같은 계몽적 기획(Enlightenment Project)에 대해 공동체주의적 도전과 저항이 생겨났는데 헤겔이나 마르크스의 경우이다. 나아가 공동체성을 강하게 내세우는 공산주의나 사회주의적 자극으로 인해 자유주의는 자유지상적인 고전적 자유주의로부터 다소 패도수정을 하여 복지국가의 이론적 배경으로서 평등주의적 성향의 자유주의로 발전하게 된다. 따라서 역사적 맥락에 있어서 자유주의와 공동체주의간의 논쟁은 양자간의 갈등과 보완을 통해 보다 공동체주의적인 자유주의로 발전해 가는 양상을 띠게 되는 것이다.3)

이처럼 전통사회의 극단적 연고주의의 폐해로부터 해방되기 위해 다른 극단으로 치닫던 초기의 자유주의는 그 지나친 추상성으

---

3) 위의 논문, 6~7쪽.

로 인해 많은 반동적 반응들을 초래했으나 자유주의가 이룩한 역사적 성과 또한 평가절하 되어서는 안될 것이라 생각한다. 그것은 공동체나 공동선을 명분으로 매몰, 유린되어온 개인의 발견과 그러한 개인으로서 인간의 존엄성을 확보하기 위해 수호되어야 할 개인의 자유와 권리의 문제이다. 이는 다시 어떠한 형태의 공동체주의를 수용한다 할지라도 결코 희생되거나 포기될 수 없는, 근세적 체험을 통해 쟁취한 고귀한 인간적 가치가 아닐 수 없다.

한편 윤리학과 정치철학에 있어서 '공동체'라는 용어는 단순한 결사체보다는 질적으로 훨씬 친밀한 개인들 사이의 관계 형태를 일컫는다. 공동체 개념은 최소한 두 가지 요소를 지니는데, 첫째는 공동체에 속한 개인들은 그 집단의 구성원들에 의해서 간주되는 공동의 목적들을 가지고 있다는 점이고 둘째는 개인들이 자신의 동일성을 감지하는 중요한 구성요소로서 집단을 이해한다는 점이다.[4] 따라서 공동체는 상호 의무감, 정서적 유대, 공동의 이해관계와 공유된 이해력을 바탕으로 한 사회적 관계망을 그 핵심으로 한다. 구성원들은 자신의 안전과 개인적인 정체성 그리고 기본적인 도덕적 가치들을 위해 옹호한 친근감, 지역성 그리고 종교적 믿음에 기초해 있다. 이처럼 작지만 친밀한 공동체는 더 큰 사회의 개인적, 경제적, 정치적 질서를 중재하는 기능을 해 왔다.

따라서 공동체는 한편으로는 자유 실현의 토대이기도 하지만, 다른 한편으로는 사회 구성원의 인격과 권리를 심각하게 침해할 수 있는 구조적 특성을 가지고 있다. 그렇기 때문에 자유주의는 국가와 같은 공동체의 억압으로부터 개인의 권리를 보호하는 것을 일차적 목적으로 설정한다.

그런데 이러한 공동체주의에 대하여 두 가지 오해가 가능하다.

---

4) Edward Craig(ed.), *Routledge Encyclopedia of Philosophy*, 2000, p.464.

첫째, 공동체주의를 개인과 공동체를 대립적인 것으로 이해하는 '집단주의'로 파악하는 것이다. 공동체주의는 자유롭고 평등한 권리보다는 공동선에 더 큰 비중을 두는 까닭에 흔히 자유주의적 입장과 대립되는 것으로 이해된다. 그러나 공동체주의는 결코 개인의 권리와 자유를 경시하지 않으며 단지 극단적인 개인화가 오히려 자유의 가능성을 파괴할 수 있다는 점을 경계할 뿐이다. 둘째, 공동체주의를 자유주의를 대체하는 이념으로서 이해하는 것이다. 그러나 무엇보다도 평등한 자유와 권리는 공동체의 정의를 판단할 수 있는 일반적 원리이며 규범적 척도가 되므로 공동체주의의 관심은 공동체와 자유주의의 기초적 가치를 결합시킬 수 있는 제도에 집중된다. 따라서 공동체주의가 지향하는 덕성과 가치들은 자유주의적 기본 가치들을 대체하기보다는 보완한다[5]고 볼 수 있다.

따라서 자유주의의 이러한 주장에 대한 공동체주의의 비판도 만만치 않다. 첫째로는 현대사회가 아무리 분화되었다고 하더라도 개인은 자유주의 이론이 추정하는 것처럼 사회로부터 고립된 존재가 아니라는 주장이 그것이고, 둘째로는 개인의 도덕적 특성인 자율의 원리만으로는 사회관계의 도덕적 질서, 즉 공동체적 연대를 창출할 수 없다는 논리이다. 이 두 가지 주장들은 결국, '개인화로 야기된 현대사회의 도덕적·사회적 병리현상들은 과연 자유주의적 개인주의의 논리로 극복될 수 있는가?' 의 문제로 집약된다. 공동체주의는 사회적 질서의 해체까지 가져올 수 있는 이러한 현상들이 사회적으로 공유된 공동의 가치 없이는 극복될 수 없다고 주장한다.

---

5) Amy Gutman, "Communitarian Critics of Liberalism", Shlomo Avineri/Avner de ─ Shalit (eds.), *Communitarianism and Individualism*(N.Y: Oxford University Press, 1992), p.133.

자유주의는 각 개인들이 모든 사회적 구속과 공동체적 가치로부터 분리되고 어떠한 관습과 전통도 가지고 있지 않으며 오직 사적 자의만을 구비하고 있다고 파악한다.[6] 그러나 공동체주의는 자유주의가 이해하는 것처럼, 사회가 개인들의 단순한 집합이 아니라고 단언한다. 개인들이 아무리 자신의 삶을 자율적으로 영위한다고 할지라도 그들이 사회 속에서 살아가는 한, 그들은 자신들을 서로 결합시키는 사회관계, 권력의 망, 의미의 공동체에 예속되어 있다. 따라서 개인에게 정체성을 부여하고 다른 사람들과 하나의 공동체를 만드는데 결정적으로 기여하는 것은 개인들의 우연적 신념과 가치들임을 역설한다.

그러므로 공동체가 우리의 개인적 이상과 자아를 자유롭게 실현할 수 있는 사회적 토대라는 사실을 인정하지 않을 수 없다. 만약 우리의 공동체가 붕괴한다면, 개인의 정체성을 심각하게 훼손할 수 있는 도덕적 진공 지대가 발생한다. 개인이 자신의 삶을 자유롭게 영위하기 위해서도 '도덕적 질서'로서의 공동체는 유지되어야 한다. 만약 공동체가 자유롭고 평등한 개인들 상호간의 연대를 창출하지 못한다면, 개인은 자유를 실현할 수 있는 가능성을 처음부터 박탈당할 수 있기 때문이다.[7]

이처럼 1980년대 이후 독특한 논점을 제시하고 있는 공동체주의는 자유주의의 확장에 반대하고 있으며 몇 가지 공통점을 지니고 있다. 첫째, 고립된 자아 및 자유의 성립을 부정하고 그것들을 공동체와의 연관성 내에서 파악하고자 한다. 둘째, 개인적인 권리보다 공동체적인 善이 앞선다고 주장한다. 셋째, 추상적이고 의무론적인 윤리 체계를 거부하고 덕 또는 개인적인 품성에 근거하는 목

---

6) 이진우, 1999, 「자유의 한계, 그리고 공동체주의」『철학연구』 45, 52쪽.
7) 위의 논문, 49쪽.

적론적인 윤리 체계를 갖고 있다. 이러한 논점에 따라 공동체주의 자들은 특정한 공동체 안에서 성장한 개인들은 그 공동체의 가치를 인정하고 있으며 그 공동체가 목표로 하는 덕목을 준수해야 한다는 점을 논의의 출발점과 핵심으로 삼고 있다.

우리는 유학의 공동체윤리를 통하여 이러한 공동체주의의 기본 입장과 논점을 확인할 수 있다. 나아가 개인의 도덕적 자각을 통하여 이상적인 공동체를 구상하였던 향촌의 자치규약인 향약을 조명해 보면 공동체주의와 공동체윤리의 좀 더 구체적인 모습을 살펴볼 수 있는 것이다.

2. 유학의 공동체문화

유학의 기본입장에서 볼 때 인간은 어떠한 경우에도 사회적 관계를 떠날 수 없다. 공자의 仁도 인간관계로서의 禮와 불가분의 관계를 가지고 있다. 공자는 인간은 반드시 사회적 관계 속에 있으며 사회적 태도(禮)를 간직한 마음가짐(仁)이 바로 사람다움의 본질이라고 하였다. 맹자에 이르러서는 인간에게 요구되는 기본관계로서의 五倫이 제시되었다. 특히 맹자는 이기심(利)에 대비되는 義를 강조하여[8] 이것이 인간에게 필수적인 덕목이라고 주장하였다. 맹자에 있어서의 義란 인간이 사회공동체에 반하여 개인의 이기심이나 욕망을 따랐을 때 느끼는 수치심(羞惡之心)에 바탕을 둔 것이다. 荀子는 인간의 위대한 점은 바로 그 사회성(群)에 있다고 보고 이를 바탕으로 하여 禮論을 체계화시켰다. 맹자가 공자사상에서 내적인 義를 강조하여 도덕 형이상학을 발전시킨 반면, 순자는 외

---

8) 『孟子』「梁惠王章句上」. "王何必曰利, 亦有仁義而已矣"

적인 禮를 강조하여 유교적 사회질서를 설명하는데 주된 관심이 있었다. 그는 인간의 사회생활을 가능하게 해 주는 것은 인간이 가진 분업 능력(分)과 사회 도덕성(義) 이라고 보고 이를 바탕으로 인간은 공동체적 질서를 세우고 사회를 구성하여 살 수 있다는 것이다.[9]

인간이 이 세계를 변화시켜 나가는데 중심적이고 창조적인 역할을 담당한다고 보았다는 점에서, 유교는 인간 중심적인 사상이다. 또한 공자는 정당하고 올바른 학문의 중심과제는 인간의 구체적인 삶과 체험이어야 한다고 보았다. 왜냐하면 '인간'은 사회적 관계들 속에서 그의 본질이 결정되기 때문이다. "君君臣臣父父子子"의 正名이 곧 사회에서의 개인의 위치를 자리 지어 준다. 나아가 자신의 역할을 잘 수행하기 위해서는 '克己復禮'의 철학, 즉, "자신의 주관성을 극복하여 객관적인 禮로 돌아가야"[10] 하는 仁의 생활태도가 요구된다. 이처럼 공자의 철학에서는 개인과 공동체의 관계가 상호 모순 대립하는 것이 아니라 유기적으로 연결되어 있다.

유교에서는 공동체에 대한 개인의 의무를 강조하지만 개인을 무시하고 공동체만을 강조하는 것은 아니다. 오히려 공동체보다는 개인을 더욱 중시한다고도 볼 수 있다. 이는 개인의 인격 도야가 이상적인 공동체의 근본이라는 『大學』의 언명에도 드러나 있다.

> 옛날에 밝은 뜻을 천하에 밝히려고 하는 사람은 먼저 그 나라를 다스리고 그 나라를 다스리려고 하는 사람은 먼저 그 집을 정돈하고 집을 정돈하려고 하는 사람은 먼저 그 몸을 닦고 그 몸을 닦으려고 하는 사람은 먼저 그 뜻을 정성스럽게 하고 그 뜻을 정성스럽게 하려는 자는 먼저 그 아는 것을 극진히 해야 할 것이니 아는 것을 극진히 하는

---

9) 김수중, 2002, 「개인·가족·국가: 전통 중국의 공동체사상」 『공동체란 무엇인가』, 이학사, 24~25쪽.
10) 『論語』 「顔淵」. "子曰, 克己復禮爲仁"

것은 사물의 이치를 연구하는 데 있다.[11]

이에 따르면 각 개인들은 天子로부터 庶民에 이르기까지 모두 修身을 근본으로 삼아 이상적인 공동체를 이루고자 했음을 알 수 있다. 따라서 개개인은 단순히 공동체를 위해 존재하는 부수적 존재가 아니며 공동체 또한 개인들의 이익을 보호하기 위해 존재하는 공리적인 기구가 아니다.

그런데 이러한 유교의 공동체는 가족이 그 기본단위가 되어 있다. 왜냐하면 유교윤리에서는 공동체, 특히 가족에 대한 개인의 의무가 강조되기 때문이다. 가족에 대한 개인의 의무는 孝와 弟인데 효와 제는 자신의 부모와 형을 사랑하고 공경하는 도덕적 원리이다. 근원적 인간성의 발로로서의 효와 제는 공자에게 있어 仁을 실현하는 근본으로서 강조되어 왔다.[12] 중국의 가족 공동체의 중요한 덕목인 '효'에서 대표적으로 볼 수 있듯이, 공동체윤리는 일방적 의무의 강조가 아닌 상호 관계가 전제되며 그러한 상호 관계는 개인의 자발적 행위를 요구한다. 그러므로 유교의 공동체윤리는 타인에게 어떠한 의무를 강조하기 이전에 먼저 자신의 도덕적 수양과 인격 도야를 목표로 한다. 사회적 관계에 있어 일방적인 법률이나 관습에 따라 행동하기 보다 도덕적 인격에 기초한 자발적 행위가 출발점이 되어야 한다는 것이다.

仁이란 이러한 가족공동체에서의 도리를 확충하여 나가는 것일 뿐이다. 즉 나의 부모사랑을 미루어서 다른 사람의 부모를 생각하고 나의 자녀사랑을 미루어서 다른 사람의 자녀를 생각하는 것이다.[13] 가족공동체가 중심이 된 이러한 사랑(仁)의 윤리는 그 이념

---

11) 『大學』「八條目」.
12) 『論語』「學而」. "孝弟也者, 其爲仁之本與"
13) 『孟子』「梁惠王章句上」. "老吾老, 以及人之老, 幼吾幼, 以及人之幼"

이 이상적으로 실현될 경우 바람직한 공동체문화를 이루어낼 수 있으나 타인에게 확산되지 못하고 가족에만 국한될 경우에는 가족 이기주의의 폐해를 가져올 수 있는 한계를 지닌다.[14] 그런데 이러한 한계를 극복하여 大同의 이상세계를 건설하고자 했던 시도 가운데 하나가 향약이었음에 우리는 주목할 필요가 있다.

제3절 율곡향약과 공동체주의

1. 향약의 덕목과 공동체문화

유교적 공동체윤리가 갖는 '수평적' 내지 '상호 의존적' 관계는 향약과 같은 지역 공동체에서 찾아볼 수 있다. 중국 영토의 거대함은 중앙집권적 통치를 사실상 불가능하게 하였고 수많은 지역 공동체의 통치를 위한 자발성과 공동체적 의식을 중시하게 되었다. 향약의 모체가 되는 것은 중국의 呂氏鄕約으로서 '鄕約'이라는 명칭은 중국 고대의 藍田呂氏鄕約에서 그 기원을 찾아볼 수 있다. 여씨향약은 중국 北宋末(1207) 陜西城 藍田懸의 呂氏 四兄弟가 일가친척들과 鄕里 전체를 敎化·善導하기 위하여 창안한 것이다.[15] '여씨향약'의 주요 조항은 다음의 네 가지이다. 유덕(有德)한 행위를 서로 북돋우고 권장함(德業相勸), 잘못된 행동을 바로잡도록

---

14) 墨子는 이를 경계하여 儒家의 仁을 '別愛'라고 비판하고, 자신은 '兼愛'를 주장하였다. 자세한 것은 拙稿, 2001, 「묵자 천개념의 권위화와 종교성의 의미」『종교연구』22, 136~138쪽 참조.
15)『二十五史』「宋史列傳」呂大防傳.

서로 타이르고 훈계함(過失相規), 올바른 예절과 풍속 안에서 서로
사귐(禮俗相交), 곤궁과 재난에 빠졌을 때 서로 도와 함께 극복해
나감(患難相恤). 이런 주요 조항 아래, 향약에 참여하는 이들이 준
수해야 할 구체적인 행동들이 상세하게 규정되어 있다. 그 시행방
법으로서는 同約者 가운데 四綱領을 충실히 시행하는 사람과 그
렇지 못한 사람을 각각 장부에 기록하고 두 번까지는 용납하되 犯
約 세 번에는 처벌하며, 그 후에도 改悛의 정이 보이지 않을 때는
향약의 약원으로서의 자격을 박탈하고 제명하였다. 또한 향약의
각 조항들이 제대로 실행할 수 있도록 책임자를 순번에 따라서 정
하는 규정도 포함되어 있다. 이 여씨향약의 사강목은 중국의 향약
발전에 지대한 영향을 미쳤을 뿐만 아니라 조선조의 향약정착에도
상당한 영향을 주었다.

　여씨 사형제에 의해 창안되었던 여씨향약은 같은 송대의 거유
주자에 의하여 가감증보되었다. 주자는 여씨향약을 구체적이고 상
세하게 분류하고 조문화하여 새로운 향약으로 발전시켰다. 이것이
'朱子增損呂氏鄕約'[16]이다. 朱子는 향약을 지역 공동체에 적용하
면서 공동체에 대한 자각적 의식과 그에 따른 자발성을 특히 강조
하였다. 鄕約의 '約'이라는 말은 강제적 조항이 아니라, 서로 도와
가면서 상호 이익을 함께 도모하고자 공동체의 성원이 자발적으로
맺은 일종의 계약을 뜻한다.

　향약은 공동체 구성원의 경제적 이해관계를 도모하는데 이는 자
발적으로 맺은 상호 존중의 계약에 의한 것이다. 향약의 덕목은 구
성원이 지켜야 할 계율에 촛점이 맞추어져 있는 것이 아니라, 구성
원이 서로를 의식하고 존중하면서 공동체의 결속을 위해 자발적으

---

16) 이에 관한 자세한 내용은, 지교헌 · 최문형 · 박균섭 공저, 1991, 『朝鮮
　　朝 鄕約 硏究』, 民俗苑, 93~97쪽을 참조할 것.

로 행위 할 수 있도록 도움을 주는 것에 강조점이 있다. 따라서 향
약의 덕목은 수직적 관계보다는 수평적 관계를, 일방적 관계보다
는 상호 관계를 강조하며, 그러한 상호관계를 유지하기 위해 구성
원의 자발성과 자치를 요구한다.

　이러한 향약 속에는 공동체의 일상생활과 직접적으로 연관되어
있는 공동체윤리의 모델이 포함되어 있었다. 곧 신유학의 기본적
원칙들을 친족관계나 개별적 인륜관계의 범위보다 더 넓은 배경
안에서 실현시키기 위한 실천적인 방법들이 향약에 나와 있는 것
이다. 宋제국의 국가권력이 날로 확대·강화되어 가는 것을 지켜
보아야 했던 주희는 단순히 가정생활 또는 伍保[17] 조직과 같은 작
은 규모의 조직만을 공공 도덕의 기반으로 삼지 않았다. 대신에 그
는 국가권력과 가족의 이익을 조정하고 매개해 줄 수 있는 지역공
동체 질서 안에서 자발성의 원리를 구현시키려 했다. 이에 따라 그
는 국가의 간섭을 제한하고 자율적인 지역 자치단위들의 권한의
기초 위에서, 형벌과 법률 대신 민중교육과 예법의 준수를 근간으
로 하는 사회 개혁을 추진하고자 했다. 이 개혁의 배경에는 개인의
자기 변혁과 공동체 구성원들 모두의 상호 협력을 기본으로 삼는
다는 이상, 곧 '공익과 사익의 일치'(公私一體)라는 관념이 깔려 있
었다.

　그러나 개인의 사주성을 발휘하는 것과 공동체에 대한 책임을
수행하는 것을 동시에 유지시켜 나가야 한다는 난점 때문에 향약
제도는 중국에서도 다양한 양상의 부침을 겪어야 했다. 하지만 明
代의 王陽明을 비롯한 역대 개혁가들조차 향약제도의 부활과 재활
성화가 지방자치를 실현하기 위한 최상의 수단이라고 생각했다.
이렇게 왕양명과 주희가 지방자치제도에 관한 견해에서 서로 일치

---

17) 五保란, 다섯 가구를 제반 행정의 최소 단위로 묶은 것을 말한다.

하고 있다는 것은 이상한 일이 아니다. 그런 제도들은 그들 모두가 공통적으로 지니고 있던 근본적인 신념을 구체화시킨 것이기 때문이었다.[18]

조선조에서도 이 향약은 지도적인 위치에 있던 신유학자들이 그 가치를 인식해 매우 광범위하고 철저하게 향약제도를 실시하여 발전시켜 나갔다. 중국 송대에서부터 시작된 향약이 언제부터 조선에 소개되었는지는 확실치 않으나 주자향약의 내용이 『주자대전』 속에 수록되어 있는 것으로 보아 여말선 초쯤에 학자들 사이에 소개되었을 것으로 추정된다.

이렇게 소개된 향약은 조선 초기에 개별적으로 시행되어 오다가 中宗 12년(1517)에 중앙에서 논의되기 시작하였다. 함양인 金仁範이 여씨향약을 실시하여 풍속을 변화시킬 것을 상소하였는데 이에 대하여 예조의 반대가 있었으나, 조정에서는 각 도의 감사로 하여금 널리 실시하게 하자고 주장하였고 이것이 왕의 허락을 얻었다.[19] 한편 金安國은 그가 경상감사로 있을 때에 各郡 · 邑에 향약을 실시하였는데 이것이 우리나라에 실시된 향약의 효시라고 할 수 있다. 김안국은 그가 경상도 관찰사로 재임할 당시에 상세히 諺解에 부쳐 둔 (呂氏)鄕約 · 正俗 등의 서적을 印出 · 廣布하기를 청하여 왕의 허락을 받았다.[20] 이러한 언해본의 출현은 향약의 보급에 좋은 계기가 되었고 김안국의 향약 시행 또한 士林들이 향약시행을 주장하는 좋은 계기가 되었다.

조선초기에 빚어진 훈구세력과 사림세력의 갈등은 사림세력이 자신들의 세력기반을 확고히 하기 위해 벌였던 일련의 운동들, ―

---

18) Wm. 시어도어 드 배리 지음, 표정훈 옮김, 1998,『중국의 '자유' 전통』, 이산, 76~77쪽.
19)『中宗實錄』卷28, 16年 6月 甲戌條 참조.
20)『中宗實錄』卷32, 中宗 13年 4月 己巳, 第15册, 414쪽.

즉 留鄕所復立運動, 小學振興運動, 鄕約普及運動, 그리고 서원의 설치 등의 문제 – 를 둘러싸고 빚어졌는데, 이들은 주자학적 정치윤리이념이 조선조사회에 토착화되는 데에 결정적 역할을 수행했다. 역대 위정자들은 새 왕조의 정치이념을 제도화하면서『주자가례』와 함께『소학』을 보급하려 노력했으나 그것이 과거를 위한 공부에 흘러 그 보급의 절실함이 인식되지 못하고 있었다.

15세기 초 관학에 의해 주도되었던 장려책은 제도적인 차원에서 다분히 형식적이고 타율적으로 실시된 데 반해 김종직 일파에 의해 주도되었던 私學에서의 소학교육은 실천궁행 차원에서 자발적으로 실시되었기 때문에 '爲己之學'의 기본교재가 되었고 사림파를 훈구파와 구분하는 하나의 기준이 되었다. 사림세력은 정책적으로『소학』을 권장하여 여항에까지 미칠 정도로 소학보급운동을 추진했고 한편으로는 '小學中一事'에 지나지 않는 향약을 시행하려고 꾸준히 노력해 왔음을 볼 수 있는데 이에는 향촌의 조직을 통한 통제력을 확보하는데 목적이 있었다고 할 수 있다.[21]

향약실시의 결과 조선조사회의 공동체 윤리는 많은 성과를 얻었던 것을 볼 수 있다. 구체적인 역사적 기록을 살펴보면, "향약을 행하는 고을에서는 양민을 강압하여 천인으로 만들고 官債의 납부를 막는 일을 보지 못했다"[22] 거나 "향약을 시행하는 곳에는 私訟도 줄고 풍속이 아름다워지고 있다"[23] 는 등으로서 실제로 향약이 '化民成俗'의 기능을 충분히 담당했음을 알 수 있다.

이렇게 국내 여러 곳에서 실시되면서 공동체윤리의 기능을 담당했던 향약은 中宗 14년에 己卯士禍로 조광조, 김안국 등 향약시행

---

21) 최진옥,「중종조 향약성립에 관한 연구」『한국사학』6, 55∼56쪽.
22)『中宗實錄』卷34, 中宗 13年 9月 壬寅條.
23)『中宗實錄』卷35, 中宗 14年 4月 戌辰條.

을 추진하던 신진사류들이 참화를 입게 되어 큰 타격을 입었다. 이
후 明宗朝에서는 국가정책적으로 향약의 시행이 매우 침체된 가운
데 명종 11년 예안에서 退溪에 의해 향약이 시행되었다. 宣祖朝에
들어와서는 향약실시에 대한 논의가 활발히 전개되는데 대부분의
朝臣들의 연속적이고 단계적인 啓請의 결과로 향약을 실시할 수
있는 분위기가 되었다. 그러나 '時期太早'라는 栗谷의 반대에 부딪
쳐 국가적 규모로서의 향약은 실시되지 못하였다. 그는 太早論의
이론적 근거를 養民을 먼저 하고 敎民을 후에 해야 한다는 데에
두었다. 그렇기 때문에 庶政 全般이 바로 잡히고 민생의 고통이 해
결되어 養民이 이루어지고 나서야 敎民・敎化의 정치가 가능한
것이라고 주장하였다.[24]

2. 율곡향약의 공동체윤리

한편 율곡은 조정에서의 전국적인 향약 실시 논의에 대해 '時期
太早論'을 들어 반대했음에도 불구하고 그 자신은 개별적으로 각
지방에서 그 곳 실정에 맞는 향약을 제정・시행하였다. 즉 明宗朝
에는 坡州鄕約의 序文을 짓고 宣祖朝에는 淸州西原鄕約을 제정하
였으며 宣祖 10년, 海州 石潭에 退居한 후에는 海州鄕約을 비롯한
社倉契約束, 海州一鄕約束 등을 제정하였다.

율곡이 향약을 제정한 취지는 西原鄕約 立議에 나타나 있다. 율
곡은 향약의 취지를 다음과 같이 설파하였다.

---

24) 『宣祖實錄』卷8, 7年 2月 甲戌條. "臣意以爲行鄕約太早也, 養民爲先,
敎民爲後, 民生憔悴, 莫甚於今日, 汲汲救弊, 先解倒懸, 然後可行鄕約
也"

　　鄕約은 오래된 것이다. 한 고을 사람들이 보살피고 돌아보아 서로
　돕고 疾病에서 서로 구해주고 出入함에 서로 돌보는 것이다. 또 子弟
　로 하여금 家塾과 黨庠과 州序에서 孝悌의 뜻을 두텁게 하는 것을 가
　르쳐서 三代之治를 융성하게 하고 풍속을 아름답게 함에 진실로 그
　목적이 있다.25)

　또 서원향약을 제정함에 있어서도 '化民成俗'에 뜻을 두고 鄕中
父老와 상의하여 주자증손여씨향약을 가감보충하여 새로운 향약
을 제정함을 밝혔다. 서원향약 입의에 나타난 바와 같이 향약의 목
적은 향인들 간의 상호협동과 향촌의 교화를 이룩하여 아름답고
어진 풍속을 만들어 이상적인 사회를 건설하는 것이었다.

　율곡의 향약은 주자향약의 四綱目과 月旦集會讀約之禮(讀約
禮)26)를 기본골격으로 하고 각 향약의 성격에 따라 그 내용과 기술
형식이 다소 수정되어 있다.27) 또한 율곡향약의 사강목에는 그의
철학·윤리·경제·사회사상이 내재되어 있다. 여기에서는 '德業
相勸', '禮俗相交', '患難相恤' 조항을 중심으로 그 내용과 사상적
의의를 고찰한다.

　첫째, '덕업상권'이란 한 고을 사람들이 서로 힘써서 선을 권하
는 것으로28) 오륜을 비롯한 공사간의 유교덕목이 총망라되어 있
다. '德'이 인간 내면의 선의지와 같은 것이라면 '業'은 이 선의지

25) 『栗谷全書』卷16, 雜著3 西原鄕約 立議. "鄕約古也, 同井之人, 守望相
　　助, 疾病相救, 出入相扶, 且使子弟受敎於家塾黨庠州序, 以惇孝悌之義,
　　三代之治隆俗美, 良由是焉"
26) 讀約禮는 約中人에게 鄕約의 취지를 이해할 수 있도록 교육·주지시
　　키는 한편 규약을 계속 준수하도록 독려·경계하는 뜻을 갖는 일련의
　　의식이라고 할 수 있다(『朱子大全』卷74, 762~764쪽 참조).
27) 율곡향약의 전개와 특징에 관해서는, 지교헌·최문형·박균섭 공저,
　　앞의 책, 86~91쪽 참조
28) 『栗谷全書』卷16, 海州一鄕約束, 363쪽. "所謂德業相勸者, 一鄕之人,
　　相勉爲善"

가 일상에서 실제로 표출된 것을 일컫는 것이다. 이 '德'과 '業'에 대한 이해는 율곡의 우주와 인간에 관한 이해가 바탕이 되어 있다. 즉 율곡 성리학의 '氣發理乘一途說'[29])이나 '理通氣局說'[30])이 기초가 되어 있는데 이는 理와 氣가 二元的 관계에 있으면서도 그 양자의 관계가 분리되어 있지 않다는 율곡의 理氣說이 그 기초가 된 것이다.

또한 율곡은 天道로서의 理氣와 人道로서의 性情의 관계에 있어 性은 理로, 情은 氣로 보고 리와 기가 분리되어 있는 것이 아니라고 하여 理氣之妙에 관심을 가졌음을 볼 수 있는데 이것은 원리·이상으로서의 리와 현상·실제로서의 기가 별개의 존재가 아니라는 것을 뜻하는 것이며 性과 情도 心에 의하여 통합되어 있음을 뜻한다. 나아가 四端과 七情에 관하여도 칠정이 사단을 포함한다[31])고 하였으므로 칠정안에 포함된 사단을 실천하여 확충함으로써 인간의 본성인 선의지의 실현이 가능하다고 보았다. 이러한 선의지의 실현 가능성은 개인의 修己를 통한 이상적 공동체의 완성이라는 공동체 윤리를 가능하게 한다.

둘째, 예속상교는 동약인 간의 일상생활에서 생길 수 있는 여러 가지 일들에 대해 취할 예절에 관한 것이다. 人慾之心으로서의 人心에 의해 은폐된 道心을 교화를 통해 순화[32])하는 방법은 예법이

---

29)『栗谷全書』卷10, 書2 答成浩原, 198쪽. "夫理者氣之主宰也, 氣者理之所乘也, 非理則氣無所根抵, 非氣則理無所依著, 旣非二物, 又非一物, 非一物故一而二, 非二物故二而一也" "大抵發之者氣也, 所以發者理也, 非理則不能發, 非氣則無所發"
30) 앞의 책, 209쪽. "理無形而氣有形, 故理通而氣局, 理無爲而氣有爲, 故氣發而理乘"
31)『栗谷全書』卷10, 答成浩原 壬申. "四端不能兼七情, 而七情則兼四端"
32) 人心·道心은『書經』. "人心惟危, 道心惟微, 惟精惟一, 允執厥中"에서 비롯되었다.

며 이것이 윤리 강목으로서 예속상교의 역할이다. 또한 예속상교
는 유학에서의 이상적인 인간상인 聖人이 되고자 하는 길잡이가
되어 줄 수 있다. 율곡은 성인의 경지에 도달하기 위하여 뜻을 세
우고(立志), 아는 것을 밝히며(明知), 독실하게 행할 것(篤行)을 말
하였는데[33] 예속상교를 통하여 이러한 立志·明知·篤行을 사회
적으로 실천해 갈 수 있다.

이는 결국 향촌사회를 이상적으로 만들어 가려는 데 목적을 둔
것으로서 그 이상사회의 연원을 우리는 『禮記』의 '大同社會論'에
서 찾을 수 있다. 이 대동사회에서는 大道가 행해지어 천하를 公器
로 생각하며 天理를 깨달은 군주가 禮治를 하며, 신의있는 사회건
설을 위한 사회교육을 베풀고 사회의 화목을 도모한다. 그러므로
사람들은 자기 부모에 대한 親愛와 자기자식에 대한 慈愛를 타인
의 부모 및 자식에게까지 미치게 하며, 노인 및 鰥·寡·孤·獨·
廢疾者 까지도 자신의 삶을 잘 영위할 수 있었다. 또 경제적으로도
생활이 안정되어 재화와 힘이 이타적으로 쓰여졌던 사회였다.

그러므로 대동의 사회는 정직하고 정의로운 사회, 범죄가 없는
사회였으며 믿음이 정착된 사회였다.[34] 율곡 향약에서 제시되는
이러한 이상사회의 구도는 도덕적으로 진공화되어 가는 현대사회
에서 소규모 지역공동체를 중심으로 한 공동체 윤리와 공동체 문
화의 모색을 가능하게 해 준다.

셋째, 환난상휼에서는 재난·질병·가난과 喪事에의 부조, 孤弱
의 부양, 모함에서의 구제 등을 통하여 약원간의 정신적 화합과 경
제적 협동, 나아가 사회의 경제적 안정을 도모하였다. 이는 民本의

---

33) 『栗谷全書』卷27, 「擊蒙要訣」. "志之立, 知之明, 行之篤, 皆在我耳"
34) 『禮記』 「禮運」. "大道之行也, 天下爲公, 選賢與能, 講信修睦, 故人不
　　獨親其親, 不獨子其子, 使老有所終, 壯有所用, 幼有所長 … 是故謀閉
　　而不興, 盜竊亂賊而不作, 故外戶而不閉, 是謂大同"

정치이념이 기본이 된 것으로서 '민본'이란 『書經』「夏書」에 "백성은 가까이 친애하여야 할 것이다. 下待하여서는 안된다. 백성은 나라의 根本이니 근본이 견고하여야만 나라가 편안하다"[35]에 근거한 말이다. 민본사상은 백성을 사랑하고 존중하는 愛民 · 重民을 강조한다.

이는 爲民의 德治이념을 도출하는데 이 덕치의 구현으로서의 仁政은 반드시 토지의 경계로부터 시작된다.[36] 孟子는 "恒産이 없으면 恒心이 없다"[37]고 하여 인정의 기초가 경제적인 생활안정임을 밝혔고, 율곡도 『聖學輯要』安民章에서, 임금은 백성을 하늘로 삼고 백성은 食을 하늘로 삼는 것이라고 하면서 王者의 정치는 오직 백성에게 부모 노릇하는 것을 마음으로 삼아 民力을 늦추어 주고 民産을 후하게 해주어 백성이 하늘로 여기는 食이 豊裕하여 그 본연의 착한 마음을 보존하게 해주는 것이라고[38]하였다.

환난상휼은 이 같은 율곡의 양민론에 기초한 것으로 약원간의 경제적인 상부상조를 통하여 향촌의 경제생활을 안정시키고 그 토대 위에 도덕적인 향촌사회를 건설하고자 하였다. 이 환란상휼은 소규모 지역공동체들이 각기 자신들의 구성원을 실제적으로 어떻게 도울 수 있는가에 관한 매우 현실적이고 실제적인 지침이다.

나아가 율곡 향약의 특징적인 면은 그가 社倉과 鄕約을 기능적으로 결합시킨 「社倉契約束」을 제정했다는 것이다.[39] 사창계약속은 율곡이 해주 野頭村을 위하여 만든 것으로서 사창은 서원향약

35)『書經』「夏書」五子之歌. "民可近, 不可下, 民惟邦本, 本固邦寧"
36)『孟子』「滕文公章句下」. "夫仁政, 必自經界始"
37)『孟子』「梁惠王章句上」. "無恒産因無恒心"
38)『栗谷全書』卷25,「聖學輯要」7 爲政下 安民. "王者以民爲天, 民以食爲天 …"
39) 그 내용은 『栗谷全書』권16,「司倉契約束」참조.

속에 이미 포함되어 있던 것이고 계는 조선의 고유한 자생적인 것
이었다. 이 사창계약속은 '사창'과 '향약'을 기능적으로 결합시켜
향약에 의하여 사창을 경영한 것이라 할 수 있다. 이렇게 향약에
사창을 도입한 것은 율곡뿐이었다. 해주향약의 활발한 경제적 활
동 중에서도 사창적 일면을 엿볼 수는 있다. 그러나 그것은 어디까
지나 '환란상휼'의 부연적 형태에 지나지 못하는 것이었다. 그런데
사창계약속에서 운영된 사창의 제도는 보다 본격적인 구휼제도라
고 하겠다. 이는 양민과 교화의 기능이 겸비된 것으로 '理氣之妙'
라는 율곡사상의 특징적인 단면을 보여주는 것이다. 이는 율곡사
상의 실천성을 드러내는 요체이다.

　요약하면, 철학과 윤리사상이 바탕이 된 '덕업상권'은 誠·敬을
주로 한 개인윤리와 孝·悌·別이 중심이 된 가정윤리, 공순과 협
동을 그 내용으로 한 사회윤리, 그리고 국민의 의무인 忠을 중심으
로 한 국가윤리로 구성되어 있으며 이는 善을 주축으로 하여 公私
간의 윤리가 총망라되었고 도덕적 이상사회의 윤리철학적 기초가
되었다. '예속상교'에서는 연장자에의 예우를 통한 사회기강의 유
지 및 年始·吉事·凶事 때의 상호간의 협동을 통한 사회윤리의
확립이 제시되었고, '환난상휼'은 경제윤리를 제시한 부분으로 자
연재해나 개인적·가정적인 불행을 당한 사람들을 정신적·물질
적으로 돕는 방법이 제시되어 있다. '과실상규'는 이상의 세 덕목
이 잘 지켜지고 있는가에 관한 것과 개인적 수양과 사회적 선악간
과실을 규계하는 최소한의 강제규정으로서 향약의 自治性을 드러
내는 강목이다.

　결국 '理氣之妙合'에 관심을 둔 율곡은 '養生喪事'의 현실적인
문제를 고려하여 명목상의 향약을 현실적인 생활과 결부된 향약으
로 이루어 놓은 것이며, 이것은 윤리적 정의와 경제적 실리를 대립

시키지 않고 하나로 조화시킨 율곡사상의 위대성의 발로라고 볼
수 있다. 이와 같은 율곡향약의 이상적 공동체 구현을 추구하는 공
동체 윤리는 한국사회의 사회윤리적 상황에 있어 부각되는 의의가
크다고 하겠다.

제4절 맺음말

  그렇다면 율곡의 향약은 현대사회의 공동체윤리에서 어떠한 의
의를 갖는가를 살펴보겠다.
  첫째, 사회적 자치기능이다. '自治'는 '統治'와 상대되는 개념이
다. 자치란 권위주의적인 성격을 갖는 것이 아니며 획일적인 명령
에 복종하는 것도 아니다. 획일적인 명령에 따르는 통치에는 오직
복종이 있을 뿐이지만 원리원칙을 상황에 따라 수정하여 실행해야
하는 자치는 그 책임 또한 자신에게 주어지는 것이므로 고도의 자
율성이 요구된다. 따라서 향촌구성원들의 자율성을 바탕으로 한
사회적 자치는 토호의 무단으로부터 향민을 보호했으며 향민들의
정치·사회의식 고양에 기여하였다.
  이러한 율곡향약의 자치정신은 이상적인 지방자치 및 건전한 지
역사회 발전에 있어서 공동체윤리의 함양을 가능하게 할 것이다.
이 자치기능은 공동선에 매몰되지 않는 개인의 권리와 자유를 보
장하는 것으로서 공동체주의의 이념과 부합한다고 볼 수 있다.
  둘째, 윤리적 절제기능이다. 공동체를 가능하게 하는 요인으로
는 법률이나 여러 집단·조직들이 갖는 공식적인 규범들이 있다.

이들은 강제의 형식을 띤 것으로 이 같은 통합의 수단들은 그 정도
가 증대되고 그 사용이 적극적일 경우 성원간·집단 간의 긴장을
야기시켜 관리 및 통제사회의 성격과 구조로 전환시킬 가능성이
높고 나아가 공동체 자체를 파괴시키는 결과까지 초래할 수 있다.
그러나 사회통합을 가능하게 하는 또 하나의 수단으로서의 禮, 즉
윤리적 절제는 자발적인 인간의 성품을 계발하는 것인데 이것은
사회 구성원간의 정서적 단합과 가치적 합일을 가져올 수 있고 인
간의 내면적 요구, 도덕적 양심에 호소하여 사회구성원들을 내면
적으로 통합시킬 수 있는 것이다.

　이러한 윤리적 절제기능은 공동체주의가 함의하는 도덕적 질서
로부터 출발한 사회, 그리고 특정한 윤리적 가치의 공유를 통한 사
회통합이라는 기본적 전제와 상통한다. 더구나 이러한 율곡향약의
윤리적 절제가 개개인의 자발적 의사를 존중하여 가능한 다양한
삶의 양태에 대한 상호협동과 제재를 규약한 것임을 볼 때 그 의의
는 지대하다고 하겠다.

　셋째, 경제적 부조기능이다. 이 기능은 각 향약의 '환난상휼'에
해당하는 절목에 수록되어 강화·보완되어 있다. 나아가 「사창계
약속」의 경우에는 사창법을 수록하여 사창을 운영하고 있는 것을
볼 수 있다. 산업혁명 이후 산업자본을 중심으로 한 자유방임의 산
업자본주의가 형성되었다. 자본주의 체제의 근본원리는 公益과 私
益이 합치한다고 보는 사상이며 아담 스미스(Adam Smith)가 주장한
'보이지 않는 손'에 의하여 결과적으로 사회전체의 이익이 증대된
다고 보았던 것이 고전적 경제사상이었다. 그러나 자본주의의 발
달은 빈부격차를 심화시켰고 윤리적 관심도 개인의 일상영리만을
추구하는 경향으로 기울어졌다. 이 같은 상황에서 율곡의 향약이
지니는 경제적 상호부조는 소득 격차에 따른 계층간 갈등을 완화

하고 공동체 구성원간의 연대의식에 기초한 통합의 원리로서 기능
할 수 있을 것이다.

율곡 향약의 '환란상휼' 뿐 아니라 「사창계약속」에서 보여주는
경제적 부조기능은 후기 자본주의 사회의 극심한 이익추구의 개인
주의라는 상황에 대처할 수 있는 복지의 이념까지도 내포하고 있
다. 자본주의가 극대화된 사회에서 복지사회로의 전향은 지상과제
나 마찬가지이다. 그러나 전사회적인 복지정책의 실현은 많은 무
리수를 지닌다. 따라서 소규모 지역공동체를 중심으로 한 복지사
회의 구현은 개인주의와 물신주의가 팽배한 사회를 치유할 수 있
는 단초가 될 수 있겠다. 율곡의 향약은 경제적 부의 偏在와 사회
구성원간의 재화의 불평등 분배라는 후기 자본사회의 난점들에 봉
착한 현대 한국사회에 시사하는 바가 크다고 본다.

전술한 향약의 공동체적 기능은 현대 공동체주의자들이 구상하
는 '지역공동체(local community)'의 개념과 연결지어 볼 수 있다. 많
은 공동체주의자들은 총체적 사회(total society)를 겨냥하며 그 정치
질서가 공유된 가치관을 구현하게끔 사회구조가 개편되어야 한다
고 생각한다. 그러나 이와는 달리 그 체제 속에 진정한 공동체의
선이 실현될 수 있는 소규모의 하위집단(small subgroups)을 조장하
는 정치체제를 꿈꾸는 보다 온건한 공동체주의자들도 있다.

보다 온건한 대안인 지역공동체(local community)의 구상이 더욱
설득력을 갖는 이유는, 바람직한 인간적 공동체는 사적인 의사소
통과 상호작용을 요구하는데 그것이 가능할 수 있는 것은 총체적
규모의 공동체는 아니라는 것이다. 또한 사회전체의 정치적 질서
를 공동체주의적으로 재편성하는 첫번째 대안은 자칫 공동체주의
적 기획을 전체주의로 회귀시킬 위험을 내포하고 있다. 그러나 총
체적 사회가 아니라 지역적 공동체를 겨냥하는 보다 온건한 공동

체주의를 취할 경우 자유주의와 공동체주의는 여러 가지 형태로 만날 가능성이 있다.

따라서 율곡 향약의 이념은 자유주의적 공동체주의 혹은 공동체주의적 자유주의에 바탕한 시민공동체적 이념을 제시해 줄 수 있을 것으로 보인다. 유교전통의 가족 공동체는 사회적 관계를 자각하고 그에 따라 자발적으로 행위할 수 있는 인물을 길러내는 데에 초점이 맞추어져 있다. 전통사회의 가족 공동체는 사회 및 국가의 중요한 윤리적 기초였기 때문이다. 그러나 향약은 유교적 전통사회에서 가족의 울타리를 넘어 공동체윤리를 적용하려는 시도였다.[40]

향약의 공동체윤리에서 강조되는 공동체적 덕목은 '개인'이나 '이익집단'의 이해관계에 따라 좌우되는 당파주의나 가족주의와는 거리가 먼 것이다. 유교는 전 인류를 자아로 의식하는 '大我'에 도달하는 것을 이상으로 여기며 이로부터 서구의 개인주의적 인간관이 내함하는 한계를 극복할 수 있는 이론이 모색될 수 있다.[41] 향약의 공동체윤리에서는 수신·제가·치국·평천하라는 말에서 드러나듯, 공동체의 구성원이 사심이나 사욕과 같은 자신의 이해를 넘어 자신을 포함한 보다 더 큰 관계를 의식하고 그에 따른 자발적인 도덕적 행위를 하라고 끊임없이 요구하고 있기 때문이다. 나아가 일정 규모의 '지역공동체'가 유학의 정신에 가상 부합하는 이상적인 공동체였다고 할 수 있다.

요약하면, 율곡의 향약은 孝·悌·忠·信·仁·義와 같은 덕목을 서로 권하고(德業相勸), 과실을 서로 규제하며(過失相規), 도

---

40) 이동희, 앞의 논문, 105쪽.
41) 최영진, 2002, 「개인주의와 유교의 공동체주의」『유교사상의 본질과 현재성』, 성균관대학교 출판부, 237쪽.

덕을 체질화시키는 도덕사회, 인간생활에 있어서 지켜야 할 예의범
절 및 사시사철의 예속을 서로 지켜나가는(禮俗相交) 사회, 가난·
질병·재해 등을 당할 때 서로 도와주는(患難相恤) 복지사회를 지
향하여 사회구성원들이 공동체적으로 통합할 수 있게 하였다.

그러나 한편으로 전통사회의 공동체윤리는 시민사회의 덕목이
라 할 수 있는 '개인의 권리'나 '개인의 자유'보다는 농업사회에 기
초한 공동체를 효율적으로 유지하기 위한 개인과 공동체와의 관계
에 초점을 맞추고 있다. 향약의 공동체윤리는 '개인의 자유'보다는
'인간적 관계'에 초점을 맞춤으로써 오늘날 시민사회가 요구하는
합리적 개인과 그에 기초한 민주적 사회의 조직화에 있어 한계를
지닐 수도 있다. 그러나 자유주의적 개인이 자신의 욕구나 이익 또
는 이상을 실현하기 위해 포기할 수 없는 지평이 '사회' 및 '공동
체'라 한다면, 그러한 '사회' 및 '공동체'가 필요로 하는 덕목은 '자
유주의적 개인주의'의 논리만 가지고 될 수는 없을 것이다.

그러므로 전술한 율곡 향약의 근본 취지를 현대 정보화 사회의
'지역공동체' 특성에 맞추어 재해석하여 재구성하는 일은 '大同'의
이상사회를 추구하는 우리에게 남겨진 과제라고 하겠다.

제4장

건국이념과 동학의 공동체 윤리

제1절 머리말

현대사회의 파편화, 개인화 및 극단적 이기주의의 문제는 자본주의의 배금적 폐해와 개인주의의 결과라고 하겠다. 이를 분석해 보면 서구적 이분법의 문제점이라고도 하겠다. 또한 현대사회에서 우리가 경험하는 사회분화 및 그에서 빚어지는 개인화 현상은 전통사회의 유기적인 공동체적 성격의 유실문제와 연결지을 수 있다. 이러한 사회적 맥락에서 개인의 자유와 권리는 비교적 긍정적 가치로 정착하고, 공동체는 억압적인 것으로 여겨지고 있는 것이 사실이기 때문이다.

자유주의(Liberalism)[1]와 공동체주의(Communitarianism)간의 논쟁

---

[1] 자유주의 정치이념은 자유주의 정치학과 결합된 원칙들 — 자유, 인내, 개인권, 구조적 민주주의와 법률의 원칙 — 을 산출하였다. 자유주의자들은 정치구조가 개인들의 관심에 공헌함으로써 정당화된다고 믿는다.

을 바라보는 오늘날 우리의 이해방식은 서로 무시하기 어려운 두
가지 도덕적 직관 내지 신념간의 갈등으로 다가온다. 그 중 하나의
직관은 근세적 체험을 통해 발견되었고 자유주의를 중심으로 한
근대적 기획이 그 보전책을 지속적으로 추구하고 있는 바 개인권
(individual rights)이라는 가치이다. 다른 하나의 도덕적 직관은 단지
개인으로서가 아니라 공동의 삶 속에서 비로소 인간이 되고 인간
으로서의 의미와 보람을 찾게 된다는 공동선(common good)이라는
가치이며 이는 또한 그것이 없을 경우 깊은 인간적 상실감과 소외
감을 느낀다는 공동체주의적 요구의 원천이다. 따라서 우리의 과
제는 우리가 공유하고 있는 이 두 가지 도덕적 직관 내지 신념을
정합적으로 통합시키는 방도를 찾는 일이 아닐 수 없는 것이다.[2]
　전통사회의 극단적 연고주의의 폐해로부터 해방되기 위해 다른
극단으로 치닫던 초기의 자유주의는 그 지나친 추상성으로 인해
많은 반동적 반응들을 결과했으나 자유주의가 이룩한 역사적 성과
또한 평가절하 되어서는 안될 것이라 생각한다. 공동체나 공동선
을 명분으로 매몰, 유린되어온 개인의 발견, 그러한 개인으로서 인
간의 존엄성을 확보하기 위해 수호되어야 할 개인의 자유와 권리
는 다시 어떤 형태의 공동체주의를 수용한다 할지라도 결코 희생
되거나 포기될 수 없는, 근세적 체험을 통해 쟁취한 고귀한 인간적
가치가 아닐 수 없는 것이다. 이런 의미에서 개인주의적 자유주의

개인들의 그러한 관심은 사회와 정치이념으로부터 분리되어 이해될 수
있는 것들이다. 그들은 문화, 공동체, 국가들이 고유한 목적을 지녔다
는 관점과 사회정치적 조직체는 인간 본성에 적합하도록 변형되어야
한다는 두 가지 관점을 모두 거부한다(Edward Craig (ed.), Routledge
Encyclopedia of Philosophy, 2000, p.486).
2) 황경식, 1999, 「왜 '자유주의와 공동체주의' 인가?－개인선과 공동권의
갈등과 화합」『철학연구』45, 8~9쪽.

에 대해서는 나름의 혁명적 의의의 인정과 그에 걸맞는 자리매김
이 요구된다 할 것이다.

윤리학과 정치철학에 있어서 '공동체'라는 용어는 단순한 결사
체 보다는 질적으로 훨씬 친밀한 개인들 사이의 관계 형태를 일컫
는데, 공동체 개념은 최소한 두 가지 요소를 지닌다. 첫째는 공동
체에 속한 개인들은 그 집단의 구성원들에 의해서 간주되며 평가
되는 공동의 목적들을 가지고 있다는 점이다. 둘째는 개인들이 자
신의 동일성을 감지하는 중요한 구성요소로서 집단을 이해한다는
점이다.3) 따라서 그것은 상호 의무감, 정서적 유대, 공동의 이해관
계와 공유된 이해력을 바탕으로 한 사회적 관계망을 그 핵심내용
으로 하며 사람들이 자신의 안전과 개인적인 정체성 그리고 기본
적인 도덕적 가치들을 위해 옹호한 친근감, 지역성 그리고 종교적
믿음에 기초해 있다. 이처럼 작지만 친밀했던 집단은 더 큰 사회의
개인적, 경제적, 정치적 질서를 중재하는 기능을 해 왔다.4)

그러므로 공동체가 우리의 개인적 이상과 자아를 자유롭게 실현
할 수 있는 사회적 토대라는 사실은 의심의 여지없이 자명하다. 만
약 우리의 공동체가 붕괴한다면, 개인의 정체성을 심각하게 훼손
할 수 있는 도덕적 진공 지대가 발생한다. 이러한 도덕적 공동화는
오히려 국가로 하여금 사회질서를 보장한다는 명목으로 자신의 역
할과 권력을 확장할 수 있는 빌미를 제공할 수도 있는 것이다. 개
인이 자신의 삶을 자유롭게 영위하기 위해서도 '도덕적 질서'로서
의 공동체는 유지되어야 한다. 만약 공동체가 자유롭고 평등한 개
인들 상호간의 연대를 창출하지 못한다면, 개인은 자유를 실현할

---

3) Edward Craig (ed.), Routledge Encyclopedia of Philosophy, 2000, p.464.
4) 이에 관하여는 拙稿, 2002, 「율곡 향약의 현대적 조명」『동양철학연구』
　30, 31~34쪽 참조

수 있는 가능성을 처음부터 박탈당하기 때문이다.5)

1980년대 이후 독특한 논점을 제시하고 있는 공동체주의는 자유주의의 확장에 반대하고 있으며 몇 가지 공통점을 지니고 있다. 첫째, 그것은 고립된 자아 및 자유의 성립을 부정하고 그것들을 공동체와의 연관성 내에서 파악하고자 한다. 둘째, 개인적인 권리보다 공동체적인 善이 앞선다고 주장한다. 셋째, 추상적이고 의무론적인 윤리 체계를 거부하고 덕 또는 개인적인 품성에 근거하는 목적론적인 윤리 체계를 갖고 있다. 이러한 논점에 따라 공동체주의자들은 개인이란 특정한 공동체 안에서 성장했기 때문에 그 공동체의 가치를 인정하고 있으며 그 공동체가 목표로 하는 덕목을 준수해야 한다는 점을 논의의 출발점과 핵심으로 삼아 다양한 입장을 발전시키고 있다.

동학의 원류인 한국의 건국이념은 서양사상의 이분법논리와는 달리 인간 중심의 고신도 사상, 홍익인간 이념, 풍류도를 핵심으로 하여 天・地・人을 중심으로 인격신(한울님)을 숭배하며 신−인간−사회−자연의 화합과 조화의 공동체를 추구하는 특징이 있다. 이러한 성격이 서세동점의 국가적 위기상황 속에서 백성의 힘든 생활상을 구제하려는 구원의 염원으로 표출된 것이 곧 '人乃天'의 동학이다. 동학은 19세기 근대에 발흥한 민족종교이지만 그 연원은 한국의 고유사상, 한국의 건국이념으로 소급할 수 있다. 동학사상에 내재된 신−인간−사회−자연까지를 아우르는 공동체 원리는 이미 우리 민족의 건국신화인 단군신화의 '홍익인간'의 이념 속에 드러나 있다. 그러므로 이 동학사상이야말로 개인주의로 파편화되어 가는 현대 한국사회의 공동체윤리 회복의 단서를 제공할 수 있을 것이다.6)

---

5) 이진우, 1999, 「자유의 한계, 그리고 공동체주의」『철학연구』45, 52쪽.

따라서 본고에서는 동학사상을 통하여 이러한 공동체 윤리의 기본입장과 논점을 확인하고자 하며 이것이 한국의 건국이념과 관련성이 있음을 밝히고자 한다. 이에 앞서 먼저 우리 민족의 이상적 공동체의 원형인 단군신화의 '홍익인간'의 이념을 조명하고 이 원형이 동학사상 속에 어떻게 내재되어 구현되었는가를 분석할 것이다.

제2절 건국이념의 공동체 윤리

홍익인간 이념이 포함된 단군신화를 전하는 『삼국유사』의 기록을 살펴보면 하느님인 桓因이 桓雄이라는 아들에게 天符印 세 개를 내려주어 인간세상을 다스리게 하였다고 한다.

단군신화는 한 개의 이야기로서만 전개되는 것이 아니고 두 개의 주제로 구성되어 있다. 즉, 서로 다른 두 개의 신화가 결합된 것으로 분석할 수 있다.[7] 단군신화의 첫 번째 부분은 환웅신화이며 두 번째 이야기는 단군신화로 분류된다. 환인의 아들 환웅이 아버지 환인로부터 天符印 세 개를 받아 가지고 무리 삼천을 이끌고 태백산 神檀樹 아래에 하강하여 神市를 건설하고 비·바람·구름신을 거느리고 인간의 온갖 일을 주관하면서 人世를 다스리고 교화시킨 부분까지가 환웅에 대한 신화이며, 그 이후부터가 국조 단

---

6) 拙稿, 2002, 「평화통일 이념 모색을 위한 한국종교의 인도주의 사상에 관한 연구」 『정신문화연구』, 25권 1호, 139~141쪽.
7) 이지영, 1995, 『韓國神話의 神格 由來에 관한 硏究』, 태학사, 44~49쪽 참조.

군에 관한 부분이다.

환인 하느님은 널리 인간을 이롭게 할 수 있는 땅을 가려 아들을 내려보내 하느님의 뜻을 따라 세상을 다스리고 교화하게 한 것이다. 즉 그 하느님의 아들이 땅의 곰녀와 결혼하여 낳은 아들이 단군으로서 그가 조선을 건국한 것으로 되어있다. 이 건국신화에서 우리 한민족은 나라의 근원을 하늘, 하느님, 하느님의 아들인 신에게서 찾고 있다. 따라서 우리 민족은 하늘은 단순한 우주 공간으로서 인식하는 차원을 초월하여 형이상학적인 대상으로 인식하는 동시에 하늘을 숭배하고 경외하여 한국사상의 중심이 敬天思想임을 알 수 있다.

단군신화를 현상학적 측면에서 구성요소의 의미내용을 분류하여 보면 다음 세 부분으로 나누어 볼 수 있다. 첫째는 천신강림신앙이다. 단군신화 전체의 요지는 천신의 아들 단군이 고조선을 건국하여 통치하였으며 은퇴하여 산신이 되었다는 것이다. 이러한 천신강림신앙은 동북아시아의 유목민 곧 부권적 천신신앙민들 사이에 공통된 신앙 형태이다. 둘째는 地母神에 대한 신앙이다. 동굴 속에 머물렀다는 웅녀는 지모신이요 생산을 상징한다. 이는 북방의 유목민 문화를 바탕으로 하는 천신강림신앙과는 대립되는 남방적인 농경문화를 배경한 지모신신앙이다. 부족국가가 형성되던 기원전 5세기 경의 고조선시대는 수렵·목축문화권과 농경문화권이 혼합된 시대였다고 보인다. 셋째는 천지의 융합과 창조신앙이다. 신인융합으로 말미암아 새로운 생명이 창조되어 단군이 태어났고 그로 말미암아 나라가 건국되었다. 따라서 단군신화의 구조적 특징은 하늘과 땅, 또는 신과 인간의 융합에 있다고 본다.[8]

이러한 신화의 내용으로부터 동학에 나타난 '人乃天' 사상의 중

---

8) 李瑞行, 1993, 『한국·한국인·한국정신』, 대광서림, 102~107쪽 참조.

심이 되는 공동체문화의 단초를 찾을 수 있다. 그 첫째는 신과 인간의 조화를 추구한 신인 공동체 윤리이다. 건국신화의 첫 번째 부분인 환웅신화를 살펴보면, 환웅은 천신의 아들로서 신으로 파악할 수 있다. 대종교의 경전인『神壇實記』에서도 "환인은 천이고 환웅은 신이며 단군은 신인이라"[9]고 하여 환웅을 신으로 규정하고 있다. 환웅은 천상계에서 인간의 세계를 그렸으며 결국 그 뜻을 감지한 아버지 환인에 의하여 천부인 세 개와 風伯·雨師·雲師 등 신장들을 거느리고 인간계에 내려와 신시를 세움으로써 신인 공동체문화를 이룩한다. 이는 하늘의 질서를 인간세상에 구현하고자 한 것을 의미하며 나아가 그가 거느린 신장들은 인간의 생존을 위한 자연의 조화와 질서를 추구하는 임무를 맡고 하강한다.

여기에서 우리는 한국의 고대인들이 염원했던 세계를 볼 수 있는데 이는 인간이 자신의 유한성을 초월하여 신의 완전성에 도달하고자 했던 염원, 즉 신의 무오한 세계의 이상이 인간의 사회 안에서 실현되는 현세 중심의 세계였던 것이다. 나아가 이는 상대성의 인간의 삶이 절대성의 신의 세계와의 연속성 안에서 추구된다는 것, 그리고 이 신화에서 드러나는 것은 신인공동체의 윤리라고는 하지만 이것은 신 중심적 구도 내 에서 이루어졌다는 것이다. 그러나 서양의 인간상이 신의 피조물이며 신인관계가 신과의 약속 파기로 인한 갈등관계인데 반하여 우리의 건국이념은 신과 인간의 친화와 화평의 관계인 점에 그 특징이 있다.

둘째로 개인과 사회의 조화를 이룬 공동체 문화이다. 건국신화의 두 번째 부분인 단군신화를 살펴보면, 단군의 건국이념인 '弘益人間'의 본래의 의미는 개인의 유익을 추구하되 그 방식이 타인의 유익과도 상호관련성을 갖는 이중목적윤리를 내포한 사회공동체

9) 김교헌, 1995,『神壇實記』, 민속원, 15쪽.

적 의미가 더 크다. '널리 인간을 유익하게 하는' 홍익인간의 이념은 보편적 성격을 지닌다. 인간의 개별적 본성과 관련되어 인정되는 선이 개별적 선이라면 공동선은 개인들이 모여서 형성한 사회적 본성과 관련되어 요구되는 것이다. 인간이 자신의 개별적 본성을 실현하는 과정에서 다른 사람과의 관계가 필연적임을 인정할 때 그러한 관계 속에서 추출되는 공통적인 목적이 곧 공동선인 것이다. 즉 개별적인 목적을 가진 개인들이 사회 속에서 질서있는 삶을 통해 공동의 목적을 이루는 것이 공동체문화이며 바로 공동선이다.10)

한국의 정신문화의 특색은 우리의 건국신화정신이 대표하는 이른바 '홍익인간'의 이념에서부터 나타나는데 단군신화의 '홍익인간'이념은 본질적으로 친화사상이며 인간존중사상으로서 '인간은 神같이 존귀하고 모든 인간은 하늘(天)앞에서 한결같다'는 인본적 평등사상으로 표현되기도 한다. 존재론적으로 볼 때에도 '홍익인간'에서 의미하는 '인간'의 의미 그 자체가 일개인만을 뜻하는 것이 아니라 인간 전체 즉 '사회공동체'적 의미를 전제하고 있다. 이는 자신에게 유익한 생의 목적이 타인에게도 그대로 적용되어야 한다는 의미이며 단적으로 타인의 자아실현을 전제하지 않은 자신의 생의 추구가 불가능하다는 것이다.

이처럼 홍익인간 이념은 共生 · 共榮 · 公義의 법칙처럼 사회성원 개개인들에게 타인과 공동체에 대하여 사랑하고 봉사하는 이타주의적 삶을 촉구한다.11) 이때 사랑의 대상인 인간은 좁게는 가정,

---

10) 윤현진, 2001, 『홍익인간사상의 윤리관』(홍익문화통일강연시리즈 01 - 4호), 홍익문화통일협회, 11쪽.
11) 이에 관하여 정영훈 교수는 홍익인간 이념이 자유주의와 공동체주의의 대립국면에서 공동체주의를 지지하는 성향을 가진다고 분석하였다[정영훈, 1999, 「홍익인간 이념과 21세기 한국」『홍익인간 이념과 21세가

이웃과 시민사회이며 넓게는 국가와 민족의 벽을 뛰어넘어서 전 인류를 대상으로 한 사해동포주의로까지 확대될 수 있는 포용성과 개방성을 갖는다. 이와 관련하여 우리는 家·國·社稷·族·後孫 같은 표현을 쓰지 않고 굳이 人－人間이라는 보편용어를 쓴 것에 주목해야 할 것이다. 홍익인간의 이념은 타인의 입장을 먼저 고려하며 반공동체적 가치관을 거부하고 화합·공존의 윤리를 지향한다.12)

셋째로 인간과 자연의 조화를 이룬 공동체 문화이다. 단군신화의 구조적 해석에서 신인의 화합인 환웅과 웅녀의 결합과 천과 지의 융합에서 보듯이 인간과 자연은 둘이 아닌 전일적 생명의 공동체를 구성하고 있다. 인간이 되고 싶어했던 곰과 호랑이가 땅에 속한 미미한 동물인데도 천신인 환웅은 그들을 인간격으로 변화시켜 그들 중 하나인 웅녀와 결합함을 볼 수 있다. 동물인 곰과 호랑이는 자연(地)을 상징한다고 풀이할 수 있다면 이는 인간의 세계가 땅의 세계, 즉 자연의 세계를 생명모태로 한 하나의 세계로서 조화를 이루고 있음을 보여준다. 신적 생명과 인간적 생명의 결합은 결혼이라는 신체적 결합을 통해서 이루어진다. 이것이 신인합일, 천인합일의 기층형이다. 신과 인간, 하늘과 땅, 영과 육, 성과 속이 통전되어 있다.13) 이처럼 밝고 따뜻한 생명을 추구한 한민족의 사상과 신앙이 단군신화에 압축되어 있다.

단군신화에서 하늘과 땅을 포괄하는 영역은 '생명의 흐름'으로 충만된 세계이다. 생명은 신비한 현상이며 초자연적 존재까지 포괄하는 자연관을 의미한다. 단군신화의 세계관은 지상과 현상의

한국』(홍익인간 교육이념 제정 50주년 기념학술회의), 1~5쪽].

12) 上同.

13) 이경숙·박재순·차옥숭, 2001, 『한국 생명사상의 뿌리』, 이화여대 출판부, 47쪽.

세계를 전체로 포괄하는 통전적 세계(Integral World) 혹은 통일의
세계(World of Unity)이다.[14] 또한 단군은 다시금 신선이 됨으로써
이 인간과 자연의 공동체로 복귀한다. 그러므로 이 공동체는 생명
중심의 세계이고 천지상하의 조화로운 교감의 세계라는 점에서 大
全世界(World of Totality)를 의미한다. 이러한 한국 고유의 생명공동
체윤리의 사상은 민족종교와 더불어 구한말 수운 최제우의 東學으
로 계승되었다. 동학사상은 '侍天主'에서 '人乃天', 그리고 '事人如
天'으로 이어지면서 공동체적 윤리의 틀을 보여준다.

제3절 동학의 공동체 윤리

1. 신과 인간의 공동체

한국인의 사상적 원형으로서의 '홍익인간' 이념에서 나타나듯이
한국인은 일찍이 신과 인간이 서로 조화를 추구하고 나아가 합일
을 꿈꾸는 세상을 추구하였음을 알 수 있다. 이는 동학의 공동체
이념에도 나타난다.

동학사상의 공동체적 성격은 水雲, 海月, 義菴을 거치면서 심화,
발전되어 갔는데[15] 이러한 동학의 사상은 '人乃天'이라는 동학의

---

14) 위의 책, 48쪽.
15) 최제우 시기(1860~1864)의 동학은 후천개벽에 의한 지상천국 건설이
목적이었다. 그는 당시의 시대적 위기의식 속에서 天人如一의 侍天主
사상을 종교이론으로 정립하여 혁명사상을 정당화하였다. 뒤를 이어
최시형시기(1864~1898)에는 侍天主사상을 구체적으로 체계화하기 시

신관에서 비롯된 것으로 보인다. 동학은 그 신관에 있어 신과 인간의 공동체적 유대를 추구한다. 한국인의 원형적 신관은 초월신이었으며[16] 수운이 경신년 강신체험에서 만난 신 또한 초월신이었다.[17] 수운이 만난 신인 '한울님'은 수운에게 靈符와 呪文을 하사하여 세상을 구제할 뜻을 밝힌다.[18] 그러므로 수운이 만난 신은 인격적인 존재로서 자신의 뜻을 인간에게 계시했는데 이 신은 전지전능한 존재이며 세상을 주재할 수 있는 존재이다.[19]

작하여 '以天食天', '以心治心'의 논리로 인간이 곧 '한울님'이라는 것을 합리화하고 현실개혁 의지를 강력하게 표명하였다. 이는 해월이 국권수호의 절박한 분위기에서 事人如天의 인본주의 사상을 교조신원운동, 갑오농민 혁명으로 드러낸 것이다. 손병희(1898~1921)는 천도교의 종지를 人乃天으로 정립하여 인본주의를 사회적으로 실천하였다. 천도교에서 3·1 독립운동 당시 민족연합 결성과 민중시위 운동을 주도할 수 있었던 것은 이같이 인내천을 사회사상으로 발전시켰기 때문이다. 나아가 1920년대에는 서구 근대 사상을 수용한 이돈화의 인내천 논증에 힘입어 『개벽』 등의 간행물을 발간하여 신분을 초월한 모든 사람에게 지면을 개방하고 농민·노동자·학생·여성 등 각 분야별로 부문 운동을 전개하여 근대 민족운동을 이끌어 나갔다.

16) 우리 고유 신앙은 애니미즘이 바탕이 된 다신적 신앙인 것처럼 여겨 왔지만 그러나 실제는 하느님이라는 최고의 신을 받든 점으로 보아 유일신교적이라고 할 수 있다. 마치 유대인들이 모세이전에는 다신적 신앙이었는데 애급고역을 겪는 과정과 모세의 출현으로 유일신 신앙을 형성하는 과정과 같다고 할 수 있다(이서행, 앞의 책, 148쪽).

17) 『東經大典』「布德文」.

18) 上同.

19) 至氣는 우주에 충만해 있으면서 천지만물을 다스리는 단 하나의 기운이며 동시에 主宰神인 한울님의 지극한 기운이라면 한울님은 우주만물을 至氣를 통해서 다스린다고 할 수 있을 것이다. 즉 이 지상계를 넘어서 있는 초월적인 한울님은 至氣라는 자신의 기운에 의해 천지만물을 주재한다고 할 수 있다. 따라서 至氣는 한울님이 만물을 주재할 때 드러나는 한울님의 한 속성으로 볼 수 있다(이혁배, 1988, 「천도교의 신관에 관한 연구」『종교학 연구』7, 14~20쪽 참조).

또한 수운이 만난 신은 이상과 같은 초월적 경향을 지닐 뿐만 아
니라 내재적 성격도 지녔다.[20] 이러한 수운 신개념의 양면성이 그
후 동학과 천도교의 신관을 내재적 신관으로 발전시키게 된 것이
다. 동학 신관의 내재적 경향은 바로 신이 인간에게 '베푸는' 차원
이 아닌 인간이라면 '누구나' 신을 모시는, '侍天主'의 신앙으로 자
연스럽게 발전된다. 최시형은 '한울님'의 존재의미와 천인관계에
중점을 두고 汎在神論[21]의 관점에서 '시천주'사상을 더욱 현실적
으로 체계화하였다. 그는 至氣論을 실천적으로 세속화하는 한편
'人卽天'의 논리로 천인관계와 '한울님'의 존재를 정의하였다. 즉
그는 천주를 인간과 동일시하여 모든 인간이 곧 하느님이라고 규
정하고 나아가 사람뿐 아니라 천지만물이 다 하느님을 모시고 있
다는 주장을 한다.

海月은 자신의 신관을 전개함에 있어 수운의 신관이 지닌 초월
적 경향과 내재적 경향 중에서 전자의 경향을 배제시키고 후자의
경향만을 취하였다.[22] 해월은 수운의 시천주 개념을 확대시켜 사
람만이 한울님을 모신 존재가 아니라 천지만물 또한 한울님을 모
신 존재이며 무생물조차 한울님을 모신 존재이므로 자신과 한 몸

---

20) 같은 책, 21~24쪽 참조.
21) 세계고등종교들이 갖고 있는 여러 형태의 神論 중에서 대표적인 것은
   有神論(Theism), 汎神論(Pantheism), 汎在神論(Panentheism)으로 집약되는
   데 汎在神論的 신관은 인류고등종교의 최고 발달상태에서 나타나는
   신관이다(金敬宰, 1983, 「崔水雲의 神槪念」 『東學思想論叢』 1, 天道教
   中央摠部, 210~211쪽 참조).
22) 水雲의 '侍天主'는 내재신적인 경향으로 그 적용범위를 인간에 국한시
   켰다. 그리하여 그는 인간만이 한울님을 이미 모시고 있는 존재, 즉 侍
   天主者라고 보았던 것이다. 그러나 해월은 侍天主의 범위를 확장시켜
   인간 뿐 아니라 사물도 侍天主者로 파악하였다. 이는 해월이 侍天主에
   대한 수운의 내재신적인 해석을 확대시켜 수용하였다는 사실을 분명히
   드러내고 있음이다.

이라는 것을 완전히 자각하였으며 그것을 생활 속에서 실천하였
다. 타인을 시비하는 것은 한울님을 시비하는 것이요[23] 손님, 어린
이, 베짜는 여인을 포함한 모든 인간이 곧 '한울님'이라고 규정하
였다.[24] 그런데 해월은 사람 뿐 아니라 천지의 만물이 다 한울님을
모시고 있다는 주장이다. 그래서 그는 새소리 조차도 시천주의 소
리라고 말하였던 것이다.[25]

이처럼 해월의 신관 또한 범재신론에 기초한 것으로 '物物天事
事天'에 함축되어 있다.[26] 모든 자연만물과 일상생활에 '한울님'
아닌 것이 없다고 하여 만물만사에 신성이 있다고 하였고 物物ㆍ
事事 모두가 '한울님' 조화의 현상으로서 보았다. '物物天 事事天'
이라 함은 만사만물에 천이 내재하므로 만유가 천임을 의미한다.
결국 해월에 있어 이 지상에 존재하는 것 중에 한울님 아닌 것은
하나도 없게 된다. 즉 모든 인간, 모든 생물, 모든 사물이 예외없이
한울님과 동일시된다.

이런 입장을 취할 때 '인간이 음식을 먹는 것'은 '한울님이 한울
님을 먹는 것'으로 파악될 수밖에 없다. 이것이 바로 '以天食天'[27]
의 의미이다. 해월은 이천식천을 전제하면서 모든 사물이 인간과
한 형제라고 규정하고 있다. 인간이 한울님이고 사물이 한울님이
라면 인간과 사물은 하나의 근본을 지닌 한 형제라고 아니할 수 없
다. 이 '이천식천'은 모든 만물의 성장ㆍ발전을 도모하는 養天主
행위로서 범재신론으로 볼 수 있다. 또한 자연을 보호하는 행위를
'한울님'을 위하는 진정한 양천주라고 하여[28] 주체와 객체의 대립

---

23) 1979, 『東學思想資料集』 II, 아세아문화사, 41쪽.
24) 「天道敎書」 제2편, 36쪽.
25) 上同.
26) 「天道敎創建史」, 126쪽.
27) 「天道敎創建史」, 제2편, 18쪽.

이라는 이분법적 자연관을 극복하였다.

이처럼 최제우의 시천주사상은 최시형에 이르러 事人如天사상으로 발전하였고 손병희의 시기에는 人乃天사상으로 정리되었다. 이 무렵의 인내천사상은 심성론 위주의 성리학적 입장에 있었다. 현실적 인간은 '한울'과 합일할 수 없지만 인간성의 본질은 理에서 유래하였기 때문에 순수한 '한울', 즉 천인합일이라는 입장이다. 나아가 1920년대에는 이돈화가 중심이 되어 인내천을 논증하였다.

이돈화의 인내천의 의미를 정리하면 自己性無窮에 한울의 뜻과 합치할만한 무한한 가능성을 가지고 있다는 것이다. 인내천은 내적으로는 정신적 도덕의 확립이며, 외적으로는 물질적 평등과 자유를 포용하는 교훈으로서 민족과 사회, 전인류의 생활개선을 위하여 노력하고 우주와 다불어 공존하는 것이다. 이를 위하여 사람을 바르게 알고 바르게 섬기라고 하였는데 이는 한울과 사람이 결코 이원적 대상이 아닌 천인합일임을 알고 事人如天의 도로 인간성의 자유와 평등을 실현하라는 것이다. 그는 사인여천의 신앙을 자유·평등·인애·자비로 구체화 하였다.29)

그는 자연을 무의미의 자연, 천연계의 자연, 허위에 대한 자연, 제도에 대한 자연, 사람성의 자연으로 구분하였으며 특히 사람성의 자연을 人乃天의 논리로 설명하였다. 사람성자연주의는 인류의 공동생활을 성공적으로 영위하기 위하여 인간 개개인의 정신적 부

---

28) 「天道敎創建史」, 108쪽.
29) "요컨데 人乃天의 종교는 사람으로써 한울되게 하는 신앙이니 過去 사람들이 平等·自由·仁愛·慈悲와 美德은 오즉 한울님의 專有物로 하야 그를 但히 理想的 希望뿐으로 살아오든 그것을 人乃天의 信仰에서는 그를 但히 理想體 뿐으로 두지 안이하고 事實로 사람 自己네가 實行하기로 配定한 道德이니라"(이돈화, 1979, 「人乃天要義」『東學思想資料集』Ⅲ, 亞細亞文化史, 244쪽).

조리와 부자연을 야기하는 일체의 편견이나 인습, 허위에서 탈피
함으로써 인간성 본래의 천진함을 회복하는 주의라고 하였다.[30)]
따라서 이돈화의 사람성자연주의는 최제우의 無爲而化에 연원을
둔다고 하겠다. 무위이화는 한울의 自存・自律的 발현의 원리로써
인간이 여기에 따르려면 수양이 필요하다고 하여 최제우는 守心正
氣를, 최시형은 待人接物의 태도인 三敬을, 손병희는 性心身三端
을 주장하였다. 이돈화는 이에서 발전하여 인간성 회복의 구체적
방법으로 사람성자연에의 해방을 제창했다. 결국 모든 인류는 사
람성자연에 귀의하여 新人間으로 개조되어야 한다는 뜻이다.[31)]

이러한 사람성 무궁주의는 우주의 自存・自律的 창조작용과 無
爲而化의 법칙으로서 서구 근대의 생물학적 진화론을 원용한 것이
다. 인간과 우주는 결코 이원적 대상이 아니며 오직 불가사의한 일
원적 존재로서 태초부터 자기창조 능력에 의해 점차 현재의 형체
와 정신을 가지는 단계에 이르렀다는 것이다. 다시 말하면 우주는
오랜 세월 진화하는 과정에서 천지・만물로 현상화하고 드디어는
인류의 형상으로 발현하였기 때문에 사람성 역시 우주의 무궁한
진화의 위력을 가지게 되었다는 것이다.[32)]

그런데 인간은 자신의 능력을 유한한 것으로 알아 무궁하고 무
한한 객관적 존재를 상대적으로 설정하고 신격화하였다. 그는 이

---

30) 앞의 책, 403~407쪽.
31) 이돈화, 1921, 「사람性의 解放과 사람性의 自然主義」『開闢』10, 20~
   21쪽.
32) "사람性無窮은 自己過程에서 無極을 지냇스며 天地及太陽系를 지냇
   스며 其他無機有機的萬有의 變化를 지나 今日 이마마한 成績을 보게
   됨은 實로 사람性의 偉大가 얼마나 宏壯한 것을 可히 形容치 못할 것
   이다. 卽 한울님의 法性이 萬有를 通하야 사람性에 까지 표현하야 온
   過程은 到底히 言과 文으로써 그 深遠한 妙法을 形容키 어렵도다"(「人
   乃天要義」, 앞의 책, 239~240쪽).

것이야말로 인간성의 무궁한 잠재능력을 확인할 수 있는 증거라고 보았다. 절대신을 사유할 수 있는 인간의 본능과 행위를 가지고 인간의 무궁성을 강조함으로써 인간의 활동 역시 진보와 향상을 지속해야 한다는 당위론으로 귀결된다.

따라서 이돈화에게 있어서 敬天은 두 가지의 의미를 갖는다. 첫째는 자신 즉 小我가 大我인 한울을 공경한다는 것이다. 즉 인간성 본연의 도덕적 생활을 자연의 원리에 따라 한다는 것이다. 둘째는 진리에 대한 사랑이다. 진리는 개인적으로는 도덕이며 사회적으로는 인류를 한가지로 돌아가게 하는 관건이 된다. 따라서 경천이란 진리를 추구하는 한울님을 믿는다는 것이며 결과적으로는 천인에 내재한 도덕성을 발휘할 수 있게 되는 것이다.[33]

2. 개인과 사회의 공동체

수운 최제우의 시천주사상은 모든 인간의 절대적 존엄성을 인정한 것으로서 신분제와 조선조 유교의 악법을 비판한 것이다. 그를 이어 2대 교주인 해월 최시형은 사인여천을, 3대 교주인 의암 손병희는 인내천을 각각 주창하여 근대적 인권자각에 큰 영향력을 끼쳤다.

동학의 인내천 사상을 기반으로 한 평등사상은 엄격한 신분제를 기반으로 한 당시 사회에 있어 혁명적이라고 까지 할 수 있는 개념으로 이로 인해 일반 민중은 물론 당시 억압받던 여성들조차도 자신의 주체성을 깨닫게 되었다. 이러한 동학의 인간평등사상은 侍天主사상에서 비롯된 것이다. 수운이 제시하는 한울님은 경외의

---

33) 이돈화, 1982, 『新人哲學』, 천도교중앙총부, 192쪽.

대상으로서만이 아니라 자기 안에 모셔져 있는 존재이므로 신분과
남녀노소의 구별과 차별 없이 누구나 동학의 가르침대로 수련하면
한울님과의 일체를 경험할 수 있다는 것이다. 이를 위하여 守心正
氣할 것을 가르치고 주문34)을 외우고 誠・敬・信을 통한 수련을
쌓아야 함을 강조한다. 이러한 수운의 시천주 사상은 근대적 평등
사상을 정립하는 근간이 되었다. 실제로 자신의 여종을 며느리나
수양딸로 삼아 모든 인간은 평등하며 여성도 존중해야 한다는 자
신의 사상을 실체화하였다.

수운의 인간평등사상은 해월에 이르러 더욱 심화되었다. 그는
인내천을 사인여천으로 발전시켰다. 해월에 있어서는 나와 타인과
의 대인관계가 '사람을 섬기되 한울같이 하라'는 사인여천의 근대
적 시민윤리적 성격을 띤다. 해월의 사인여천에서는 당시 억압받
던 어린이, 상민, 천민, 여자도 모두 섬김 받는 인간존중의 평등주
의가 가능하다.

이처럼 동학은 단순한 종교신앙을 넘어서 불안한 민중들의 대망
의지를 실천하려는 사상적 지주가 되고 斥洋斥倭, 除暴救民, 廣濟
蒼生의 사회변혁을 추진하는 강력한 이데올로기로 작용하였다. 이
는 당시의 내외적 위기의식의 산물이었다. 輔國安民, 廣濟蒼生, 布
德天下의 동학의 이념은 내적으로는 학정에 시달리는 농민대중을
구하자는 것이요, 외적으로는 날로 심화되는 제국주의 열강을 물
리치고, 궁극적으로는 포덕천하에 의한 지상천국을 건설하자는 것
이었다.

수운은 역사를 크게 두 시대로 구분하여 지나간 세상을 先天이
라 하고 동학의 창도(1860. 4. 5)후 미래의 새 세상을 後天이라 하였

---

34)『東京大典』「論學文」. "至氣今至, 願爲大降, 侍天主, 造化定, 永世不
    忘, 萬事知"

다. 후천개벽이란 낡은 선천의 문화가 무너지고 새로운 후천의 문화가 열린다는 뜻이다. 따라서 후천개벽은 천지개벽이 아니라 인간 중심의 문화개벽을 뜻하는 것으로 인류 역사 문화 전반의 일대 변혁과 새로운 창조를 의미한다.

동학은 人乃天의 自我完成(정신개벽)으로부터 輔國安民(민족개벽), 布德天下·廣濟蒼生(사회개벽)하여 지상천국을 건설하려는 것이 목적이었다. 동학에서 이루려는 이상향은 지상천국을 이룩하자는 것으로 이 지상천국이란 來世가 아니라 현세의 생활과 문화를 개혁하여 지상에 새로운 사회를 건설하려고 하는 것이었다. 1905년 이후 그의 동학을 계승한 천도교 운동에서 요약된 '보국안민, 포덕천하, 지상천국건설'의 종지는 바로 최제우 동학이념의 기본적 요체라고 할 것이다.

유교적 질서에 의하면 '天命'이 王權天授의 역할을 하여 군왕과 양반통치의 정당성을 뒷받침해준다. 동학에서 임금도 아닌 일반 백성이 '天道'의 각득을 주창하는 것은 혁명적이다. 왕권지배 하에서는 피치자인 민이 직접적으로 천명이나 천도를 받을 수는 없고 간접적으로 천명의 대리자인 군왕의 통치에 절대 복종하는 것만이 있을 뿐이다. 원래 천명을 받는다는 것은 황제나 군왕만이 통치권력의 정당성이 보장되고 民은 절대로 천명을 받거나 천리를 실천할 수 없다. 따라서 동아시아 정치전통에서는 근대적인 혁명의 개념이 없었다.

이러한 동아시아 전통에서 보면 수운의 '후천개벽'은 혁명적인 것이다. 동학에서는 절대왕권의 전제를 초월하여 백성이 모두 요임금, 순임금 같이 되는 민중의 주권사상이 있다. 「도유사」에는 백성이 모두 요순이 되는 점에서 민의 주권을 인정하고 있다.[35]

---

35) "자고급급 촌탁하니 요순성세 그때라도 일천지하 많은 사람 사람마다

이와 같이 동학은 주자학으로 대표되는 동아시아 중화문화권의 문화원리인 성리학, 주자학과는 그 차원을 달리하는 民의 새 사회의 개벽을 지향하는 근대적 시민사회의 이념이다. 수운의 동학에서는 군신관계의 왕조적 규범이 무규범의 혼란에 빠진 것을 간파하고 구왕조의 인간결집원리와는 다른 民의 자치공동체로서 '同歸一體'의 시민사회를 지향한다. 이것이 가능할 수 있는 것은 모든 民들이 경천신앙으로 천명을 받고 侍天主者가 되기 때문이다. 따라서 民이 오히려 堯舜이 되고 民 스스로의 자치가 싹트게 된다.[36]

수운은 창도 당시의 사회의 혼란은 인간과 사회가 모두 병들어 있기 때문이라고 보았다. 그가 동학을 창도한 궁극적인 목적은 사회의 질병으로부터 인간을 구제하여 더 나은 이상향에 살게 하려는 현실주의적인 욕망을 실현하려는 것이다. 수운은 개인의 정신적 결함과 사회의 암흑이라는 질병의 원인은 '各自爲心'의 이기적 성격 때문이라고 생각하고 이를 타파하기 위해서는 각자가 품고 있는 이기적 자아에서 초월하여 자기의 마음 속에 누구나 가지고 있는 '한울我(侍天主)'에 따라서 행동해야 한다고 믿었다. 즉 우주의 본원인 '한울아'에 따라서 행동하는 것만이 사회질병을 물리치는 방법이라고 믿었다. 이 사회의 질병을 치유하는 방법으로 제시된 대안이 開闢의 이론이다. 개벽이라 함은 낡은 세상이 사라지고 새 세상이 온다는 것으로서 민중이 고뇌에서 해탈하는 방법으로 제시된 것이다. 특별히 수운은 투쟁에 의하여 사회의 질병이 되는 요소, 즉 극심한 계급의식이나 빈곤을 물리칠 것을 강조하였다. 수운의 동학적 이상사회상은 사회주의 계급혁명에 의해 달성되는 세

요순일세" 「도유사」.
36) 申一澈, 2000, 「東學의 無爲的 市民社會觀」 『동학연구』 6, 한국동학학회, 96~98쪽 참조.

상이 아니라 근대 시민사회의 휴머니즘 사상의 선각이었고 봉건적 양반의 왕조질서를 근대적 민족 국가로 개혁하는 한국 근대화의 사상적 선구였다고 하겠다.

이후 1920년대 이돈화에게 있어서 민족개벽은 민족의 생활정도와 문화를 향상발전 시키는 것이 목적이지만 궁극적으로는 지상천국 건설, 즉 세계일가주의의 이념으로서 세계평화를 지향하는 성격을 지닌다. 세계평화의 구체적 실천방안으로는 세계평화를 민족 단위로 추구하는 것이다. 각 민족은 정치·경제·사회·문화 및 윤리·도덕·관습에서 현저한 차이가 있으므로 강자가 약자를 침략하는 일이 많으므로 민족 상호간에 세력 균형을 이루어 세계평화를 추진해야 한다고 하였다. 다음은 인류평화 추구에 있어 약소민족에 특별한 관심을 두는 것이다. 이는 민족적 평등에 관심을 두는 것으로서 이러한 조건을 갖춘 다음 민족의 지위를 향상시킬 수 있다고 보았다.[37]

개인과 사회간의 공동체 사상은 이돈화에게 구체적으로 드러난다. 이돈화는 개인과 사회를 모자관계에 비유하였다. 사회는 일종의 유기적 개체로서 개인의 생명을 맡는 기능이 있으므로 慈母의 역할을 하며, 개인은 사회를 구성하는 일원이기에 사회적 기능을 긍정적으로 발휘할 의무가 있다는 것이다.[38] 사회의 위력은 단순히 개인들의 총화보다 월등하므로 개인은 도덕적으로 사회에 책임을 다해야 한다. 마찬가지로 사회는 개인의 생존문제에 절대적 책임을 가지고 교육 및 도덕의 향상과 경제의 발달에 힘써야 개인과 사회의 관계는 최상의 상태를 유지한다고 하였다.

이는 그가 이해한 '敬人' 사상과도 상통한다. 그에게 있어 경인

---

37) 이돈화, 1921, 「人類相對主義와 朝鮮人」『開闢』25, 7쪽.
38) 이돈화, 『新人哲學』, 182쪽.

은 敬天을 실천하는 방법인데 그는 경천을 事人如天으로 설명하였다. 사인여천의 의미는 첫째로 한울과 인간을 분리시키지 않는 것이다. 경천이 관념적 행위라고 한다면 경인은 외적행위가 된다. 둘째, 同歸一體의 지상천국의 건설은 인간성 회복을 위한 노력의 결과라는 것을 깨닫는 것이다. 즉 최제우의 '吾心卽汝心'의 기쁨을 느끼는 것이다. 셋째는 한울을 현실적으로 느끼는 것인데 사인여천이 본래 개인 대 개인, 개인 대 사회의 상대적 개념이므로 인간은 자유롭게 천을 느낄 수 있다.39) 이것은 천인관계에서 한울이 가정이라고 하면 인간은 가족의 일원으로서 가족을 위하여 노력하고 민족이면 민족구성원으로서의 책임을 다하고 사회 즉 세계일 때에는 인류의 평화실현을 위하여 힘쓸 것을 당부한 내용이다.

3. 인간과 자연의 공동체

서구의 근대적 정신사의 전통은 자연과 인간, 성과 속, 남성과 여성의 이분법적 시각은 왜곡된 관계들을 양산해 내었고 자연의 피폐와 여성의 억압된 삶을 초래하였다. 물론, 동양의 경우는 서구와 같이 자연을 착취의 대상 및 도구로 인식하지는 않았지만 송대 주자학의 합리적 체계화로 인하여 절대원리인 理·太極의 우위성이 존재론화 되면서 氣·物質·女性은 종속적인 것으로 전락하였다.

---

39) "한 個人으로 家庭에 있을 때는 家庭全體는 '한울'이 되고 個人은 사람이 되는 것이요, 그 개념을 한 民族에게 옮겨놓을 때에는 民族全體는 한울이 되고 個人은 사람이 되는 것이며, 人類全體에 옮겨 놓을 때에는 人類全體는 한울이 되고 個人은 사람이 되는 것이며 最終으로 宇宙全體를 대할 때에는 宇宙全體는 한울이 되고 개인은 사람이 된다는 것이다"(위의 책, 201쪽).

　이러한 인식 하에 동학이 창도될 당시 한국 사회는 정주학적 유교윤리의 폐단이 드러나면서 사회제도와 남녀차별적 신분질서가 흔들리게 되었다. 이 때 천주교가 전래되었고 유교 신분제나 남녀차별 질서에 대립되는 면들이 많은 사람들에게 호응을 얻기도 하였다. 그러나 일각에서는 천주교와 함께 전래된 서구문명의 문제를 지적하면서 동양적 사유에 근거한 종교운동을 전개하기도 하였다. 이는 자연을 단순한 물질로 보는 이러한 문화와 자연의 이분법적 사고에 대해 위기감을 가진 것이라고도 볼 수 있겠다. 특히 대표적인 민족종교인 동학의 경우, 자연과 인간을 통일체로 봄으로써 신과 인간과 자연을 함께 성스럽게 여겼다.

　특히 해월 최시형은 자연을 대상화된 존재로 보지 아니하고 오히려 생생한 자연에서 시천주를 깨달았다. 숲 속의 새소리, 개울의 물소리 등 자연의 소리가 해월에게는 모두 한울님의 소리로 들렸다. 이는 자연이 곧 한울이라는 범천론적 세계관의 경지이다.[40] 이같이 해월의 道는 '敬天', '敬人'에 머무르지 않고 '敬物'로까지 나아가 자연 속의 흙이나 풀 한 포기, 산천초목, 곤충들 속에서까지 한울님의 내재를 통찰하게 된다. 결국 그는 '사물마다 天 아닌 것이 없고 일마다 天 아닌 것이 없다'는 '物物天事事天'의 범재신론적 세계관에 도달한다.[41] 특히 하늘과 땅은 해월에게 어버이로 이해된다. 해월은 땅을 단순히 어머니로 표현하지 않고 '어머니의 살'같이 소중히 여기라고 한다.[42] 이는 자연과 인간을 유기적 그물망 속에서 파악하는 생태철학적 가치관의 정화를 보여주는 것이라 할 수 있다.

---

40) 「海月神師」『天道敎創建史』, 16쪽.
41) 「海月神師」, 같은 책, 12쪽.
42) 上同.

이같이 해월의 '敬物'과 '物物天事事天'은 侍天主를 세속화시킨
것으로서 우리의 일상생활에서 敬天을 구체적으로 실현시킨 것이
다. 따라서 그의 범천론적 세계관은 전통사상에서는 유례를 찾기
힘든 것인데 그 대표적인 예로서 인간의 식사행위를 천이 천을 먹
는 일(以天食天)으로 신성화한 것이다. 이같이 해월의 사상은 여성
성과 영성을 본위로 하여 만물의 보편적 통일성을 실현시키고자
한 것이었다.

지구가 생명의 근원이며 자연은 신성하고 목적과 의미로 충만한
것이라는 이해는 현대 생태윤리의 인식론적 기반이다. 생태주의의
시각은 인류를 포함한 자연 속의 모든 생명체가 상호 협력과 보살
핌, 그리고 사랑을 통하여 유지된다는 점을 인식하는 새로운 우주
론과 새로운 인류학의 필요성을 제기한다. 이러한 방법을 통해서
만 우리는 모든 생명체의 다양성과 그들의 문화적 표현까지도 우
리의 안녕과 행복의 진정한 원천으로서 존중하고 보존할 수 있게
된다.

이러한 공동체적 개념은 지구가 살아있는 우주의 일부로서 생존
함을 인식하는 것이다. 지구는 살아있는 유기체처럼 모든 부분들
이 서로 연결되어 있다. 이 연결성은 자신 이외의 다른 것들 — 인
간, 자연적인 주기와 과정들, 동물들, 그리고 식물들 — 과 동화되
거나 서로 감응하는 우리의 능력이다. 지구 자체가 靈이 肉化한 존
재이고 우주는 살아있는 생명체임을 이해한다고 할 때 그것은 곧
모든 것이 서로 연결되어 있다는 것을 의미한다. 이러한 상호연관
성은 해월이 지구상의 모든 생명체가 다 '한울님'을 모신 존재로
파악하여 음식을 먹는 것조차 '한울님(인 인간)이 한울님(인 음식)
을 먹는 것'으로 보았으며, 인간과 지구상의 모든 것들이 분리되어
있지 않고 유기적인 하나의 생명체임을 이해한 것에서 알 수 있다.

인간과 사물은 하나의 근본을 지닌 존재이다.

나아가 이러한 상호연관성의 이해는 우리 모두를 살아있는 공동체, 지구의 일부분이라는 것을 자각하게 한다. 해월은 자연을 대상화된 존재로 보지 않고 오히려 자연 속에서 한울님의 존재를 깨달았다. 숲의 새소리, 개울 물소리 속에서도 한울님의 음성을 들을 수 있었다. 따라서 해월의 가르침은 경천·경인·경물이 셋이 아닌 하나로 귀일되는 三敬사상과 경물의 구체적 실현으로서 '物物天事事天'의 세계관으로까지 확대되어 진다. 해월에게 있어 자연과 인간이 얼마나 밀접하고 친근한 관계였는가는 그가 하늘과 땅을 부모로 이해하고 특별히 땅을 '어머니의 살'처럼 여기도록 가르친 것에서 그 공동체 윤리적 사고의 정수를 찾을 수 있다.

이러한 범재신론적 사고에서 삼경사상은 쉽게 도출된다. 삼경은 경천, 경인, 경물을 의미한다.[43] 수운의 경우는 경천을 강조했다. 그 토대 위에서 자연스럽게 경인도 가능했다. 그런데 해월의 경물사상은 수운의 신관과는 다른 특이한 부분이다. 그리고 이러한 경물사상은 지구와 자연계를 상호연관된 것으로 인식하여 인간과 자연을 분리하지 않고 하나의 전체로 상징화한 생태적 공동체윤리와 상통한다고 보여진다.

이돈화에게 있어서 이 '경물'은 구체적인 실천양태로 제시된다. 경물의 구체적인 방법을 보면, 첫째, 자연의 혜택을 상기하는 것이다. 인간 또한 자연의 영역 중 일부라는 점을 자각한다면 경물은 곧 인간성의 본원인 사람성자연을 공경하라는 의미이다. 이돈화는 모든 생명의 원천이 자연이라는 것을 역설한다.[44] 둘째는 동물을

---

43) 「海月神師」, 77쪽.
44) "肉體的 乃至 精神的障壁으로서 自然無盡藏한 生命으로부터 우리가 隔離될 때에 人間은 滅亡한다. 사람은 大自然 속에서 自然을 實現하지 않으면 안된다. 벌은 密房中에서 꿀을 製造치 못함 같이 人間도 그 障

학대하지 않는 것이다. 이것은 특히 동물을 대상으로 한 것인데 근본적인 목적은 오히려 인간성의 미덕 함양과 사회의 인도적 교화에 둔다. 셋째, 경제관념을 가지는 것이다. 자연을 잘 활용하려면 먼저, 자연을 아끼고 육성해야 한다는 것이다. 개인이나 사회 모두 경제적으로 쇠퇴하는 것은 바로 경물의 태도의 결여 때문이다.

제4절 맺음말

이상에서 건국이념인 홍익인간의 관점에서 19세기에 이를 계승한 동학사상의 공동체관을 고찰하였다. 홍익인간의 이념은 파편화되고 황폐화되어 가는 현대의 정신생활에서 한민족이 공동체를 정비하고 강화해 감에 활용할 수 있는 고유한 정신적 유산임을 확인하였다. 이러한 구도를 계승한 동학의 공동체적 성격은 궁극적으로 輔國安民·布德天下·廣濟蒼生·地上天國을 건설하자는 데 있었다.

이 같은 동학의 공동체 이념 형성과정을 시기별로 대별해 보면 다음과 같다. 최제우 시기의 동학은 후천개벽에 의한 지상천국 공동체건설이 목적이었다. 그는 당시의 시대적 위기의식 속에서 天人如一의 侍天主 사상을 종교이론으로 정립하여 혁명사상을 정당화하였다. 뒤를 이어 최시형시기에는 侍天主사상을 구체적으로 체계화하기 시작하여 '以天食天', '以心治心'의 논리로 인간이 곧 '한

壁 中에서는 生命의 糧食을 求하지 못한다. 나아가 大自然 중에서 이를 구하여야 한다"(이돈화, 『新人哲學』, 204쪽).

울님'이라는 것을 합리화하고 신인공동체 의지를 강력하게 표명하였다. 이는 해월이 국권수호의 절박한 분위기에서 事人如天의 인본주의 사상을 교조신원 운동, 갑오농민 혁명 등 민족공동체 운동으로 드러낸 것이다. 손병희는 천도교의 종지를 人乃天으로 정립하여 공동체 윤리를 사회적으로 실천하였다. 천도교에서 3·1 독립운동 당시 민족연합 결성과 민중시위 운동을 주도할 수 있었던 것은 이같이 인내천을 사회적으로 발전시켰기 때문이다. 나아가 1920년대에는 서구 근대 사상을 수용한 이돈화의 인내천 논증에 힘입어『개벽』등의 간행물을 발간하여 신분을 초월한 모든 사람에게 지면을 개방하고 농민·노동자·학생·여성 등 각 분야별로 부문 운동을 전개하여 근대 민족독립운동을 이끌어 나갔다.

동학의 理想鄕(地上天國)은 모든 사람이 자아완성을 통하여 한울아를 회복한 만인평등의 기초 위에서 정성과 공경과 믿음을 바탕으로 전쟁과 질병과 빈곤과 파괴가 없이 살아가는 세상이었다. 이는 인간의 존엄성과 윤리를 바탕으로 하는 도덕사회, 권력이나 계급의 대립과 귀천의 차별이 없는 평등사회, 나아가 의식주의 부자유와 질병·재앙같은 자연적 압박이 극복된 삶을 의미한다. 이러한 동학의 이상향은 자유와 평등, 복지개념에 입각한 근대국가의 이념에 부합하는 것이며 이러한 이상을 이루기 위해 스스로 행동하는 新人間을 전제로 한다. 그러므로 동학의 공동체는 의식변화와 사회변화가 병진하는 세계이다. 결론적으로 동학에서 추출할 수 있는 공동체의 모습은 사람이 중심이 되어 타인을 자신과 꼭 같이 존중하는 평등과 복지이념으로 화합된 사회이다. 동학의 공동체 윤리는 민족문화의 동질성, 민족 성원으로서의 일체감, 역사의 공유 등을 이루어 내어 한국사회의 여러 가지 갈등을 해소하는 통합원리가 될 수 있다. 공동체 윤리의 틀 내에서 계층간·지역간·

세대간 갈등이 용해됨으로써 국민통합과 국민적 합의가 이루어질 수 있다.

21세기의 세계는 어디로 가야 하는가? 투쟁보다는 평화와 화해, 억압보다는 해방의 공존공영의 공동체를 지향해야 할 것이다. 동양의 대표적 사유틀이라 할 수 있는 유가는 그 발전과정에서 이분법적 사고로 음/양의 세계를 공고히 하고 음에 대한 양의 지배를 정당화하였다. 오랜 세월에 걸친 이 정당화와 합리화는 자연과 여성에 대한 억압·지배·착취로 귀결되었다. 서양의 근대 철학 또한 신/인간, 정신/육체, 남/녀, 하늘/땅, 인간/자연의 대립을 초래하였다. 그러나 한국의 건국이념인 홍익인간 이념에는 투쟁하는 신이 아닌 조화·화해·용서의 신이 전제되어야 하며 이러한 신의 모습은 동학의 '한울님' 속에 다 내포되어 있다. 자신의 의지를 지닌 전지전능한 조화와 섭리의 신이면서도 이 신은 인간, 만물, 그 무엇과도 조화와 화합을 이룬다. 따라서 이러한 한울님이 전제가 된 동학의 공동체 윤리는 신과 자연과 인간, 그리고 개인과 사회가 모든 이분법적 가치관을 극복하고 둘이 아닌 하나로서 진정으로 공존·공생할 수 있는 평화와 화해의 이상적 공동체를 함축하고 있으며, 동학은 이것을 21세기의 현대인에게 제시하고 있다.

이같이 신-인간-자연, 그리고 개인과 사회가 공존하는 세계, 투쟁과 갈등이 없는 세계가 바로 동학 공동체의 이상향이며 이 세계상이 바로 21세기 공동체윤리가 추구하는 이상향인 것이다.

제3부

한국의 종교문화와 통일이념

제1장

동학과 생태철학적 통일이념

제1절 머리말

　분단의 시간대가 어느덧 반세기를 넘어섰다. 이제는 남북사이의 이질화까지 심화되어 이대로 가다가는 자칫 두 개의 독립된 공동체로 굳어질 위험성마저 있다. 오늘날 남북한은 의식 속에서는 하나의 사회로서, 하나의 민족으로서 인식되고 있지만 현실에서는 두 개의 국가사회로 엄연히 존재한다. 우리가 추구하는 통일은 민족 구성원 모두의 자유와 복지, 인간 존엄성이 보장되고 인류공영에 기여하는 민족공동체를 이루는 것이다. 이러한 통일 목표는 영토나 체제의 단순한 재통합, 혹은 분단 이전의 상태로 되돌아가자는 뜻이 될 수 없다. 이러한 소극적 의미의 재통일이 아니라 적극적으로 새로운 통일의 미래상을 창조해야 한다.

　엄밀한 의미에서 통일은 통일철학을 반드시 요구한다. 통일이란 단지 둘이 합하여지는 것이 아니라 이 둘의 모든 요소가 지향하는 새로운 비전으로서 미래적 가치를 지니고 있어야 한다. 통일에 있어 중요하게 다루어져야 할 것은 통일 이후 남북한간의 적응과정에서 일어날 수 있는 마찰과 갈등을 극소화하는 것이다. 사회적 측면에서 볼 때 통일은 '국민의 통합'을 뜻하며 문화적 측면에서는 문화적 이질성을 극복하고 '동질성을 회복하는 것'이다.

최근 우리사회에서 일고 있는 통일논의는 모두 체제와 이념논쟁의 맥락에서 이루어지고 있는 것이 사실이다. 반세기가 넘는 분단상황을 남북한 모두 좌우의 이데올로기와 체제의 대결로 분석해왔고 동서냉전의 산물이기도 한 우리의 분단은 냉전이 종식되고 남북관계도 새로운 국면으로 접어들고 있음에도 불구하고 여전히 체제논의와 이념논의를 통하여 '구체적인 방안'과 '현실적인 논의'의 차원으로 환원되어 버려 통일의 이상과 당위성이 자칫 상실되어버릴 위험에 처해있다. 궁극적으로 통일은 사회적 결속의 문제이므로 어떤 식으로 사회적 결속을 이루어 낼 것이냐의 문제가 된다. 그것은 단순히 남북한이라는 政體 통합의 의미를 넘어서는 인간의 문제이며 인간 제요소의 새로운 통합을 통한 새로운 인간상의 제시를 의미하는 것이 될 것이다.

뿐만 아니라 한국의 통일은 분명 세계사적 사건이 될 것이다. 한국의 문제는 한국인에게 제한된 문제가 아니라 인류의 역사가 체험한 모든 가능성을 포함하고 있는 역사이며 특히 한국의 통일이라는 문제는 인류사가 최근 두 세기 동안에 겪은 모든 역사의 다양한 제요소를 압축하여 가지고 있다. 따라서 한국의 통일이 그러한 제요소의 모순적 대결을 융화시키는 의미를 내포하고 있다고 할 때 한국의 통일은 단지 우리민족 만의 일이 아니라 인류에게 새로운 희망과 가능성까지 제시할 수 있는 사건이 되어야 한다.[1]

최근 인류가 당면한 핵심적인 문제들을 정리해 본다면 하나는 환경파괴의 결과에서 비롯하는 현상들이며 다른 하나는 더불어 사는 사회의 질서를 파괴하는 일이다. 즉 자연환경의 파괴와 공동체의 파괴라고 할 수 있다. 하나는 생존과 관련된 문제로서 생태환경의 차원에서 과연 우리가 지속 가능한 사회를 만들고 지킬 수 있느냐는 것이며 또 하나는 공동체 질서 파괴의 문제로서 개인의 자아실현을 위해 공동체적 틀을 유지해 나갈 수 있겠느냐 하는 것이다. 결국 21세기에 직면한 인류의 문제의 초점은 환경적으로나 문화사회적으로 붕괴되지 않고 계속 버틸 수 있는 그런 사회를 만들어 낼 수 있겠느냐 하는 것이다.

21세기의 인류는 문화를 창조적으로 주도해갈 수 있는 주체적 인간에 의한 열린 사고와 패러다임을 절실히 요구하고 있으며 이 요구에 부응하기 위해서는 인간과 인간, 인간과 자연이 공존·공생할 수 있는 생명의 윤리, 공동체의 가치관 확립이 시급하기 때문이다. 이러한 점에서 필자는 우리의 통일논의를 최근 대두되고 있는 생태학적 패러다임에 근거하여 접근하고자 한다.

본 논문은 두 가지 시각에서 쓰여졌다. 하나는 문화적 동질성의 회복을 통한 진정한 민족의 통일을 추구하기 위한 시각에서 동학사상에서 그 원형을 찾아보고자 한 것이다. 또 하나는 동학사상을 생태철학적 관점에서 조망한 것이다. 그러나 이러한 두 가지 접근은 결국 한 가지 목표로 귀결되는데 그것은 생태철학적 접근을 통하여 동학사상에 내재되어 있는 민족통일의 이상향을 추구하고자 하는 것이다.

일반적으로 동학에 관한 연구는 1980년대에 역사학계 보다는 종

---

1) 김용옥, 1998, 「통일론대강」『삼국통일과 한국통일』下, 통나무, 54~55쪽.

교와 철학 분야에서 주로 이루어졌는데 이들의 문제의식은 두 가지로 대별된다. 하나는 신앙차원에서 포교를 위한 교리의 이해를 돕는 것이고 다음은 사회사상적 관점에서 동학사상의 본질과 성격을 규명하는 것이었다.[2] 한편, 동학사상을 통일과 관련지은 논문으로는 노태구의 「동학과 통일국가 모델-민족주의의 입장에서」(2000, 『동학학보』 창간호, 동학학회)가 있다. 이 연구는 동학에서 통일 한국의 모델을 추출한 것으로서 至氣一元論으로부터 통일국가의 새로운 정치모델을 추출하고 나아가 통일국가의 모델로서 자주사관·국가철학·정치체제·어문정책 등 구체적인 체제를 제시하고 있다. 그러나 이 논문의 접근법은 '구체적인 논의'와 '현실적인 방안'에 초점이 맞추어져 있다. 본인의 연구는 이와는 다른 접근으로서 동학사상에 배태된 통일이념 내지는 통일철학, 나아가 통일한국의 미래상을 제시하고자 한다.

---

2) 황선희, 2001, 「동학·천도교 사상의 연구동향」 『동학의 현대적 이해』, 한국동학학회, 203~209쪽. 철학계의 연구는 인본주의 측면에서 동학사상 전반을 취급하였다. 사학계에서는 동학사상 연구를 1960년대부터 시도하였다. 동학사상의 본질을 유·불·선과 서학·민간신앙에서 찾은 것으로 동학을 민족종교로 정의하였다. 최제우의 역사의식, 신관에 관한 연구와 최시형에 대하여는 신관과 근대적 인간관에 초점이 맞추어 졌다. 1980년대의 동학사상 연구가 다양한 관점에서 실험적 연구로 활성화되었지만 최제우와 최시형의 연구를 체계적으로 규명하는 데는 한계가 있었다. 동학사상을 민족운동과 연계하여 단계적으로 연구하는 분위기가 본격화되기 시작하는 것은 1990년대이다. 1990년대의 동학사상 연구에 있어 특징 두 가지를 든다면 역사철학적 시각에서 사회과학적 방법으로 연구하는 새로운 전기를 맞았다는 것과 공동연구가 활발해 졌다는 것이다. 최제우·최시형 시기의 동학사상이 철학적 관점에서 검토되고 최제우의 역사의식과 최시형의 인본주의적 사회사상이 심도있게 분석·규명되었다.

제2절 동학사상의 생태철학적 의의와 통일담론적 위상

1. 동학사상의 생태철학적 의의

전세계적인 환경오염의 심각성으로 생태계가 파괴되는 현실 앞에서 환경보호와 생태계 보존을 위한 담론들이 생겨나 자연을 하나의 유기적 생명체로 보아야 한다는 각성이 높아지고 있다. 인간성과 지구환경 파괴에 대한 우려의 첫 목소리는 1972년의 로마클럽의 제1보고서인 『성장의 한계 The Limits to Growth (국내명: 인류의 위기)』와 1993년의 『첫 번째의 지구혁명』이라는 포괄적인 보고서였다. 환경 문제에 관한 전지구적 노력은 로마클럽 보고서가 나올 때와 거의 같은 시기인 1972년 스톡홀름에서 개최된 UN 세계인간환경회의이다. 이 회의의 텍스트로 작성된 르네 듀보(Rene Dubos)와 바바라 워드(Barlbara Ward)의 공저 『오직 하나뿐인 지구 Only One Earth』에서는 화석연료의 연소로 방출된 탄산가스가 대기권 상층부에 머물면서 일종의 온실효과를 연출함으로써 지구의 평균온도를 증가시키고 있다는 위기의식이 반영되어 있다.[3]

---

3) 이후 1973년에 「유엔환경계획」이 수립되고 1987년에는 UN총회가 '생태계의 상호작용이 국제안보의 불가분의 일부'라는 결의까지 하여 자연환경문제는 일부 환경보호단체 차원을 넘어 국제문제로 부상하게 되었다. 이와 같은 국제적인 노력에도 불구하고 많은 생물이 멸종할 만큼 오염되거나 파괴되어가고 있는 가운데 지난 1992년에는 6월3일부터 14일까지 브라질 리우데자네이로에서 금세기 최대규모인 185여개국의

이러한 문제의식을 가지고 1990년에 열린 청소년 정상회담을 기점으로 하여 UN은 8차례에 걸친 정상회담을 개최하여 환경문제, 인권문제, 여성문제 등 광범위한 영역에 걸쳐 새로운 패러다임의 필요성을 확인하고 그 대안을 모색하였다. 또한 수많은 국제기관과 위원회들이 새로운 가치체계의 제시와 정립을 위해 시안들을 제시하였다. 1993년 세계종교회의(The Parliament of the World Religions)는 "보편윤리를 향한 선언문"(Declaration towards Global Ethics)을 채택하였고 1995년에는 지구관리위원회(The Commission on Global Governance)와 문화와 발전 세계위원회(The World Commission on Culture & Development)가 지구윤리(Global Ethics)의 필요성을 주장하였으며 1997년에는 30여개국 전직 정부수반으로 구성된 국제행동위원회(InterAction Council)에서 "인간의무에 관한 보편선언"(Universal Declaration of Human Responsibilities)를 공표하고 UN과 UNSCO에 그의 채택을 요구하였다.

이러한 일련의 노력과 제안에 깔려있는 공통된 인식과 같이 지금은 인간을 위한 윤리가 아닌 자연을 위한 윤리가 필요한 시기이다. 환경의 파괴는 인간에게 피할 수 없는 숙명이 되었으며 이제 우리의 사고방식과 행동양식을 수정하지 않고서는 이 문제를 해결할 수 없다. 생태계 위기시대에 대답하는 철학의 과제는 생태철학(Ökophilosophie) 이라는 유망한 철학의 한 분과를 필요로 하게 되었다. 이 생태철학은 생태계 위기를 이론적으로 탐구하고 실천적으로 해소하려는 다른 개별과학에도 도움을 준다. 생태철학은 이성철학의 '구조변경(Paradigmawechsel)' 위에서만 가능하고 이 구조변

정상들이 참석한 가운데 유엔환경개발회의(UNCED)가 개최되었고, 건전하며 무리없는 개발을 기치로 내걸어 지구를 살리자(Save the Earth)는 자연보존과 환경보전을 위한 국제협약과 실천과제를 조인·협의한 바 있다.

경은 '이성 아닌 다른 무엇'으로 인간과 인간을 구성하는 자연을 설명할 수 있을 때 가능하다. 그러므로 생태철학은 지금까지의 모든 철학, 특히 '자연철학'에 정면으로 대립한다. 자연철학은 '의식'과 '의식의 주체'의 이분법적 구조 속에서 관찰자 이외의 모든 '대상'에 대한 지식을 추구한다. 생태철학은 이와 반대로 '의식적 존재(Bewußts sein)'가 주체가 되는 것이 아니라 '자연존재(Natursein)'가 주체이면서 '자연의 자연성(Natürlichkeit der Natur)'을 문제삼는다.[4]

생태철학(ecological philosophy, ecophilosophy)은 1970년대 초반 미국에서 환경철학의 일부로서 등장하였다. 환경철학은 크게 세 부류로 나눌 수 있는데 첫째 부류는 인간중심적 개량주의(anthropocentric reformism)로서 환경 문제의 원인을 사람들의 무지와 근시안적 계산에서 찾는다. 이 입장은 사람들이 비용과 효용계산을 장기적인 관점에서 사려깊게 숙고한다면 지금과 같은 무분별한 자원사용이나 오염행위를 하지 않을 것이라고 기대한다. 생태학적 연구가 중요하기는 하지만 그로 인해 윤리학의 근본적인 혁신이 필요한 것은 아니며 단지 우리의 도덕적 의무와 권리에 대한 보다 신중하고 합리적인 인간중심적 윤리학(anthropocentrism)의 입장이다. 이러한 입장에 따르면 생태학이 도덕이나 윤리에 깊은 관심을 갖는 것은 그것이 인간의 행위가 갖는, 예측하기 어려우나 지극히 중요하고 미묘한 그리고 널리 미치는 결과들을 보여주고 있기 때문이라는 것이다. 예를 들면 특정 종의 멸종, 자원의 고갈, 각종의 오염, 급속한 인구의 증가 등 기술과 과학의 이용에서 오는 위험하고 해로운 현상들이 그것들이다. 그러나 이러한 현상들은 인간에 의해서만 통제되고 예방될 수 있으며 인간만이 그에 대한 책임을 질 수 있는 현상

---

4) 구승회, 1995, 『에코필로소피』, 새길, 18~24쪽 참조.

들이라고 주장한다. 대부분의 그리스도교적 윤리신학자와 철학자
들이 이런 맥락을 가지며 그래서(E. Gräßer)와 패트리지(Partridge),
브라움바흐(R.Braumbach), 싱어(P. Singer), 시코라(R.I. Sikora) 등을 꼽
을 수 있다.

　두 번째 부류는 환경윤리학(environmental ethics)의 여러 유형들이
다. 환경윤리학은 기존의 인간에게만 한정되었던 윤리적 고려를
개별 동식물, 종 등 자연으로 확장해서 환경문제에 대응하고자 하
는 입장이다. 즉 생태학적인 방향정위와 생태학적인 인식을 가지
고 종래의 도덕공동체의 범위를 보다 확대한 규범윤리, 이를테면
동물중심적이거나 생명중심적인 윤리(biocentrism)의 입장이다. 이
입장이 인간 중심적 개량주의와 다른 점은 인간만이 아니라 자연
의 일부를 직접적인 윤리적 고려의 대상으로 삼는다는 것이다. 그
러니까 환경윤리학 입장에서 동물에게 불필요한 고통을 주거나 식
물을 함부로 훼손해서는 안되는 것은 그것들로부터 어떤 이익을
향유할 다른 사람에 대한 배려 때문이 아니다. 환경윤리학은 동물
과 식물의 고통이 인간의 고통과 마찬가지로 회피되어야 하거나
혹은 그들의 생존권리도 인간의 권리와 함께 존중되어야 한다고
주장한다. 따라서 환경윤리학 대상의 최대범위는 대개 의식적이거
나 최대한 지향성을 가진 존재자들이며 생태계 전체나 혹은 무기
물을 포함한 자연 전체까지 윤리적 고려의 대상이 되기는 어렵다.
알트너(Altner)의 생명중심적 자연관이나 얀치(E. Jantsch)의 자연의
자기구성화론, 크라머(F. Cramer)의 창조 가능성으로서의 발전론,
로렌츠(K. Lorenz)의 자연총체설 등이 이에 속한다.

　환경윤리학의 세 번째 부류는 환경문제의 근본원인이 보다 더
근원적인 데 있다고 여기며 기존의 윤리학은 환경문제에 대한 해
결방안이라기 보다는 오히려 문제를 일으킨 원인들과 더 가까이

위치해 있다고 비판한다. 생태학이나 유기적 자연관은 새로운 윤리, 즉, 인간중심적인 윤리가 아닌 자연중심적인 윤리(ecocentrism)을 중심으로 해야한다는 입장이다. 이는 자연 속에 내재하는 본질적 가치를 지적하며 인간만이 아니라 자연 현상 역시 존중받아야 마땅하며 인간은 자신 뿐 아니라 자연환경에 대해서도 도덕적 의무를 갖는다고 주장한다. 레오폴드(Aldo Leopold)는 우리 인간이 자연의 모든 구성요소들을 포함시킴으로써 도덕공동체의 성원자격을 확장하는 보존의 윤리, 즉 대지의 윤리(land ethics)가 필요하다고 한다. 오늘날 생태철학이라고 하면 이 세 번째 부류의 급진적 환경철학을 지칭한다.[5]

한편 1975년『사회생물학』을 발표해 20세기 생물학의 한 분야를 개척한 하버드 대학의 석좌교수인 에드워드 윌슨은 이러한 자연 생태계의 위협에 직면하여, 만약 우리가 생물 다양성의 훼손을 방치한다면 이 생태계의 파손이 우리 인류의 미래에 보다 심각한 영향을 미칠 수 있다고 한다. 오랜 진화의 과정을 거치는 동안 우리 인간은 물질적 · 정신적으로 자연과 아주 깊은 연관을 맺게 되었기 때문에 건강한 자연과 함께 할 때에만 비로소 참된 인간성의 구현이 가능하다는 것이다.[6]

이러한 반성에서 볼 수 있듯이 이제까지 서구에서의 자연과 인간, 聖과 俗, 남성과 여성의 이분법적 시각은 왜곡된 관계들을 양산해 내었고 자연의 피폐와 여성의 억압된 삶을 초래하였다. 물론,

---

5) 구승회, 위의 책, 59~68쪽.
6) 에드워드 윌슨, 이한음 옮김, 2001,『인간 본성에 대하여』, 사이언스 북스, 83~86쪽. 윌슨은 이러한 자신의 자연친화사상을 '바이오필리아(bio-philia)' 가설로 정리하였다. 바이오필리아란 우리 인간의 마음 속에는 자연계 모든 생물에 대한 애착심(惻隱之心)이 내재되어 있다는 사고이다.

동양의 경우는 서구와 같이 자연을 착취의 대상 및 도구로 인식하지는 않았지만 송대 주자학의 합리적 체계화로 인하여 절대원리인 理・太極의 우위성이 존재론화되면서 氣・物質・女性은 종속적인 것으로 전락하였다.

동학의 '人乃天' 사상은 자연과 인간을 통일체로 봄으로써 신과 인간과 자연을 아울러 함께 성스럽게 여겼다. 이는 자연을 단순한 물질로 보는 이러한 문화와 자연의 이분법적 사고에 대해 위기감을 가진 것이라고도 볼 수 있겠다.

동학의 사상은 정통적인 이분법을 극복하고 생태철학적인 시각에서 자연과 인간의 진정한 화해와 통합을 추구하고자 하였다. 그리고 이러한 동학의 평등성과 인본주의 사상은 '人乃天'의 동학의 신관에서 비롯된 것으로 보인다. 특히 2세 교주인 해월 최시형에 있어 신관의 汎在神論的 내재화는 '物物天事事天'의 만물평등론으로까지 발전되는 독창성을 갖는다. 해월의 만물평등론의 입장에서 볼 때 성별과 신분의 차별은 결코 용납될 수 없는 것이며 자연도 결코 정복되어야 할 대상이 아니다. 그에게 있어 자연은 곧 天이다. 이러한 동학사상의 자유로움과 초월성은 최근 논의되는 생태철학의 논의와 상통하는 면이 있다. 동학사상은 이미 100여년 전에 서구의 이분법이 초래할 균열의 세계를 예견하고 인간과 자연, 생태계의 진정한 자유와 해방을 꿈꾸었던 것이다.

2. 동학사상의 민족적 고유성

우리 민족은 오랫동안 민족사를 공유하는 과정에서 형성된 민족의 동질성을 바탕으로 한 공동체로서의 민족공동체를 형성하여 왔

다. 그러나 국제정세에 민감하게 대응하지 못하여 근대화된 서구
문물을 빨리 수용하지 못하고 일제의 식민지로 전락되었으며 해방
후에는 민족의 의사에 반하여 국제정치의 희생물이 되어 분단을
강요당해 왔다. 그 동안 남북한간에는 이데올로기의 대립을 바탕
으로 이질적인 체제가 정착되면서 민족적 이질화가 심화되었다.
통일에 있어 동질성의 회복은 우리의 전통문화 및 민족종교와의
연계에서 가능할 수 있다. 한국사상의 특징으로 부각되는 天·
地·人의 합일성, 전체와 개체를 조화시키는 원융회통사상과 중도
사상, 이기이원론적 일원론, 相生의 대동사상등이 그것이다.

  한국사상은 건국이념인 '홍익인간'에서 그 원형을 찾는다. '弘益
人間' 의 건국이념은 인본주의－인간존중－복지－민주주의－사
랑－관용－봉사－공동체정신－인류애 같은 인류사가 추구해 온
보편적 이념을 함축하고 있다. 이 '홍익인간' 이념은 본질적으로
친화사상이며 인간존중사상으로서 인간은 신같이 존귀하고 모든
인간은 하늘(天)앞에서 한결같다는 인본적 평등사상으로 표현되기
도 한다. 단군신화에 등장하는 神 桓雄은 '貪求人世' 하며, 동물인
곰과 호랑이 또한 '願化爲人' 한다. 시조 단군은 神과, 인간이 된
동물과의 결합에 의해 태어난다. 이는 天·地·人 三才 중 인간이
가장 중심이 된다는 것을 의미하며 단군신화의 '弘益人間' 이념은
환웅의 이념 이라기 보다는 오히려 사회와 국가에서 마땅히 구현
되어야 한다고 보았던 우리 상고인의 바람과 요구의 표현이라고
볼 수 있다.

  이러한 건국이념은 신라의 風流道로 이어진다. 崔致遠은 우리나
라에 옛부터 玄妙한 고유의 道가 있음을 밝혔다. 즉, 그는 「鸞郎碑
序」[7]에서 유·불·도 3교가 들어오기 전부터 있어 온 한국 고유

---

  7)『三國史記』권4, 신라본기4 진흥왕37년. "國有玄妙之道曰 風流, 設敎

의 사상이 있음을 밝혔다. 風流道는 천부적으로 儒·佛·道 三敎
一體의 사상을 이미 자체 내에 지닌 합리적 사상이었다. 즉 풍류도
는 외래의 유·불·도적 요소를 지니고 있는 것이 아니라 근본적
으로 이들 3대 사상의 妙合과 같은 고유사상이었음을 알 수 있다.
이 풍류도는 玄妙之道, 花郎道의 다른 이름이며 實乃包含三敎한,
후천적 외래사상이 아닌 선천적 고유사상이다. 이러한 인간존중전
통은 유·불·도 삼교가 들어오기 이전부터 있어 온 한국 고유의
사상이다. 최치원은 「鸞郎碑序」에서 이러한 우리 고유의 사상을
'玄妙之道'라 하였는데 이 현묘지도로 인하여 유·불·도 삼교의
외래 사상들이 승화되었다.

나아가 이 '현묘지도'는 구한말 수운 최제우의 東學으로 계승되
었다. 동학은 1860년 수운의 깨달음에 의해 창도되었는데 단순한
종교신앙을 넘어서 불안한 민중들의 待望意志를 실천하려는 사상
적 지주가 되고 斥洋斥倭, 除暴救民, 廣濟蒼生의 사회변혁을 추진
하는 강력한 이데올로기로 작용하였다.8) 水雲은 37세때 득도한 후
자연의 이치를 터득하고 강령과 주문을 만들어 布德의 당위성을
드러내고 '龍潭歌' '安心歌'를 짓고 이어서 '포덕문' '논학문' '교
훈가' '몽중노소문답가' '도수사'등을 펴내었다.

이는 당시의 내외적 위기의식의 산물이었다. 輔國安民, 廣濟蒼
生, 布德天下의 동학의 이념은 내적으로는 학정에 시달리는 농민
대중을 구하자는 것이요, 외적으로는 날로 심화되는 제국주의 열
강을 물리치고, 궁극적으로는 포덕천하에 의한 지상천국을 건설하

之源, 備詳仙史, 實乃包含三敎, 接化群生, 且如, 入則孝於家, 出卽忠於
國. 魯司寇之旨也, 處無爲之事, 行不言之敎, 周柱史之宗也, 諸惡莫作,
諸善奉行, 竺乾太子之化也"
8) 柳炳德, 1989,「韓國近世宗敎의 民衆思想 硏究」『韓國宗敎』14, 圓光
大宗敎問題硏究所, 36.

자는 것이었다. 동학은 侍天主사상, 人乃天에 입각한 만민평등사상, 天運循環說에 입각한 後天開闢사상을 그 골자로 한다. 이러한 사상은 이미 단군신화의 古神道 사상과 신라의 風流道, 玄妙之道에 내재해왔던 우리 고유의 사상인데 이것이 서세동점의 위기상황에서의 구제사상으로 표출된 것이 바로 人乃天의 동학이다.

우리 고유 사상으로서의 동학은 단지 민족 정체성 확립이라는 통일에 대비한 이념으로 뿐 아니라 나아가 통일 한국의 위상을 높이고 세계시민을 아우를 수 있는 개방성과 포용성 또한 가지고 있다. 이 개방성과 포용성은 이미 풍류사상에 내재해 있는 것이었다.9)

水雲은 동학사상이 유·불·도 합일의 전체임을 밝히고 있는데, 그 제자 海月 최시형에게 "吾道는 원래 儒도 아니며 佛도 아니고 仙도 아니니라. 그러나 吾道는 儒佛仙 합일이니라. 天道는 儒佛仙이 아니로되 儒佛仙은 天道의 일부분이니라 儒의 倫理와 佛의 覺性과 仙의 養氣는 人性의 자연한 稟賦이며 天道의 고유한 부분이니 吾道는 그 無極大源을 잡은 자니라, 후에 道를 전하는 자는 이를 오해하지 말도록 지도하라"10)고 하였다.

이와 같은 사실을 놓고 볼 때, 동학경전에는 天靈·天主·하날님(한울님)·天命·天理·天道·天德·天性·天地人三才·陰陽五行과 같은 天道에 관한 용어와 사상이 나오고 神仙·仙風道骨·仙藥·不死藥·不老不死·無爲而化·地上仙境과 같은 도교적 용어와 사상, 그리고 上帝·三綱五倫·聖人君子·忠孝烈

---

9) 「난랑비서」를 쓴 고운 최치원은 수운 최제우의 25세 시조로서 최치원 선생이 그 號를 孤雲, 또는 海雲이라 하고 최제우 선생의 호를 水雲, 최시형 선생의 호를 海月이라 하는 것을 보아도 동학사상과 풍류도와의 연관성을 볼 수 있다.

10) 李敦化編,『天道敎創建史』1편 9장, 道統傳受, 47쪽.

士·孝子孝婦라는 유교적인 용어와 사상이 나옴을 볼 수 있다.[11] 그런데 동학의 경전을 보면 오히려, 이 세상은 堯舜의 정치로도 족히 건지지 못할 것이요, 孔孟의 도덕으로도 또한 다스리지 못하리라 하는가 하면 儒道·佛道 누 천년에 運이 또한 다하였도다[12]고 하여 전통적 유·불·도 사상에 대하여 혹평하고 있다. 수운의 이러한 평가에 기초할 때 동학의 유·불·도 사상은 동양의 전통적 외래사상이 아니라 우리 민족의 고유사상임을 알 수 있다.

이같이 '홍익인간'이념으로부터 연원한 동학의 인간중심사상은 우리 민족 정통성에 뿌리를 두고 있으므로 민족 동질성 회복의 기초가 될 것이며, 나아가 우리의 고유사상이기는 하나 단지 우리민족 만의 사상이 아니라 인류공영의 사상으로서 민주주의의 기본정신과 부합하는 이념이다.

3. 동학사상의 통일담론적 위상

분단은 우리의 강토를 양단으로 갈라놓았을 뿐만 아니라 민족의 이념과 사상도 분열시켰다. 일제시대를 거치면서 점령당해 왔던 우리 국토와 민족은 해방의 기쁨을 다 맛보기도 전에 국제정치의 희생물로서의 분단을 감내해야 했다. 그러므로 진정한 통일은 국토의 분단만을 해소하는 것이 아니라 민족의 갈라진 사상과 이념을 하나로 회복하는 것이다.

민족분단의 원인을 찾기 위해 우리는 일제치하에서 전개됐던 독

---

11) 안창범, 2000,「神仙道와 東學의 起源」『동학학보』 창간호, 동학학회, 214쪽.
12) 李敦化, 위의 책, 1편, 3쪽.

립운동에도 관심을 가져야 한다. 왜냐하면 민족분단의 싹이 이 독립운동의 전개과정에서 나타났기 때문이다. 1910년 8월 일제에게 합병을 강요당했던 우리 민족은 1919년 3월 1일 독립만세운동을 계기로 1920년대 이후 치열한 항일투쟁을 벌였다. 그러나 불행히도 우리 민족의 독립투쟁은 지역적으로 미국과 소련 및 중국, 그리고 국내로 나뉘었다. 그러나 이 지역적 분산보다 더 심각했던 것이 이념적 대결이었다. 여러 갈래의 이념노선이 극단적 대결을 보임으로써 독립운동의 통합성을 유지하기 어려운 경우가 많았다. 물론 광복 이후 세워질 새 조국의 미래상에 대해서도 의견을 달리 했는데 자유민주국가를 세워야 한다는 세력과 공산주의 국가를 세워야 한다는 세력으로 갈라졌다. 이러한 상황 속에서 그래도 대한민국 임시정부가 그 명맥을 유지하면서 민족해방투쟁의 구심점으로 작용하였다. 특히 1940년 이후에는 이념노선을 달리하는 여러 정치세력들 사이의 통일전선을 구축하여 일제에 대해 선전포고했던 것은 독립운동사상 빛나는 업적이었다. 그러나 우리 민족의 독립운동은 하나의 통합적 구심점을 찾지 못하였다.

이러한 맥락에서 이념적 대립이 첨예화된 사례들을 독립운동사에서 발견하게 되는데 그 중 대표적인 것이 1927년 창립되었던 신간회가 4년만에 해체된 것이다. '신간회'의 창립은 결코 우연한 것이 아니고 1920년대 한국 민족운동에 있어서 필연적인 것이었다. 이러한 신간회 운동이 일제의 탄압과 고등정략에 의해서 그리고 일부 극좌주의자들에 의해 발전·정착되지 못하고 해체되었다. 우리는 이러한 신간회의 좌절에서 민족의 이념적 분단의 단초를 볼 수 있으며 또한 갈라진 민족을 다시 하나로 만들 수 있는 실마리를 찾게 된다. 그것은 바로 통일에 대한 '민족적' 합의의 도출이며 이는 결코 이념과 이데올로기로는 불가능하다는 것이 '신간회'를 통하여 본 역사의 교훈이다. 우리는 이 합의점을 이데올로기적 색채를 벗어난 순수한 민족정서에서 추구해야 한다.

이러한 점에서 볼 때에 동학은 왜곡된 민족근성을 바로잡기 위하여 민족개벽을 주창한 데서 민족주의적 성격을 추출할 수 있다. 동학은 서학, 즉 서양세력에 대항하기 위해 나온 한국의 민족종교이다. 통일의 대전제는 무엇보다도 남북한이 한 핏줄을 공유한다는 민족주의 이념에서 출발해야한다. 민족주의는 정신적·문화적·역사적·전통적으로 전제되어오는 민족의 독자적 특성과 긍지를 정치적 이념에 반영시켜서 이를 영구히 유지시키려는 민족의 이념이라고 하겠다.

이와 관련하여 우리의 주목을 끄는 것은 북한에서 단군에 대한 관점이 바뀌어 가는 부분이다.[13] 북한은 평양지역에 5011년 전 생존했다는 유구 발굴을 통하여 단군이 실존인물이었음이 판명되었다는 내용의 발표를 하고, 덧붙여서 단군릉 발굴로 인하여 단군이 우리 민족의 '원시조'로서 실존했다는 사실과 우리 민족의 반만년 역사의 유구성과 선진성이 확증되었다고 말하였다. 그들은 이 사

---

13) 민족시조인 단군을 평가함에 있어 북한은 『조선철학사연구』(1961)와 『조선철학사개요』(1986)에서 단군신화를 포함하여 율곡, 원효, 의상을 모두 주관적 혹은 객관적 관념론으로 분류 배격하였다. 이는 북한 정권 수립 이후 단군을 국조 자리에서 배척한 것과 맥을 같이하는 것이다. 북한의 지금까지의 공식적 단군관은 단군신화나 '단군의 자손 의식'은 지배계급의 허위의식이라는 것이었다. 이러한 관점이 1990년대 초까지 존속해오다가 1993년 10월 사회과학원 명의의 『단군릉발굴보고』(1993)를 통하여 입장의 반전이 온다. 이 시기는 김정일이 노동당 총서기, 당 군사중앙위 부위원장으로서 당과 군부를 실질상 전면 장악하는 시기로서 사실상의 정권교체가 이루어진 시기였음이 주목된다. 항일투사와 공산주의 혁명가로 정통성을 내세웠던 김일성과는 달리 별다른 정통성을 내세울 수 없었던 김정일이 자구적 차원에서 단군 시조를 내세워 민족적 정통성을 보장받으려 했던 의도가 엿보인다.

실이 인민들에게 민족적 긍지와 자부심을 안겨주었고 남북과 해외
에 있는 조선동포들이 다같이 단군을 공동조상으로 하는 단일민족
이라는 사실을 확인시켜서 민족적 대 단결과 조국의 자주적 통일
을 앞당기게 되었다고 주장하고 나선 것이다.[14]

시조 단군에 대한 평가 뿐 아니라 민족종교인 동학에 관한 김일
성의 견해도 주목할 만 하다. 김일성은 회고록에서 신과 인간이 하
나일 수 없으므로 동학의 '人乃天' 사상이 이론적으로는 불합리하
다고 보았다. 또한 至氣說도 범신론의 일종이라 하여 비판하였는
데 인간이 영혼을 가졌다고 인정하는 것은 숙명론이 빠질 위험을
지닌 것이라고 본 것이다. 따라서 인간이 모든 것의 주인이 될 수
는 없다는 것이다. 한편 '비폭력적인 방법에 의한 神仙化'로 이상
사회를 건설한다는 동학의 이상 또한 사회발전 법칙에 부합되는
과학적 목표가 아니다. 요언하면 김일성은 동학의 人乃天 사상을
唯物論이 아닌 唯心論으로 규정하고 있다.[15]

그러나 "민족 위에 신 없고 계급이나 당파적 이익이 없다"는 그
들의 원칙에 입각하여 볼 때 동학의 강한 민족주의 정신은 남북한
이 조우할 수 있는 토대를 마련해 준다고 하겠다. 정신개벽·민족
개벽·사회개벽의 후천개벽을 주장하는 동학의 개벽설은 지상천
국을 만들고자 하는 사회주의의 이상향과 통하는 점이 있다. 유학

---

14) 북한이 이같이 단군을 주장하고 나선 배경에 대해서는 공산화 몰락 이
   후 증폭된 체제위기와 관련하여 주민결속을 겨냥한 또 하나의 상징 조
   작으로 보는 견해와, 주체사상을 이론적으로 보완하기 위한 의도로 보
   는 입장, 민족사의 출발지인 평양을 부각시킴으로서 민족사적 정통성
   의 측면에서 북한이 가지는 위치를 강변하고 나아가 특정 종교 교파에
   의해 단군이 배척되는 추세에 있는 남한에 대하여 민족문화적 우위를
   확보하려는 의도로 보는 관점 등이 있다.
15) 김일성, 1994,『세기와 더불어』5권, 평양, 조선로동당출판사, 388~390
   쪽 참조

과 같이 봉건사회제도와 봉건신분질서를 '하늘의 질서'라고 하지
않은 점, 그리고 당시 봉건적 특권층에 도전하고 봉건 유교사상에
위협을 가한 점은 애국애민성과 강한 저항정신을 지닌 것이라 하
여 긍정적으로 평가하고 있다. 더욱이 갑오농민전쟁이라고도 불리
는 동학혁명운동은 반제민족해방투쟁이며 농민운동이라 하여 극
찬하고 우리나라 역사발전 뿐 아니라 동양과 세계정치경제 발전에
영향을 주었다고 평가한다.[16)]

한편 김일성이 동학과 천도교에 대하여 본격적으로 관심을 가지
게 되고 민족종교인 천도교와 통일전선에 유의하게 된 것은 1936
년 박인진 도정을 만나게 되면서부터이다. 또한 김일성은 잡지『개
벽』을 통하여 천도교 사상에 접하였다. 김일성은『개벽』의 독자가
된 다음부터 이돈화에 대하여 관심을 가지게 되었으며 봉건을 반
대하고 침략을 반대하는 투쟁, 나라의 근대화를 실현하고 사회적
진보를 이룩하기 위한 투쟁에서 동학이 쌓은 공로를 충분히 인정
하였다. 또한 동학의 민족성과 애국애민성도 인정하였다.[17)]

북한에서도 인정하고 있는 바와 같이 동학은 단순한 종교사상으
로만 끝나지 않고 시대적 요구와 사회적 상황변화에 따라 다양한
형태로 활동범위를 확대하면서 적극성을 보여주었다.[18)] 서구 자본
주의 세력이 점차 동양으로 향하여 식민지 획득과 시장 개척을 꾀
하는 국제정세 하에서 淸國 이외의 다른 나라와 거의 접촉이 없던
조선은 청국을 왕래하는 사신을 통하여 서구세력이 강대함을 알게
되었고 1850년대부터 근대화과정에 들어선 일본세력이 조선을 위

---

16) 위의 책, 391쪽.
17) 위의 책, 379~386쪽 참조.
18) 동학의 정치·사회활동은 1892년 교조신원운동에서 시작하여 1894년
    의 갑오동학혁명, 1904년의 갑진혁신운동, 1919년의 3·1독립운동, 1920
    년대의 신문화운동과 1930년대의 민족통일전선운동 등을 들 수 있다.

협하게 됨으로써 백성들의 생활은 불안한 상태에 빠지게 되었다. 水雲은 서양 사람들은 武力으로 공격해 오는데 이를 물리적 수단으로는 이길 수 없으며 오직 東學으로서만이 물리칠 수 있다고 했다. 그러나 동학농민혁명은 철저한 반침략적 성격과 반봉건적 성격 때문에 외세와 지배권력의 탄압을 함께 받고 실패하였다.

이와 같이 동학이념이 반봉건·반식민·반인간의 사회모순을 타파하기 위해 싸워오다가 민족해방을 맞이한 1945년을 전후로 하여 북한은 계급해방을 위한 공산체제를 구축하게 되었고 남한은 반공해방을 위하여 근대화를 추구하였다. 이렇게 남북한은 냉전적 구조 속에서 적대적 감정이 극한적 대립투쟁으로 이어져 왔다. 이 과정에서 남북 모두 약간의 차이는 있으나 시민의 삶의 질과 관계되는 생존권문제는 다같이 미해결의 문제로 남아있다. 따라서 미결의 과제를 해결하기 위해서는 북은 하루 속히 계급해방의 굴레에서 벗어나야 하며 남은 허구적 중산층의 환상에서 깨어나 참다운 인간해방을 꾀하여 통일문화를 이루어야 할 것이다. '민족대단결'의 통일원칙은 민족공동체의 생존과 번영 및 생명의 존엄성에 바탕을 둔 것이므로 이는 바로 '사람을 한울님처럼 섬긴다'는 동학의 사상과 맥을 같이하는 것이기 때문이다.

요언하면 동학은 그 전개과정에 있어서 서구·청·일본에 대한 반감에서 비롯된 민족주의적인 성격이 두드러지게 나타나고 있다. 나아가 동학의 혁명은 한국사에서 근대적 개념의 최초의 민족운동으로서 그 후에 계속된 민족항쟁에 하나의 유형을 제시하였다. 동시에 동학의 민족주의적 성격은 통일이념으로서의 한국민족주의의 초석으로 놓일 수 있을 것이다. 나아가 동학의 민족주의는 외세의 침입에 대한 자체보호적 항쟁의 요소가 짙은 것으로, 외국을 병합하는 식의 적극적이고 공격적인 형태로서의 민족주의가 아니라 평

화사상의 일환으로서 표현된 것이다. 따라서 이러한 한국민족주의
의 평화사상은 세계적으로 민족주의가 다시 대두하는 이때에 민족
의 평화를 기초로 한 세계평화에의 추구라는 모델을 제시해 준다.

제3절 동학의 조화사상과 통일의 이념

1. 동학사상의 통일원리 :
자연·신·인간의 조화

인류의 전 역사를 통해 자연에 대한 논의는 끊임없는 주제가 되
어왔다. 이것은 세계를 파악하고자 하는 철학적 작업의 가장 근원
적인 물음과 관련되기 때문이다. 특히 근대 자연과학과 철학은 기
계론적이고 이원론적인 존재론의 길을 확고히 하였으며 이에 대한
철학의 비판 작업도 끊임없이 역사 속에서 이어졌는데 이러한 비
판의 핵심적인 주제는 一元論적이거나 유기체적인 세계관이었다.
서양 고대 철학의 토양이 온화한 지중해성 기후와 비옥한 토지에
서 비롯되었기 때문에 서양에서의 자연은 철학적 인식의 대상이었
다. 따라서 남성적 의식과 비인격적 자연 사이에 근본적인 이원론
을 보여주는 것은 그리스 철학이었다.19) 특히 주목할 것은 철학의

---

19) 철학적 세계관은 B.C. 6세기경에 당시 그리스의 식민지였던 소아시아
   의 이오니아 반도에 있는 항구도시 밀레토스로부터 시작되었다. 그들
   은 '만물의 근원이 무엇인가?'라는 문제를 제기한 후 운동하는 물질적
   존재에서 그 해답을 찾았다. 이 소박한 해답은 만물의 근원이 神이라는
   전통적 종교적 세계관으로부터의 탈출이었으며 그들이 주장한 내용은

선조라 알려진 소크라테스나 플라톤의 이분적 논리이다.[20] 육체는
자연물이므로 사람이 죽게 되면 썩어 없어지지만 정신은 육체를
벗어나 어디엔가에 영원히 소멸되지 않고 존재한다는 정신과 육체
를 분리하여 사고하는 방식이다.

서구의 이러한 인간과 자연 인식은 그들이 신을 대상화했던 것
과 마찬가지로 자연을 대상화하고 도구화하여 현대 문명의 환경파
괴와 생태위기에까지 도달하게 되었다. 근대적 세계관의 기반을
이루어 온 자연관에서는 자연은 인간을 위한 이용대상으로서 그
자체는 생명없는 거친 질료이다. 결국 인간은 자연정복의 권리를
부여받게 되는데 이러한 이원론이 환경문제와 여성문제를 배태하
게 하였다.

인간은 자연에서 태어나 이 자연을 떠나서는 잠시도 살아갈 수
없다. 그러나 인간과 자연과의 교섭은 당초에 의도하지 않았던 결
과를 가져와 상호 위협을 주고 있다. 무분별한 경제개발은 산업화
와 도시화에 의하여 자연환경의 파괴를 초래하여 생태계의 자연스
러운 순환은 단절되고 생태권의 재생능력이 무너지기 시작하면서
오늘날에는 지구종말이라는 용어가 학문의 영역에서 생활용어화
될 정도로 위기의식을 갖게 되었다. 무엇보다도 오늘날의 생태학
적 위기는 한 생물과 다른 생물 그리고 모든 생물과 자연환경과의
연대가 무너지기 시작함에 따라 지구 전체의 생명체를 유지하는

원초적인 자연발생적인 유물론이었다.
20) 플라톤의 경우, 물질적인 존재가 아니라 정신적·관념적 존재로서의
이데아(Idea)가 진정한 존재이고 물질적 존재는 이데아의 模寫, 또는 그
림자에 불과한 것이었다. 그의 이데아론은 인간의 의식으로부터 독립
한 관념적 존재가 있어서 이것 만이 참다운 실재라고 하는 전형적인
객관적 관념론이다. 따라서 可視的 세계와 육체적인 존재는 의식 아래
에 있고 의식의 통제를 받아야 하는 열등한 영역으로 객관화된다.

자연의 질서원리가 붕괴되고 이 여파는 사회적 존재로서 연대성, 공익성, 보조성의 원리로 유지되는 인간사회질서까지도 파괴하여 공멸의 위기에 처하게 된다.

인간의 삶의 터전인 자연을 파괴하면 인간도 결국에 가서 자멸하고 만다는 것은 부인할 수 없는 사실이다. 이 사실에 우리가 자연을 보호해야만 하는 근본 이유가 있다. 인간이 信託者로서 - 신만이 사물의 완전한 소유권을 가지며 인간에게는 단지 사물을 사용할 권리만을 위임하였다는 - 지구의 주인이 된 이래 자연환경은 인간중심에서 해석되고 인간의 삶을 위한 수단을 제공하는 원천이 되어왔다. 인간은 생명체 가운데 그 유례를 찾을 수 없을 만큼 대집단을 이루고 자연의 질서를 문란케 하며 자연환경을 파괴하여 왔다. 46억년이라는 오랜 지구역사를 유지해 왔지만 21세기에 들어서서는 걷잡을 수 없을 만큼의 속도로 자원은 고갈되어 가고 환경은 오염되어 세계 곳곳에서 온난화 현상으로 예측할 수 없는 극심한 자연의 재해가 발생되고 있다.

동학의 발생은 근원적으로 崔水雲의 '侍天主' 체험에 기초하고 있다. 水雲 최제우(1824~1864)는 유교·불교등 동아시아 문화권의 기성종교가 쇠퇴하게 되고 조선왕조 사회가 무너진다는 역사예언을 통해 새로운 민족사회의 혁신을 위한 종교원리로 '侍天主 신앙'을 제창했다. 1860년 4월 5일의 최제우의 득도체험은 주술적 강령체험 속에서 한울님에 대한 접신의 경지에 이른 것이다. 이 체험 속에서 수운은 上帝 한울님과 대화를 나눈다. 그는 이 체험에서 모든 사람은 상하귀천이 없으며 한울님을 자기 안에 모신 인격적 존엄성을 지녔다는 '시천주'신앙에 이른다.

수운의 시천주신앙은 종교적인 경천신앙이 강하고 최시형에 와서는 이 신개념이 인간에 내재하고 나아가 '物物天, 事事天'으로

발전하여 천이 만물에 고루 내재한다는 범천론이 된다. 이러한 범
천론은 조선조 유교사회에서 신분이 차등되던 농, 공, 상의 활동이
모두 중시될 수 있는 근대적 의식이다. 나아가 최시형의 '事人如天'
의 만민평등 윤리는 시천주에서는 아직 드러나지 않았던 인간존중
의 관계성의 윤리, 평등의 원리가 드러나고 1905년 천도교의 선포
에서는 시천주의 세속화로 人乃天의 종지로 표현되었다.

 특히 이전의 유교적 전통이나 불교적 종교관과 구별시켜 주는
결정적 특질은 모든 사람이 한울님을 그의 몸에 모시는(侍) 체험적
신앙이다. 이 시천주 사상에 기초하여 보면 모든 인간은 누구나 귀
하지 않을 수 없는 것이니 바로 한울님을 모신 존재이기 때문이다.
수운은 「포덕문」에서 세상 사람들이 '不顧天理, 不順天命'하게 된
것이 天에 대한 경외지심의 상실이요, 이것이 사회병리와 동아시
아 문명의 근본적 위기로 파악했다. 「포덕문」에 나타난 天命과 天
理의 이해는 이 세상의 모든 질서를 주재하는 上帝나 만물의 주재
자인 天主의 命이라는 입장에서 敬天命과 順天理의 경천신앙을
이끌어 내었다. 바로 이 점에서 수운의 신개념은 天이 理라고 하는
주자학과 다르고 주렴계의 우주론의 기본 도식인 태극·음양·오
행·만물화생의 과정에서 수운은 태극의 자리에 천주, 한울님을
바꾸어 넣고 있음을 볼 수 있다.

 최시형은 '한울님'의 존재의미와 천인관계에 중점을 두고 '시천
주'사상을 더욱 현실적으로 체계화하였다. 그는 至氣論을 실천적
으로 세속화하는 한편 '人卽天'의 논리로 천인관계와 '한울님'의
존재를 정의하였다. 즉 그는 天主를 인간과 동일시하여 손님, 어린
이, 베짜는 여인등 모든 인간이 곧 하느님이라고 규정하고[21] 나아
가 사람뿐 아니라 천지만물이 다 하느님을 모시고 있으므로 새소

21) 「天道敎書」 제2편, 36쪽.

리 조차도 시천주의 소리라고 하였다.[22)]

해월의 자연관은 모든 자연만물과 일상생활에 '한울님' 아닌 것
이 없다고 하여 만물만사에 神性이 있다고 하였고 物物·事事 모
두가 '한울님' 조화의 현상으로서 보았다. '物物天事事天'[23)]이라
함은 만사만물에 天이 내재하므로 萬有가 天임을 의미한다. 결국
해월에 있어 이 지상에 존재하는 것 중에 한울님 아닌 것은 하나도
없게 된다. 즉 모든 인간, 모든 생물, 모든 사물이 예외없이 한울님
과 동일시된다.

따라서 '인간이 음식을 먹는 것'은 '한울님이 한울님을 먹는 것'
으로 파악될 수밖에 없다. 이것이 바로 '以天食天'[24)]의 의미이다.
해월은 以天食天을 전제하면서 모든 사물이 인간과 한 형제라고
규정하고 있다. 인간이 한울님이고 事物이 한울님이라면 인간과
事物은 하나의 근본을 지닌 한 형제라고 아니할 수 없다. 이 '以天
食天'은 모든 만물의 성장·발전을 도모하는 養天主 행위로서 汎
在神論으로 볼 수 있다. 또한 자연을 보호하는 행위를 '한울님'을
위하는 진정한 養天主라고 하여[25)] 주체와 객체의 대립이라는 이분
법적 자연관을 극복하였다. 또한 지구와 자연계를 상호연관된 것
으로 인식하여 인간과 자연을 분리하지 않고 하나의 전체로 상징
화한 생태주의와 상통한다고 보여진다.

---

22) 「天道敎書」 제2편, 36쪽.
23) 「天道敎創建史」, 앞의 책, 126쪽.
24) 「天道敎創建史」 제2편, 18쪽.
25) 「天道敎創建史」, 앞의 책, 108쪽 참조.

2. 동학사상의 한반도 통일이념 :
분단이념과 체제극복

우리가 통일을 논하고자 할 때 2차대전 이후 냉전의 산물로 남아있는 마지막 분단국가라는 사실과 1876년 일본과 강화도에서 불평등 조약을 맺으면서 시작된 개항 이후 우리 민족은 이미 자주적이고 주체적으로 우리의 운명을 결정할 기회를 박탈당했다는 비극적 사실을 상기하지 않을 수 없다. 소비에트 연방의 해체로 냉전구조가 종식되고 나서부터 우리는 서서히 우리를 억눌러왔던 이데올로기적 양분법 사고로부터 자유로와 질 수 있게 되었다. 그러므로 통일논의도 근본적으로 자유롭고 창조적인 우리의 미래를 구상할 수 있을 것이다. 자유주의가 '자유'와 '사회'를 서로 극단적으로 상치되는 개념으로 보고 '자연적 자유'의 보호를 최고의 정치적 목표로 설정하였다면 루소 이후 좌익계열의 사상가들은 '인간적 자유'를 이상으로 삼으면서 사회를 통한 인간의 완성, 인간존엄성의 확보를 꿈꾸었다. 이와 같이 두 개의 전혀 다른 '자유'의 개념을 각기 주장하면서 확립된 사상적 논쟁의 구도가 우리가 오늘날 답습하고 있는 좌·우의 대립구도인 것이다.[26]

그러나 통일한국의 과제는 개체와 전체의 조화, 개인의 행복과 국가의 질서를 하나의 조화로서 파악할 수 있는 새로운 세계관에의 요청이다. 이는 인류사가 지난 두 세기간 대립적으로 파악해왔던 문제인 개인의 자유와 자율, 사회의 평등과 타율에 각기 중점을 두었던 민주주의와 사회주의의 조화의 문제이기도 하다.

---

26) 함재봉, 「근대사상의 해체와 통일한국의 정치이상」(김용옥 엮음, 1998, 『삼국통일과 한국통일』 下, 통나무, 435쪽).

동학은 人乃天의 自我完成[정신개벽]으로부터 輔國安民[민족개
벽], 布德天下・廣濟蒼生[사회개벽]하여 지상천국을 건설하려는
것이 목적이었다. 동학에서 이루려는 이상향은 지상천국을 이룩하
자는 것으로 이 지상천국이란 來世가 아니라 현세의 생활과 문화
를 개혁하여 지상에 새로운 사회를 건설하려고 하는 것이었다. 수
운의 동학사상은 양반층의 주자학적 이데올로기와는 달리 서민들
의 민족신앙적 주술적 강령이나 영부, 선약 등의 주술적 방편을 통
해 오히려 유교・불교・도교의 새로운 종합이라는 사상적 재창조
작업을 수행하였고, 기성 왕조사회에서 금기되던 도교적 신선사상
이나 왕조 성쇠의 참위설적 예언 등 풍수도참설을 수용하여 조선
왕조가 쇠운에 직면했다는 역사 예언을 통해 억압받던 민중의 새
역사 의식을 만들어 주었다. 1905년 이후 천도교 운동에서 요약된
'輔國安民, 布德天下, 地上天國建設'의 宗旨는 바로 최제우 동학
이념의 기본적 요체라고 할 것이다.

동학은 단순한 종교신앙을 넘어서 불안한 민중들의 待望意志를
실천하려는 사상적 지주가 되고 斥洋斥倭, 除暴救民, 廣濟蒼生의
사회변혁을 추진하는 강력한 이데올로기로 작용하였다. 이는 당시
의 내외적 위기의식의 산물이었다. 보국안민, 광제창생, 포덕천하
의 동학의 이념은 내적으로는 학정에 시달리는 농민대중을 구하자
는 것이요, 외적으로는 날로 심화되는 제국주의 열강을 물리치고,
궁극적으로는 포덕천하에 의한 지상천국을 건설하자는 것이었다.
東學은 侍天主사상, 人乃天에 입각한 만민평등사상, 天運循環說
에 입각한 後天開闢사상을 그 골자로 한다. 수운은 역사를 크게 두
시대로 구분하여 지나간 세상을 先天이라 하고 동학의 창도(1860.
4.5)후 미래의 새 세상을 後天이라 하였다. 후천개벽이란 낡은 先
天의 문화가 무너지고 새로운 後天의 문화가 열린다는 뜻이다. 따

라서 후천개벽은 천지개벽이 아니라 인간 중심의 문화개벽을 뜻하는 것으로 인류 역사 문화 전반의 일대 변혁과 새로운 창조를 의미한다.

수운은 창도 당시의 사회의 혼란은 인간과 사회가 모두 병들어 있기 때문이라고 보았다. 그가 동학을 창도한 궁극적인 목적은 사회의 질병으로부터 인간을 구제하여 더 나은 이상향에 살게 하려는 현실주의적인 욕망을 실현하려는 것이다. 수운은 개인의 정신적 결함과 사회의 암흑이라는 질병의 원인은 '各自爲心'의 이기적 성격 때문이라고 생각하고 이를 타파하기 위해서는 각자가 품고 있는 이기적 자아에서 초월하여 자기의 마음 속에 누구나 가지고 있는 '한울我(侍天主)'에 따라서 행동해야 한다고 믿었다. 즉 우주의 본원인 '한울我'에 따라서 행동하는 것만이 사회질병을 물리치는 방법이라고 믿었다. 이 사회의 질병을 치유하는 방법으로 제시된 대안이 개벽의 이론이다. 개벽이라 함은 낡은 세상이 사라지고 새 세상이 온다는 것으로서 민중이 고뇌에서 해탈하는 방법으로 제시된 것이다. 특별히 수운은 투쟁에 의하여 사회의 질병이 되는 요소, 즉 극심한 계급의식이나 빈곤을 물리칠 것을 강조하였다. 수운의 동학의 이상사회상은 사회주의 계급혁명에 의해 달성되는 세상이 아니라 근대 시민사회의 휴머니즘 사상의 선각이었고 봉건적 양반의 왕조질서를 근대적 민족 국가로 개혁하는 한국 근대화의 사상적 선구였다고 하겠다.

동학의 이 같은 인간주체사상은 서구적 인간중심주의와는 본질적으로 다르다. 서구의 근대사상이 인간과 도덕을 결여하고 있는 것은 서구 근대의 존재론과 인식론에 깊이 뿌리박고 있는 세계관에서 비롯된 것이며 공동체와 도덕, 종교와 가족을 희생시키면서 절대개인의 자유를 확보하려는 시도의 귀결이기 때문이다.[27] 20세

기 최고의 철학자로 일컬어지는 비트겐슈타인(Ludwig Wittgenstein)
과 하이데거(Martin Heidegger)의 철학은 모두 데카르트적 절대개인
의 존재론과 인식론의 오류를 지적하는 적업의 일환이며 공동체주
의(communitarianism), 후기 구조주의(poststructuralism), 해석학(herme
-neutics), 해체이론(deconstruction) 등의 포스트모던(postmodern) 사상
들 역시 근대사상의 존재론적, 인식론적 실패를 절감하면서 태동
된 이론들이다. 이처럼 근대의 존재론과 인식론은 '가치'와 '당위'
의 문제를 해결하는데 실패하였다. 이렇게 이론적 차원에서 실패
한 근대사상은 제도의 차원에 있어서도 사람들로 하여금 '가치'와
'도덕' 즉 '인간'의 문제를 도외시하게 함으로써 가치관과 도덕관,
인간관의 황폐화를 초래하였다.[28]

서구적 인간주의는 관념론이나 유물론의 극단으로 치닫거나 신
에 대한 절대적인 귀의로 돌아가기도 하였다. 이에 반하여 동학의
인간주의는 사람이 곧 한울님이라는 진리에 도달하여 유물론 및
관념론의 모순되는 양극사상을 극복하고 그 두 가지를 근원에서
통합하였다고 보겠다. 모든 가치의 중심에 사람이 아닌 다른 것을
둘 때 그것은 신 본위이거나 물질 본위가 된다. 신 본위가 사람을
신에 종속된 존재로 본다면 물질 본위는 인간이 물질에 예속되는
결과를 초래한다. 관념론의 정신 편중이나 유물론의 물질편중은
모두 인간상실의 결함을 가지고 있다.

이제까지 서구 근대사상과 그 제도적 결정체인 근대복지국가의
가장 근본적인 문제점인 인간·가치·당위의 부재라는 문제를 뛰
어넘을 수 있는 체계가 요구된다. 따라서 한반도의 통일이념이 유
물론이나 유심론에 편중되어 근거한다면 반쪽의 통일밖에 이루지

---

27) 함재봉, 위의 논문, 459쪽.
28) 함재봉, 위의 논문, 452~453쪽.

못할 것임을 예측한다는 것은 어려운 일이 아니다. 유물론과 관념론은 모두 우리 고유의 사상이 아니다. 정신 위주나 물질 위주의 결함을 근원적으로 극복하고 物과 心의 妙合을 이룬 동학의 인간중심사상은 통일이념의 단초가 되기에 충분할 것이다.

요언하면 水雲은 사람이 사람답게 사는 세상을 만들고 싶은 염원을 가지고 있었고 이 염원의 실현, 한민족의 인간회복을 위하여 한울님을 모시는 길을 되살려 낸 것이다. 그러므로 이 체험적 신앙은 곧바로 조화와 통일에 이론적 근거를 제공한다. 개인과 공동체, 환경의 조화사상은 남북화합과 통일의 이념을 모색함에 있어 최우선의 이념이 될 수 있을 것이며 나아가 우리의 동학이 세계윤리의 중심에 서는 근거가 될 것이다.

3. 동학사상의 사회적 평등과 통일이념 : 성별과 계급적 평등

그러면 이러한 자연관을 기반으로 한 동학의 인간관은 어떠한가? 동학의 시천주신앙은 동이문화의 가치원리인 天道·天命·天理 등 天에 대한 새로운 자각으로 한울님(天主)에 대한 敬天사상의 회복이 시급하다고 보고 신분차등 없이 모든 사람이 이 한울님을 자기 몸 안에 모신 존재라는 인간 존엄의 신분평등 사상을 주장했다. 수운 최제우는 신분질서하의 불이익을 충분히 체득한 인물이었고 해월 역시 빈한한 생활을 꾸려가다가 수운을 만나고 심지의 기름이 닳지 않는 신비체험을 가지게 되었다. 이들이 기득권을 지닌 양반층이었다면 동학의 평등성은 창출되지 못했을 것이다.

수운 최제우의 시천주사상은 모든 인간의 절대적 존엄성을 인정

한 것으로서 신분제와 조선조 유교의 신분차별적 악법을 비판한
것이다. 그를 이어 2대 교주인 해월 최시형은 事人如天을, 3대 교
주인 의암 손병희는 人乃天을 각각 주창하여 근대적 인권자각에
큰 영향력을 끼쳤다. 동학의 인내천 사상을 기반으로 한 평등사상
은 엄격한 신분제를 기반으로 한 당시 사회에 있어 혁명적이라고
까지 할 수 있는 개념이다. 이로 인해 일반 민중은 물론 당시 억압
받던 여성들 조차도 자신의 주체성을 깨닫게 되었다. 이러한 동학
의 인간평등사상과 여성론은 시천주사상에서 비롯된 것이다. 수운
이 제시하는 한울님은 경외의 대상으로서만이 아니라 자기 안에
모셔져 있는 존재이므로 신분과 남녀노소의 구별과 차별없이 누구
나 동학의 가르침대로 수련하면 한울님과의 일체를 경험할 수 있
다는 것이다. 이를 위하여 守心正氣할 것을 가르치고 주문29)을 외
우고 誠・敬・信을 통한 수련을 쌓아야 함을 강조한다. 이러한 수
운의 侍天主 사상은 근대적 평등사상을 정립하는 근간이 되었다.
실제로 자신의 여종을 며느리나 수양딸로 삼아 모든 인간은 평등
하며 여성도 존중해야 한다는 자신의 사상을 실체화하였다.

　해월에 이르면 수운의 인간평등사상과 여성관이 더욱 심화되는
데 '인내천'을 '사인여천'으로 발전시켰다. 즉 나와 타인과의 대인
관계가 '사람을 섬기되 한울같이 하라'는 '사인여천'의 근대적 시
민윤리적 성격을 띤다. 해월의 사인여천에서는 당시 억압받던 어
린이, 상민, 천민, 여자도 모두 섬김받는 인간존중의 평등주의가
가능하다. 해월의 여성관은 「內則」과 「內修道文」에 잘 나타나 있
다. 「내칙」은 주로 태교에 관한 내용인데 이것은 '내 안에 한울님
을 모시고 있는' 養天主의 구체적 실천덕목으로서의 의의를 가진

---

29) 『東京大典』 「論學文」. "至氣今至, 願爲大降, 侍天主, 造化定, 永世不
　　忘, 萬事知"

다. 「내수도문」은 매사를 한울님께 아뢰어 행할 것을 가르친다. 이 것들은 일상생활 속에서의 부인의 修道에 대한 내용으로 여성이 생활 속에서 한울님을 공경하는 신앙을 통하여 진리에 도달하는 길을 열어준 것이다. 특히 전통적인 남존여비와 아내학대 등의 구습에 대하여 여성도 시천주의 존엄한 존재라는 여성해방의 사상을 제창하였다. 나아가 아내와 다툼이 생길 때에도 욕하거나 구타하지 말고 二拜, 三排라도 하여 마음을 돌리도록 하라고 가르쳤다.[30]

유교의 '天'은 누구에게나 보편적으로 내재하는 존재라기 보다는 오히려 天命을 소유한 최고통치자(天子)를 통해서만 감응될 수 있는 존재이다. 유교의 爲民의 통치이념은 물론 民을 天처럼 여기라는[31] 구도를 가지고 있지만 통치자와 피치자 사이의 신분 간격은 엄연히 존재하는 것이다. 그러므로 이러한 구도 하에서 인간관계의 위계질서가 이루어져 君·父·夫의 상층부와 臣·子·婦의 하층부가 엄연히 존재하게 되었다. 이러한 인간간의 위계는 지도층의 실덕과 비행을 어느 정도 정당화할 수 있는 이론적인 근거가 되어 동학이 발흥한 조선 후기 사회의 피폐함에 도달하게 된 것이다.

유교적 질서에 의하면 '天命'이 王權天授의 역할을 하여 군왕과 양반통치의 정당성을 뒷받침해준다. 동학에서 임금도 아닌 일반 백성이 '天道'의 각득을 주창하는 것은 혁명적이다. 왕권지배하에서는 피치자인 민이 직접직으로 전명이나 천도를 받을 수는 없고 간접적으로 천명의 대리자인 군왕의 통치에 절대 복종하는 것만이 있을 뿐이다. 원래 천명을 받는다는 것은 황제나 군왕만이 통치권력의 정당성이 보장되고 민은 절대로 천명을 받거나 천리를 실천할 수 없다. 따라서 동아시아 정치전통에서는 근대적인 혁명

---

30)『天道敎創建史』제2편, 37쪽.
31)『書經』. "天視自我民視, 天聽自我民聽"

의 개념이 없었다. 이러한 동아시아 전통에서 보면 水雲의 '後天
開闢'은 혁명적인 것이다. 동학에서는 절대왕권의 전제를 초월하
여 백성이 모두 요임금, 순임금 같이 되는 민중의 주권사상이 있
다.「도유사」에는 백성이 모두 요순이 되는 점에서 민의 주권을
인정하고 있다.32)

　이렇게 유교의 천개념과는 달리 동학은 인내천의 진리와 사인
여천의 윤리를 내세우고 인간의 존엄성과 자유, 평등의 근대적 자
각을 깨우치는 인간주체의 사상적 특징을 가지고 있다. 인내천은
종래의 신본위, 신중심에서 사람본위, 사람 중심의 사상적 전환을
가져왔다. 이같이 동학의 평등사상은 '시천주'와 맥락을 같이 한
다. '시천주' 즉 사람이 한울님을 모신다는 것은 인간이 天에 감응
하여 내면적 일체화를 이룸으로써 '天心卽人心', 즉 '天人一如'가
된다는 것이다. 모든 사람은 누구나 천과 내면적으로 일체화할 수
있다는 점에서 평등하다는 것이다. 조선조 후기의 최대의 사회적
모순은 곧 지나친 계급사회의 형성이었으며 수운이 이러한 모순을
타개하기 위한 사회개혁의 방편으로 동학을 창도한 것은 사실이
다. 동학의 교리에서는 인류의 재해는 계급에 있고 경제적 계급의
차별에 있는 것이므로, 계급차별이 없고 이해가 일치하면 인간의
행복은 이루어 질 수 있는 것으로 해석되고 있다.

　이와같이 동학은 주자학으로 대표되는 동아시아 중화문화권의
문화원리인 성리학, 주자학과는 그 차원을 달리하는 民의 새 사회
의 개벽을 지향하는 근대적 시민사회의 이념이다. 수운의 동학에
서는 군신관계의 왕조적 규범이 무규범의 혼란에 빠진 것을 간파
하고 구왕조의 인간결집원리와는 다른 民의 자치공동체로서 '同歸

---

32) "자고급급 촌탁하니 요순성세 그때라도 일천지하 많은 사람 사람마다
　　요순일세"「도유사」

一體'의 시민사회를 지향한다. 이것이 가능할 수 있는 것은 모든 民들이 경천신앙으로 천명을 받고 侍天主者가 되기 때문이다. 따라서 民이 오히려 堯舜이 되고 民 스스로의 자치가 싹트게 된다.[33)]

유교에서 나이와 성별 등이 차별의 정당한 근거가 되는 것과 대조적으로 동학에서는 그러한 요소들이 전혀 차별의 근거가 되지 않는다. 그러므로 여성의 지위 각성이나 어린이들의 복지에 대한 관심도 동학사상이 갖는 평등사상의 발로이다. 天이나 天命, 天理의 혜택이 양반층에 독점되었던 신분차등 사회에서 벗어나 서민이나 상민을 가릴 것 없이 만인이 한울님을 모신 侍天主의 인격적 존엄성을 가진 존재가 될 수 있다. 최수운의 侍天主 신앙은 혁명적인 변혁사상이다.

동학의 인간주의는 인간의 존엄성을 신격화하여 근원적 자유·평등의 이념을 보여준다. 이같이 인간평등은 신에 종속된 평등이나 계급타파의 평등이 아니고 인간을 신의 차원으로 높이는 神人一體의 근원적 평등주의를 뜻하고 있다. 대인과 소인을 성리학적으로 확연히 구별하고 대인인 군자만이 통치자 계급이 될 수 있었던 인간 차별의 인간관에 대항해서 누구나 주문을 암송하고 誠·敬·信을 실천하면 그 날부터 군자가 될 수 있다는 동학의 만민평등사상은 근대적 자각이며 남북한을 아우를 수 있는 민족통일이념의 단초가 된다고 본다.

---

33) 申一澈, 2000, 「東學의 無爲的 市民社會觀」『동학연구』6, 한국동학학회, 96~98쪽 참조.

제4절 맺음말

민족 분단 이후 시대적 당면과제인 통일은 한 번도 우리의 염두에서 떠난 적이 없었다. 최근 공산권의 개방이라는 대외 추세와 정부의 햇볕정책이 맞물리면서 남북간 교류와 정상회담이 성사되면서 지금까지 민족적 당위의 요청으로 남아있던 통일 문제가 가능성이 타진되는 단계로 돌입하였으며 나아가 빠른 시일안에 통일이 실현될 수도 있다는 희망을 보여주고 있다.

수운의 사회적 성격은 궁극적으로 보국안민·포덕천하·광제창생·지상천국을 건설하자는 데 있었다. 수운의 이상향(지상천국)은 모든 사람이 자아완성을 통하여 한울아를 회복한 만인평등의 기초 위에서 정성과 공경과 믿음을 바탕으로 전쟁과 질병과 빈곤과 파괴가 없이 살아가는 세상으로서 인간의 존엄성과 윤리를 바탕으로 하는 도덕사회, 권력이나 계급의 대립과 귀천의 차별이 없는 평등사회, 나아가 의식주의 부자유와 질병·재앙같은 자연적 압박이 극복된 삶을 의미한다. 그의 이상향은 자유와 평등, 복지개념에 입각한 근대국가의 이념에 부합하는 것이며 이러한 이상을 이루기 위해 스스로 행동하는 新人間을 전제로 한다. 그러므로 동학의 지상천국은 의식변화와 사회변화가 병진하는 세계이다.

동학은 우리의 인식을 총체적으로 전환시켜 모든 만물이 신령하고 존귀한 생명인 한울님이라는 전제 하에 화해와 조화의 세계를 구상하였음을 보았다. 동학사상의 범신론적 세계관은 억압과 질곡을 넘어서 화해와 자유를 추구하려는 21세기 인류의 과제에 시사하는 바가 크다. 생태철학적 시각은 인류를 포함한 자연 속의 모든 생명체가 상호 협력과 보살핌, 그리고 사랑을 통하여 유지된다는 점을 인식한다는 점에서 새로운 우주관과 세계관을 제시한 동학사상과 상통하는 점이 많다.

따라서 동학사상에서 추출할 수 있는 통일한국의 이념은 살아있는 우주의 일부로서의 지구공동체의 공생을 인식하는 것에 기반을 둔 인간·동물·식물, 그리고 무기물 공동체들과의 관련을 통한 조화의 사상이다. 이는 동학의 유기체적인 자연 개념과 상통하는 것으로서 인간, 동물들, 식물들, 무생물 등 모든 것들이 다 한울님을 모신 존재로 인식하는 것이다. 이러한 시각에서는 자연에 대한 인간의 착취나 인간에 대한 인간의 착취 등 이분법에 근거한 분열과 분리의 사고는 발붙일 곳이 없다.

21세기의 통일한국의 위상은 이러한 동학의 조화와 화해의 이념으로부터 시작하여야 한다. 통일한국은 진정한 사랑과 평화에 기초하여야 할 것이며 신과 자연과 인간, 그리고 계급과 계층 등 모든 이분법적 가치관을 극복하고 둘이 아닌 하나로서 진정으로 공존·공생할 수 있는 평화와 화해의 이상향을 지향해야 할 것이다.

이러한 동학의 생태철학적 이념은 남북한 주민들의 진정한 심리적 통합을 이루어 내는데 기여할 것이며 남북간 이념 대립 및 경쟁의 벽을 해소할 수 있는 기반이 될 것이다. 동학사상의 생태철학적 이념 안에서 계층간·지역간·세대간 갈등이 용해됨으로써 국민통합과 국민적 합의가 이루어질 수 있을 것이며 평화의 논리와 의식구조를 지닌 통일의 역군들이 자라날 수 있을 것이다.

제2장

한국 종교의 인도주의 사상과 평화통일 이념

제1절 머리말

지난 반세기 이상의 분단상황을 극복하고 민족이 하나가 되는 것은 한 세기가 바뀌고 새로운 21세기를 맞은 입장에서 우리민족 당위의 과제임을 부인할 수 없다. 우리가 추구하는 민족공동체 형성의 통일[1]은 민족 구성원 모두의 자유와 복지, 인간 존엄성이 보장되고 인류공영에 기여하는 번영된 민족공동체를 이루는 것이다.

통일에 있어 제일 중요하게 다루어져야 할 것은 통일 이후 남북한간의 적응과정에서 일어날 수 있는 마찰과 갈등을 극소화하는

---

1) 여기서 민족공동체 통일의 의미는 단순히 소극적인 의미의 재통일이 아니라 적극적으로 민족의 번영과 세계의 평화에 기여하는 새로운 통일의 미래상을 창조해 가는 일이다.

것이다. 정치사회적 측면에서 볼 때 평화적인 통일은 '민족의 통합'을 뜻하며 문화적 측면에서는 문화적 이질성을 극복하고 '동질성을 회복하는 것'이다. 따라서 이 평화이념과 동질성 회복을 우리의 전통사상과 문화에서 모색하고자 함이 본 연구의 본무이기도 하다. 먼저 한국전통사상의 특징으로 부각되는 天·地·人의 합일성, 전체와 개체를 조화시키는 圓融會通사상과 中道사상, 理氣二元論적 一元論, 相生의 大同사상과 문화의 계승이 연구동기를 유발케 했음을 밝힌다. 또한 전승된 전통사상의 和의 사유구조는 유교·불교의 초민족적 보편성 속에도 내재해 있는 것이므로 동질성 회복에의 모색은 당연히 전통적인 민족종교문화의 인도주의와 和의 범주에서 출발하고자 한다.[2]

그런데, 현대적인 남북간의 통일 논리 모색에 있어 정치·사회적인 논의에 못지 않게 종교적 접근이 절실히 요청되는 이유는 무엇인가? 그것은 북한 사회주의가 지니는 짙은 종교적 색채 때문이다. 종교가 인간 생명의 신비를 규명하고 인생의 목적론적 의미를 파헤치는 것이라고 할 때, 사회주의의 인간은 궁극적으로 전체주의의 지상과제인 지상천국을 건설하는 목표에 실존적 의미를 부여한다.[3] 그러므로 이러한 신조화된 사회주의를 교화할 수 있는 것은 그보다 더 큰 이론과 사상이거나 신앙체계로만 가능한 것이다.[4]

---

2) 지난 9·11 뉴욕테러 이후 세계화(Globalization)에 대한 문제가 제기되면서 올해에는 뉴욕으로 개최지가 옮겨진 세계경제포럼(WEF)에서는 참석자의 구성이 과거와 판이하게 달라 다양한 종교지도자와 주요지역 분쟁전문가. 환경보호자들이 상당수 초청되었고, 논의 내용도 경제문제 일변도에서 벗어나 글로벌안정, 평화, 사랑 등이 주류를 이었는데 여기에서 '평화'에 대한 '종교적 관심'이 세계적으로 확산되어 감을 알 수 있다(『동아일보』 2002. 2. 6 기사 참조).

3) 朴道植, 1984,「宗敎人과 祖國의 平和統一一天主敎의 입장에서」『宗敎와 統一』, 평화통일정책자문회의 종교분과위원회, 38~40쪽.

80년대 이후 북한이 당 정책 안에서나마 종교에 대하여 다소 유화적 태도를 취한 것은 체제생존과 관련된 북한 자신의 필요성 때문이라는 시각이 지배적이다. 왜냐하면 외압에 의하여 종교적 신앙의 자유를 허용할 경우 인민 개개인의 의식의 순화와 승화로 인하여 유물론에 근거한 사회주의 이념이나 김일성 주체사상은 자연히 도태되어 버리고 말 것이 자명하므로 스스로 당 체제 하의 전시행정의 종교정책을 펼 수밖에 없기 때문이다.[5]

궁극적으로 분단현실에서 서로 배타적인 이데올로기를 극복하고 한반도에 평화통일을 정착시키기 위해서는 상호적인 이데올로기를 극복할 수 있는 보편적 가치가 내재된 인간존재 목적과 범종교윤리의 공통적 요소의 실현, 다시 말하면 평화정신과 인도주의 사상에 대한 체계적 이론화의 노력이 절실하다. 즉, 한국종교문화의 中和·和解·和諍의 논리로써 대립 이데올로기의 변증법을 승화시킬 수 있는 것이다.[6] 그러므로 전통종교 사상에 흐르고 있는 和의 원리를 바탕으로 남북갈등을 관용으로 녹일 때 평화통일의 이념적 기초형성이 가능하게 될 것이다. 사실상 단군신화의 '貪求人世', '願化爲人', '弘益人間', '在世理化'의 사상들은 이데올로기를 초월하는 한국사상의 원형을 보여준다. 이러한 정신문화적 원형이 있었기에 인간존중사상과 부합하는 외래의 종교들을 받아들

---

4) 독일의 통일이 성취된 것은 1969년 이후 서독의 대동독 동방정책에서 자유민주주의 가치가 사회주의 가치보다 크다는 것이 입증되었고 동독의 공산체제가 무너지게 된 결정적 요인은 라이프니츠시의 지하교회에서 전개한 민주화와 신앙의 자유운동이었음을 간과할 수 없다.

5) 이는 마르크스가 이미 직시했던 현실로서 사회주의 체제가 종교에 대하여 문을 열 경우, 공산국가는 역사 속에서 자연 도태될 것이다.

6) 유교·불교·기독교의 입장에서 공산주의 유물론을 비판한 내용은 류무상, 1985,『고등종교와 공산주의』, 서문출판사, 203～209쪽을 참조할 것.

일 수 있었고 이를 한국적으로 토착화할 수 있었다. 이처럼 고유한
전통사상과 유교·불교·민족종교의 인도와 평화정신은 서로 상
통하는 것으로서 이는 종교간 갈등을 겪고 있는 남한의 종교화합
을 이룰 수 있는 계기가 될 뿐 아니라 나아가 민족의 평화통일을
이루어낼 수 있는 화합과 관용의 가능성을 열어줄 것으로 보인다.

　지금까지 한반도 통일에 대한 종교 분야의 관심은 크게 세 가지
로 나누인다. 첫째는 종교보다는 우선 통일 자체에 더 관심이 있는
학자들에 의해서 이루어진 종교와 통일논의의 상호 관계 또는 상
호 작용에 대한 연구이다. 좀 더 구체적으로 말하면 이들은 통일논
의의 형성과 전개에 종교가 어떤 역할을 수행할 수 있는지에 문제
의 초점을 맞추어 왔다.7) 둘째는 통일논의 자체보다는 오히려 종
교 쪽에 더 많은 관심을 두고 있는 학자들에 의해 사회주의를 종교
현상의 하나로 보고 사회주의 그 자체를 분석하는 경향이 있다. 종
교 분야에서 특히 둘째 번의 관심을 중심으로 한 시각의 특징은 변
증법적 유물론과 거기서 도출되는 無神論의 문제를 종교의 有神
論과 정면으로 충돌하는 기본적인 문제로 보는 견해이다.8) 세 번
째 견해는 구체적이고 현실적인 접근으로서, 북한의 종교정책과
동향을 분석하여 통일에 대한 종교의 역할을 자리매김 하고자 하
는 시도로서 최근 북한이 종교를 통한 대외 교류 및 남북 교류에
특별한 관심을 보이고 있는 점에 주목하는 것이다.9) 그러므로 이
입장은 북한이 종교를 짐짓 활성화시키면서 국내의 종교단체와의

---

7) 이화선, 「칼 바르트의 화해신학에서 본 민족통일」(통일신학동지회 엮
　음, 1990, 『통일과 민족교회의 신학』, 한울, 215쪽).

8) Feuerbach, Vorläufige Thesen zur Reform der Philosophie, Ⅱ, Bolin Jodl, 1842,
　p.22.

9) 박재규, 1996, 『한반도 통일을 위한 종교의 역할』, 경남대 극동문제연
　구소, 16~30쪽.

활발한 교류를 시도함으로써 얻는 것은 종교적인 측면이라기보다
정치·경제적인 측면임을 직시하고 우리 종교인들이 종교 차원의
교류를 추진하는 과정에서도 그 정치·경제적인 파급효과를 염두
에 두자는 주장이다.[10]

　본 연구는 상술한 세 가지 입장 중에서 첫 번째 입장을 중심으로
하고 두 번째 입장을 보완하여 전개할 것이다. 한반도가 분단되기
전 단일민족의 역사가 유구한데서 남북통일의 당위성이 있기에
'통일이념' 모색에 연구의 주된 목적이 있으며 그 단서를 전통종교
문화 속에서 찾게 된다. 통일에 실질적으로 접근하는 데 있어 종교
문화의 역할은 중요한 것이며 동시에 북한 주체사상의 종교적 성
격을 이해하는 것은 통일전략에 있어 중요한 변수가 되기 때문이
다. 한편 특정한 종교의 우월성을 드러낸다거나 종교간의 호교론
적 비교는 배제될 것이다. 본 연구가 통일이념 모색에 목적을 두고
있는 만큼 각 종교간 화해와 포용, 협력이 선결되어야 함을 전제로
하기 때문이다. 그러므로 본 연구는 한국전통종교의 평화와 인도
주의 사상을 추출함에 그 목적을 두며 범위는 전통사상을 계승한
천도교(동학)와 유교, 불교의 교의를 중심으로 할 것이다.

제2절 분단의 실상과 종교적 접근

　한반도 통일은 일차적으로 남북간에 해결해야 할 민족 내부문제
임과 동시에 한반도 주변 4국의 역학관계에 영향을 받는 국제적

---

10) 박완신, 1994, 『북한종교와 선교통일론』, 지구문화사, 328~334쪽.

문제라는 이중구조를 지니고 있다. 지난 1945년 8월 15일 일본이 중립국을 통해 연합국에 무조건항복을 발표한 이후 38도선에서의 분단은 미·소의 군사적 편의주의와 정치적 고려의 산물이라고도 하겠다. 이후 반세기를 거치면서 구 소련을 비롯한 동구 사회주의권의 붕괴는 동서냉전 대립구조의 와해를 초래하였으며 국제질서가 재편되었다. 이러한 국제질서의 재편은 남북 화합과 협력에 새로운 변수로 등장하고 있다.

따라서 한반도의 평화정착과 통일은 민족 내부의 현상일 뿐만 아니라 세계평화와 관련된 문제이기도 하다. 한편 통일에 관한 남북한의 정치적 견해는 아직도 그 거리감을 좁히지 못하고 있는 것이 현실이다. 이 장에서는 통일에 관한 남북한의 주요방안과 북한체제의 정신적 지주가 되는 김일성 주체사상의 실체를 파악하여 통일에의 종교적 접근의 불가피성을 피력하고자 한다.

1. 남북한 통일 접근의 이질성

해방 이후 남한이 유엔총회의 남북총선거 권고안을 받아들여 1948년 5월 10일 유엔한국임시위원단의 감시 하에 자유총선거를 실시하여 동년 7월 17일 헌법을 공포하고 8월 15일 대한민국 정부 수립을 내외에 선포한 이후, 남북 양측은 1948년을 계기로 통일을 기본과제로 인정하면서도 각기 다른 통일방안을 주장해왔다.

북한의 통일방안은 '남조선혁명'이라는 대남전략을 기조로 하여 변화를 거듭해 왔는데[11] 초기 통일방안은 '하나의 조선' 논리에 입각, '민주기지론'에 의한 무력적화통일로서 그것이 실천으로 옮겨

---

11) 이상민 외, 2000, 『21세기의 남북한 정치』, 한울아카데미, 314쪽.

진 것이 6·25 남침이었다. 북한은 1950년대 휴전이후 전후 복구기
간을 거쳐 1960년대에 들어와 전쟁대신 장기적인 혁명전략을 채택
하였는데 남조선혁명의 실천수단으로서 표면적으로 제기된 것이
'남북연방제'라 할 수 있다. 이어서 1970년대의 북한의 통일전략은
1960년대의 남조선 혁명론을 더욱 구체화하여 '민족해방인민민주
주의혁명론'으로 발전하였다.12) 북한은 1980년 10월 10일 노동당
제6차 대회에서 대남강경노선을 수정하여 기존의 통일방안과 제안
들을 다시 정리한 '고려민주연방공화국 창립방안'을 제시하였다.13)

1990년대는 미소냉전체제에 종지부를 찍는 대변혁의 시대였으
므로 북한의 대남전략 변화는 계급노선을 뒤로하고 민족공동의 이
익을 앞세우면서 '민족대단결'에 대한 강조를 하고 있다. 따라서
1990년대 북한의 통일방안은 '하나의 민족, 하나의 국가, 두 개 제
도, 두 개 정부'에 기초한 '고려민주 연방공화국'을 창설하여 통일
을 이루자는 것으로 요약된다. 그 동안 북한은 대남전략 차원에서
남한의 민족통합역량을 저해하는 한편 남한정부를 배제하려는 가
운데 기존의 통일전선전술을 지속적으로 추진하는 등의 이중적인
적화전술을 구사해 왔다고 볼 수 있다.

한편 남한은 정부수립 초기부터 유엔 감시하에 남북한 총선거라
는 통일방안을 한동안 주장했다. 그러다가 1950년 이승만 대통령
의 북진통일론14) 이후 4·19와 5·16을 거치면서 통일논의는 다양하

---

12) 위의 책, 326~330쪽.
13) 김동수, 2001, 「평화공존을 위한 대북정책」『통일문제 이해』, 통일교육
원, 48~50쪽.
14) 통일원, 1990, 『통일백서』, 24~25쪽. 1949년에 이승만 대통령은 아시아
에서 반공체제를 강화하는 문제에 관심을 기울이기 시작했고 6.25 동
란 중에 유엔군의 지원을 받게 되면서 이른바 북진통일론을 개진하기
에 이른다. 1954년에 들어와 북진통일운동은 일단 후퇴하면서 남북 자
유총선거론으로 전환되었다. 그 계기가 된 것은 1954년 4월 26일 개최

게 전개되어 왔다. 1972년 10월 유신으로 출범한 제4공화국은 1974 년 8월 15일 대통령 광복절기념사를 통해 '평화통일 3대 기본원칙' 을 제시하였다. 1981년에 출범한 제5공화국 정부는 6월 5일 남북한 당국 최고 책임자간의 직접회담을 제의했고 1982년 1월 22일 대통 령 국정연설을 통해 '민족화합 민주통일방안'을 제시하였다. 이 통 일방안은 화합과 통일의 두 단계를 거치는 점진적인 접근에 기초 하고 있는데 신뢰회복을 위한 '남북 사이에 다방면적인 제반 교류 를 실시'할 수 있는 구체적 방법을 제시하고 있다.

이후 '한민족공동체 통일방안'이 1989년 대통령 특별선언을 통 해 발표되었다. 주요 내용은 통일의 원칙으로 자주·평화·민주를 제시하고 통일국가의 미래상으로 자유·인권·행복이 보장되는 민주국가를 제시한 것이다. 또한 통일국가의 수립절차는 남북대화 로 신뢰관계를 구축하여 남북정상회담을 통해 '민족공동체헌장'을 채택하고, 남북의 공존공영과 민족공동생활권의 형성 등을 추구하 는 과도적 통일체제인 '남북연합(The Korean Commonwealth)'을 거 친 후, 통일헌법이 정하는 바에 따라 총선거를 실시, 통일국회와 통일정부를 구성함으로써 완전한 통일국가인 통일민주공화국을 수립하는 것이다. 민족공동체 통일방안에서 주목할 만한 것은 통 일을 계급이나 집단 중심의 이념보다는 인간 중심의 자유민주주의 가 바탕이 된 한민족 모두가 더불어 살아가는 '민족공동체' 건설의 입장에서 보았다는 것이다.[15) 이같이 우리의 통일방안은 남북한이 우선 화해·협력을 통해 상호신뢰를 쌓고 민족공동체를 건설해 나 가면서 그것을 바탕으로 정치통합의 기반을 조성해 나가려는 방안

된 제네바 정치회담이었다. 북진통일론이 사라지게 된 결정적 계기는 4·19혁명이었다.

15) 통일원, 1994, 『국민과 함께 하는 통일의 길』, 11~12쪽.

이다.

이상에서 남북간 통일에의 정치적 방안을 고찰하였는데 진정한 민족공동체의 실현을 위해서는 전통사상에 입각한 종교문화적 접근 또한 유효하리라 여겨진다. 따라서 우선 북한체제와 이념의 근간이 되는 김일성 주체사상의 실상을 파악하고 이를 종교문화적 시각에서 분석하고자 한다.

2. 주체사상과 통일에의 종교적 접근

북한사회의 지배이념은 마르크스−레닌주의에서 김일성 사상, 주체사상으로 대치된 '우리식 사회주의'의 형태를 가지고 있다. 특히 김일성의 절대권력이 확고해지던 1967년부터 우상화의 이론적 근거가 되는 당의 '유일사상체계'라는 용어의 사용과 함께 이를 위해서는 주체사상에 기초한 정치 사상적 통일이 필요하다고 강조되었다.[16]

북한에서 '주체'라는 용어가 처음 공식적으로 제기된 것은 1955년 12월 개최된 당 선전선동원대회에서 한 '사상사업에서 교조주의와 형식주의를 퇴치하고 주체를 확립할 데 대하여'[17]라는 김일성의 연설에서이다. 시기적으로 당시는 동구권의 독자노선과 중·소 이념 분쟁으로 인한 갈등 표출, 그리고 국내적으로 한국전쟁 후 북한의 발전전략과 권력독점을 둘러싸고 소련파 및 연안파와 투쟁하는 과정으로서, 김일성은 자주성을 내세우는 '주체'를 표방하여

---

16) 이용필, 1984, 「북한통치 이데올로기의 구조와 기능−주체사상을 중심으로」『통일을 위한 민족화합 이데올로기에 관한 연구』, 한국정신문화연구원, 82쪽.

17) 『김일성 저작집』 9권, 467쪽.

이들의 외세지향적 경향을 비판하였다.[18] '주체'가 '주체사상'으로 된 것은 김일성의 1인 독재권력 강화와 밀접히 연결되어 있는데 주체사상은 그 형성과 전개과정에서 변화·발전을 보인 것과 같이 그 내용도 변화를 거듭하며 체계화되어 왔다.

　북한은 주체사상이란 말을 처음 사용할 때, "사람이 모든 것의 주인이며 모든 것을 결정한다"는 철학적 원리에 기초한 사상이라 했다. 또한 이의 실현에는 하나의 중요한 조건이 있는데 그것은 혁명적 수령관[19] 으로서 인민대중이 역사의 주체이지만 그 역할을 다하자면 반드시 수령의 올바른 영도를 받아야 한다는 것이다. 수령은 힘의 원천이며 승리의 결정적 담보이고 노동 계급성의 최고의 표현이므로 수령에 대한 충성이 주체 확립에서 핵심이다. 1986년에는 '수령·당·대중'이 수령을 뇌수로 하는 하나의 유기체적 통일체이며, 이들은 하나의 운명공동체라는 점을 강조한 '사회정치적 생명체' 론을 그 내용에 추가하였다. 김정일은 "인민대중은 당의 령도 밑에 수령을 중심으로 조직사상적으로 결속됨으로써 영생하는 하나의 사회정치적 생명체를 이룰 때 역사의 자주적인 주체가 된다"고 하여 '수령론'에서 더 나아가 '사회정치적 생명체'란 개념을 제시하였다. 사회정치적 생명체 이론의 등장으로 혁명적 수령관은 최상의 수준으로 강화되었는데 "혁명의 주체는 다름 아닌 수령, 당, 대중의 통일체"이며 "수령, 당, 대중은 하나의 생명체로서 생사 운명을 같이하는 사회정치적 생명체로 결합"되어 있다는 것이다. 이 사회정치적 생명체 이론은 곧 바로 '혈연론'으로 발전하여[20] 북한은 이를 통해 세습체제의 정당성을 설명하였으며 이

---

18) 이서행, 1989, 『북한주체사상의 본질과 실체』, 한국자유총연맹, 41~44쪽.
19) 이서행, 앞의 책, 45~46쪽.
20) 김정일이 당 중앙위 책임일꾼들에게 한 담화(1992.1.3), 『사회주의 건설

때부터는 주체사상이 마르크스주의를 능가하는 사상으로 주장되었다.

이 같은 주체사상은 외부와의 단절과 폐쇄주의의 논리적 근거가되며 이는 이념이라기보다는 종교에 가깝다. 주체사상은 단순한이데올로기로 출발하여 종교적 신앙으로 발전하여 왔다. 주체사상이 종교적 차원으로 발전하는 것은 '수령론'의 대두 이후이다. 북한은 김일성이 항일무장투쟁을 통해 나라를 해방시켰다는 '해방신화'와 미제의 침략으로부터 나라를 지켰다는 '전승신화', 또한 주체사상의 창시자로서 북한을 지상의 낙원으로 발전시킨 '낙원신화'를 이루어낸 장본인으로서 추앙한다.21) 이러한 북한사회에서 사상의 유일적 획일화는 조선시대에 유교만이 유일한 가치의 기준으로 된 것과 유사하며 서양의 중세 봉건사회에서 기독교가 인간생활을 총체적으로 지배했던 것과도 유사하다고 볼 수 있다.22)

북한 주체사상의 근원을 제공한 마르크시즘의 경우, 유물론적인무신론으로서 '지상천국'을 목표한다. 럿셀은 공산주의를 '神없는종교'라 정의하고 기독교와 맑시즘의 사유의 유비성을 밝히고 있다.23) 뿐만 아니라 틸리히(Paul Tillich)의 경우는 사회주의, 파쇼주의, 공산주의, 민족주의 등을 '유사종교(quasi - religion)'로 묘사한다. 이러한 이데올로기들은 신에 대한 충성과 헌신을 정치 지도자나 이념, 또는 소속 집단에 헌신하도록 상요한다는 점에서 종교적성격을 띤다. 사회주의의 종교적 속성은 내면적 교리체계 뿐 만 아

의 력사적 교훈과 우리 당의 총로선』 참조.

21) 김병로, 2000,『북한사회의 종교성 : 주체사상과 기독교의 종교양식 비교』, 통일연구원, 27~28쪽.

22) 서재진, 1993,「南北韓 現存 價値體系의 葛藤樣相 診斷」『통일한국의 삶의 양식과 가치체계 탐색』, 한국정신문화연구원, 127쪽.

23) 안병욱, 1984,『현대사상』(안병욱 전집 12집), 삼육출판사. 199쪽.

니라 외형적 행위규범에서도 종교적 형태와 흡사한 경우가 많다. 사회주의는 단순히 외형적 사회제도를 변혁하는 혁명운동이 아니라 기존종교의 영역을 대체하는 - 기존신학에 대한 해방신학 운동의 등장처럼 - 일종의 종교운동이라고 볼 수 있다.[24]

그러므로 한반도 통일을 논하는 데 있어 북한식 사회주의 이론을 종교적 차원에서 다루는 것은 필연적인 과제가 될 수밖에 없다. 단순히 경제체제와 정치체제, 그리고 사회체제에 관한 논의 만 으로는 진정한 통일의 기틀을 다질 수 없을 것이 자명하므로 통일논의에 있어 종교적 접근이 절실하게 요청되는 것이다. 따라서 다음 장에서는 인류가 창조한 보편적 가치가 내재된 유교, 불교의 종교이념과 민족전통 종교이념 속에서 분단현실을 극복할 수 있는 평화와 인도주의적 성격의 전개와 특징을 살펴보고 평화적이고 민족적인 통일이념을 추출할 수 있는 이론틀을 모색하고자 한다.

제3절 한국종교문화의 평화사상과 인도주의

분단한국의 통일이념은 평화[25] 이념에 의해 인도되어야 하며 이

---

24) 김병로, 앞의 책, 19~20쪽.
25) 『브리태니커 백과사전』. 평화는 '전쟁이나 갈등이 없이 세상이 평온한 상태'이다. 평화를 뜻하는 말로 유대교의 히브리어 샬롬(salom), 그리스의 에이레네(eirene)와 로마의 팍스(pax), 러시아어 미르(mir), 중국의 和平, 인도의 영혼의 만족을 의미하는 샹티(santi)는 각각 정의, 질서, 친화와 평온, 편안한 마음을 평화의 주요소로 삼았다.

평화는 세계공동체 구성원들의 삶의 질 제고와 합리적인 갈등처리를 위한 보편적 가치규범이 된다. 한국의 통일이념을 종교문화에서 추구하는 것은 종교가 인간의 존재론적 물음에 대한 대답의 상징체계이지만 실제적으로는 문화·역사·사회적 구체성을 지닌 현상이기 때문이다. 또한 그 표상은 언제나 당해 문화나 역사, 그리고 공동체의 에토스에 의해 제각각 다른 모습으로 나타나기 때문이다. 한국 종교계는 오랜 역사적 전통 안에서 유교, 불교 등 외래종교들을 한국적 종교로 토착화해 왔다. 또한 통일문제에 관해서도 남한의 종교계는 열린 마음으로 북한의 다름을 수용하면서 화합을 도모하고 있다는 사실에 주목해야 한다.26)

다종교사회인 우리사회에서 유교나 불교, 민족 종교에서 주장하는 대표적인 윤리적 덕목은 각각 仁, 慈悲, 共生으로서 이러한 윤리는 모두가 한국의 전통적인 인간존중 사상에 그 근거를 두고 있다. 한국전통사상과 종교문화의 생명력이 평화와 인도주의 사상에 근거하고 있으므로 외래종교의 한국적 토착화가 가능했고 나아가 통일한국의 이념적 지향점을 제시해 줄 수 있다고 생각된다. 유교를 인도주의적 윤리로, 불교를 인도주의적 종교로 보통 표현한다.27) 인도주의란 인간의 존엄을 지상으로 여기고 인간애를 바탕으로 인종·민족 등의 차별없이 인류의 복지를 증진시키려는 주의로서 박애주의를 의미한다. 그리고 무엇보다 우리의 전통사상은 '弘益人間'의 이념으로 대표되므로 인도주의적이라 하겠다.

26) 정진홍, 2001, 「국민화합 증진을 위한 종교인의 역할」, 민주평화통일자문회의 종교분과위원회 회의자료, 14~15쪽.
27) 나학진, 「동서종교윤리의 비교」(나학진 외, 1984, 『종교와 윤리』, 한국정신문화연구원, 9쪽).

1. 민족종교의 평화사상과 인도주의

민족종교의 범위는 11개 계열에 총 47개 교단에 달하며 대표적인 계열들로는 대종교, 증산교, 천도교 등이 있다. 본 장에서는 다양한 민족종교 중 천도교(동학)를 중심으로 논의를 전개하고자 한다. 동학은 '人乃天' 사상에서 나타난 것과 같이 '홍익인간' 이념의 계승으로 한국전통사상의 인도주의 문화를 계승하고 있으며 나아가 북한에서 가장 관심을 기울이고 있는 민족종교이기 때문이기도 하다.28) 동학은 구한말 반봉건의 근대적 민족종교로 출발했다. 그러나 동학사상의 현세적 성격은 반봉건에만 자신을 가둘 수 없었고 시대와 상황의 민족적 요청에 따라 반중화·반외세를 표방하였다. 동학이 민족주의적 인도주의임를 전제할 때 水雲이 이 분단시대를 살아간다면 그는 분명히 탈이데올로기에 입각한 反분단(통일)을 주장할 것이다. '靈肉雙全'을 추구하는 우리 민족 사상의 원형에서 볼 때 양분적 이데올로기는 결코 우리의 것이 아닐 뿐만 아니라 유구한 단일민족국가를 자랑하는 민족사의 입장에서 보아도 반세기에 걸친 분단은 더 이상 용납 될 수 없기 때문이다.

오늘날 분단현상인 공산주의와 민주주의의 이념적 분단, 사회주의와 자본주의의 경제체제적 분단은 양쪽 모두 우리 민족 고유사상과는 무관한 것이다. 따라서 이념과 체제의 갈등을 극복, 초월할 수 있는 통일 이념은 전통적인 우리의 和의 논리로부터 도출되어야 한다. 그러므로 우리의 전통사상과 종교에서의 인본주의, 인간

---

28) 김일성, 1994, 『세기와 더불어』 5권, 평양, 조선로동당출판사, 379~386쪽 참조. 김일성이 동학과 천도교에 대하여 본격적으로 관심을 가지게 되고 민족종교인 천도교와 통일전선에 유의하게 된 것은 1936년 박인진 도정을 만나게 되면서부터이다.

중심사상으로부터 통일원리가 모색되어야 할 것이다. 한국사상은 서양사상의 이분법논리와는 달리 인간 중심의 고신도사상, 홍익인간 이념, 풍류도를 핵심으로 하여 天·地·人을 중심으로 인격신(한울님)을 숭배하는 특징이 있다. 이러한 성격이 서세동점의 국가적 위기상황 속에서 백성의 힘든 생활상을 구제하려는 구원의 염원으로 표출된 것이 곧 '人乃天'의 동학이다. 그러므로 이 동학사상이야말로 통일을 준비하고 민족화합의 문을 여는 사상적·이념적 계기와 틀이 될 수 있을 것이다.[29]

한국의 정신문화의 특색은 우리의 건국신화정신이 대표하는 이른바 '홍익인간'의 이념에서부터 나타나는데 단군신화의 '홍익인간'이념은 본질적으로 친화사상이며 인간존중사상으로서 '인간은 神같이 존귀하고 모든 인간은 하늘(天)앞에서 한결같다' 는 인본적 평등사상으로 표현되기도 한다. 무엇보다 서양의 인간은 신의 피조물이며 신과의 약속파기로 인한 갈등관계인데 홍익인간은 신과 인간의 친화와 화평의 관계인 점에 그 특징이 있다. 우리 민족은 평화를 사랑하고 호양정신으로 그 맥을 이어 왔다. 우리 역사를 보면 936회의 외침을 받았으면서도 침략에 대한 항거는 했지만 한번도 먼저 남의 나라를 침략해 본 적이 없는 민족정신이 바로 평화이념 그 자체였다. 이러한 인간존중전통은 최치원이 「鸞郎碑序」에서 밝힌 바와 같이 儒·佛·道 三敎가 들어오기 이전부터 있어 온 한국 고유의 사상인 '玄妙之道'와 상통하는데 이 玄妙之道로 인하여 儒·佛·道 三敎의 사상들이 승화되었다.[30] 그러므로 '弘益人間' 이념과 '玄妙之道'의 정신은 외래종교인 유교·불교사상

---

29) 최문형, 2000, 「東學思想에 나타난 민족통일이념 연구」『남북한 민족공동체의 지속과 변동』(교육정책연구 2000 - 지 - 1), 교육인적자원부, 111쪽.
30) 류승국, 1980, 『한국의 유교』, 세종대왕기념사업회, 136~137쪽.

이 한국적으로 발전하는 근거가 된다고 하겠다. 나아가 이 '玄妙之道'는 구한말 水雲 崔濟愚의 東學으로 계승되기도 했다.

한국사상의 특질이 인간중심사상이라 할 때 동학사상 역시 '侍天主'에서 '人乃天', 그리고 '事人如天'으로 이어지면서 인간중심주의적 사고의 틀을 보여준다. 동학의 발생은 근원적으로 崔水雲의 '시천주' 체험에 기초하고 있다. 水雲 최제우(1824~1864)는 유교·불교 등 동아시아 문화권의 기성종교가 쇠퇴하게 되고 조선왕조 사회가 무너진다는 역사 예언을 통해 새로운 민족사회의 혁신을 위한 종교원리로 '시천주신앙'[31]을 제창했다.

水雲의 신체험에 있어서 이전의 유교적 전통이나 불교적 종교관과 구별시켜 주는 결정적 특질은 모든 사람이 하늘님을 그의 몸에 모시는(侍) 체험적 신앙이다. 이 시천주 사상에 기초하여 보면 모든 인간은 누구나 귀하지 않을 수 없는 것이니 바로 하늘님을 모신 존재이기 때문이다. 수운의 시천주신앙은 종교적인 경천신앙이 강하고 최시형에 이르러는 신이 인간에 내재할 뿐 아니라 만물에 고루 내재한다[物物天事事天]는 범천론으로 발전한다. 이러한 범천론은 조선조 유교사회에서 신분이 차등되던 농, 공, 상의 활동이 모두 중시될 수 있는 근대적 의식이었다. 나아가 최시형의 '事人如天'의 만민평등 윤리는 侍天主에서는 아직 드러나지 않았던 인간존중의 관계성의 윤리, 평등의 원리가 드러나고 1905년 천도교의 선포에서는 '시천주'의 세속화로 '인내천'의 종지로 표현되었다. 한편 유교의 '天'은 누구에게나 보편적으로 내재하는 존재가 아니고 오히려 天命을 소유한 최고통치자[天子]를 통해서만 감응될 수

---

31) 『東經大全』 「論學文」. "侍라 함은 안으로 신령이 있고 밖으로 기화가 있어 온 세상의 사람이 각각 옮기지 아니하는 것이요, 主라는 것은 존경하여 부모와 같이 섬기는 것이요"

있는 존재이다. 유교의 爲民의 통치이념은 물론 '民을 天처럼 여기라'[32] 는 구도를 가지고 있지만 통치자와 피치자 사이의 신분 간격은 엄연히 존재하는 것이다. 이러한 유교의 천개념과는 달리 동학은 '인내천'의 진리와 '사인여천'의 윤리를 내세우고 인간의 존엄성과 자유, 평등의 근대적 자각을 깨우치는 인간주체의 사상적 특징을 가지고 있다. 인내천은 종래의 신본위·신중심에서 사람본위·사람 중심의 사상적 전환을 가져왔다.

동학의 이 같은 인간주체사상은 서구적 인간중심주의와는 본질적으로 다르다. 서구적 인간주의는 관념론이나 유물론의 극단으로 치닫거나 신에 대한 절대적인 귀의로 돌아가기도 한다. 이에 반하여 고 보겠다. 모든 가치의 중심에 사람이 아닌 다른 것을 둘 때 그것은 신 본위이거나 물질 본위가 된다. 신 본위가 사람을 신에 종속된 존재로 본다면 물질 본위는 인간이 물질에 예속되는 결과를 초래한다. 관념론의 정신 편중이나 유물론의 물질편중은 모두 인간상실의 결함을 가지고 있다.

따라서 한반도의 통일이념이 유물론이나 유심론에 편중되어 근거한다면 반쪽의 통일밖에 이루지 못할 것임을 예측한다는 것은 어려운 일이 아니다. 유물론과 관념론 모두 우리 고유의 사상도 아니다. 정신 위주나 물질 위주의 결함을 근원적으로 극복하고 物과 心의 妙合을 이룬 동학의 인간중심사상은 통일이념의 단초가 되기에 충분할 것이다.[33] 수운은 사람이 사람답게 사는 세상을 만들고 싶은 염원을 가지고 있었고 이 염원의 실현, 한민족의 인간회복을 위하여 한울님을 모시는 길, 즉 평화적인 관계를 되살려 낸 것이다.

---

32)『書經』. "天視自我民視, 天聽自我民聽"
33) 최문형, 2001, 「에코페미니즘 관점에서 본 해월 최시형의 여성관」『동학연구』8, 122~123쪽.

그러므로 이 체험적 신앙은 곧바로 인간의 존엄성에 이론적 근거를 제공한다. 평화애호정신과 인간의 존엄성은 남북화합과 통일의 이념을 모색함에 있어 최우선의 이념이 될 수 있을 것이며 나아가 우리의 동학이 세계윤리의 중심에서는 근거가 될 것이다.

2. 한국유교의 평화사상과 인도주의

유학이 한국에 전래된 것은 기원전 2세기경이라 추정되며 고대 이래 근대에 이르기까지 대표적인 한국사상의 하나로서 우리의 의식과 생활양식을 이끌어왔다. 유교사상은 우리 민족에게 가장 내면화된 외래종교요 윤리라고 하겠다. 원시 유교를 볼 때, 공자 이전의 殷代 문화는 종교적인 문화였지만 周代로 오면서 인도주의 성격이 강해지고 인간의 힘이 적극적으로 시인되는 방향으로 변해간다. 공자는 西周 초기부터 이어진 전통적 天觀을 수용하여 인격신의 개념으로 天을 이해하였으며 동시에 인간 행위의 근거로서 天을 설정하였다.[34] 殷의 上帝개념과 西周의 禮사상이 종합적으로 내재화하여 人과 仁이 통하게 된 天人思想과 더불어 인도정신의 근본인 仁이 확립되었다. 유교의 이상은 道가 실현되는 治國平天下이며 이 人道의 실현은 修身을 그 출발점으로 한다. 그리고 그 수신의 기준은 모든 원리의 근원이요 생명의 원천인 천으로서 이 법적인 천이요 인성에 내재하는 도덕률로서의 천이다.

이 기준을 『大學』의 '絜矩之道'에서 찾아볼 수 있다. 絜은 재는 (measure) 것을 뜻하며 矩는 기준(square)이다. 이는 治國平天下의 要道로서 인식 주체와 객체의 입장을 일치시키는 合內外의 도이며

---

34) 최문형, 1998, 「孔子의 天命論과 鬼神觀」 『동양철학연구』 18, 16쪽.

입장을 바꾸어 의사를 소통시키는 도이다. 이 矩는 夏·殷·周 三
代의 上帝, 孔子의 天 개념을 거쳐 성리학의 性의 개념으로 내재
화된다. 그러므로 '재는 기준' 인 이 矩는 절대적이고 보편타당한
원리와 神을 뜻한다고도 보겠다. 『論語』의 '從心所欲不踰矩'[35] 의
'矩'는 體이며, 『大學』의 '絜矩之道' 의 矩는 用으로서 '仁之方' 이
다.[36] 이는 論語의 '吾道, 一以貫之'[37]에서 가리키는 '忠恕'[38]의
道와 상통하는 것으로 충서는 곧 인을 구하는 방법이 된다 — 仁
이 體라면 恕는 用이다 — 그러므로 '絜矩'와 '忠恕'는 타인을 대
하는 인간관계가 전제된 유교의 인문주의 사상의 극치이며 이 絜
矩의 道를 확산시켜 사회와 정치이론에 구현한 것이 바로 평화적
인 大同社會論이다. 다시 말하면 입장을 바꾸어 타인을 이해하는
공존자적 사랑의 원리인 이 혈구지도는 곧바로 사랑을 베푸는 방
법인 恕의 원리로 통하기 때문이다. 따라서 분단분열의 현실도 이
혈구의 도를 통하여 화합과 화해로서 민족의 평화적인 대 단결을
모색할 수 있을 것이다. 이처럼 공자의 '修己以安百姓'[39] 의 이상
은 유교의 본령이며 정의의 이념 또한 그것을 벗어나는 것은 아니
었다. 따라서 평화세계가 목표였다. 공자사상에 의하면 인도와 정
의는 안녕과 질서를 요청하는데 그것이 仁義사상이다. 그것은 생
명존엄성의 바탕 위에 의·식·주 등 인간생존의 기초욕구를 충

---

35) 『論語』「爲政」. " 70에는 마음이 하고자 하는 대로 내버려 두어도 법도
   를 어긋나지 않았다"
36) 柳茂相, 1978, 「大學의 絜矩之道에 關한 硏究」, 성균관대학교 대학원,
   석사학위 논문, 15~22쪽.
37) 『論語』「里仁」. "공자가 증자에게 말하기를, 參아, 나의 道는 하나로
   꿰뚫었느니라"
38) 『論語』「里仁」. "선생님의 道는 忠과 恕일 뿐이다."
39) 『論語』「憲問」. "제 몸을 닦아서 백성을 편안케 할 것이니 이는 堯舜
   도 오히려 어렵게 여기셨던 일이다."

342 제3부 한국의 종교문화와 통일이념

족·보장하며 인간으로서의 교양과 품위를 성취하는 일이다. 이는 다른 한편으로는 인권과 인격을 저해하고 파괴하는 반인간적·반생명적 행위에 대해서는 이를 거부하는 것이다.[40]

본래 유학에서 사용하는 평화의 의미는 국제간에서는 전쟁없이 화해로운 交隣관계를 유지하는 것이고 국내적으로는 기존정부에 대한 혁명이나 민란없이 국민의 화합을 이룬 것을 의미한다. 국내외로 아무런 쟁투도 일어나지 않고 인간간에 화합의 분위기가 조성된 이른바 '태평' 세월이 유학의 기본적이고 일반적인 평화개념이다. 즉 치열한 쟁투를 없애고 안정의 상태를 이루었다는 뜻에서 '平'이라는 표현을 사용하고 사소한 갈등조차 야기시킬 대립이 없어졌다는 뜻에서 '和'의 표현을 사용한다. 그러므로 유학에서는 '평'보다 '화'를 더 근원적인 것으로 간주하며 국민의 '화합'을 평화의 조건으로 가장 중요시한다. 그런 뜻에서 유학의 '平和'개념은 '和平'과 상통한다.[41] 이러한 평화가 이상적으로 실현된 상태를 '大同'이라고 하는데[42] 전 세계가 公을 기준으로 하여 사리사욕을 도모하지 않고 지혜롭고 어진 사람들에게 정치가 맡겨지고 사람들에게 신의와 화목을 가르쳐 상호간에 친애를 나누며 그를 바탕으로 복지가 충분히 구현되는 것이 평화가 최대한 실현되는 가상적 이상세계로서의 대동이다.

한국유학에서의 '평화'에의 접근을 보면 새로운 이론이나 해석을 제시하지는 않았다는 점을 알 수 있다. 특히 정치에 있어 직접적으로 어떤 정치이론을 제시하지는 않았고 정치의 이상상태인 仁政의 가능근거로서의 인간 본성을 탐구하는 데 치중하였다. 즉 형

---

40) 이동준, 1997, 『유교의 인도주의와 한국사상』, 한울아카데미, 93~94쪽.
41) 윤사순, 「韓國儒學의 平和思想」(李昊宰 편, 1989, 『한반도 평화론』, 법문사, 25~26쪽).
42) 『禮記』「禮運」.

이상학적 탐구를 통한 인간의 善性의 확립이 善政의 실질적 근거임을 밝히려는 의도를 가졌다는 점에서 이는 평화실현을 위한 실제적 접근이었다고 볼 수 있다. 이같이 유학은 본래 인간의 일용평상한 현실적 학문으로서 이론학, 또는 형이상학의 탐색에 그 특징이 있는 것은 아니었다. 따라서 역대로 유학은 주로 윤리·도덕·정치·교육 등 실제적인 생활면에 응용되어 왔다. 공자와 맹자는 각기 춘추시대와 전국시대에 살면서 인도주의 정신을 실현하고자 하였는데 그 중심사상이 바로 仁이었다.

道學파는 선진시대 및 그 이후의 이질적 이론들과 한·당대 이래의 사회와 사상까지를 전반적으로 비평하였는데 그 이론적 근거는 孔孟의 인간존중 정신이었다. 도학파는 유교의 경전을 근거로 하면서 그것을 도학적 관점에서 재해석하였으며, 주자의 주석은 가장 권위 있는 것으로 인정되어 公私간에 널리 준용되고 영향을 주었다. 이처럼 도학파는 우선 인간 존엄성에 대한 인식과 도덕·문화의식을 고양하여 이기주의를 극복하고 공공성의 기반 위에 자신과 공동체를 성립시키고자 하였다. 따라서 개인의 인격을 완성한 '君子'들에 의해 정치가 시행되어야만 사심없는 정치로 민중이 평화스런 행복을 누릴 수 있다고 보았다. 그러나 정치현실은 항상 이상에 부합되는 것이 아니어서 항상 새로운 변혁과 수정을 요망한다. 따라서 도학파는 대내석으로 인도주의에 입각한 정치를 시행하고자 하였으며 이에 역행하는 것에 대해서는 강력하게 비판, 항거하는 정의수호의 역할을 수행해 왔다.[43] 조선조는 이같이 유교를 국시로 문물과 제도는 주자학이 중심이 되었다. 도학파가 중심이 된 당시 지도층이 성취하려는 최고의 목표는 곧 隆平思想이라 할 수 있다.[44] 문무와 세종임금의 바램이었던, 전쟁이 없는 세

---

43) 이동준, 위의 책, 421~423쪽 참조

상, 감옥이 비어있는 나라, 사람들이 다침없이 마음놓고 누리는 땅
이 바로 '至治'요 '豊平'이요 '隆平'인 것이니 이것이 바로 대망의
평화라 할 것이다.

3. 한국불교의 평화사상과 인도주의

불교는 인간에게 대우주 자연의 원시적인 조화와 질서 속에서의
인간 개인과 가정과 사회 제 집단, 그리고 인간과 자연 양자의 사
이가 분열과 대립, 갈등을 지양하고 조화와 질서, 통일을 회복하는
것임을 제시한다.45) 불교의 평화와 인도주의는 내면의 평화에서
비롯되는데 인간 심성을 내면에서 성숙시킬 뿐 아니라 그 외향적
표출에 이르게 하는 실천적 이데올로기이다. 불교의 평화이념은
'존재상호 간의 정당한 관계수립'이라는 의미를 지닌 '다르마
(Dharma)'의 가치기준과 관련되어 있다. 다르마라는 가치기준을 인
간에 적용시켜 생각할 때 다음과 같은 세 가지 질문이 있다. 첫째,
인간과 인간의 관계는 어떻게 정립되어야 하나? 둘째, 인간과 자연
은 상호적대적인가, 아니면 인간을 자연의 일부로 볼 것인가 하는
점, 셋째, 인간과 우주와의 관련으로서 우주의 순환 속에 놓여진
'나'라는 개체의 의미파악이다.46)

---

44) '융평'이란 용어는 중국 漢代 이래 쓰였던 말인데 조선조 사림에 있어
    서 중요한 개념으로 인식되었다. '隆'은 높이 오름이니 민생을 향상시
    켜 안락하게 한다는 뜻이다. 道學의 泰斗 조광조와 성리학의 巨擘 이
    황에 있어서도 '융평'은 지극한 다스림의 목표였다.
45) 이기영, 1984, 「불교적 입장에서 본 평화통일의 이념과 방안」『종교와
    통일』, 평화통일정책자문위원회 종교분과위원회, 11쪽.
46) 정병조, 「韓國人의 平和理念 – 佛敎를 중심으로」(李昊宰, 1989, 『한반
    도 평화론』, 법문사, 40쪽).

이 세 가지 개념에 공통되는 불교적 이념은 '평화'이다. 인간은 결코 인간을 학대하고 서로 죽이기 위하여 태어난 존재는 아니다. 인간은 반드시 인간 사이에 지녀야 할 다르마가 있다. 그 구체적 禁戒가 바로 五戒이며 十重이다. 이는 자기정화의 길일 뿐 아니라 사회질서 수립의 근간이 되는 실천의지이다. 불교는 다르마를 통해 생명의 동질성을 이념적으로 제시할 뿐 만 아니라 그 바람직한 실현을 추구하여 왔다. 두 번째에서 제기하였던 인간과 자연 사이의 다르마 역시 수평적 맥락에서 이해된다. 자연을 보는 불교적 視座는 '평등'이다. 인간은 자연과의 관련 속에서 생존할 수 있으며 결국 자연의 일부로서 자연과의 관련 속에서 생성소멸 되기에 그 보이지 않는 은혜에 보답할 필연성이 있다. 여기에서는 자연의 존재를 인간 본위로 이해하려는 사고는 배제된다. 따라서 나를 에워싸고 있는 존재의 실상을 파악하여 동반적 관계로 성숙시키는 일이 필요하다. 사물의 본성을 파악하는 불교적 지혜가 바로 般若이며 그와 같은 안목의 결실이 바로 空이다. 세 번째의 다르마는 인간과 우주의 정당한 관계수립으로서 총체적인 집합을 위해서는 개별적 독자성이 필요하고 이들의 완성된 총화를 위해서는 小我的 利己의 희생이 필요하다고 보는 것이다. 이와 같은 인간의 도리를 회복하는 것이 바로 다르마이며 고대의 한국 불교사상은 바로 이 다르마의 의지를 천명한 흐름이었다.

근본불교 이래 강조되어 온 불교 평화사상의 원형은 緣起의 도리에서 찾을 수 있다. 이는 '나'라는 개체의 생명을 우주의 질서와 합일시킬 때 가능하다. 이 때 가장 기본적인 관계 기준은 바로 '연기'이며 '慈悲'는 바로 이 '연기'의 실천이다. 慈(Maitreya)는 상대방의 불행과 슬픔을 없애준다[拔苦]는 뜻이며 悲(Karuna)는 다른 이에게 기쁨과 행복을 가져다준다[與樂]는 뜻이다. 대승불교에서는 연

기의 이상을 실현하는 현실적 자비의 존재를 보살이라고 부각시킨
다. 보살의 실천[47]은 이론이나 관념의 유희가 아니며 현실의 중생
계 속에서 생동하는 이상의 구현으로 나타난 것이다. 보살의 실천
덕목으로 열거되는 四攝·四無量·六波羅蜜·六和敬등의 여러
덕목들 또한 자비의 토대 위에 세워진 좌표이다. 그러므로 연기와
자비는 불교적 평화관의 이념적이고 실천적인 가치기준임을 알 수
있다. 이와 같이 불교의 평화이념은 복합적이고 다양한 의지의 표
현이다.[48]

그러면 이와 같은 불교의 평화와 인도주의는 한국 불교에서 어떠
한 모습으로 전개되었는가? 이는 신라의 元曉의 和諍思想에 잘 나
타나 있다.[49] 원효 당시의 시대상은 3국의 각축기였고 신라가 삼국
을 통일할 때(668) 그는 52세였다. 따라서 통일 전후의 신라인들에
게 절실했던 통일 이데올로기와 통일 이후 민심의 수습과 안정이
중요한 시대적 과제였다. 따라서 원효의 사상은 조화로운 현실의
추구를 위한 평화론과 그 실천론적 방법이 가장 시급했을 것이다.

첫째, 상대성과 궁극성의 문제이다. 대립의 원인은 상대적 현실
에서 비롯되는 바 중생은 眞·俗, 生·死 등 상대적 가치 속에서
끝없이 갈등한다. 따라서 이러한 상대성이 궁극적으로 하나의 토
대 위에 있다는 것을 깨닫는 것이 필요한데 이는 분별과 집착을 타

---

47) 구체적으로 보살의 誓願은 自利와 利他로 대별된다. 自利란 인격완성
   을 위한 구도자적 자세를 가리키며 利他는 衆生의 교화로 표현된다.
   대승이론에서는 헌신적 利他行이 곧 自利의 완성이라고 설명한다.
48) 이서행, 2001,「한국사상의 평화이념 고찰」(세계평화교수협의회 제29차
   정기총회 자료집), 21쪽.
49) 金雲學, 1978,「元曉의 和諍思想」『佛教學報』15, 佛教學會. 원효의 和
   諍사상은 不二의 토대 위에서 구축되었는데 구체적으로는 ① 眞俗異
   執和諍門, ② 報化二身和諍門, ③ 三性異議和諍門, ④ 三乘一乘和諍
   門, ⑤ 法化二身和諍門, ⑥ 二障異議和諍門 등이다.

파해 버릴 때, 즉 一心의 원천을 회복할 때에 가능하다. 둘째, 초월
적 원리에 대한 깨달음이다. 일심의 세계에는 상대적 편견이 존재
할 수 없다. 대립은 마음에서 비롯되므로 그 마음의 본체가 一心眞
如임을 깨닫는 것이 중요하다. 셋째, 和合의 歸一이다. 상대성은
어느 한편의 일방적 승리로써 결정되지 않고 오히려 서로의 가치
를 인정하면서 그보다 고양된 세계로 진입하는 것이 최상이다. 이
는 '非同非異'의 방법이며 이상과 현실 모두에서 용납되는 방법이
다. 여기에는 『華嚴經』의 '一卽多・多卽一'의 사상이 깔려 있다.
따라서 그와 같은 관념적 이상을 평화라는 구체적 현실로 이끈 생
명력있는 사상이 원효의 화쟁사상이라고 할 것이다.

　불교가 추구하는 인도주의의 이상은 涅槃의 경지이다. 이는 輪
回・我執・業으로부터 해방된 상태를 말하는 것으로 이것이 궁극
의 목표이며 절대적 구원이다. 이러한 해탈의 상태에서는 善과 惡
의 상대적 입장이 극복된다. 法句經에 보면, 세속적・상대적인 善
을 첫 번째 단계로 하고 해탈에 의하여 善惡을 초월하는 둘째 단계
를 그와 구별하고 있는데 열반은 선악을 넘어서는 상태이며 선악
의 구별은 그 前단계에 속한다고 설명함을 알 수 있는 것이다.[50]
불교윤리의 중심적인 규범은 자비에 있다. 자비는 다른 사람을 이
롭게 하는 이타적 이상이며 친절・동정・공락・마음의 평정과 연
결되어 있다. 특히 '悲'란 남의 고통을 나의 고통으로 공유하는 입
장으로서 다른 사람의 위치에서 나를 돌아보는 관점을 말하는 것
이다. 이 '悲'는 유교의 '絜矩'나 '恕'의 윤리처럼 상호적인 인간관
계를 바탕으로 하고 있다. 나아가 자비는 미움에 대한 극복에서 그
치는 것이 아니라 생명에 대한 무조건적인 존경을 나타내는 것으
로 살생금지와 비폭력의 사상이 이와 맥락을 같이하는 것이다. 이

---

50) 나학진, 앞의 논문, 34쪽.

같이 볼 때, 선악을 초월하는 해탈의 경지와 남의 고통을 공유하는 '비'의 사상은 한민족 평화공동체 건설에 기여할 수 있는 인도주의적 평화통일 이념의 기초가 될 수 있다.

또한 '忍辱'은 6바라밀 중 세 번째 바라밀로서 어떠한 침해도 참고 견디는 절대 이해와 비폭력주의이다. 그런데 이러한 비폭력 무저항의 인욕은 일체의 집착에서 벗어난 경지, 즉 我・人・衆生・首者 등 諸相을 여윈 경지에서 자비와 和諍의 삼매경에 들 수 있게 된다. 대개 相이란 사물의 相・狀이 외계에 나타나서 마음에 想像되는 것으로 이 같은 相은 佛에는 없고 衆生에만 있는 것이다. 四相을 여의면 부처이고 못 여의면 衆生이다. 나(我)와 남(人), 그리고 大衆(衆生)을 의식하는 데서 생기는 집착과 편견이 해탈에 최대의 장애가 된다. 그런데 이 중에서 自身에 대한 집착인 我相이 가장 큰 문제이다. 왜냐하면 아상이 생기면 人相이 생겨 대립과 갈등이 생겨나는 근원이 되기 때문이다. 그러므로 아상에서만 벗어날 수 있으면 人相, 衆生相, 首者相에서 순차적으로 벗어나게 되어 결국은 열반에 들게 된다. 一切 四相에서 벗어나 모든 衆橡이 화합해 一合相에 도달한 것이 원효의 私事無碍한 和諍의 경지이다. 이 경지는 우주만유가 平等一如할 뿐 아니라 모두가 하나인 경지로서 이 화쟁정신 또한 차별과 대립, 갈등을 극복하는 평화통일 이념의 기초가 된다고 본다.

제4절 한국종교의 평화적 인도주의와
한반도 통일이념 모색

1. 이데올로기적 통일 담론의 극복

남북한의 통일은 남북한 가치체계와 문화인식의 이질성 극복으로부터 시작되어야 하며 이는 통일을 바라보는 탈이데올로기적이고 현실적인 관점의 변화를 요구한다. 현재 남한에서 일고 있는 통일에의 문화적 접근논리를 살펴보면, 주로 분단 이전에 존재한 전통문화를 강조하는 낙관론이든지 아니면 문화단절로 인한 이질성에 근거한 비관론이다. 그런데 이러한 동질성 및 이질성의 논의는 단편적 성격을 띠며 반세기가 넘는 분단의 현실을 있는 그대로 수용하는데 방해가 될 뿐이다. 그러므로 우리는 기존 통일논의의 관점과 방법론, 특히 이분법적 대립구도로 상대방을 규정하는 태도로부터 벗어나야 한다. 통일을 위한 남북간의 접근은 이러한 이분법적 가치체계를 상대화하는 것이다. 바람직한 통일담론은 북한사회에 대한 이해와 더불어 반드시 남한사회에 대한 새로운 이해를 수반해야 한다. 통일을 위한 담론적 실천은 분단이라는 외적 규정성을 단순히 해체하는 것으로 실행될 수 없으며, 우리의 삶의 각 부분에 스며들어 있는 분단논리를 해체하고 통일논리로 이끌어 내야 할 것이다.51)

특히 남북간에 화합과 조화를 이끌어낼 수 있는 종교적인 관점

---

51) 이서행, 2000, 「남북한 통일문화 형성의 방향」『통일정책연구』, 제9권 2호, 통일연구원, 19쪽.

에서 이 문제에 접근한다면 현재 구 공산권 사회에서 새로이 일어
나고 있는 종교 부흥 현상이나 남북 정상회담 이후 다소 유연해진
북한의 종교적 태도 등에 관심을 가질 필요가 있다. 중국의 경우
1978년 12월에 개최된 중국 공산당 11차 중앙위원회 전체 회의에
서 기존의 교조주의적 입장을 탈피하고 개혁 개방정책을 추진하여
과감한 사회주의 변혁을 시도하였으나 1979년 3월에 개최된 당의
이론 사업 원칙 연구회에서 현대화를 실현하는 기본적인 4개 원칙
을 제시함으로써 중국의 개혁정치가 사회주의 체제에 대한 근본적
인 수정을 추구하는 것이 아니라는 점을 명확히 하였다.[52] 이는 개
혁과 이념 사이의 중국 지도층 내부의 갈등을 보여주는 것임과 동
시에 중국이 사회주의 이념을 견지함으로서 대만과 양립할 수 없
으며 '하나의 중국'을 위한 무력의 사용도 가능하리라는 예상도 배
제할 수 없게 한다. 북한의 경우 또한 종교사회에 가까운 자신의
유일사상 체제를 유지하려 할 것이므로 종교적 신앙의 자유를 허
용하는 문제를 쉽게 고려할 수 없을 것이다. 북한의 85년판『철학
사전』에 의하면 주체사상은 역사상 처음으로 사람의 본질적 특성
과 세계에서 사람이 차지하는 지위와 역할을 과학적으로 밝힌 데
기초하여 노동계급의 무신론 사상을 새롭게 발전시켰다고 한다.
그리고 주체사상은 사람의 운명은 그 어떤 초자연적인 힘이나 신
·하느님에 의하여 지배되며 규정되는 것이 아니라 사람 자신에
의하여 결정된다고 보는 점을 분명히 함으로써 주체사상이 무신론
-반종교의 입장에 서 있음을 분명히 하였다.[53]

그러나 80년대 후반에 오면서 종래의 반종교적-무신론적 입장

---

52) 이서행, 1993,「社會主義 體制에 있어서 이데올로기와 現實의 乖離」
『社會主義 體制의 變化와 適應』, 한국정신문화연구원, 139~146쪽.
53) 정영훈, 1995,「북한의 종교분야 연구동향」『통일대비 연구-국학 분
야 남·북한 학술동향 분석』, 한국정신문화연구원, 147쪽.

과는 다른 견해들이 표명되는데, 1988년 스웨덴 스톡홀롬에서 열
린 「주체사상에 관한 학술 심포지움」에서 북한 사회과학원 교수
박승덕이 발표한 「마르크스－레닌주의와 주체사상」 이란 논문에
서는 주체사상은 마르크스주의와는 달리 종교와 종교인을 배척하
지 않는다고 하여 주목을 끌고 있다. 마르크스주의자들은 종교라
는 것은 결국 지배계급과 야합하여 인민을 착취하고 억압하는 수
단이라는 관점만을 고수했으나, 주체사상은 종교와 종교신자를 배
척하지 않고 다만 역사적 견지에서 평가한다는 것이다. 아울러
1992년판 『조선말대사전』에서도 종교에 대하여 상당히 객관적으
로 서술되고 있는 점이 주목된다. 종교에 대한 서술내용이 이같이
바뀌고 있는 것과 함께 북한은 종교활동을 일부 허용하고 서방세
계에 그를 공개하는 조치를 취하고 있기도 하다. 북한의 종교정책
은 1988년 들어 종교활동을 부분적으로나마 허용하는 모습을 보여
주고 있다.[54)]

　이같이 공산권과 북한 정권의 종교에 대한 태도가 다소 완화되
기는 하였지만 사회주의는 엄연히 무신론에 근거하고 있고 사회주
의자들이 제일 문제삼는 것은 자본주의나 어떠한 형태의 권력체계
라기 보다는 종교인 점을 직시해야 한다. 종교인들이 가지는 절대
가치의 문제가 사회주의 사회 형성과 유지에 근본적으로 문제가
되기 때문에 종교와 사회주의는 공존할 수 없다. 다시 말하면 사회
주의 지상천국을 건설하기 위해서는 프롤레타리아트 혁명을 일으
켜야 하는데, 종교에 물든 노동대중들은 물질주의적인 지상천국의
의미를 알 수 없다는 것이다. 왜냐하면 종교인에게는 물질을 초월
하는 절대개념이 있고 절대가치가 있기 때문에 그들이 목표로 내
세우는 소위 지상천국이란 가치관이 용납되지 않는다. 그러므로

---

54) 위의 논문, 147～149쪽.

종교가 존재하는 한 그들이 지향하는 지상천국이란 목표를 달성할 수 없기에 종교를 근절하기 위하여 어떠한 폭력도 불사한다.[55]

그러므로 통일 담론에 있어 우리가 반드시 거쳐야만 할 관문은 이데올로기를 초월해야 한다는 점이다. 특히 남북간에 통일의 바람직한 이상에 양자가 합의할 수 없는 한 긴장을 완화할 수 없다. 이데올로기 차원에서 전 역사, 전통, 문화를 희생하고서라도 통일을 달성해야 한다든지 아니면 문화보존이 정치적 이데올로기보다 중요한 목표라고 생각할 때는 정치적 차원에서의 통일은 어려워질 것이다. 그러나 우리가 이상에서 고찰한 것과 같이 종교는 분파주의적 의미의 예식이나 도그마의 믿음이 아니라 넓은 의미의 정신적 이상과 생활양식을 받아들이는 것을 의미하므로 남북분단의 현 상황에서 오히려 고무적인 역할을 담당할 수 있다. 양분된 기존의 정치, 경제체제는 결국 인간을 위한 수단에 지나지 않는다는 인도주의의 진수를 상기시킬 수 있는 것도 종교적 접근의 장점이다. 동시에 종교는 우리의 마음을 고요하고 너그러워지게 함으로써 통일에의 접점을 발견하는데 도움을 줄 수 있다. 따라서 한국종교의 포용성 안에서 통일을 향한 우리의 노력은 평화적인 성격을 유지할 수 있을 것이다.

2. 인도주의적 통일이념과 한반도 평화통일 방안

통일을 '서로 상이한 체제를 지닌 두 개의 국가 속에서 살고 있는 현 상태를 극복하여 하나의 국가 속에서 민족공동체를 형성하

---

55) 朴道植, 앞의 논문, 37~38쪽.

면서 살아가는 상태'로 규정할 수 있다면 이러한 통일은 단순히 분단 이전 상태로 돌아가는 것이 아닌, 현재의 상황을 고려하여 다시 하나의 사회로 만들어 가는 작업을 의미한다. 통일은 국토가 하나로 되는 지리적 의미만이 아니라 정치적으로 대립되었던 제도와 경제적으로 서로 다른 체제를 하나로 만드는 것이다. 그리고 궁극적으로는 모든 방면에서 동질적인 삶의 양식과 정신문명을 공유하는 것이다. 이러한 남북한의 완전 통일상태를 이루기 위해서는 평화정착이 우선되어야 하고 점진적으로 달성되어야 한다. 남북한 사이에 협력관계를 형성하여 교류를 증진하면 남북한간의 불신과 이질화가 점진적으로 해소될 것이며 민족공동체가 실질적으로 복원될 수 있을 것이다. 이에 따라 통일한국이 지향해 나가야 할 이념을 제시해 보면 다음과 같다.

한반도의 통일은 민족의 지상과제이다. 통일한국에서는 모든 국민이 주체가 되어야 하며, 어떤 계급도 배제되어서는 안된다. 또한 배타성이나 폐쇄성, 제국주의적 성격을 지녀서는 안될 것이며 협조적, 개방적, 상호친화적인 존재양식으로 세계평화에 기여하는 민족국가이어야 할 것이다. 따라서 바람직한 통일한국 이념의 근간은 단군의 건국이념인 '홍익인간'과 '재세이화'가 될 것이며 이를 계승한 민족종교의 이념은 한국 민족주의의 중심가치 도출에 기여하는 바가 클 것이다.

통일한국은 '자유와 평등의 조화 위에선 복지사회'로 나가야 한다. 오늘날 자유민주주의 국가의 현실은 국민의 사회적 평등과 복지 요소의 결핍으로 경제적 불평등 같은 문제점이 드러나기도 한다.56) 한국이 추구하는 체제이념적 성격은 민족성원의 자유, 평등

---

56) 이에 대한 반동으로 사회민주주의 내지는 민주사회주의가 나타나게 되었다. 사회민주주의는 자유와 평등, 복지이념을 추구하고 있으며, 계급

및 복지가 결합됨으로써 인간 존엄성을 구현함을 추구해야 한다. 자본주의 사회에서 자유와 평등은 서로 긴장, 대립관계에 있는데 이는 자유가 부여된 개인간의 경쟁이 사회적 불평등을 야기할 수 있기 때문이다. 그러나 획일적으로 국가에 의해 주도되는 사회주의적 평등은 자유를 억압하는 자유 없는 평등, 또는 노예의 평등으로 특징 지워지기 때문에 통일한국의 체제에서는 이념이 자유·평등의 적대적 관계가 아니라 상호보완적 관계로 파악되어야 한다.57)

자유가 규제받지 않는 무제한적 의미의 개인적 자유를 뜻한다면 이 자유로 인한 불평등은 공동체의 결속력을 해치게 되기 때문에 이 경우 자유는 규제를 받아야 한다. 또한 평등은 동등한 대우를 의미하는 절대적 평등이 아니라 능력의 차이를 의미하는 상대적 평등, 즉 배분적 정의를 실현하는 평등이 되어야 한다. 이 경우 자유, 특히 경제적 자유가 공동체 의식을 파괴하고 사회의 안녕과 질서에 위협이 될 정도로 불평등을 극화시켜서는 안되며 경제적 평등에 대한 배려가 지나쳐 공동체 발전의 원동력인 개인적 자유를 제한함으로써 공동체 발전의 효율성을 저해해서도 안된다. 자유와 평등의 조화는 개인과 공동체의 조화를 의미한다. 따라서 개인적 부의 축적과 행복의 추구가 공동체의 선과 조화될 수 있도록 공동체 의식이 제고되어야 한다. 특히 자유와 평등의 조화는 자유에 치중한 나머지 평등의 기본가치를 폄하하여 자유주의의 토대 위에서

정당이 아닌 국민정당을 지향하고, 의회민주주의를 신봉하며, 혁명적 방법을 포기하고 있다. 또 수단에 있어서 뿐만 아니라 목적에 있어서도 민주주의와 불가분인 것을 확신하고 가능한 한 경제적 평등을 보장하려고 노력하고 있다.
57) 임효선, 「분단국 이념통합의 과제」(윤근식 편, 1991, 『현대국제정치론』, 대왕사, 558쪽).

정치·경제적 민주주의를 추구하는 것이 아니며 절차상의 민주주의의 기초 위에서 개인적 자유를 추구하는 것으로 인식되어서는 안된다.[58]

통일한국의 민주주의는 우리 종교와 정치문화의 전통인 民本·爲民·德治 등 한국유교의 도학정치 이념과 협동체적 민주주의 전통을 함께 포용하여 우리 한민족의 전통과 독특한 존재양식을 더욱 발전시킬 수 있는 민주주의, 즉 서구적인 가치와 한국적인 가치가 상호 균형과 조화를 이루며 모든 민족성원들의 행복을 보장하는 한국종교의 평화와 인도주의 이념에 입각한 민주주의여야 할 것이다. 또한 인간의 존엄과 가치가 최대한으로 보장되는 복지사회[59]의 건설이야말로 통일한국의 최대 과제가 된다. 복지사회는 인간을 인간에 의한 착취에서 해방하고 빈곤을 타파하여 모든 국민에게 인간다운 생활을 보장해야 할 의무를 뜻하는데 이러한 복지의 개념은 이미 유교의 '대동'과 불교의 '자비', 동학의 '인내천' 사상에 내재되어 있음을 알 수 있다.

통일한국은 동북아시아는 물론 국제평화와 인류공영에 기여도가 클 것이다. 따라서 수동적 처지가 아닌 능동적 입장에서 한반도의 지정학적 장점을 이용하여 한국종교의 평화이념에 입각해서 모든 국가와 우호관계를 유지해 나가야 한다. 나아가 통일한국의 이념목표는 평화주의를 추구하여 인도주의와 평화사상으로 세계의 평화와 인류공영에 기여할 수 있는 국가여야 한다.

---

58) 민족통일연구원, 1994, 『통일한국의 정치이념』, 177쪽.
59) 이 복지사회는 인간다운 생활의 최저수준을 보장하는 사회보장이 행해지며, 일할 권리와 일터를 마련해 주는 완전고용이 이루어지며, 각 방면으로 자기실현의 기회와 가능성이 부여되는 기회균등이 인정되어야 한다.

제5절 맺음말

이상에서 한반도의 통일접근을 위한 한국종교문화의 평화와 인도주의 이념을 추출해 보았다. 최근 미국 부시 행정부 출범 이후 대북 햇볕정책에 대한 국내외의 엇갈린 반응으로 한반도 평화정착과 통일논의는 새로운 국면을 맞게 되었다. 돌이켜보면 일제의 강점에 의해 주권을 강탈당한 이후부터 한국 현대사는 이데올로기 논쟁과 주변 강국의 입김에 의하여 분단강요의 상황으로 이어졌다. 이는 한반도가 지닌 지정학적 특성과 한국 내부에서의 이념논쟁과 맞물려 빚어진 결과로서 이 분단의 현실은 이미 반 세기를 넘어섰다.

이제까지의 통일논의는 주로 정치·사회·경제 체제 중심으로 이루어져 왔던 것이 사실이다. 그러한 접근법도 유효하고 절실한 문제이지만 남북간의 보이지 않는 장벽을 무너뜨리고 남북한 주민 사이의 정서적 공감대를 형성할 수 있는 것은 전통적이면서도 인류보편가치가 내재된, 한국종교문화의 맥락 속에서 살아 숨쉬는 평화와 인도주의라는 생명력에서 찾을 수 있을 것이란 점에서 본 연구는 시작되었다. 인간의 궁극적이고 절실한 문제에 대한 해답이 바로 초민족적 보편성을 지니는 '종교'에 대한 정의라면 한국사회는 이러한 다양한 종교문화가 전통적으로 공존해 왔다는 것이 큰 자산이다. 더군다나 간과할 수 없는 것은 바로 이 공존이 가능했던 한국적 종교문화의 토양은 반만년의 역사 속에서 평화주의와 인도주의를 꽃피워 왔다는 점이다.

인간과 사회를 바라보는 서구인들의 양극적 시각이 유물론과 유심론, 자본주의와 공산주의를 낳았지만 한국전통사상과 종교문화의 생명력은 이러한 양극성을 친화하고 조화시켜 '둘이면서도 하나이고 하나이면서도 둘인' 妙合을 이루어낼 수 있다는 점에 있다. 또한 이 '묘합'은 결국 인간 자신을 최고의 가치로 인식한 '홍익인간'과 '인내천'의 한국전통사상의 인도주의의 구도 하에서 가능했던 것이다. 따라서 한반도가 직면하고 있는 양분의 체제와 이념의 문제도 이러한 묘합의 생명력 속에서 하나로 융화될 수 있을 것이다.

비록 분단은 외세에 의해 타의적으로 진행되었지만 통일만은 우리의 힘으로 자주적으로 이루어내야 한다. 따라서 우리는 '남의 것'이 아닌 '우리의 것', '우리의 생명력'으로 21세기 한국인에게 주어진 역사적 사명을 감당해 내야 한다. 새 천년의 세계는 한반도를 주목하고 있다. 한국의 평화와 인도주의 사상이야말로 새 천년 새 세기에 마지막 보루인 냉전을 뛰어넘어 환태평양 문화를 창건하고 조화와 화해의 세계평화의 지평을 여는 열쇠가 될 것이다.

제3장

유교와 기독교의 공적윤리

제1절 머리말

헌팅턴(Samuel P. Huntington)이 간파했듯이 21세기는 이념의 전쟁은 끝나고 문화적 충돌의 시대가 될 것이다. 그러므로 21세기를 향한 논의는 문화적 정체성에 근거한 논의가 되어야 할 것이다. 한국의 경우, 근대화의 과제를 향해 숨가쁘게 달려오면서 전통적 윤리가 무너져 윤리적 사회적인 혼란상태에 빠졌다고 보기도 한다. 한국인의 가치관의 일반적 특색으로 혈연관계와 가족윤리를 인륜의 근본으로서 숭상한 유교사상의 토대 위에 성립된 가족주의를 들 수 있다.

가족주의는 가족에 대한 애착 내지 관심이 다른 동기보다 우선하며 가족의 번영과 가문의 영예를 소중히 여기는 것이다. 이는 가족이나 친족에 관련해서만 나타나는 것이 아니라 그 밖의 생활영역에 있어서도 여러 가지 형태로 나타나고 있다. 즉, 같은 학교, 같은 고향, 같은 단체에 속하는 사람들이 자신들만의 유대를 갖고 배타적 성향을 띠는 것도 가족주의의 한 변형으로 볼 수 있다. 이러한 가족주의는 인간관계를 수직적으로 의식하는 가부장적 권위주의의 모습으로도 나타난다. 이같이 한국인들이 신뢰하고 인정하는 것들은 어디까지나 인간적인 관계이다. 한국의 산업조직에서 드러나는 거대한 관료 조직은 그 형식면으로는 서구의 관료조직에 의한 체제와 다를 바 없이 보이지만 이 조직에 대한 인간들의 태도는 서구의 것과는 완연히 다르다.

베버는 자본주의 정신이 혼신을 다해 격투하고 물리쳐야 했던 적수는 전통주의라고 불릴 수 있는 감각과 태도라고 하였다.[1] 여기서 베버가 언급한 전통주의는 외형적인 생산양식이나 제도가 아니라 경제적 행위에 추진력을 제공하는 정신적인 것이다. 그러므로 베버는 전통주의가 타파되려면 경제적 차원이 아닌 정신적 변혁이 있어야 한다고 하였다. 여기서 베버가 주목한 것은 신학상의 '교리' 자체가 아니라 '종교적 신앙 및 종교생활의 실천' 속에서 생겨나서 개개인의 생활태도에 방향과 기초를 제공해 주었던 심리적 추진력을 밝히려는 것이었다.[2]

그러므로 한국에서 진정한 의미의 자본주의 정신이 확립되려면 한국의 전통이라 할 수 있는 유교정신의 변혁이 필요하다고 할 것이며 그것은 유교의 인정주의와 가족주의, 그리고 가부장적 세계관의 변혁과 타파라고 하겠다. 한국에서 자본주의 성장과 함께 한 각종 사회집단 및 개인의 이해관계 대립 양상은 더욱 복잡하고 첨

---

1) Weber, Max. "Die protestantische Ethic und der Geist des Kapitalismus" *in: ders. Gesammelte Aufsätze zur Religionssoziologie*, p.43
2) 이종수, 「베버의 윤리논문을 다시 읽는다」『사회과학논총』 5, 충남대 사회과학연구소, 35~65쪽.

예화되고 있는데 이러한 문제들은 단순히 경제적 차원으로 환원하여 제도를 개혁하는 것을 통하여 해결할 수는 없는 것으로 보인다. 그것은 사람들의 '생활 운용 원리(Lebensführung)'에 관계된 문화적(종교 및 윤리적) 차원의 문제이기 때문이다.3) 한국에 있어 유교전통이 자본주의 발전에 순기능을 하였는지 역기능을 하였는지는 더 많은 시간을 가지고 충분히 검토되어야 할 문제일 것이다.

본고는 이와 같이 한국사회와 정치, 경제전반에 영향을 미친 혈연중심의 사적윤리에 관심을 가지고 합리적인 민주주의와 자본주의 발전, 한국사회의 안정과 번영을 위하여 공적 윤리의 확립을 모색하고자 한다. 또한 이 연구에 있어 우리의 전통인 유교문화와 동시에 기독교 윤리에 대하여, 특별히 한국 개신교 윤리에 대하여 탐구하고자 한다.4)

그런데 기독교 문화 또한 한국사회의 공적윤리 발전에는 크게 기여하지 못한 것으로 보인다. 유교문화가 조상숭배에 바탕을 둔 가족 중심적 윤리의식으로 인하여 한국사회에서 私的 윤리로 치우치게 발달한데 비하여 기독교 윤리는 내세지향의 개인 구원에 주된 관심을 둠으로써 거룩한 것과 일상생활 사이에 전통적으로 놓인 모순 극복에 실패하였다. 결국 한국의 기독교 윤리는 가족주의를 극복한 프로테스탄티즘과는 달리, 유교의 가족주의 전통을 끌어안았고 오히려 유교의 혈족중심구조를 더 공고히 하는데 기여했다. 한국정신문화의 전통과 현대라는 두 축을 구성하는 유교와 기

---

3) 차성환, 1995, 『한국종교의 사회학적 이해』문학과 지성사, 271쪽.
4) 한국에 기독교가 전래 된지 약 200년이라는 세월이 흘렀고 한국 기독교의 교세는 무시할 수 없을 정도로 팽창되었다. 현대 한국사회의 윤리 문제를 연구함에 있어 단지 유교문화에만 그 범위를 제한한다면 사회 전반에 영향을 끼치는 기독교 문화와 윤리를 간과하고 마는 오류를 범하게 된다.

독교 사상 모두 자본주의 사회에서 요구되는 공적윤리에 대한 해
결안을 내놓지 못하고 있음은 유감이다.

한국 자본주의에 대한 선행 연구 업적은 많이 있으나 대부분 한
국에서의 자본주의 발전과정에 대한 경제적 접근들이다. 한편으로
는 유교 자본주의에 대한 연구도 국내외에서 많이 진행되었는데
이 또한 中體西用적 가치관에 근거하여 전통에 대한 옹호적인 분
위기가 강하다. 아직까지 본고가 의도하는 바, 구체적인 자본주의
사회의 윤리적 대안 모색이나, 한국적 기독교 윤리의 발전과정에
있어서의 공적 윤리의 문제들은 활발히 연구되지 않은 상태이다.
그러므로 본고는 유교와 기독교의 규범성을 탐구하여 부정적인 면
은 지양하고 잠재적인 순 기능적 요소들을 가려내어 21세기 한국
사회의 공적윤리를 위한 대안을 모색하고자 한다.

제2절 한국사회와 자본주의

1. 자본주의의 미래

자본주의는 자본이 단순한 형태로 생산의 주요수단을 이루는 생
산양식으로서 자본이 사적으로 소유되는 제도이다. 로크(J. Locke)
와 흄(D. Hume)에 의해 이념적 기초가 확립된 고전적 자유주의에
입각한 시장경제체제는 1930년대 세계경제공황을 맞이하면서 흔
들리게 되고, '보이지 않는 손'에 대한 낙관적 전제가 무너짐으로
고전적 자유의 관념이 수정되기에 이르렀다. 사회적 자유주의

(social liberalism)가 고전적 자유주의에 반기를 든 자유주의적 대안
이며 동시에 마르크스-레닌주의의 자본주의 비판을 비판하고 이
에 대적하는 수정 자본주의의 성격을 지니고 있다면, 사회적 자유
주의에 대한 반기로서 자유 우선주의(libertarianism)는 고전적 자유
주의로 회귀하는 경향이 짙다.

　민주 자본주의를 지향하는 현대의 자본주의는 개인과 사회, 자
본주의 계급과 노동자 계급의 상반된 이익 대립을 인정하고 경제
의 진보보다는 안정을, 생산력의 증대보다는 분배의 공정을 경제
정책의 목표로 삼게 되었다. 고전적 자본주의 경제사상이 최소한
의 정부를 이상으로 삼은 반면, 수정자본주의는 정부의 경제적 생
산성을 긍정하여 거대한 정부를 내세운다.

　1960년대 말까지 세계경제는 수정자본주의 이념으로 사회보장
제도를 확충하고 복지정책 수행의 원동력이 되어 평등과 사회적
정의의 이상을 동시에 실현하는 것처럼 보였다. 그러나 1970년대
이후 스태그플레이션과 병행한 에너지 파동과 실업자의 증가로 세
계경제가 침체기로 접어들면서 복지국가관은 후퇴하고 그 대신 경
쟁원리에 바탕 한 자유주의의 형태로 보수주의적 경향이 나타났
다. 자유주의자들은 새로운 경제문제의 발생이 시장의 실패가 아
닌 거대화된 정부의 실패에서 온 것이라며 스미드의 '보이지 않는
손'의 자유주의 경제로 돌아갈 것을 주장하고 있다.[5]

　한편, 동서 양대 진영의 대립이 해소된 20세기 말의 인류에게는
온갖 위험과 도전이 놓여있다. 21세기 전반 이후의 혼란기를 지난
다음 세계 자본주의가 통합과 조화를 이룰지, 아니면 20세기 중반
이후처럼 분열된 세계로 나아갈 지의 문제이다. 이는 자본주의에
내포된 문제이기도 하다.

---

5) 유임수, 「현대 수정자본주의와 경제주의에 대한 소고」, 78~82쪽.

자본주의 문명은 사회구성원으로부터 자립화한 그 문명 자체의
자기 역동성에 의하여, 즉 사회구성원들에 의해 통제되지 않는 확
대 재생산의 원칙에 의해 움직이고 있다. 그러나 이 자본주의 문명
은 자신의 확대 재생산이 가져올 수 있는 결과에 대해 스스로 책임
을 지지 않는다. 확대 재생산의 논리에 종속되어 있는 사회구성원
들도 그 확대 재생산의 결과에 책임지려 하지 않는다. 자본주의 문
명의 탄생 초기에 인류는 이 자본주의 문명을 진보 내지는 진화로
보았다. 그러나 자본주의 문명의 통제 불가능한 확대 재생산의 강
제는 지속적으로 많은 문제를 야기 시켜 사회 생태계의 악화를 초
래하고 있다. 물질적인 풍요와 화려한 소비의 뒷면에는 정신의 피
폐와 고갈, 그리고 절대 빈곤과 환경의 파괴가 초래된다.[6]

자본주의를 위협하는 이 모든 논의들은 자본주의의 지향점이
(정신적)행복이 아닌 생활의 향상임에서 비롯된다. 자본주의는 사
회의 연대감보다는 개인주의를, 세련된 문화보다는 대중문화를 탄
생시켰다. 자본주의는 쾌락주의적 가치와 직업윤리 사이의 갈등,
범국가적 자본주의와 민족 국가적 자본주의의 갈등을 내포한다.
그리고 이러한 갈등은 외부로부터 다른 모델을 도입함으로써 해결
되는 것이 아니라 내부성찰이 선행되어야 사라질 수 있다. 이 같은
지구촌의 후기 자본주의 사회 문제점들은 한국 자본주의에 있어서

---

6) 이러한 부작용과 더불어 자본주의는 과연 최상의 가치인가라는 반론이
   만만치 않게 제기되고 있다. '전통의 고수'와 '현대화의 수용'사이에서
   현대화를 완전히 이루지 못하는 사회에는 원리주의가 등장하는데 보수
   적이지도 서구적이지도 않은 이 원리주의는 '전통적 발전'을 모색한다.
   브라질을 중심한 해방신학은 도덕적 자본주의를 지향하고 있다. 또한
   환경주의는 자본주의를 대신할 수 있는 유일한 이데올로기라는 야망을
   가지고 미국에서 시작되었다. 그러나 환경보호라는 명목으로 전제정치
   가 시행될 수 있는 가능성을 배제하기 힘들다(기 소르망, 1995, 『자본주
   의 종말과 새 세기』, 한국경제신문사, 455~548쪽 참조).

도 예외는 아니다.

2. 한국 자본주의의 특징

한국은 해방과 더불어 정부 관료 조직이 아무런 견제세력 없이 독주해 왔으며 자신의 이해관계에 따라서 자산과 원조물을 개인이나 기업인에게 배분하였다.[7] 그리하여 이들 중 일부가 한국 자본주의를 중요하게 성격 짓는 재벌로 성장했는데 이것이 '정경유착'의 뿌리라고 하겠다. 이 구조는 외형적으로는 근대적이며 합리적인 관계의 성격을 띠었으나 내용적으로는 '의리와 충성'이 중시되는 가부장적인 수직관계의 성격을 갖고 있었다. 나아가 한국의 정부 관료층은 군부 쿠데타를 통해 자신의 가부장적 지배구조를 더욱 강화시키게 된다. 한국 자본주의는 1962년을 기점으로 정부 관료층의 계획 하에 급성장을 계속하는데 이를 뒷받침하기 위한 정부 관료층의 정책적 배려는 다양하고 초법적이며 자의적인 성격을 띠었다.[8]

오늘날 일반화된 재벌 주도형 구조는 1960~1980년 사이에 형성되었다고 할 수 있는데 한국 자본주의의 이러한 특징은 전통 가치에 의해 채색된 일부 관료층의 역할과 역시 유교적 가치를 이어받

---

7) 박희, 1992, 『한국 대기업 조직관리와 노사 관계에 관한 연구－가족주의의 영향을 중심으로』, 연세대 대학원 박사학위논문, 73~77쪽.
8) 기업 수출 촉진을 위해 세제·관세·융자·우대 및 연계조치등을 통하여 각종 혜택과 제재를 기업에게 제공하였다. 나아가 특별 수출 금융 규정과 수출 공업 단지 조성법을 제정하기 까지 하였다[조순, 「압축성장의 시발과 개발 전략의 정착: 1960년대」(구본호 엮음, 1991, 『한국 경제의 역사적 조명』, 175~182쪽 참조].

은 기업가들의 경영 전략의 만남을 통하여 이루어 졌다. 이것은 공적 영역에서 사적관계가 우선시 되었음과 아울러 공적 영역에 각종 부정, 부패, 비리가 개입될 여지가 많음을 뜻한다. 그러므로 기업의 경영에 있어서도 전문가보다는 정부 관료층과의 친밀도가 높은 인사가 요구되었다. 이에 대한 반증으로 각 재벌 기업과 역대 정부 사이에서 전통이 중시해 온 인맥관계 — 즉 혈연·지연·학연 등의 요소 — 를 쉽게 찾아볼 수 있다.

한국 노동자들 또한 과제나 업무보다는 인간에 지향되어 있다. 기업의 노동 조직이 공식적 관계를 넘어서 작용하는 혈연·지연·학연 등의 연줄에 의해서 움직여지기 때문에 연줄이 없거나 약한 계층은 보다 강력한 연줄을 찾아서 이동하게 된다. 노동자의 이러한 전통 지향적 행위가 노동의 합리적 조직화와 전문화에 걸림돌이 되는 것은 자명한 일이다. 한국사회는 전통적으로 혈연사회인 유교의 가르침을 지켜왔기 때문에 한국 기업 자체도 혈연주의 덩어리라고 할 정도의 특성을 지켜왔다.9) 이것은 기업활동의 조직 및 관리 체계에서 지배의 비인격성이 원리로 작용하는 것이 아니라 유교의 대 인간적 지배 복종을 내용으로 하는 長幼의 질서원리가 지배적인 역할을 하고 있음을 보여준다.

서구에서의 관료조직 구조는 개인의 인격이 배제된 채 객관적인 직무의 범위나 난이도를 기준으로 조직된다. 한국의 경우 또한 직위를 중심으로 한 위계적 조직을 이루고 있지만 담당자의 권한과 책임을 객관적으로 분명하게 구분하지는 않는다. 즉, 한국에서의 직급과 직무는 서구보다는 덜 분화되었다. 이는 베버가 자본주의적 기업형태를 가지고 있어도 전통주의적 정신에 의하여 운영될 수 있다고 지적한 것과도 통하는 것이다.10)

---

9) 한희영, 1989, 『한국 기업 경영의 실태』, 76~77쪽 참조.

한편, 한국을 비롯한 동아시아의 자본주의 발전을 바라보는 서구인의 시각은 '유교 자본주의'라는 용어를 만들어 냈다. 서구에 의하여 타의적이고 강압적으로 시작된 자본주의이지만 일본을 비롯한 아시아의 4룡의 급속도의 경제발전의 기저에는 유교사상이 긍정적으로 작용했음을 인정하고 유교의 가족주의에 기초한 집단주의 윤리와 공동체에 대한 연대성, 도덕성의 추구, 지행일치 등을 그 긍정적 요인으로 평가하고 있다.

그런데 한국에서의 자본주의 성공이 쾌락주의를 대두시키고 자본주의 본연의 도덕성을 흐리게 했다는 비판이 있듯이 오늘날 자본주의에 대한 가장 심각한 위협과 불만은 경제적인 것이 아니라 바로 도덕적 불만이다. 동아시아 경제 모델이든 유교 자본주의이든 간에 한국 자본주의 사회가 갖는 위기감 또한 도덕과 윤리의 상실이라고 하겠다. 그리고 이것은 유교전통에 근거하는 한국인의 윤리의식과도 관계가 깊은 것은 부인할 수 없는 사실이며 한국 자본주의의 특수성이기도 하다.

Daniel Bell은 자본주의가 갖는 세 가지 근본적인 긴장에 대하여 금욕주의 대 탐욕주의, 전통대 근대성, 도덕성대 법으로 분석하고 후자들이 우세해 지는 데 대하여 유감을 표명하였다. 그는 아시아를 공동체주의가 지배하는 사회라고 규정하면서 자유주의의 대안으로서의 공동체주의의 아시아적 변형에 대한 유교적 근원을 연구하는데 관심을 기울이고 있다.[11] David Hall은 유교가 탐욕주의, 근대성, 법으로 기우는 현대사회의 공통된 경향을 제어할 수 있다고 하면서 유교의 순 기능적인 면을 강조하였다.[12] 이택휘는 가장 개

---

10) Weber, *op. cit.*, p.50.
11) Daniel Bell, "Asian Communitarianism", *Confucian Democracy, Why & How,* Seoul: jontonggwahyundai, 2000. p.15.
12) David Hall, "Why Confucious Now ?", *op. cit.*, p.11

방적인 체제운영 원리중의 하나가 유교라고 주장하여 그 장점으로
서, 왕도정치로 뒷받침되는 유교의 도덕성, 정명사상, 민본사상 등
을 들고 있다.[13] 이와 같이 한국에서의 자본주의의 발전 요인을 유
교윤리가 가지는 순기능적 측면에서 찾고자 하는 시도가 있다.

그러나 유교의 위계질서나 정명사상은 자유주의의 인권사상과
정면으로 충돌하는 개념이며 조상숭배를 통한 씨족공동체적인 혈
족문화는 대 인간적인 주종관계를 지향하는 사회구조의 성격을 형
성하게 되었다. 유교적 사회관과 세계관에서 볼 때에 사회와 국가
는 단지 가족의 확대물에 지나지 않는다. 즉, 유교적 윤리에 있어
서는 '사적 윤리'와 '공적 윤리'가 명확하게 구분될 수 없는 모순이
배태되어 있다.

막스 베버는 프로테스탄트의 윤리적이며 금욕적인 종파들의 위
대한 업적은 씨족적 유대를 돌파하고 혈연공동체(가족)에 대립하
여 신앙공동체 및 윤리적으로 삶을 운용해 가는 뛰어난 집합체를
구축한데 있다고 보았다. 그러나 유교 윤리는 인간적 관계만을 신
성시한다. 그리하여 결과적으로 인간대 인간, 즉, 주인과 종, 고위
관료 대 하위관료, 아버지와 아들, 형제들 간의 관계, 스승과 제자,
친구들 사이의 인간관계 등을 통하여 형성된 대 인간적 主從의 의
무와는 다른 어떤 사회적 의무도 알지 못했다.

사적윤리만이 존재하고 공적윤리는 부재 하는 유교전통은 자유
민주주의와 자본주의의 한국사회에 있어서도 혈연·지연·학연을
중시하는 관계위주의 정경유착과 사회비리를 낳았고 1990년대 말
의 한국경제와 사회에 연이은 위기를 제공하게 되었다. 공교롭게
도 비슷한 시기의 일본을 비롯한 아시아 4룡의 추락은 아시아 경
제의 급성장을 주도했다고 여겨진 유교전통에 대한 재평가를 요구

---

13) 1997, 「좌담 - 왜 유교인가」 『전통과 현대』 여름호, 210~211쪽.

하게 되었다. 그렇다면 유교윤리에 있어 사적윤리의 우세는 어떻게 전개되어 나왔는가는 우리의 관심사가 아닐 수 없다.

제3절 한국의 유교와 기독교의 公私 윤리

1. 유교의 가족주의

유교는 인간사회에서 가장 중심이 되고 근원이 되는 단위를 가족제도에서 찾고 있다. 가족은 인생의 가장 근원적인 출발점이요 최종적인 종착지이다. 유교 인륜의 근본은 仁 사상인데 이 仁의 실천은 孝에서 출발한다. 유교는 농경사회질서를 근본으로 하는 도덕체계이다. 이 사회의 특징은 사회를 하나의 거대한 가족에 비유하여 가족의 연장선상에 있다고 본다. 그러므로 군왕과 백성과의 관계는 가족내의 부자관계와 유사하다.

그런데 가족내의 인간관계는 근본적으로 동등할 수 없다. 따라서 유교적인 관점에서의 (군왕과 백성의 관계를 포함한) 모든 사회적 — 가족의 확대개념으로서의 — 관계는 평등할 수 없다. 유교에서 불평등의 기준으로 정당하게 주장하는 것으로 부모와 자식, 스승과 제자, 연장자와 연소자, 남편과 부인, 임금과 신하의 관계 등을 들 수 있다. 자유주의에서 나이, 성, 종교, 국적 등의 이유로 차별 받는 것을 정당하게 간주하지 않는 것과는 대조적으로 유교에서는 그러한 요소들이 차별의 정당한 근거가 된다고 주장한다. 이것은 사회를 가족의 연장으로 보는 유교의 입장에서 당연한 것이기도 하다.

이같이 사회가 가족의 연장이라면 공적인 영역과 사적인 영역의 차이가 불분명해진다. 자유주의가 사적인 영역에서 최대한의 자유를 준다는 명목으로 개인간의 관계를 황폐화시키고 이기적으로 만드는 우려를 낳는 한편, 유교는 공사가 제대로 구별되지 않는 차별적이고 불공평한 관계를 양성할 우려가 있다.[14] 따라서 유교의 큰 약점은 가족주의라고 하겠다.

유교의 사회관과 세계관에 의하면 사회와 국가는 단지 가족의 확대물에 지나지 않으며 유교의 으뜸 되는 덕목인 孝 또한 사회의 모든 위계관계에 그대로 적용될 수 있었다. 즉 이 효는 대 인간적 지배 – 복종의 원리로서 체계적으로 합리화되었다. 때문에 사회적 행위에서 대인관계는 결정적인 의미를 가질 뿐만 아니라 거의 모든 사회적 행위가 곧바로 인간에 지향되는 결과를 가져왔다. 아울러 사회조직 및 집단에서의 문제는 곧바로 인간에 대한 관계를 올바로 수립하는 데 달려 있다고 단정해 버리게 되었다. 한국인들은 인간행위의 성공에 대한 불확실성에 직면해서 '비인격적인 규범'에 의존하기보다는 특정의 '인간'을 중시하도록 하는 유교적 전통의 영향 하에 있게 되었다. 이러한 유교적 전통은 베버가 주장하는 바와 같은 근대 서구인들의 행위 지향 및 사회 조직 원리와는 대립관계에 있는 것이다.[15]

孝로 표현되는 인간에 대한 직접적인 헌신과 복종의 관계는 유교적 사회 조직 원리를 형성하고 있으며 가부장적 사회구조의 기초가 되었다. 조상 제사를 중심으로 해서 가족은 제사 공동체로 발

---

14) 김형철, 1997, 「현대의 도덕관과 유교의 도덕관」『전통과 현대』여름호, 144쪽.
15) 차성환, Ibid., 305~306쪽.

전되었고 이는 가장의 권위가 결정적 역할을 하는 대가족 체계로 확장되었다. 한편, 조상숭배가 한국인의 의식을 강력히 지배해 온 것은 혈족관계의 중요성 때문이기도 하다. 고대인은 이 현세에 일 초라도 길게 살고 싶다는 현실적 願望을 갖고 있었으므로 부득이 한 죽음 이후에 어떻게 해서든 이 세상에 다시 돌아 올 수 있기를 원했다. 그리하여 그들은 사후에 다시 현세에 돌아 올 수 있는 방법, 즉 生과 死의 경계를 교통하는데 까지 그 생각이 미쳤다. 유가 의 祭禮에 있어서 招魂儀禮는 이 같은 사고의 배경 속에서 행해지 게 된다. 이 초혼 의식은 祖上崇拜와 祖靈信仰을 근핵으로 한다.16) 조상들은 단순히 사자의 세계에 머무는 혼령들이 아니라 살아있는 후손들과 유기적인 관계를 지속적으로 유지하는 혼령들이다. 혈연 관계의 중요성은 생사를 초월하여 산 사람과 죽은 사람을 공통의 사회 속으로 통합시킨다. 조상의 영혼은 살아있는 가족의 구성원 과 흡사하게 자신의 역할을 수행하며 후손들에게 화와 복을 내릴 수 있다.

이로부터 같은 조상을 모신 동족 집단이 가장 중요한 사회 집단 으로 등장하게 되었고 이 동족 집단은 곧 전체 사회를 성격 짓게 되었다.17) 따라서 대중들의 삶의 운용은 조상숭배에 바탕을 둔 가 족 중심적인 사고에 의하여 규정되었고 이에 근거하여 가족 밖의 공적인 영역의 윤리가 따로 필요하나고 생각하지 않게 되었다. 즉 전근대 사회에서는 공적인 영역과 사적인 영역의 구분이 없었다. 그러나 현재 우리는 공사를 적절하게 구분하는 것이 대단히 중요 한 시대에 살고 있으므로 사적인 덕목을 공적인 영역에 그대로 적

---

16) 최문형, 1998, 『중국 고대의 神개념에 관한 연구 – 그 의인성과 합리성 을 중심으로』, 성균관대학교 대학원, 박사학위 논문, 33~34쪽 참조.

17) Seong–hi Yim, *Die Grundlage und die Entwicklung der Familie in Korea*, Köln대 학교 박사논문, 1961, pp.13~65.

용한다는 것은 사회의 후진화를 초래하는 지극히 위험한 일이다.

2. 기독교의 합리주의

막스 베버는 근대 자본주의 정신은 전통주의와의 처절한 투쟁에 의하여 획득되었다고 간파하였다. 그는 근대 이후에 서구 사회에서 모습을 드러낸 특유의 합리주의, 경제적 행위 원리의 내적 토대를 이루고 있는 인간의 능력과 성향을 이해하고자 하였는데 이러한 문제 설정은 자연스럽게 종교 윤리로 이어진다. 베버는 과거의 역사에서 삶을 이끌어 가는 원리를 형성하는 가장 중요한 요소는 주술적이고 종교적인 성격과 그것에 근거를 둔 윤리적 의무 관념이었다고 보았다.[18] 그런데 이러한 전통주의로부터 근대 자본주의로의 이행은 결코 자연스러운 과정이 아니었다. 즉, 이 전통주의를 물리치기 위하여 자본주의는 처절한 투쟁의 과정을 거쳤다. 고대 기독교의 노동관은 일하지 않으면 먹지도 말라는 원칙을 선언했는데 이러한 언명은 노동하는 인간은 － 결코 열등하지 않은 － 정상적인 인간이라는 사실을 일깨웠다. 그러나 중세 교회는 재산 축적이 인간이 달성해야 하는 최고의 목표라고 까지는 하지 않았고 단지 재산을 사회적 존엄성을 유지해 주는 수단적 의미로 보았다.[19] 예수의 산상수훈에서 나타나는 것처럼 소유는 인간의 생존 욕구를 충족시키는 한도 내에서만 정당하다고 신학자들은 생각하였고 그 이상의 소유 욕구는 죄스러운 것이라고 규정하였다.[20]

---

18) Max Weber, *op. cit.*, p.12.
19) Gurjewitsch, Aaron J. *Das Weltbild des mittelalterlichen Menschen*, 1986, München, pp.249～250.
20) Ibid., pp.274～275.

막스 베버는 근대 이전의 서구 사회에 퍼져있던 이러한 경향을
자본주의 정신이 혼신의 힘을 다해 물리쳐야 했던 전통주의로 규
정하고 있다. 베버가 규명하고자 했던 서구의 근대 자본주의적 경
제행위가 근대 이전의 서구 사회와 세계 여러 문명권에 존재했던
전통주의와 다른 점은 다음과 같다. 자본주의 정신은 재물에 대한
'충동적 탐욕'과는 거리가 멀고 그 경제행위는 강제적인 힘에 의존
하는 이윤추구와 구별되는, 평화적인 이윤교환 기회를 바탕으로
한다. 또한 서구 자본주의의 독특성은 '합리적인 자본주의 노동조
직'과 표리관계에 있는 것이다. 베버는 당시 계몽주의자들과는 달
리 근대 서구 문명 내지 근대적 합리주의는 종교윤리에 의하여 특
징 지워 진다고 생각하였다. 즉, 금욕주의적 개신교만이 주술, 저
세상에서의 구원추구, 타계적인 구원추구의 극치를 달리는 주지주
의적이고 명상적인 깨달음의 추구에 최후의 일격을 가하여 그들을
완전히 물리칠 수 있었다. 그리고 이 금욕주의적 개신교만이 세속
적인 직업에 전념하는 가운데 구원을 찾게 하는 종교적 동기를 일
으킬 수 있었다고 보았다.[21] 프로테스탄트의 세속 내 금욕은 예기
치 않은 자본의 축적을 가져왔고 이 재화는 자본주의 성립에 필요
한 결정적인 설비 자본으로 전환되었다.

요약하면 베버의 연구는 경제적 영역의 합리주 또한 종교신앙
의 내용에 의해 크게 좌우된다는 것을 보여주는 것이다. 개신교가
서구 중세 질서에 대한 도전자 집단의 윤리라면 유교는 동아시아
중세 질서의 수호자 집단의 윤리이다. 그런데 주목할 것은 서구사
회에서의 기독교는 공적인 영역과 사적인 영역의 분리를 뒷받침하
고 있다는 점이다. 자유 민주 사회의 법적 지배란 다양한 인간 집

---

21) Weber, Max, "Einleitung der Wirtschaftsethik der Weltreligion." *in: ders.*
Gesammelte Aufsätze zur Religionssoziologie Ⅰ, pp.235～274.

단의 지배 구조에 결정적 특징이었던 '인간에 대한 인간의 지배[대인간적 지배]'가 독특한 방향으로 합리화되면서, '규범 또는 법률의 지배'가 정당화된 사회에서의 지배이다. 그러므로 이 사회에서의 지배는 원칙적으로 '비인격적' 성격을 갖게 된다.

서구에서 자유주의와 인권사상의 발흥은 이와 같이 그들의 전통인 기독교에 대한 과감한 재해석의 결과이다. 그리고 한편으로 보면 이러한 공적인 차원에서의 윤리는 유교적 인정주의와는 정면으로 대립되는 것이다. 그리하여 현대 한국사회는 관념적으로는 서구의 합리주의를 지향하나 실제 행위의 기준은 오히려 동양적 전통에 머무는 경향이 있다. 지금 한국 사회에서 요청되는 것은 합리적 정신이며 이것은 경제 생활의 합리적 운영과 더불어 사회정의의 측면에서도 요청되는 것이다.

그런데 서구의 개신교 윤리와는 달리 한국의 개신교는 한국 사회의 공적 윤리의 발전에는 큰 기여를 하지 못한 것으로 보인다. 물론 한국 개신교회가 선교 30년 만에 총회를 설립하고 외국에 선교사를 파송한 이면에는 내세지향적 개인 구원에만 치우치지 않고 민족의 개화와 국가의 독립으로 이어지는 일련의 사회 구원의 측면에서 그 신앙이 정착되었음을 지적해야 할 것이다.[22] 그러나 1910년대 말에 춘원 이광수는 이미, 당시 교회에 대하여 계급적·교회 지상주의적·미신적인 것 등의 이유를 들어 개신교를 비판하였다.[23] 즉 한국 사회의 서구화 및 산업화에 영향을 미친 기독교 또한 전통적 유교 윤리를 대신하거나 계승하면서 자본주의 사회에 걸맞는 공적 윤리를 발전시키는데 큰 역할을 담당하지 못했다. 한

---

22) 김인수, 1998, 『간추린 한국교회의 역사』, 한국장로교출판사, 78~79쪽 참조.
23) Ibid., pp.123~124쪽 참조.

국의 기독교는 시기를 달리하면서 비합리적이고 신비적이며 탈속
적인 종교성과 이에 상응하는 구원의 길이 자리잡았다. 이 때문에
성리학적 윤리의 본질적인 내용, 즉, 대 인간적 지배 복종의 관계
를 장려하는 사회윤리를 대신할 수 있는 것을 창조하거나 그것을
근본적으로 거부할 수 없었다. 한국의 개신교에서 추구되는 지고
의 구원의 상태는 대중의 일상생활에 영향을 주는데 까지는 못미
치거나 아예 현실적 세계를 초월해 있는 것이다. 이러한 종교적 특
징은 세속에서의 활동을 종교적으로 대단한 의미를 갖는 것으로
보아 적극적으로 수용하지 않았다. 전체적으로 보아 한국의 개신
교는 거룩한 것과 일상생활 사이에 전통적으로 놓여 있는 모순을
극복하는데 성공하지 못했다.[24]

　나아가 한국 개신교 공동체 안에는 하나님의 것과 세상의 것을
각각 구분하는 특유의 이원론적 태도가 분명해 졌다. 한국 개신교
는 대부분 교회와 사회, 믿음과 행동을 따로 생각하는 이원론에 입
각해 있으며 특히 개신교가 기득권을 누리는 입장이 된 후 도덕성
이나 윤리보다는 이해관계를 먼저 생각하게 되어 신앙의 순수성이
약화된 점이다.[25] 개신교 공동체의 이러한 타계적인 성향은 모든
사회 정치적 문제에 대한 무관심을 초래했고, 교회 공동체 안에서
의 영혼 구제가 기독교의 유일하고 중요한 과제로서 일반화되었
다. 이렇게 하여 특유의 보수적인 근본주의가 확산될 수 있었는데
유교의 의례적인 권위주의와 엄격주의가 기독교의 경건을 위한 것
으로서 묵시적으로 받아들여졌다.[26]

　결국 개신교 공동체는 해당 지식인들의 이러한 사고로 인하여

---

24) 차성환,『한국 종교의 사회학적 이해』, 문학과 지성사, 257쪽.
25) 손봉호,「소속교회 벽 뛰어넘는 '평신도 운동' 일어나야」『조선일보』
　　2000년 10월 7일자 기사.
26) *Ibid.*, pp.235~237 참조

유교 윤리를 거부하거나 대신할 수 있는 자본주의 사회의 덕목과
윤리들을 만들어낼 수 없었다. 더구나 세속적인 것에 대한 무관심
은 유교의 덕목들에 대한 무관심까지도 초래하였다. 그러므로 개
신교 공동체 안의 덕목들과 유교의 덕목간에 뚜렷한 구별이 어렵
게 되었다.

제4절 맺음말

한국 사회의 자본주의 급성장에 대하여 유교 국가의 교육열과
엄격한 노동윤리에 의한 수출 경쟁력 제고와 유교적 전통을 이어
받은 엘리트 관료의 국가 관리 능력의 뒷받침이었다는 해석이 있
다.[27] 유교 국가의 자본주의는 국가의 관리들에 의해 위로부터 도
입된 것이며 이 관료들은 국가의 계획과 필요에 의하여 민간 부문
을 동원하였는데 그 동원의 방법으로는 전통적 유교의 방식인 혈
연, 지연, 학연의 연고주의가 동원된 것이었다. 때문에 국가주도의
산업화가 중심이 된 한국의 자본주의 발달과정은 자유 경쟁을 통
한 서구 자본주의와는 다른 모습으로 나타났다. 국가가 시장을 통
제하였으며 국가의 특혜에 의해 자본의 축적 여부가 결정되었다.
유교 자본주의는 투쟁 대상이 전혀 없는 지배 집단의 선택에 의해

---

27) Johnson Charlmers, "Political Institutions and Economic Performance : the
Government — Business Relationship in Japan, South Korea, and Taiwan" in
Robert A Scalapino, et. al. *Asian Economic Deveopment: Present and Future*,
Berkeley: Institute of of East Asian Studies, University of California, 1985.

좌우되었다.

이러한 경제 활동이 동아시아에 있어 효과적인 자본주의 발달의 구조적 특징이었다고 주장하는 논의도 만만치 않다. 5·16 이후 정경유착에 의한 재벌 특혜와 수출 주도 산업화 정책의 공을 내세우며, 자유 경쟁보다는 정경유착이 지배적이며 계급적 연대보다는 연고주의가 중요하도록 조직된 전통적 구조가 한국 사회에 더 적합하다는 주장도 있다.[28]

그러나 90년대 후반의 외환 위기와 연이은 재벌의 해체와 몰락, 그리고 (연고주의의 반영으로) 최근 잇따르는 한국 내의 크고 작은 로비 의혹 등을 굳이 거론하지 않는다고 하여도 정경유착에 의한 기형적 경제 성장의 부산물들로 인하여 한국 사회와 경제는 정신을 추스리기 힘들 정도의 중병을 앓고 있다. 갖가지 사건과 위기들을 수습한다고 하여도 한국 자본주의와 공적 윤리에 대한 심각하고 진지한 자성과 질책이 따르지 않는다면 이제까지의 경제적 도약마저 물거품이 되어 버릴 수 있는 것이다.

유교의 溫故知新은 전통 속에 안주하자는 얘기가 아니다. 공자의 인문정신은 실질적으로는 周禮의 시대정신을 계승·발전시킨 것이지만 이미 자신의 '損益'의 시대정신과 '溫故知新'의 역사의식을 창출하고 있는 것이다.[29] 공자가 전통에 탐닉하여 知新하지 못하는 현대 한국 사회에 대하여 무엇이라 언급할 것인지는 자명하다. 후기 자본주의에 처한 한국 사회에서의 진정한 공적 윤리의 모색이 바로 우리가 계승하고 창조해야 할 전통의 모습일 것이다. 원시 유교 사상을 보면 공자와 맹자에 있어서는 초월적이고 외재적

---

28) 유석춘, 1997,「'유교 자본주의'의 가능성과 한계」『전통과 현대』여름호, 84~92쪽 참조.
29) 이상은, 1996,「儒家의 根本思想과 禮樂의 位相」『儒敎思想과 東西交涉』(道和柳茂相先生 華甲紀念 論文集), 451쪽.

인 성격의 天에 관한 믿음이 있었음을 알 수 있다.[30] 이러한 신앙
은 신유교에 와서 많이 희석되고 朱子에게서는 '理'·'太極'으로,
그리고 陽明에게서는 '心'으로 이해되었다.[31] 그리하여 신유교의
윤리는 원시 유교의 초월적 천에 대한 믿음 대신 '天命之謂性'에
근거한 克己復禮의 성격을 갖게 되었다.

  현대사회의 대립과 갈등은 현실적으로 정치·경제·이념 등으
로 나타나고 있지만 그 근원적인 요인은 원초적으로 하늘(天)과 자
연(地)과 사람(人)을 어떻게 보느냐하는 데서부터 비롯되는데 이는
결국 철학·종교의 문제를 거쳐 사회전반의 문제로 파급된다.[32]
유교의 윤리는 대 인간적 수직상하 윤리라고 할 수 있는데, 그것은
어디까지나 진정한 의미의 수직관계의 원천이라 할 수 있는 초월
적이고 신적인 존재를 배제하고 인간 관계라는 수평적 범주내에서
의 수직적 관계에 대한 강조에 머물렀다. 초월적 上帝[33] 대신 天命
에 근거한 性으로서의 양심(四端)에 그 도덕성의 연원을 두고는 있
으나 양심을 벗어난 행위에 대한 규제장치는 결여되어 있다고 볼
수 있다. 인간의 심성이 순선하다고 만은 볼 수 없는 현실에서 초
월자가 없는 유교의 윤리는 - 아무리 公과 義를 추구한다 할지라
도 - 극복하기 어려운 한계성을 이미 내포하고 있다.

---

30) 최문형, 1998,「공자의 천명론과 귀신관」『동양철학 연구』18, 3~4쪽
    참조 ; 1998,「맹자의 신개념에 관한 연구」『종교연구』16, 7~8쪽 참
    조.
31) 최문형, 1998,「유교 신개념의 전개-기독교와 비교하여」『동양철학』
    10, 322~325쪽.
32) 류무상, 1996,『현대사회와 철학』, 양서원, 171쪽.
33) 중국 고대의 민족신앙에서는 인간의 조상을 天上의 神帝라 생각하여
    하늘이 모든 인간을 낳은 것으로 믿었다. '上帝'는 초월적인 권위를 가
    진 至上神으로 자연계와 인간계의 主宰者였다(최문형, 박사학위 논문,
    31~36쪽 참조).

유교의 수직관계인 君臣, 父子, 夫婦의 인간 관계의 경우, 상급자인 君, 父, 夫가 失德하여 자신의 '다움'(正名)을 완수하지 못할 경우, 가정과 사회에 오는 혼란과 폐해를 어떻게 감당할 수 있을 것인가? 맹자는 이미 2,300여년 전에 이 문제에 관하여 失德한 군주는 단지 匹夫일 뿐이라는 革命論을 주장하였다. 그러나 그로부터 두 세기가 지난 지금까지도 유교의 윤리는 수직관계의 당위론에만 주력할 뿐 그 수직관계의 왜곡에 대한 해결 방안은 없다. 이 또한 공적 윤리로서의 유교 윤리가 갖는 취약점이며 베버가 주지한 바와 같이 '현실적응' 윤리로서의 자가당착이라고 할 수 있다.

반면 개신교 윤리는 神 − 人의 수직관계가 확립된 후에 人 − 人의 수평관계가 다져진다. 따라서 인간관계내에서의 수직성조차도 신인관계에 의해 그 정당성과 대응책이 확보된다는 점이 유교 윤리와 다른 점이다. 개신교 윤리도 유교 윤리와 마찬가지로 私를 뒤로 하고 公을 우선한다. 그러나 유교에서는 재화의 추구가 利의 개념으로서 義와 대립되는데 반하여 개신교의 재화 추구는 그 자체가 목적이 된다. 다시 유교식으로 표현한다면 義의 개념이 된다. 이러한 대조적 성격의 원인은 유교에는 없는 초월자가 개신교에는 존재하기 때문이다. 개신교에서는 재화추구 조차도 신이 내린 소명(Beruf)으로 여기기 때문에 私보다 우선시 되며 이러한 금욕적 재화추구는 후기 자본주의 사회와 그 공적 윤리가 괴리되지 않고 조화를 이룰 수 있는 근거와 정당성을 확보해 준다고 하겠다.

한편, 한국사회의 개신교 윤리의 양상과 같이, 개신교 윤리가 사적인 영역에서 최대한의 자유를 준다는 명목으로 개인간의 이기주의와 사회적인 무관심을 가져 올 우려가 있는 반면에 유교 윤리는 공사가 잘 구별되지 않는 차별적이고 불공평한 관계를 양성할 우려가 있다. 유교의 전통이 자랑하는 인정과 개신교의 전통이 자랑

하는 합리적 정신을 공적 윤리의 차원에서 변증법적으로 종합하는
일은 후기 자본주의 사회에 직면한 한국인의 과제라고 하겠다.

제4장

다종교문화와 한국적 대안

제1절 참된 행복과 종교적 희망

1. 인간과 행복

인간은 누구나 행복을 추구한다. 그러나 행복의 기준은 사람에 따라 모두 다르다. 물질적 풍요나 욕구의 충족을 행복의 요건으로 보는 사람도 있고 자신의 삶을 계획하여 정신적 꿈을 이루어 가는 것으로 행복함을 느끼는 사람도 있다. 예를 들어 인도나 티벳의 오지에서 고된 수행을 계속하며 정신적 행복을 추구하는 사람을 복잡한 도시에서 물질적 부를 추구하며 육체적 쾌락을 행복이라고 느끼는 사람이 바라보면 아주 이상하게 여겨질 것이다.

그러나 이러한 차이는 비단 현대사회의 우리가 느끼는 것만은 아니다. 인류는 예로부터 "무엇이 참된 인간의 행복인가?"에 관하여 깊은 관심을 가져왔고 그에 관한 깊은 성찰을 거쳐 앞서있던 종

교적 지도자나 철학자들은 다양한 답안을 제시하였다. 조국 아테
네의 법을 따라 독배를 마시고 죽어간 소크라테스의 고민이나, 춘
추시대의 혼란기에 사회적 안정과 행복을 추구하기 위하여 천하를
주유한 공자의 꿈이라든지, 인도 카필라성의 안정된 왕위를 마다
하고 인간 실존의 고민을 해결하기 위하여 정처없는 길을 떠났던
싯다르타의 출가, 그리고 가난한 목수의 아들로 태어나 인류에게
사랑의 메시지를 전달한 예수의 생애는 인류가 얼마나 '행복'이라
는 파랑새를 좇아 헤매었던가 하는 가를 보여주는 인류 문명사의
한 획을 긋는 사건들이었다.

물론 우리는 이러한 염원과 추구가 단지 위대한 성자나 현인의
몫이라고 일축할 수도 있을 것이다. 그러나 유한한 삶을 영위하고
있는 인간은 누구나 "나는 누구인가?" "나는 무엇을 위하여 사는
가?" "나의 참된 행복은 무엇인가?" 하는 등등의 실존적 고민에 마
주서게 된다. 단 한번뿐인 생을 그저 아무렇게 살아버리고 싶은 사
람은 없다. 형장에 선 죄수조차도 그의 범죄의 이면에는 무언가 자
신의 행복을 추구했던 일면이 도사리고 있다. 그 지향점과 추구의
방법이 잘못되었을 뿐 행복을 추구하고픈 인간의 욕구는 마치 본
능과도 같이 상존하는 것이다.

2. 참된 행복이란 무엇인가

행복(happiness)이 무엇인가 하는 것을 한 마디로 사전적으로 정
의하기는 힘들 것이다. 왜냐하면 개개인에 따라 행복에 관한 정의
가 다양하기 때문이다. 학자들 가운데서도 행복에 관한 의견이 분
분한데 공리주의자(Utilitarins)들은 최대 다수의 최대행복에 도달할

수 있느냐의 여부에 따라 올바른 행위(right action)의 척도로 삼는다. 반면에 쾌락주의자(Hedonist)들과 행복주의자(Eudaemonist)들은 행복이란 그 자체로서만 가치를 지니는 유일한 것으로 주장한다. 이러한 그들의 견해는 일반적으로 많은 사람들의 생각과 유사한데 행복은 비록 절대목표(supreme goal)는 아니라 해도 인생에 있어서 가장 중요한 목표중의 하나라고 여기는 것이다.

그런데 행복은 일반적으로 생각하는 것처럼 물질적 풍요나 복지 속에서만 규정되는 것은 아니다. 앞 절에도 언급하였듯이 어떤 사람은 그가 인식하든 안 하든 간에 아주 행복할 수 있다. 예를 들면 작가나 예술가, 종교인들은 경제적으로 결핍된 상황에서도 그들이 이룩한 일의 성취에 의해 행복할 수 있다. 이 말은 반대로 우리가 누군가에게 평안한 삶의 조건을 제공해 줄 수는 있지만 그를 행복하게 해 줄 수는 없다는 것을 의미하기도 한다. 물질적 풍요와 안락한 삶의 조건이 갖추어진 상황에서도 인간은 얼마든지 불행을 느낄 수도 있기 때문이다.

행복에 관하여 연구한 철학자들은 넓은 의미에서 무절제하지 않은 정직하고 신념있는 삶, 세계와 그 안에서의 인간의 위치에 관한 이해가 가능한 삶을 행복한 삶이라고 한다. 이에 덧붙여서 최근의 심리학자들은 행복이란 동기(motivation)로서의 타인에 대한 관심과 객체로서의 자아상을 수용하는 것에 달려있다고 한다. 또 다른 학자들은 행복이란 사람들이 불만족 — 자신의 중요성이 평가절하되는 것 — 의 주된 영역들을 참아낼 수 있는가의 여부와 관련되었다고 하기도 한다. 예를 들면 생에 있어서 아주 긍정적이며 즐거움들인 사회적 관계, 고용의 기회 등에 관한 것이다. 이처럼 행복의 필수조건이 구체적으로 무엇인가 하는 문제는 철학과 종교, 과학 심리학(scientific psychology)의 영역이라고 하겠다.[1]

3. 참된 행복과 종교적 희망

이렇게 행복이 한 마디로 규정되기 힘들고 학자들마다 행복에
관한 견해들이 다른 것은, 사람은 동물과는 달리 자신의 의지에 따
른 선택이 삶의 방향과 의미를 결정하며 타인에게도 중요한 영향
을 끼치기 때문이다. 그러므로 우리는 타인의 결정이나 추구하는
가치를 존중하고 타인의 생활태도를 함부로 무시해서는 안된다.
이것은 우리가 삶의 다양성을 존중하는 문제와 연관되는 것으로
서, 올바른 삶의 조건은 타인이나 사회전체에 부당한 손해를 끼치
지 않고 자신이 보람있고 의미있다고 생각하는 일을 하는 것이며
이를 위해서는 먼저 자신에 관하여 알아야 한다.

즉 자신이 어떤 조건에 처하여 있고 어떤 가능성과 이상을 가지
고 있으며 다른 사람들과 어떤 관계를 맺고 있는가에 관하여 올바
로 아는 것과, 이에 근거하여 자신의 삶을 의미있고 보람되게 생각
하며 살아가는 것을 의미한다. 그러므로 이제 물질적 풍요와 생활
의 안정에서 행복을 찾으려던 태도에서 벗어나 지적·심미적 만족
이나 사랑과 존경의 욕구를 실현함으로써 자신의 삶의 질을 높여
행복을 이루려 해야 한다. 그러므로 진정한 행복이란 스스로의 삶
에 대하여 만족하고 즐거움을 느끼는 데서 찾을 수 있다고 하겠다.

이는 개개인의 자아실현과 관련된 것으로서, 조직심리학자인 매
슬로(Maslow)는 자아실현에 관하여 인간의 욕구는 하위단계에서 상
위단계를 향해 계층적으로 배열되어 있어서, 하위 단계의 욕구가
충족되어야 그 다음 단계의 욕구가 발생한다는 욕구단계설을 주장

---

1) Edited by Paul Edwards, *The Encyclopedia of Philosophy*, The Macmillian Company
& The Free Press, New York, Vol.3, 1975, pp.413-414.

하였다. 그에 의하면 인간은 모두 5단계의 욕구단계를 가지는데, 생리적 욕구(physiological needs)의 단계에서 출발하여 안전의 욕구(safety needs), 애정과 소속감의 욕구(belongingness & love needs), 존경의 욕구(esteem needs)를 거쳐 마지막으로 자아실현의 욕구(self-actualization needs)의 도달하는 욕구위계이다. 매슬로는 자아실현이란 성장동기가 계속 충족되어 가는 과정이라고 보았고, 인간 욕구의 최고점에 자아실현의 욕구가 있다고 보았다.

자아실현은 일반적으로 하나의 가능성으로 잠재되어 있던 자아의 본질을 완전히 실현하는 일을 의미한다. 자아실현의 의미 속에는 인격완성이 포함되는바 자신의 잠재적 가능성을 실현하였지만 그것이 윤리적으로 타당하지 않다면 진정한 의미의 자아실현이 될 수 없다. 자아실현의 조건을 여러 가지로 볼 수 있는데 육체적·정신적 활동의 기본조건인 몸과 마음의 건강과 충동과 욕망의 적절한 절제, 창의적 사고방식과 타인과의 조화로운 관계를 유지하여 질서있고 평화로운 사회를 만드는 사회정의, 그리고 지구촌 공동체 의식을 바탕으로 한 인류애에 입각한 인류평화 등이다.

인류는 아주 오래 전부터 동서양을 막론하고 이러한 자아실현에 토대한 인간의 행복을 추구해왔고 그 해답의 집대성이 바로 종교라고 할 수 있다. 기독교는 예수의 탄생과 함께, 불교와 유교는 모두 기원전 6세기 경에 싯달타와 공자에 의해 창시된 종교이다. 경전과 교리는 각각 다르지만 이들 종교가 추구하고 있는 것은 모두 인간의 참된 행복의 추구이다. 생명이 지니는 유한성과 삶의 고통과 불만족의 요인들을 어떻게 극복하고 자신의 참된 가치를 완성하여 행복한 삶을 누리게 할 것인가 하는 것이 모든 종교의 궁극적 추구점이라고 하겠다. 그러므로 다음 절에서는 각 종교윤리의 인간관과 사회관을 고찰한다.

제2절 종교적 세계관과 인간사랑

종교(religion)란 무엇인가? 이에 관한 학자들의 견해는 매우 다양하다. 어떤 사람은 개인적인 면에 초점을 두고 어떤 사람은 사회적인 면을 강조하며 어떤 사람은 신조, 용도, 또는 구조, 기능에 중점을 두기도 한다. 혹은 개인적이거나 공적인 관점에서 종교를 조망하기도 하며 현세적이거나 초월적인 면, 또는 진리 혹은 망상으로 종교를 정의하기도 한다. 종교를 뜻하는 단어는 라틴어의 'religio'로서 이는 신(God) 또는 신들(gods)에 대한 두려움과 신들에게 바치는 의식과 의례 또는 절대자와 인간과의 관계를 의미한다. 이러한 종교의 어원적 의미는 인간의 삶과 생존의 가장 근원적인 조건에 종교가 근거하고 있다는 것을 의미한다.

종교는 다음과 같은 특성들을 가지고 있다. 첫째, 초자연적 존재(신, 신들)에 대한 믿음, 둘째, 성스러운 대상과 세속적인 대상의 구별, 셋째, 신성한 대상에 초점을 둔 의식행위(ritual actions), 넷째, 신에 의해 성스러워지고자 믿는 도덕률, 다섯째, 신성한 대상의 현존과 의식의 수행 중에 일어나는, 종교적 감정들 즉, 두려움, 신비감, 죄의식, 동경 등, 여섯째, 기도나 다른 형태의 신과의 대화, 일곱째, 세계관(a worldview), 또는 전반적인 세계의 청사진(a general picture of the world)과 그 안에서의 개인의 위치, 여덟째, 이 세계관에 기초한 다소간 전반적인 인생설계, 아홉째, 이상의 특성들에 의해 결합된 사회단체 들이다.2) 그리고 종교를 구성하는 이러한 특성들은

---

2) Ibid., Vol.7, pp.141-142.

분리되어 있는 것이 아니고 밀접하게 서로 결합되어 있다.

세계의 각 종교들은 상기한 특성들을 지니고 있으며 한국의 신종교들 또한 마찬가지이다. 모든 종교들은 자신들의 세계관, 즉 인간관과 사회관을 지니고 있으며 궁극에는 사랑을 통한 인간의 진정한 행복에 그 초점을 맞추고 있다.

1. 유교의 세계관과 인간사랑

유교(Confucianism)는 공자(B.C. 551~476)를 창시자로 하여 주로 동아시아를 중심으로 신봉된 종교이다. 유교는 춘추전국기의 혼란함 속에서 제자백가의 한 학파로 존재하다가 법가 이념으로 무장한 진의 통일 때는 '焚書坑儒'의 시련을 겪기도 하였지만 후에 한나라가 중국을 다스릴 때 통치이념으로서 채택되어 공자의 신격화와 더불어 이후 중국의 정통학문이며 종교로서 확고한 자리를 굳혔다.

유교는 어울려 사는 '공동체(community)'의 추구를 그 기본 이념으로 한다. 유교의 시작이 춘추전국의 혼란기였던 만큼, 유교가 관심을 갖는 문제는 "어떻게 하면 개인들이 사이좋게 어울려 사는 이상적인 공동체를 실현할 수 있을까"하는 것이었다. 이러한 관심은 결국 다른 종교가 지향하는 것처럼 인간의 궁극적 행복에의 추구와 직결된다. 따라서 유교의 인간관은 이상적인 사회의 추구라는 사회관으로부터 도출된 것이다.

유교는 이러한 사회를 실현하기 위하여 인간 개개인의 심성 속에 관심을 집중한다. 원래 공자는 "인간의 성품은 서로 가까운데 습관 때문에 멀어진다[性相近 習相遠]"고 하여 인간 심성의 선악을 양극적으로 규정하지 않았고, 오히려 인간 행위의 결과가 본성을 변화시키거나 규정할 수 있다고 보았다. 인간의 성품에 관한 이러한 공자의 언급은 맹자와 순자라는 두 후계자에 의해 양극적으로 이해되었다. 맹자가 인간의 내면 속의 인의의 도덕성을 밖으로 확충하는 것이 가능하다고 보았다면, 순자는 인의의 도덕이 실현되려면 인간의 외적인 행동을 규정하는 禮가 필요하다고 보았다. 인간 본성에 관한 순자와 맹자의 관점이 상반되기는 하지만 결국에는 이상사회를 건설하기 위한 방법론의 차이로부터 연유한 것이다. 어쨌든 유교는 인간을 욕망과 덕성의 중간적 존재자로 파악하고, 인간의 내면적 도덕성인 인(仁, humanity, benevolence)을 확충하여 사회규범으로서의 禮(rite)를 실현하고자 하였다.

이 인의 실현은 가장 가까운 사람을 사랑하는 데서 시작된다. 孝(filial piety)란 인간이 자신을 낳아주고 길러준 가장 가까운 인간관계인 부모와의 관계에서 우러나는 자연스러운 사랑의 감정이다. 유교가 효를 가장 중요한 인간의 덕목이요 의무로 보는 것은 하나도 이상한 일이 아니다. '父子有親'은 부모와 자식간의 친함이 '있음(有)'을 의미한다. 이 '있음'은 어머니의 태내에 있을 때부터 그리고 세상에 태어나자마자 최초로 관계를 맺는 부모와의 '자연스러운' 친밀감이요, 사랑이다. 이러한 사랑에 기초하여 형제간의 사랑인 悌(brotherly love)는 연장자를 대하는 태도로까지 확장된다. 가까운 곳으로부터 먼 곳으로 확충되는 사랑인 인은 이러한 절차로 실현된다. 그런데 이러한 사랑의 실현은 그저 주어지는 것은 아니고 자신의 사욕을 끊임없이 극복하고 예로 복귀하는 데서 가능하다. "나의 부모 사랑하는 마음을 확충하여 남의 부모를 사랑하고 내 자녀 사랑하는 마음을 확충하여 남의 자녀를 사랑하는[老吾老 幼吾幼]"마음을 가질 때 행복한 사회 속에 거하는 행복한 인간이 될 수 있으리라는 것이 유교의 믿음이고 이상적 세계관이다.

　이러한 유교의 세계관은 적극적인 사회관을 가지고 있다. 즉 인의 실현은 각자의 신분과 지위에 합당한 역할을 수행할 때 가능하다고 본 正名(rectification of names) 사상이다. 가족관계에 기초한 자연스러운 사랑이 계약관계에 근거한 인간관계에 까지 퍼져나가는 것이 유교의 인간사랑의 기본구도라면, 평화롭고 안정된 사회의 건설은 이러한 관계성 안에 있는 개개인이 자신의 직분에 합당한 역할(사랑)을 실천하는 데 달려있다는 것이다. 따라서 공자는 위정자는 덕이 있어야 하며 도덕과 예의에 의한 教化(enlightenment)가 이상적인 지배방법이라고 생각했다. 이러한 사상의 중심에 놓인 것이 인이다.

　유교의 세계관과 인간사랑을 요약해 보면 다음과 같다. 공자는 최고의 덕을 인이라 보고 '인은 사람을 사랑하는 것'이라고 정의했다. 기독교의 사랑이나 불교의 자비와는 다른, 부모형제에 대한 골육의 애정, 곧 孝悌(filial piety & brotherly love)를 중심으로 하여 이 사랑이 타인에게까지 확장된다는 사상이다. 이 인의 구체적 실현은 忠恕(sincerity & sympathy)로 나타난다. 모든 사람이 人德(natural virtue)을 지향하고 인덕을 갖춘 사람이 정치적으로 지도자의 자리에 올라 仁愛(charity)의 정치를 한다면 세계의 질서도 안정을 찾을 수 있다고 생각하였다. 그 수양을 위해 부모와 연장자를 사랑하는 효제의 실천을 가르치고 이를 인의 출발점으로 삼았으며 또 忠(loyalty)을 중시하여 그 발로인 信(trust)과 恕(sympathy)의 덕을 존중했다.

2. 불교의 세계관과 인간사랑

불교(Buddhism)는 카필라바스투(Kapilavastu)에서 B.C. 624년경 태어난 고타마 싯다르타(B.C. 624?~B.C. 483?)에 의해 창시된 종교로서 인간이 현실적 고뇌를 어떻게 극복하느냐의 문제에 관심을 두고 있다. 고타마가 깨달은 진리는 인생의 모습이 무지와 탐욕으로 인하여 고통(苦: suffering)으로 나타난다고 하며 고통의 원인을 깨닫고 탐욕을 버릴 때 인간은 행복을 누리며 올바른 삶을 영위할 수 있다고 본다.

카필라성의 왕자로 태어나 부러울 것이 없었던 싯달타는 우연히 인간의 필연적인 네 가지 고통을 엿보게 되고 구도자의 심정으로 29세에 출가하여 당시 인도의 수도자들과 같은 수행을 계속한다. 그러나 극심한 고행이 아무런 소용이 없음을 깨닫고 몸을 회복한 후 보리수(菩堤樹: linden tree) 나무 밑에서 깊은 선정에 드는 체험을 하는 중에 깨달음(菩提: bodhi)을 얻어 부처, 즉 覺者(Buddha)가 되었다. 석가모니의 가르침은 그의 첫 설법 내용인 '네 가지 거룩한 진리(四聖諦: The Four Noble Truths)'와 '8가지 바른 길(八正道: Eightfold Right Path)'의 가르침에 잘 나타나 있는데, 이 설법은 인간이 왜 행복을 누리지 못하는지에 관한 깊은 고민과 어떻게 고통으로부터 벗어나 참된 행복을 누릴 것인가에 관한 성찰이 담겨있다.

이렇게 석가모니가 깨달은 교설과 사상을 중심으로 불교의 세계관과 인간사랑이 전개된다. 불교는 이 세계가 모두 원인과 결과에 의해 이루어졌다고 본다. 따라서 인간이 이해하고 납득할 수 없는 모든 불평등과 불만족은 그 자체가 실재하는 것이 아니라 인간이 無明(ignorance) 상태에 있기 때문이므로, 깨달음의 세계에 들어가면 無常(Impermanence, Transiency)과 無我(No-Self, Unconsciousness) 의 세계와 인간의 참모습을 알게 된다는 것이다.

불교는 인간 존재 그 자체가 괴로움이라는 것을 설명함에 있어서 인간존재를 구성하는 신체적 요소(色), 느낌(受), 생각(想), 의지(行), 인식(識) 등의 물질적·신체적 요소들이 모두 변하는 無常한 것이기 때문이라고 한다. 무상한 것은 그 어느 것도 인간에게 영원한 만족을 줄 수 없으므로 괴로움이다. 뿐만 아니라 위의 5가지 묶음(五蘊)들 가운데 어느 것도 나의 불변하는 자아로 취할 것이 못 된다. 다시 말하면 불교의 인간관은 인간을 다만 수시로 변하는 요소들이 화합하여 하나의 임의적인 존재를 산출하고 있을 뿐 인간에게는 항구불변한 자아란 존재하지 않는다(無我: ānatman)고 보는 것이다. 이렇게 고(苦), 무상, 무아가 바로 인간존재의 참 모습이다. 그럼에도 불구하고 사람들은 괴로운 것을 즐거운 것으로, 무상한 것을 항구적인 것으로 착각한다. 즉 영구불변의 자아란 존재하지 않는데도 존재하는 것으로 전도된 생각을 한다는 것이다.

이러한 고통이 발생하는 원인에 대하여 불교는 인간에게 끊임없이 무엇인가를 욕구하는 渴愛(eager, desire)가 있기 때문으로, 이러한 갈애가 계속되는 한 인간은 집착(取)을 일으켜 행위(業: karma)를 하며 그 결과(業報: karma effects)로서 사후에 또 다른 고통의 존재로 태어나 같은 과정을 또 다시 반복하게 된다. 이 갈애는 인간의 무지와 무명 때문에 전생에 누적된 업력(行)에 의해 생기는 것이다. 이러한 고의 조건적 발생인 緣起(dependent arising)로 인하여 인간은 현재 뿐 만 아니라 과거, 미래로 이어지는 끊임없는 생사의 악순환을 겪게 되는 것이라고 한다.

그러므로 불교가 추구하는 세계는 이러한 고가 멸한 상태, 즉 무지와 갈애가 멸한 상태로서 이를 涅槃(Nirvana)이라 한다. 열반은

탐욕(貪: avarice) · 성냄(瞋: anger) · 무지(痴: ignorance)의 3독이 완전
히 사라진 상태로서 생사의 세계를 초월한 경지를 뜻한다. 그렇다
면 어떻게 인간이 고통으로부터 벗어나 행복, 즉 열반의 세계에 들
어갈 수 있는가? 이는 八正道의 수행을 통하여 가능하다. 팔정도는
正見 · 正思惟 · 正語 · 正業 · 正命 · 正精進 · 正念 · 正定을 실천
하는 것으로서 이 여덟 가지 수행을 크게 셋으로 묶으면 戒 · 定 ·
慧의 三學이 된다. 도덕적 행위와 삶(戒), 흩어진 마음의 통일과 정
화(定), 사물에 대한 올바른 통찰(慧)을 닦음으로써 열반을 실현할
수 있다는 가르침이다. 석가모니는 팔정도를 설함에 있어 쾌락을
탐하는 삶과 육체를 괴롭히는 고해주의의 양극을 피해 중도의 길
을 따를 것을 가르쳤다.

   요약하면 불교의 세계관은 세상에 존재하는 모든 것이 원인과
결과에 의하여 움직이는 것으로서, 인간이 느끼는 불행은 인간의
무지와 무명, 즉 원인과 결과의 연기론을 깨닫지 못하는 데서 온다
고 보았다. 따라서 현세의 고통은 모두 원인을 지니고 있는데 그것
은 과거세에서 연유한 것이다. 이 원인에 의해 결과가 움직여진다
는 것을 깨달으면 인간은 고통의 늪[무지와 무명]에서 벗어날 수
있고 다시는 그러한 고통의 씨앗을 만들지 않을 수 있다. 즉 생명
이 있기 때문에 필연적으로 지니는 불행에서 영원히 벗어나 열반
의 경지에 들 수 있다는 것이다. 석가모니는 인생의 심연 속에서
인간이라면 누구나 불행과 불만족이라는 고통의 세계에서 살고 있
음을 일찍이 간파하였고 인간이면 누구나 피할 수 없는 이 숙명을
해결해주고자 하였다. 그는 그 해답을 인간의 마음속에서 찾았던
것이다. 깊은 깨달음 속에서 비로소 자유로워져 참 행복을 찾을 수
있는 인간 존재의 추구, 이것이 불교의 인간사랑이다.

3. 기독교의 세계관과 인간사랑

기독교는 예수 그리스도에 의해 시작된 종교이며 후에 사도 바울에 의해 체계적인 교리가 완성되었다. 기독교는 유대인의 민족종교인 유대교에 그 기원을 두고 있지만 유일신관을 합리적으로 전개시킴으로써 세계종교로 다시금 자리잡았다.

기독교의 세계관은 신의 창조와 인간의 불순종에 따른 타락, 그리고 다시금 신의 은총에 의한 구원이라는 구도를 가지고 있다. 신이 세계를 만들었을 때 모든 것은 조화롭고 완벽하여 악이란 찾아볼 수 없었는데 인간이 신의 명령을 따르지 않고 악의 세력과 결탁하여 신과 인간 사이의 불화와 불신의 벽이 생겨나면서부터 인간과 신의 분리, 자연과 인간의 불화, 그리고 인간과 인간 사이의 불신이 생겨나기 시작했다는 것이다. 그러므로 기독교의 세계관은 이러한 부조화의 세계를 되돌려 본래의 신의 창조세계인 낙원(에덴)으로 돌아가야 한다는, 복락원의 이상을 추구하는데 있다. 이러한 복락원의 꿈은 신의 아들이며 동시에 인간인 예수 그리스도라는 구세주에 의해 가능하다. 왜냐하면 예수는 그 스스로 신인(神人: god man)으로서, 그 만이 모든 불화와 부조화의 근원인 신과 인간의 화해를 가능하게 할 수 있는 유일한 존재라는 것이다.

신과 인간의 관계성에 근거한 이러한 기독교의 세계관과 인간관은 동양의 세계관과는 달리 대립과 갈등의 이원적 구조를 지닌다. 신과 인간, 인간과 인간, 인간과 세계라는 세 개의 구조 틀 중에서 그 첫 번째 관계가 깨어지자[불순종과 타락] 이어서 두 번째 관계인 아담과 하와 사이의 반목이 따라오고 ― 이후 형제간의 살인으로 이어진다 ― 인간은 그 벌로 자연과의 소외를 경험하게 된다.

이 소외는 첫 번째 인간인 아담이 수고하여 땅을 경작하는 것으로 상징된다. 창세기에 나타난 인간사회의 이러한 모형은 인간에게 존재하는 불행과 죄악을 설명하는 기독교의 문법이다.

그러므로 이러한 질곡의 세계에서 행복을 얻는 길은 시초의 원인을 찾아 들어가 첫 실마리부터 푸는 것이라고 할 수 있다. 즉 인간과 이 세계가 행복할 수 있으려면 근원적으로 신의 세계로 들어가 신과의 진정한 화해이다. 이 화해는 신의 절대적 은총에 의해서 인간이 자신의 原罪性(Original Sin)을 깨닫는 데서 시작된다. 즉 기독교의 인간관은 인간을 神性(Divine Nature)과 罪性을 지닌 동시에 갈등구조로 보고 자신의 힘으로는 죄성을 떨쳐버릴 수 없으며 오직 신의 구원의 은총의 빛을 통하여서만 신성을 회복할 수 있다고 본 것이다.

이러한 신의 은총은 죄인(인간)을 향한 신의 무조건적이고 무제한적인 절대적 사랑(Agape)이다. 그리고 이 사랑은 죄인을 위하여 신의 지위를 버리고 몸소 이 땅에 와 그들을 위하여 자신을 희생한 예수 그리스도에 의해 현현되었다. 예수에 의한 사랑의 현현과 그를 따르는 제자들의 생애, 그리고 이 모든 것들에 관한 啓示는 기독교 만이 갖는 독특한 세계관과 인간관이다.

나아가 기독교는 예수의 제자들이라면 누구나 이러한 사랑을 모든 이들에게 실천하여야 함을 역설한다. 예수가 자신을 희생하였듯이 이웃을 위해 똑같은 희생적 사랑의 모범을 보이는 것이 그의 제자로서의 삶이라는 것이다. 나아가 이러한 사랑의 확산으로 인하여 세상을 변화시키며 앞으로 이 땅위에 낙원이 도래하리라는 역사관과 확신을 가지고 있다.

요약하면 기독교의 인간관과 세계관은 인간과 인간의 관계에 관심을 가지는 유교와는 달리 신과 인간과의 관계성에 초점이 맞추어져 있다고 하겠다. 신과 인간의 관계라는 구도에서 신의 창조와 섭리, 그리고 그에 대한 인간의 행위라는 두 개의 變奏가 '사랑(신과 인간간의)'이라는 행복의 필요충분조건에 의해 하나로 통합되어 있다.

4. 신종교의 세계관과 인간사랑

'新宗敎(new religion)' 란 새로운 종교를 가리키는 학술용어이다. 이 신종교를 일부 학자들은 신흥종교(newly arisen religions) 또는 유사종교(quasi – religion), 사이비종교(pseudo – religion) 등의 용어로 혼용하기도 하지만, 이런 용어들은 모두 기성종교의 관점에서 신종교를 비난조로 일컬어 온 셈이어서 객관적 학문적 연구를 목표로 하는 경우에는 바람직하지 못한 용어로 본다. 대체로 신종교라고 했을 때 '신'이라 함은 시간적으로 새롭다는 의미도 있지만 그것이 얼마나 '혁신적(innovative)' 인 것인가에 초점이 있다. 한편 신종교라는 용어 대신에 '민중종교', '민족종교', 또는 '주변종교'라는 용어들이 쓰이기도 하는데, 그 중 '민족종교'는 우리나라에서 많이 사용되는 용어로 동학 이후 출현한 대부분의 한국 신종교들이 한 민족의 뿌리를 중시하고 주체적인 이미지를 표방하는 태도를 보이려고 그렇게 부르기 시작했다고 생각된다. 따라서 학계나 언론계보다는 한국 신종교들 스스로에 의해 쓰여지고 있는 용어이며 강한 민족주의를 표방하고 있는 셈이다.

신종교를 한마디로 정의내리기는 힘들지만 엘우드(Ellwood, R.S.)의 정의를 빌리면, "신종교는 지배적인 영적 전통의 대체수단(alternative)이 되는 작은 집단으로서 강력한 권위적이고도 카리스

마적인 지도력을 가지고 있어서 개인적 요구에 부응하는 강한 주
관적 경험을 제공하며 일종의 분리주의를 표방하고 합법적인 전통
에의 연관성을 주장하는 집단"[3] 이라고 정의할 수 있다.

이러한 정의를 넘어서 폭넓은 개념적 이해를 도모하기 위하여
신종교의 일반적 특성을 보면 엘우드가 미국의 신종교를 중심으로
다음과 같은 15종의 다양한 특성들을 제시한 것이 있다.[4] 첫째, 신
종교에는 무아적(ecstatic) 종교경험을 한 창시자가 있는 수가 많다.
둘째로 그런 종교경험은 매우 독특하게 해석된다. 셋째로, 그런 창
시자를 뒷받침하는 비상한(supernormal) 조력자들이 있는 경우가 많
다. 넷째로, 신종교들은 대체로 '현대적'이 되려하고 또 과학적 언
어를 사용한다. 다섯째, 정통성(orthodoxy)에 대한 반작용이 있고, 여
섯째, 절충적이고 혼합적이다. 일곱째, 일원적이고 비인격적인 존
재론이 흔하며, 여덟째, 낙관주의, 성공지향성, 그리고 진화론적 경
향이 있다. 아홉째, 치병(healing)을 강조하고, 열째, 주술적 방법들
을 사용한다. 열 한째, 간단하고도 분명한 입교절차가 두드러지고,
열두째, 성스러운 중심(a sacred center)을 흔히 둔다. 열 세째, 심리적
힘(psychic powers)을 강조하고 열 넷째, 가족집단보다는 외로운 개
인들에 접근하며, 끝으로 주문 암송이나 명상 등을 통해 무아적 경
험에 모든 성원들이 참여하는 것을 강조한다.[5]

우리나라에서는 1860년 수운 최제우가 동학을 창시한 이래 수많
은 종교들이 창립되어 그 동안 창립되었다가 소멸된 종교까지 합
하면 600여개에 달하며 현재에도 300여개의 종교가 활동을 계속하

---

3) Ellwood, R.S. & H.B. Partin, *Religious and Spiritual Groups in Modern American*,
   2nd., N.J : Prentice Hall, 1988, p.27.
4) Ibid., pp.14-16.
5) 김종서, 1994, 「현대 신종교 연구의 이론적 문제」『현대 신종교의 이
   해』, 한국정신문화연구원, 10～11쪽.

고 있다. 이 중에는 수운 최제우의 동학이나 홍암 나철의 大倧敎와 같이 강한 현실참여로 한국 사회변혁과 민족운동에 크게 기여한 종교도 있고, 일부 김항의 正易思想과 같이 동양사상에 근거한 깊은 哲理(philosophy)를 밝힌 종교도 있으며, 증산 강일순의 甑山敎와 같이 민중층에 파고들어 한국 민족적 민중사상의 대변자가 된 종교도 있다. 소태산 박중빈의 圓佛敎와 같이 그 사상이 동서고금의 모든 사상을 융섭한 폭 넓은 체계를 형성하고 있으면서도 현대감각에 맞는 지극히 합리적 입장에서 사상과 제도를 구비하고 한국사회에 튼튼하게 기반을 다져나가는 종교도 있다. 또 문선명의 統一敎와 같이 우리나라보다는 미국과 일본 등 외국에서 든든하게 기반을 다지고 세계적으로 뻗어나가는 종교도 있다.6)

1) 천도교

한국의 신종교 중 천도교(동학)는 1860년 수운 최제우(1824~1864)가 동학을 창도한 이후 1863년 해월 최시형이 2대 도통을 이어받고, 1905년 3대 의암 손병희가 동학을 천도교로 개명하여 오늘에 이르렀다. 동학은 초기에는 당시의 지배이념이었던 성리학을 통하여 교리를 합리화하려 하였다가 이후 유교·불교·선교 사상을 종합, 통일하였다.

『동경대전』과 『용담유사』에 나타난 동학의 신앙대상은 '天', '天主', '한울님'이었다. 창도 당시 최제우의 중심사상은 '侍天主(Serving the Heavenly Lord)'신앙을 바탕으로 한 '보국안민'의 종교였다. 그러나 제2대 교주 최시형에 와서는 시천주신앙보다 세속화되어 '事人如天', '以天食天', '養天主' 등을 내세우게 되고 '物物天

---

6) 김홍철, 「한국 신종교의 이해」, 위의 책, 241~242쪽.

事事天'과 같이 凡天論적으로 되었다. 이어 1905년 천도교 선포 이후 손병희 대에 이르러 위의 두 교주의 사상을 인내천의 종지로 교의화하였다.

최제우는 '格物致知(extention of knowledge through investigation of things)'의 지적 탐구면은 부정하고 유교적인 교전교양이 없어도 오직 '수심정기'의 내면적 수양만으로 누구나 '道成德立'하여 군자가 될 수 있다고 하였다. '수심정기'의 수양법은 유교와 불교 뿐 만이 아니라 천주 등 보편자를 만인이 주체적으로 내면화할 수 있는 방법이었고, 소외되었던 서민들이 '시천주'의 신앙을 통하여 우선 인격적 자기동일성을 얻고 자아를 자각하여 개인격의 존엄성의 바탕을 가지게 된 것이다. 최시형에 있어서는 보편자인 천, 천주가 세속화되어 '人卽天'의 범신론적인 경향을 지니게 된다. 최시형의 '물물천사사천'의 사상에서는 인간사회의 평등성 뿐 만 아니라 모든 자연계에까지 侍天을 인정한 것이고 '사람을 한울처럼 섬긴다[事人如天]'는 사상에서는 왕조사회의 신분질서에서 오는 차등을 부정한 것이다.

그러므로 동학에서의 '천'이나 '천주'의 규정은 고정적인 것이 아니라 한국사회가 근대화되어감에 따라 보다 인간화되고 "사람이 곧 한울이다[人卽天]"라고까지 하여 '천'의 인간화 과정을 거친다. 따라서 동학의 종지인 '人乃天(Man is none other than Heaven)'은 사람이 곧 한울이란 뜻으로, 사람은 누구나 자기가 모시고 있는 한울님을 깨달으면 곧 자기자신이 한울님이 될 수 있다는 사상이다. 이는 한국인의 경천사상을 모체로 한 것으로 '시천주'의 사상이 논리적으로 발전된 형태이다.

동학의 사상내용에는 유・불・선 삼교가 종합되어 있다고는 하나 그것을 통일하는 사상은 우리 민족의 구제를 위한 민족적 염원이며 민간신앙적 요소가 있다. 동학은 기성종교인 유교와 불교에 대하여 그 한계성을 주장하였고 사대부 양반 계층의 종교였던 유교의 사상 내용을 비판적으로 흡수하여 무학의 서민들이 10여년의 수학기간을 거치지 않고서도 입도할 수 있고 입도한 그 날부터 군자가 될 수 있다고 하여 서민들에게도 군자의 인격을 갖출 수 있는 길을 열었다.

2) 증산교

증산교는 증산 강일순(1971~1909)이 모악산 대원사에서 성도한 이후 9년간의 천지공사 내지 교화사업 끝에 사망하고 그를 신봉하던 종도들이 수십 개의 종단으로 분화되었다. 강증산의 종교사상은 '천지공사'가 그 중심으로서 '神人卽一'의 전통적인 동양사상에 근거해서 인간이 큰 神明이며 신명의 권능에 따라 神中神이 바로 증산상제라고 한다.

또한 자연계의 법칙을 天地度數 또는 運度라는 용어로 표현하여 이 음양상수의 법칙에 따라 세계가 변동해 간다고 한다. 이에 따라 현대는 선천과 후천이 교체되는 말세로서 상극이치가 주관하던 선천에서 상생의 이치가 중심이 되는 후천으로의 전환기라는 것이다. 따라서 증산상제는 선천(과거세)에는 만사가 상극의 원리에 의하여 지배되던 것을, 후천(미래세)에는 우주의 운행규범(도수)을 고쳐서 만사가 상생의 원리에 의해 질서 지어지는 이상세계를 이룬다는 것이다. 천지공사사상은 이상적 세상을 대망하는 종말론과 신천지사상을 근간으로 한다.

증산은 새로운 세상이 열리는 때를 맞아 새로운 질서를 만들어 가고 기존의 잘못된 세상과 가치관을 변화시키는 주체가 바로 인간이며, 앞으로 인간이 가장 귀하게 여겨지는 시대가 열릴 것이라고 주장했다. 상극의 시대를 상생의 시대로 바꾸는 것과 묵은 하늘을 새 하늘로 전환시키는 것은 인존시대를 맞아 인간의 몫으로 남겨졌다. 이것이 바로 천지가 사람을 쓰려는 때이며, 이 일을 수행하는 것이 참된 인생이 선택할 길인 것이다. 새 하늘이 열릴 것이라는 하늘의 계획을 성사시키는 것은 인간이다. 이것이 증산이 주창한 인존의 본래 뜻이다.

따라서 '解冤相生'이라는 인류의 이상을 달성하기 위한 구체적 실천방안을 제시하고 있다. 즉 '해원'이라 함은 인간의 본질적인 욕구로 인해 생겨나는 모든 불상사를 없애고 나아가 '상생'이라고 하는 상호 화합의 태도를 모색함으로써 영원한 평화를 가져올 수 있는 길을 제시하고 있다. 그리하여 인류의 윤리적 이상은 바로 이러한 해원상생에서부터 도출되어질 수 있음을 나타내고자 하는 것이다.

증산은 하늘 아래 땅 위에 존재하는 모든 것이 신이라고 주장한다. 그에 의하면 모든 것이 살아 있는 실체로 파악된다. 여기서 유기체의 집합체로 상호연관되어 있는 세계관이 제시된다. 동물과 식물은 물론이고 벽이나 가시 등의 물체에도 신이 들어 있다는 증산의 생각은, 만물이 모두 신령스럽다는 주장이다. 나아가 증산교에서 무엇보다 두드러지게 나타나는 것이 인간중심적 사고이다. 증산은 신명보다 인간을 더 높여 인간으로 하여금 신명을 통제하고 지배하며 신명이 인간에게 봉사하도록 하는 천지공사 중 신명공사를 하기도 하였다. 증산은 과거의 원과 한을 풀기 위한 실마리를 인간회복에서 찾았다. 과거 선천시대에는 인간이 하늘보다도 아래 있어 하늘의 명에 따르고 순종하는 것이 옳은 것으로 평가되었으나 이제는 인간의 능력이나 활동이 하계인 인간계에 한정되는 것이 아니라 오히려 천상의 신까지도 다스리는 시대가 된다는 것이다.

3) 대종교

대종교는 홍암 나철(1863~1916)이 1910년 당시 단군숭봉운동의 중광 이래, 2대 김교헌, 3대 윤세복을 거쳐 현재 15대에 이르고 있다. 대종교에서 종교적 대상으로 숭배하는 신은 단군이다. 단군은 나라를 연 국왕임과 동시에 숭조의 최종 대상이기도 하다. 대종교는『삼일신고』를 주 경전으로 하고 조화신(桓因)·교화신(桓雄)·치화신(桓儉)의 삼신일체인 한님(上帝: god)을 신앙대상으로 삼고 있다.

대종교의 발생 배경은 기성종교에 대한 반동이나 외세의 침략에 대한 위기의식에서라기보다는 민족의 자각에 따른 민족의 생존이라는 시대적 반성과 객관적 안목이 있었던 것으로 이해할 수 있다. 이러한 점으로 미루어 대종교의 교리는 종교적인 면보다 오히려 사상적 철학적 체계화가 더욱 중요하였던 것으로 보인다. 그 결과 대종교의 신행과 수행의 면을 보면 도통이라든가 신의 계시, 치병, 기복 등은 다른 종교에 비하여 그렇게 중요시되지는 않은 것 같다. 대종교의 사상 전반에 영향을 미치는 기본원리는 삼일원리로서 이 원리는 하나는 셋으로 작용하며 작용인 셋은 하나인 근본으로 귀일한다는 '卽三卽一'원리이다. 삼일원리에 따르면 하나가 곧 무한대이며 천상과 지상이 같고 신과 인간이 같으므로 한울·땅·사람의 세 가지가 동일시된다. 따라서 대종교에서 삼이라는 숫자는 순환무궁하며 무진하기 때문에 神聖數로서 숭앙된다.

대종교는 유·불·선의 삼교가 합일되어 나타난 것으로 주장하고 있는데 불교의 묘법과 유교의 역학, 도가의 玄理가 완비된 것이다. 특히 性我·靈我·道我의 삼아가 고르게 합일되어야 비로소 자아로서 뚜렷하게 나타난다는 삼아설은 불가와 선가와 유가의 폐단을 극복하고 三一之理에 의한 대아를 발견함으로써 각각의 폐단

인 염세와 이기, 그리고 문약을 극복할 수 있다는 입장이다. 또한
중국의 三綱五倫(three bonds & five relations) 사상에서 탈피하였다는
대종교의 三倫사상은 부자·형제·친척의 愛倫과 君民·室家·
향당의 禮倫, 사도·붕우·종족의 道倫으로서 평등·호혜·쌍무
의 측면이 강조되어 근대적인 윤리성을 지향하고 있다.

4) 원불교

원불교는 소태산 박중빈(1891～1943)이 1916년 27세에 一圓相의
진리를 대각하고 창교한 종교로서 그는 우주의 진리를 깨치고 '진
리적 종교의 신앙'과 '사실적 도덕의 훈련'으로서 波瀾苦海의 일체
생령을 광대무량한 낙원으로 인도하기 위하여 개교한 것이라고 밝
혔다. 원불교 교명에 대하여 제2대 종법사인 송규는 "원이란 형이
상으로 말하면 언어와 名相이 끊어진 자리라 무엇으로 이를 형용
할 수 없으나 형이하로써 말하면 우주만유가 이 원으로써 표현되
어 있으니 이는 곧 만법의 근원인 동시에 만법의 실재인지라 이 천
지 안에 있는 모든 교법이 비록 천만가지로 말은 달리하나 그 실에
있어서는 원 이외에는 다시 한 법도 없는 것이다"고 밝혔고 "佛은
곧 깨닫는다는 말씀이요, 또는 마음이라는 뜻이니 '원의 진리'가
아무리 원만하여 만법을 다 포함하였을지라도 깨닫는 마음이 없으
면 다만 이는 빈 이치에 불과한 것이다. 그러므로 '圓佛(Won
Buddhism)'두 글자는 원래 둘이 아닌 진리로서 서로 떠나지 못할
관계가 있다"고 하였다.

소태산은 그가 깨달은 진리를 '○'으로 그려 상징하고 불생불멸
의 진리와 인과보응의 이치가 서로 바탕하였다고 하였다. 원불교
의 진리는 이 일원상의 진리를 최고종지로 하여 四恩四要의 신앙
문과 三學八條의 修行文을 밝히고 있다. 일원상의 진리는 모든 존

재를 서로 가능하게 하는 큰 힘과 법칙으로 되어있으며 이것이 없
어서는 살 수 없는 힘의 관계를 恩(benefit)이라 하였다. 인간이 이
큰 은혜를 자각하여 항상 감사하고 보은한다면 진리의 위력을 얻
게 되고 자신은 언제나 상생상화의 기운을 얻게 된다는 것이다.

이처럼 天地恩, 父母恩, 同胞恩, 法律恩의 四恩과 같이 사회실
천적 윤리를 신행요목으로 삼고 있다. 원불교는 사상적인 성격과
구조를 불교에 뿌리를 두고 있으면서 현대사회 실천윤리를 그 출
발동기와 사상에 구조적으로 내장하고 있다. 소태산이 제창한 혁
신의 표준은 시대화·생활화·대중화이다. 시대화란 어느 시대에
처하든지 그 시대성을 저버리지 않고 잘 동화하면서도 높은 차원
으로 사람들을 지도해나갈 수 있도록 짜여진 법이라는 뜻이며, 생
활화란 생활 속에서 佛法(buddhism)을 찾고 깨달아서 불법으로 생
활해감을 말한다. 불법은 곧 생활의 지혜를 밝힌 가르침이라는 뜻
이다. 대중화란 서민화 또는 시민화라는 뜻이다. 대중화는 집단적
전체주의로 휘몰아가는 것이 아니라, 누구나 다같이 보람을 찾을
수 있도록 인도해 감을 말한다.

또한, 원불교는 다른 기성종교와는 달리 우리나라에서 발생되어
종교로 후천개벽의 이념을 포함하고 있다는 사실이다. 崔濟愚·姜
一淳 이후 또 하나의 민중종교를 탄생시킨 소태산은, 장차 앞으로
의 세계는 동방이 중심이 되어 발전해가며, 특히 우리나라가 그 중
심국가가 될 것이라고 예견하였다. 그렇게 되기 위해서는 우리 민
족도 항상 주인정신을 가지고 중심국가가 되기 위한 노력을 하여
야 한다고 말하였다.

5) 통일교

세계기독교통일신령협회는 文鮮明에 의해 창교된 종교로서 일

반적으로 '통일교' 또는 '통일교회'라고 한다. 이 종교의 교리와 사상 속에는 기독교를 바탕으로 하여 무속신앙·단군신앙·풍수지리사상·참위사상·유교사상·도교사상 등 우리나라와 동양의 전통사상이 깊이 깔려있는 것으로 평가되기도 한다.

통일교에서는 교리를 '원리'라고 부르는데 그 내용은 『원리강론(原理講論: The Principle)』이라는 경전에 체계화되어 있다. 통일교의 교리 속에는 우리나라의 전통사상들이 깊이 포함되어 있으며 통일교회의 '원리'는 서구기독교사상과 한국 전통사상의 기독교적 표현이라는 평가가 따르기도 한다. 통일교의 원리를 요약하면 다음과 같다. 신, 즉 하나님은 인격적 존재로서 인간의 마음과 같은 性相(internal character)과 인간의 몸과 같은 形相(external form)으로 된 二性性相(the dual characteristics positivity & negativity)의 통일적 주체이며 남성적인 양성과 여성적인 음성의 中和的主體이다. 인간 또한 하나님의 이성성상을 닮아 육신과 靈人體의 이중적 구조로 되어있다. 인간이 하나님의 주관성과 창조성을 상속받아 제 2의 창조주가 되고 만물에 대한 주관자가 되기 위해서는 하나님으로부터 부여받은 책임분담을 완수하여 인격을 완성하지 않으면 안된다.

완성된 인간은 하나님의 축복 속에 이상적인 상대자를 만나 영원한 부부를 이루어 선한 가정을 꾸리고 선한 자녀를 낳아 하나님을 중심으로 한 이상적인 가정을 이루게 된다. 그러나 인간의 시조인 '해와(Eve)'가 타락한 천사장인 '루시에(Lucifer)'와 불륜의 관계를 맺음으로써 인간은 원죄를 가지게 되었고 이 세상은 '사탄(Satan)'이 주관하는 죄악세계를 이루게 되었다. 또한 하나님과 전 인류와 피조세계는 恨을 가지게 되었다. 이 한은 解寃되어야 한다. 따라서 타락한 인간을 구원하기 위해서는 창조본연의 인간으로서의 메시아가 중보자인 '후 아담'으로 와서 '첫 아담'이 하지 못한 책임분담

을 다 하여야 한다. 예수는 원죄를 짓기 이전 상태인 '후 아담'으로
이 세상에 온 메시아였지만 인류구원사업을 완수하지 못한 채 십
자가에 못박혀 죽었다. 따라서 그는 자신의 사명을 다하기 위하여
재림하게 될 것이다.

　예수가 재림하는 나라는 「요한계시록」 7장 2절에 언급된 바와
같이 '동방의 해 돋는 곳' 즉 극동의 어느 나라이며 구체적으로는
한국이라는 주장이다. 그 까닭은 우리나라는 이스라엘 선민에서와
같이 40數에 해당하는 탕감복귀를 위하여 40년 동안 일본제국주의
의 핍박을 받았으며, 하나님의 구원역사는 선악분립의 역사이고
분립된 선이 분립된 악을 굴복시키는 과정이라는 점에서 볼 때, 우
리나라에는 민족주의를 지향하는 하나님의 일선과 공산주의를 지
향하는 사탄의 일선이 대치하여 있기 때문이다. 또한 한민족이 걸
어나온 비참한 역사과정은 하나님의 선민으로서 걸어야 한 고난의
역사과정을 걸어온 것으로서, 한민족은 선천적으로 敬天思想
(Thought of Reverence toward Heaven)을 비롯한 충·효·열의 종교
적 품성을 가지고 있다. 아울러 민족적 메시아사상으로서의 정감
록 신앙을 비롯하여 각 종교의 道主들에 의한 예언의 소리와 靈通
人(medium)들에 의한 신령역사가 일어나고 있고 지정학적으로 보
아도 모든 문명이 결실되는 곳은 우리나라이기 때문이다.

　이상에서처럼 19세기 이후에 태어난 한국의 신종교들은 태고부
터 내려오는 至高神(Supremacy) 신앙과 제천사상, 그리고 자기수련
이나 풍류전통과 같은 고유사상, 유불선의 동양 기성종교가 모두
혼합된 바탕에서 태어났다. 한국 신종교들은 어떤 형태로든지 위
의 여러 가지 요인들을 그 사상체계 안에 내포하고 있다. 따라서
한국근대 신종교의 공통적인 특징은 우선 한민족의 토속신앙을 기

반으로 유교·불교·도교의 삼교를 통합한 민중신앙운동이라는
것이다. 유·불·도 삼교는 개인 각자의 수행 각성에 치중하였으나,
이 종교들은 그러한 성향에서 한 걸음 더 나아가 사회구제적 성격
을 지닌다. 이것은 그 당시 한국의 신종교가 서교(Catholic)의 영향을
받은 일면도 있다. 즉 서교의 전래와 함께 그 특성인 만인평등사상
과 강한 사회적 성향, 그리고 메시아에 의한 구원론 등의 영향을 받
아, 보다 적극적 의식의 개혁으로서 초월적 능력을 지닌 신적 존재
(Messiah)에 의한 인간 속의 신성을 자각하고, 이에 기초하여 참 행
복과 인간사랑의 이상세계를 현실에서 창조하고자 하였다.

제3절 문명위기와 종교적 대안

1. 21세기 인류의 문제

21세기의 인류는 가족공동체 붕괴, 민족·인종·종교·정치적
이데올로기의 차이로 인한 폭력 등 심각한 문제와 수 천년간 지켜
온 전통적 가치관이 와해되는 위기의 시대에 직면해 있다. 오늘날
인간은 과학기술과 자본에 의해 철저하게 소외되고 있다. 1990년대
사회주의의 몰락과 함께 기술과 자본에 바탕한 자본주의 독주의 문
명로 인해, 근본주의(Fundamentalism), 네오막시즘(Neo-Marxism), 해
방신학(Theology of Liberation) 등은 발전과 거대함이라는 자본사회의
장점이 바로 단점이며 나아가 치명적 취약점일 수 있다는 반론들
을 제기하였다. 이와 함께 주목할 점은 비록 현대사회가 동서진영

의 갈등이라는 20세기의 과제를 어느 정도 해소했다고 치더라도 고대로부터 꾸준히 시도되어 온 인간의 자기 찾기는 아직 자리매 김 되지 않았다는 것이다. 자연 속에 매몰되었던 인간은 다시금 문 명과 기술 속에 매몰되어 가고 있다. 원시시대에는 인간 자신이 자 연 속에 함몰되었다는 것을 인식하지 못했듯이 현대 산업사회에서 의 인간도 자신이 물질 속에 함몰되어 있다는 것을 자각하지 못하 는 무지에 빠져있다.

한편 자본주의사회는 이윤의 극대화를 추구하므로 그 과정에서 인간을 목적이 아닌 도구나 수단으로 생각하거나 심지어 인간 자 체를 물질적 가치로 환산하여 생각하기까지도 한다. 이것을 物神 主義(Fetishism) 또는 인간상실이라 부르기도 하는데 이러한 문제를 극복하려면 물질과는 비교할 수 없는 인간의 고귀한 가치를 상기 해야 한다. 각 종교의 성인들과 현인들은 인간의 가치를 여러 각도 에서 숙고하고 그것을 설명해 내는데 평생을 바친 분들이라고도 할 수 있다. 타인을 목적이 아닌 이용가치나 수단으로 생각하다 보 면 자기자신에 대하여도 똑같은 저울로 달아보게 된다. 경제적·사회적 실패가 극단적 자살로 막을 내리는 것은 자신의 수단으로 서의 가치가 더 이상 없다고 생각하기 때문이다. 따라서 사람이라 면 누구나 물질과 자본은 인간의 존엄적 가치보다 낮은 것이라는 것을 잊시 않아야 할 것이며 그렇게 할 때, 사람들은 자신을 포함 한 자신의 동류(인류)를 인종, 지위, 성별 고하를 막론하고 존중하 게 될 것이다

2. 다종교문화의 한국적 대안

이러한 21세기의 정신적 불안상황들은 세계가 같이 고민하고 풀어가야 할 숙제이다. 따라서 한국사회의 경우도 예외가 아니다. 한국사회에는 다양한 종교가 공존하고 있다. 다시 말하면 한국사회 안에는 문화적, 전통적 뿌리가 다른 다양한 종교들이 공존하고 있는 것이다. 그러나 이러한 종교문화의 풍요로움 속에서 지극히 복합적인 종교문화의 긴장이 우리 사회 안에서 야기되고 있다. 우리 문화는 인종적·언어적 단일성과 운명공동체적 역사경험을 공유하고 있지만 각 종교들은 그러한 단일성과 역사적 경험의 공유에 선행하는 자기 고유의 우주관, 생사관과 선악관을 주장하고 또 경험한다. 이 같은 사실 때문에 다원사회의 맥락에서 우리가 현재 경험하는 종교다원현상은 그것이 지극히 복합적으로 구조화되어 있어 매우 복잡한 상황을 빚고 있다. 무속을 비롯한 민속신앙들, 유교, 도교, 불교, 기독교, 이른바 신종교, 그리고 여타의 외래종교들의 역사적 문화적 혼재는 그러한 종교다원현상의 실제를 갈등과 경쟁, 상호간의 변용, 각 종교의 자기정체성의 위기, 대화를 위한 공존양식의 모색 등으로 나타난다.

한국의 종교이념은 弘益人間(Devotion to the Welfare of Mankind)의 정신으로부터 시작하여 몇 가지 기본적인 사상적 맥락을 이어 왔는데 그것은 바로 절대가치의 추구와 그로부터 도출된 인간과 생명있는 모든 것의 존엄성, 그리고 끊임없는 현세의 이상사회 추구를 위한 노력이다. 이 절대 가치의 추구는 때로는 유학의 天命 (the Mandate of Heaven)이나 太極(the Great Absoluteness)으로, 불교의 覺으로 표현되기도 하였고, 인간과 생명있는 것들에 관한 관심은 한국유학의 인심도심설과 인물성동이론 이라는 매우 독특한 학문논쟁으로 발전하기도 하였고 동학의 인내천사상으로 계승되기도 하였다. 현세적 이상사회의 추구 또한 천명사상에 근거하여 도덕군주론(moral monarchy)으로 전개되고 후천개벽론(post-Heaven Creation) 등으로 발전되기도 하였다.

종교는 진정한 인간의 본질과 참 행복의 추구를 가장 큰 가치이념으로 한다. 지구상에는 다양한 종교가 혼재하고 있지만 그 궁극적 관심은 유한성과 생물적 욕구라는 인간의 본질적 문제로부터 궁극적이고 완전한 것을 추구하고자 하는 인간의 희구이다. 그것을 각 종교는 나름대로의 가치체계에 의하여 다양하게 설명하고 있지만 그 근원적 본질은 하나일 따름이다.

진정한 인간의 본질은 자신의 본원적 문제를 세계를 향하여 열어 놓는 개방성에 있다. 그러나 현재의 문명위기를 초래한 인간중심주의는 인간이 자신만을 목적으로 하고 타인이나 사물을 수단시한 과오를 범한 데서 시작되었다고 하여도 과언이 아니다. 그것은 종교의 진정한 본질, 즉, 인간의 참된 행복의 추구와 인간사랑이라는 명제에서 어긋난 것이다. 그러므로 인간은 자연과 세계 속에서의 자신의 위치를 개방적 안목으로 자각하고, 그에 따라 자신의 유한성과 그에 따르는 욕구들을 초월하고 승화하는 방향으로 나아가는 것이 진정한 의미의 행복을 추구하는 기초라고 하겠다.

결 론

　전통은 단순히 옛날에 있었던 것이 아니며 과거에 대한 비판적 반성과 숙고 위에서 끊임없이 재해석되고 재창조되어 온 모든 것의 결정체이다. 따라서 인류가 역사를 진행해 오는 한 어느 민족 어느 문화에서나 전통은 지극히 소중한 것일 수 밖에 없다. 한국전통사상을 바라보는 바람직한 시각은 두 단계에 걸쳐있다고 생각한다. 첫 단계는 그것을 편견없이 그 시대의 역사적 배경위에서 객관적으로 바라보는 것이고, 두 번째는 그 문화적 전통을 현 시대 배경위에 놓고 냉정하게 비판 고찰하여 취사선택하는 것이다. 이 책은 이상과 같은 두 가지 관점을 가지고 한국전통사상을 조명하였다. 특히 낙관과 환상, 폄하와 부정이라는 서구인들의 양극단에 선 주관적 동양관을 모두 지양하고 객관적 시각으로 전통사상을 조망하고자 노력하였다.

　우리민족은 열강의 틈바구니에 끼어 대륙과 해양을 잇는 반도라는 지리적 조건에서 반만년의 역사를 이어왔다. 일제에 의해 잠깐 동안 주권을 빼앗긴 적도 있지만 결코 우리의 정통성과 민족의식을 빼앗기지는 않았다. 힘없고 작은 민족이 이처럼 오랜 기간을 국권을 유지할 수 있었던 것은 건국이념인 홍익인간의 정신에서 드러나는 것처럼 천손이라는 자긍심 속에서 늘 하늘의 뜻을 잊지 않고 살아온 절대가치에 대한 신앙, 그리고 생명의 존귀성을 잊지 않고 살아 온 저력에 있다고 생각한다.

한국은 건국이념인 홍익인간의 정신으로부터 시작하여 몇 가지 기본적인 사상적 맥락을 이어왔다. 그것은 바로 절대가치의 추구와 그로부터 도출된 인간과 생명있는 모든 것의 존엄성, 그리고 끊임없는 현세의 이상사회 추구를 위한 노력이었다. 한국사상을 한마디로 정의내리기는 매우 어렵지만 대체로 이러한 맥락 하에서 외래사상을 흡수하면서 창조, 발전되어 왔다고 본다. 유교, 불교, 도교, 기독교 등의 외래사상을 흡수하면서 한국의 전통철학이 창조적 발전을 거듭할 수 있었던 것은 한국인이 가졌던 최고의 이상인 '하늘의 뜻(홍익인간)'에 끊임없이 도달하려고 했던 의지와 노력의 산물이라고 생각한다.

한국사상의 시원은 중국 은대의 종교문화의 영향을 받은 단군신화의 고신도 사상을 중심으로 시작되었으며 제천의식을 통한 천신숭배와 풍류도와 현묘지도의 영육쌍전 사상이 그 특징이다. 한국인들은 예로부터 '인간'에 큰 관심을 기울여 왔다. 건국이념인 '홍익인간'의 이념도 그러하다. 그런데 한국의 인간중심 사상은 신성성의 추구라는 특징이 있다. 홍익인간 이념을 전하고 있는 단군신화에서도 신과 인간의 배려와 화합의 모습과, 신성을 추구해 나아가는 인간의 자기부정과 승화의 노력을 볼 수 있다. 인간을 중시하면서도 그 인간성의 근원이 절대불변하고 고귀한 신성에서 연원한다고 생각한 한국 고대인들의 사유는 오랜 역사의 질곡 속에서 역사 전통과 문화적 정체성, 그리고 사상적 창조성을 이어오게 한 핵심적 근원이 되었다.

특별히 한국고유사상이 지향한 것은 '인간'의 행복을 최상의 가치로 추구하는 것이다. 단군신화의 환웅이 지상에 뜻을 둔 것은 그 곳에 '인간'이 있었기 때문이었고 그가 神市에서 주관한 360여사 역시 인간사회의 복지 질서에 관계되는 일들이었기 때문이다. 한 국의 고유사상은 정치적으로는 백성의 행복을 국가와 정치의 궁극 목적으로 간주하는 민본주의로 연결되며, 또한 인간이 신같이 존 귀하고 모든 인간은 하늘(天)앞에서 한결같다는 평등사상으로 표 현되기도 한다. 그런데 이러한 '홍익인간' 이념은 神인 환웅의 뜻 이라기보다는, 오히려 사회와 국가에서 마땅히 구현되어야 한다고 보았던 우리 상고인의 바람과 요구의 표현이라고 볼 수 있다.

그러므로 우리의 조상들은 神性을 기초로 하여 인간의 삶의 질 을 향상시키고 결과적으로 인간 속의 신성을 구현하고자 했음을 알 수 있다. 궁극적으로는 이 神性을 구현한 개개의 인간이 모인 것이 사회적인 이상태이다. 이는 단순한 인본주의 사상이기보다는, 인간 속에 신성이 깃들어 있어 인간의 사회 속에서 신의 세계가 추 구되어지는 신인일체화의 사상이라 하겠다. 따라서 한국사상에서 신관과 인간관은 분리불가분성을 갖는다. 즉 神本主義나 人本主義 의 일변도로 한국사상을 설명할 수 없다.

즉 한국사상은 개체에 있어서의 神性과 物性의 조화와 그 기초 위에서의 전체적 삶의 균형이 거의 동시에 가능하였고, 나아가 천 상의 세계와 지상의 세계의 연합은 한국인들의 인간관과 가치관과 세계관이 조화되어 균열되지 않았음을 보여준다. 이것은 우리 민족 의 삶의 현장이 인간과 사회 현실을 긍정적이고 낙관적으로 바라보 고 현실에서의 이상적 삶의 추구를 소중히 여겼음을 반증한다.

그런데 이러한 이상사회의 추구는 '인간의 聖化'를 통하여 인간 세계가 신의 세계의 수준으로 지향하는 절대적이고 궁극적인 경지 를 추구한 것이지, 단순히 인간세계에서의 만족과 행복이라는 현세주의를 추구한 것은 아님을 알 수 있다. 한민족은 예로부터 신에게 감사의 제사를 드리는 풍속이 전해왔거니와 신의 은총에 의하여 복된 삶을 누릴 수 있는 '神市'의 건설을 목표로 하고 살아 온 민족임을 알 수 있다. 따라서 한국전통사상은 상대성은 어떤 모습으로든지 지양하고 절대성, 절대기준, 절대가치를 추구한다. 이는 어떤 특정한 민족이나 국가나 계급을 위한 것이 아니라 보편적 인간애와 평화정신으로서 이것이 바로 한국인의 이상이다.

찾아보기

최 문 형(崔文馨)

1963년 서울 출생

이화여자대학교 교육학과 졸업, 한국정신문화연구원 한국학대학원 졸업,
성균관대학교 대학원 동양철학과 졸업(철학박사), 동 대학원 한문학과 졸업
(문학박사)
민족문화추진회 국역실 전문위원, 안동대·감리교신학대·성균관대 강사,
성결대 겸임교수, 성균관대 유교문화연구소 책임연구원
현재 한국정신문화연구원 연구교수
　　　민주평화통일자문회의 종교 분과 상임위원

주요 논저

『조선조 향약 연구』·『북한정부론』·『동양사상의 이해』·『동양사상, 자료
와 이해』·『정보기술사회의 윤리 매뉴얼』·『북한의 한국학 연구성과와 남
북학술교류』(이상 공저),『동양에도 신은 있는가』

「동양사상의 시원」,「유가 신관의 종교교육학적 지평」,「천도교의 개혁사상
과 문화·민족 공동체 운동」,「북한의 근대사상 연구성과와 남북한 학술 교
류 현황 분석」,「민족종교와 남북교류-천도교·대종교를 중심으로」,「북한
의 여성정책」

韓國傳統思想의 探究와 展望　　　　　　　정가 : 23,000원

2004년 12월 15일　초판 인쇄
2004년 12월 24일　초판 발행

　　　　　저　　자 : 崔文馨
　　　　　회　　장 : 韓相夏
　　　　　발 행 인 : 韓政熙
　　　　　발 행 처 : 景仁文化社
　　　　　편　　집 : 申鶴泰
　　　　　　　　　　서울특별시 마포구 마포동 324 - 3
　　　　　　　　　　전화 : 718 - 4831~2, 팩스 : 703 - 9711
　　　　　　　　　　E-mail : kyunginp@chollian.net
　　　　　등록번호 : 제10 - 18호(1973. 11. 8)

ISBN : 89-499-0291-5 94150
* 파본 및 훼손된 책은 교환해 드립니다.